JN233970

リスク バジェッティング

Risk Budgeting : A New Approach to Investing

実務家が語る年金新時代のリスク管理

レスリー・ラール［編］
三菱信託銀行受託財産運用部門［訳］

Pan Rolling

翻訳によせて

　本書は、レスリー・ラール編『Risk Budgeting ―― A New Approach to Investing』を全訳したものである。ここでは、リスク・バジェッティングに関して、実務家がそれぞれ専門の立場から、その有用性や実用化に際しての留意点などについて見解を述べている。

　改めて申し上げるまでもなく、日本における企業年金は、退職給付会計の導入、確定拠出年金制度の発足などを背景として、現在「年金新時代」ともいうべき制度発足来の一大変革期にある。将来の年金給付原資確保を目的とする年金資産運用においても例外ではなく、母体企業を含めた個々の企業年金が自ら負担し得る「リスク」とのバランスのなかでポートフォリオを構築するというアプローチが、急速に一般化してきている。今や、企業年金は母体企業の一事業部門と同様、またはそれ以上の存在であり、年金が抱えるリスクは企業自身のリスクである、との認識が広まりつつある。またそうした意味から「年金スポンサーにとって第一の役割はリスク管理である」との言葉も聞かれるようになってきた。厚生年金基金連合会においても、リスク管理研究会で議論を重ねられ、厚生年金基金におけるリスク管理のあり方について、先ごろ第二次報告書が公表されたところである。

　年金資産運用においては、リスク管理が重要な命題になってはいるものの、実務の現状は伝統的なものが中心となっている。そうしたなかで最近登場してきたのが、「リスク・バジェッティング」という考え方である。

　リスク・バジェッティングは、資産や運用スタイル・手法の違いを問わず、リスクを横断的に把握し、限度を設定、それぞれに割り当てるというコンセプトである。政策アセット・ミックスのリスクと、アクティブ運用のリスクを同一の指標で計測できるなど、非常に分かり

やすいのが特徴である一方で、実務適用における課題も指摘されている。

　本書では、こうした状況をも踏まえ、リスク・バジェッティングを中心としたリスク管理に関する最先端の考え方を、年金スポンサー、運用マネジャー、コンサルタントなどの実務家が網羅的に紹介している。原書にはリスク・バジェッティングに関する調査研究を進める過程で出合ったのであるが、弊社で翻訳を行うことにしたのは、その内容を広く紹介することが日本における年金新時代のリスク管理を考える際の一助になるに違いないと考えたからである。本書を契機に、企業年金におけるリスク管理に関する議論がさらに深化すれば、望外の喜びである。

　企業年金関係者の皆さまに、またリスク管理に関心がある皆さまに、ぜひともお読みいただきたい。

　2002年3月
　　　　　　三菱信託銀行株式会社常務取締役　矢ケ崎隆二郎

CONTENTS

翻訳によせて……………………………… 1
謝辞……………………………………… 7
イントロダクション……………………… 9
執筆者一覧……………………………… 13

▼パート1　概観

第1章
リスク・バジェッティング：リスク管理新手法の探究──経験者の視点から……………29
レスリー・ラール［キャピタル・マーケット・リスク・アドバイザーズ］

第2章
金融危機とリスク管理………………………65
マイロン・ショールズ［オーク・ヒル・キャピタル・マネジメント］

▼パート2　リスク・バジェッティングとは

第3章
リスク・バジェッティング──ファンド全体でのアクティブリスク管理………………83
カート・ウィンクルマン［ゴールドマン・サックス・インベストメント・マネジメント］

第4章
ヒストリカルデータにひそむ危険性……127
アンドリュー・B・ワイズマン［日興證券インターナショナル］
ジェローム・D・アバナシー［ストーンブルック・ストラクチャード・プロダクツ］

CONTENTS

第5章
ファンドマネジャーのためのVaR ……………………… 153
クリストファー・L・カルプ[CPリスク・マネジメント]
ロン・メンシンク[ウィスコンシン州投資委員会]
アンドレア・M・P・ネビス[CPリスク・マネジメント]

第6章
年金基金とファンドマネジャーのための、VaRを使ったリスク・バジェッティング ……………………… 187
ミッシェル・マッカーシー[ドイツ銀行グループ]

第7章
アクティブ・ファンドマネジャーのためのリスク・バジェッティング──「グリーン・ゾーン」を用いたリターンの質の評価 ……………………… 237
ロバート・リッターマン／ジャックス・ロンガーステイ／ヤコブ・ローゼンガーテン／カート・ウィンクルマン[ゴールドマン・サックス・インベストメント・マネジメント]

第8章
リスクへのこだわり ……………………… 283
エミー・B・ハーシュ[パラダイム・コンサルティング・サービス]

第9章
マーケットニュートラル投資戦略 ……………………… 311
ジョセフ・G・ニコラス[HFR]

第10章
システムインフラの課題——情報技術とデータベースの効果的な利用法……425
ガブリエル・ボウスビブ［ロイター・フィナンシャル］

▼パート3　実務家の考察
リスク・バジェッティングのケーススタディ

第11章
年金基金におけるリスク・バジェッティング……479
レオ・デ・ビーバー／ウェイン・コズン／バーバラ・ズバン［オンタリオ州教職員年金基金理事会］

第12章
条件付きリスク許容度の下でのリスク・バジェッティング……507
マイケル・デ・マルコ／トッド・E・ペッツェル［パトナム・インベストメント・アンド・コモンファンド・グループ］

第13章
ファンドマネジャーにとってのVaR……557
ステファン・リース［ベアリング・アセット・マネジメント］

訳者あとがき……573

RISK BUDGETING by Leslie Rahl
Copyright © 2000 by Risk Waters Group Ltd.
Originaly published by Risk Books
Japanese traslation published by arrangement with Risk Waters Group Ltd.
through The English Agency (Japan) Ltd.

イントロダクション

レスリー・ラール
キャピタル・マーケット・リスク・アドバイザーズ社

　私は、本書の編集依頼を受けたことを光栄に思う。本書は、これまでのところ「リスク・バジェッティング」というテーマを取り扱った唯一の本であり、リスク・バジェッティングを実践するうえでの注意点や持ち上がった問題点について書き記したものだからである。お読みいただければ分かるとおり、本書の出版に貢献した最先端のプレーヤーから見ても、リスク・バジェッティングのアートとサイエンスは、今なお進化し続けている。
　また、リスク・バジェッティングへの「転向者」が増える一方で、今なお懐疑的な見方をする人も多いことを認識しておかなければならない。以下は、そのような批判の一例である。

- 「リスク調整後リターンを気にしてもしょうがない」
- 「必要な前提条件がとても多く『私の株式ポートフォリオは常に年間5％稼ぐ』のほうが、明解で分かりやすい」
- 「リスクはそれほど重要ではない。本当に重要なのは、私の運用マネジャーがベンチマークをアウトパフォームするか否かである」
- 「リスク測定手法は、そもそも不正確であり、使い物にならない」

　こうした議論はまったく意味がないというわけではないが、私たちのようなリスクのパイオニアが、開発・進化を遂げようとして立ち向かってきたさまざまな議論とさして違いはない。
　アセット・アロケーションは、慣れ親しんでいる手法である。一方、リスク・バジェッティングには新しい考え方が求められる。そのため、

新たな課題が持ち上がるのである。

本書は2000年夏に、リスク・バジェッティングやリスク管理といった分野における最先端の考え方について、機関投資家や年金基金がさまざまな角度から評価できるように編集されたものである。私は、本書に採り上げたコンセプトの多くが、今後飛躍的に発展していくものと十分に期待しており、また本書がその発展の重要な礎になると確信している。

本書の内容は以下のとおりとなっている。

第1章では、私がこれまでのリスクに対する見方を紹介し、投資のリスク管理について一般的な概論を述べる。

第2章では、1997年に栄光のノーベル賞を受賞し、ソロモン・ブラザーズのデリバティブ部門やLTCM(ロング・ターム・キャピタル・マネジメント)での経験が豊富なマイロン・ショールズ氏が、リスクや危機管理について自身の考えを述べる。

第3章では、カート・ウィンクルマン氏が、十分に確立しているポートフォリオ理論の原理を、どのようにファンド全体のリスク管理に適用できるかについて述べる。

第4章では、アンドリュー・ワイズマン氏とジェローム・アバナシー氏が、ヘッジファンドの本当のパフォーマンス特性を描き出す、扱いやすいモデル(GMDモデル)を紹介している。

第5章では、クリストファー・カルプ氏、ロン・メンシンク氏、アンドレア・ネビス氏が、VaR(バリュー・アット・リスク)をファンドマネジャーのリスク管理に応用するに当たっての考え方を述べている。ファンドマネジャーのとっているリスクが、望んだものなのか、必要なものなのか、予定したものなのかを検証するツールとして、VaRは非常に重要であると評価している。

第6章では、ミッシェル・マッカーシー氏が、リスク・バジェッティングやVaRを、伝統的な投資リスク管理の実践と区別して考察し

ている。後者には、アセット・アロケーションや標準偏差のような伝統的な投資リスク測定の実践も含まれている。本章では、新しい技術を既存の投資プロセスに組み入れる、独創的で価値のある見方を学ぶことになるだろう。

第7章では、ロバート・リッターマン氏、ジャックス・ロンガーステイ氏、ヤコブ・ローゼンガーテン氏、カート・ウィンクルマン氏が、ファンドマネジャーの役割について論じる。ファンドマネジャーは顧客に代わってリスクをとっており、その適切な範囲を「グリーン・ゾーン」と呼んでいる。

第8章では、エミー・ハーシュ氏が「リスクへのこだわり」について観察によって得た情報と経験を述べ、第9章では、ヘッジファンド・リサーチ社の創設者兼社長であるジョセフ・ニコラス氏が、マーケットニュートラル投資戦略のリスクについて述べる。

第10章では、運用業務に携わるさまざまな関係者にリスク情報が素早く伝わるために必要なシステムの配備、利用法について、ガブリエル・ボウスビブ氏が見解を述べる。

第11章では、レオ・デ・ビーバー氏、ウェイン・コズン氏、バーバラ・ズバン氏が、オンタリオ州教職員年金基金でリスク・バジェッティングを実践し、学んだことを述べる。当年金基金は、いち早く資産クラス間のリスク測定や比較にVaRを用いている。

第12章では、マイケル・デ・マルコ氏が、リスク・バジェッティングを採り入れることは、投資家にとってリスク管理を学ぶ良い機会になるだろうとの見解を述べる。なぜなら、重要な前提条件の多くは組織の投資哲学に深く浸透しているため、受託者や運用スタッフがその前提条件にもはや何の疑問も持たなくなっているからである。

そして最後に、第13章では、ステファン・リース氏が、伝統的な運用マネジャーのリスク管理手法であるトラッキング・エラーを捨て去り、代わりにVaRを利用すべきであるという意見を述べる。

執筆者一覧

レスリー・ラール（Leslie Rahl）　第1章

リスク管理コンサルティング会社、キャピタル・マーケット・リスク・アドバイザーズ（Capital Market Risk Advisors, Inc）社長。1991年にコンサルティング会社を設立するまで、シティバンクに19年間勤務し、そのうち9年は北米地域デリバティブ・グループの責任者を務めた。1997年には『ユーロマネー』誌の「ファイナンス部門・女性トップ50」に入り『リスクマガジン』の5周年、10周年記念号でも紹介されている。また、著作も数多くある。その他の経歴としては、5年間国際スワップ・デリバティブ協会のディレクターを務め、現在は国際フィナンシャル・エンジニア協会やフィッシャー・ブラック記念財団のボード・メンバーである。さらに、マサチューセッツ工科大学スローン経営学大学院のフィナンシャル・エンジニアリング・プログラムの諮問委員会でボード・メンバーになっている。マサチューセッツ工科大学でコンピューター科学学士を、同大学スローン経営学大学院でMBA（経営学修士）を修得。

マイロン・ショールズ（Myron Scholes）　第2章

オーク・ヒル・キャピタル・マネジメント（Oak Hill Capital Management）の共同経営者で、スタンフォード大学経営大学院では、ファイナンスのフランク・E・バック名誉教授である。また、ブラックショールズのオプション・プライシング・モデルの共同開発者でもある。このモデルは、世界の金融機関がリスクを評価、管理するときに用いるリスク管理ツールの基礎となっている。この功績によって、1997年にノーベル経済学賞を受賞した。

彼は、スタンフォード大学経営大学院のファイナンスのフランク・

E・バック教授であるだけでなく、同大学フーバー研究所では、シニア・リサーチ研究員を務めた。また同大学経営大学院で、ファイナンスのエドワード・イーグル・ブラウン教授を務め、さらにマサチューセッツ工科大学スローン経営学大学院では、ファイナンスのアシスタントや準教授も務めた。その他、数多くの金融機関や企業、取引所でコンサルティングを行うだけでなく、世界各地の機関で講演会を行っている。オーク・ヒル社に移籍する前は、LTCM（ロング・ターム・キャピタル・マネジメント）の社長兼リミテッドパートナー、ソロモン・ブラザーズではマネジングディレクターやリスク管理委員会のメンバーを務めた。また、債券デリバティブ・セールス・トレーディング部門の共同責任者であったとき、デリバティブの仲介業務を行う子会社、ソロモン・スワップ・コーポレーションの創設に貢献した。シカゴ大学で博士号を修得。また、パリ大学、マックマスター大学、そしてルーバン大学で名誉博士号を取得。

カート・ウィンクルマン（Kurt Winkelmann）　第3章、第7章

1993年にゴールドマン・サックス（Goldman Sachs）に移籍し、現在は法人調査・戦略部門のバイス・プレジデント兼責任者。ここでは、機関投資家の関心事となるような戦略的な問題を採り上げている。ゴールドマン・サックスに移籍する前は、5年間ロンドンの債券リサーチグループに所属し、グローバル債券ポートフォリオ戦略の責任者を務めた。著作や共著に『マーケット・エクスポージャの管理（Managing Market Exposure）』（1996年）、『「共分散行列の推定（Estimating Covariance Matrices）』（1998年）、『ブラック・リッターマン・モデル──3年の実践経験（Using the Black-Litterman Model：Three Years of Practical Experience）』（1998年）がある。また、インベストメントテクノロジー業界でも業務経験があり、ファーストバンク・システムズ社ではエコノミストを担当した。マカレス

ター大学で文学士を、ミネソタ大学で経済学博士号を修得。

アンドリュー・B・ワイズマン（Andrew B, Weisman）　第4章

日興證券インターナショナル（The Nikko Securities Co. International, Inc）のチーフ・インベストメント・オフィサーで、アセット・アロケーションや資産管理、ポートフォリオ分析、定量的リスク管理、商品開発および自己勘定トレーディングの責任者を務める。そして、同社やほかの資産運用会社が使用する分析ツールやトレーディング手法といったリスク管理システムを開発した。そのなかにはカーギル・フィナンシャル・サービス向けに開発されたコールオプション連動型信託（COLT）も含まれる。日興へ移籍したのは、山一インターナショナルでストラクチャード・プロダクツ・グループのシニア・バイス・プレジデント兼マネジャーのときである。それ以前は、バンカース・トラストの自動通貨トレーディングチームで責任者を、クレディ・ド・ノール・アンド・アメリカから受託した通貨ファンドの運用責任者を、コモディティーズ・コーポレーションでシニア・アセット・マネジャーを務めた。コロンビア大学で哲学・経済学士を修得。同大学で国際問題、公共問題を研究し、国際分野で修士号を修得した。また、同大学経営大学院で博士号取得の特別奨学生となり、博士号の全課程、全試験を終了した。

ジェローム・アバナシー（Jerome Abernathy）　第4章

ニューヨークに拠点を置くオルタナティブ投資会社、ストーンブルック・ストラクチャード・プロダクツ（Stonebrook Structured Products, LLC）の共同経営者。ボラティリティ・ヘッジ・プログラムや外国為替プログラム、エンハンスド・トレンド・プログラムなど、ヘッジファンド商品の開発責任者でもある。ストーンブルック社を創立する以前は、ニューヨークにあるヘッジファンド、ムーア・キャピ

タル・マネジメントで調査局長の職にあった。調査局長時代は、オフショア・デリバティブ・ファンド、IMSグローバルⅠの運用マネジャーと、調査・研究部門の育成・指導責任者を兼務した。ムーア・キャピタルに移籍する前は、メリルリンチ、ピアース、フェナー・アンド・スミスでバイス・プレジデント、ニューヨークのFCMではブローカー・ディーラーをしていた。FCMではトレーディング分析グループの管理者で、定量的手法に基づいた自己勘定ディーリングを担当。トレーダー兼調査担当者としては、モルガン・スタンレーのデリバティブ・トレーディング・グループで最初に経験を積んだ。そこでデリバティブ、通貨市場におけるクオンツ手法の開発、運用を担当した。ワシントンDCのハワード大学電気工学理学士、マサチューセッツ工科大学電気工学コンピューター科学で科学修士および博士号を修得。

クリストファー・L・カルプ（Christopher L. Culp） 第5章
　シカゴのCPRM（CP Risk Management LLC）ではリスク管理部門のディレクター、シカゴ大学ではファイナンスの準教授を務める。CPRMでは、金融リスクの管理、すなわちリスク調整後の資本配分やALMにかかわる諸問題についてコンサルティングを行っている。それ以前は、リスク・マネジメント・コンサルティング・サービスの代表、シカゴ連邦準備銀行規制監督部門で準主任調査官、GTマネジメント・アジアでリサーチ・エコノミスト、トレードリンク社で通貨オプションのトレーディング・ストラテジストを歴任した。デリバティブやリスク管理、金融における規制など、幅広い分野で著作があり『デリバティブ・クォータリー』誌の編集長でもある。また、ワシントンDCのコンペティティブ・エンタープライズ・インスティテュートでは、金融規制のシニア研究員をしている。シカゴ大学経営大学院でファイナンス博士号、ジョンズ・ホプキンス大学で経済学士を修得。

ロン・メンシンク（Ron Mensink）　第5章
ウィスコンシン州投資委員会（The State of Wisconsin Investment Board）における定量分析担当のディレクター。アセット・アロケーションやパフォーマンス測定、リスク計測に関する分析業務を管理している。ウィスコンシン大学でファイナンスのMBAを修得、米国証券アナリスト協会会員。

アンドレア・M・P・ネビス（Andrea M. P. Neves）　第5章
シカゴに拠点を置くCPRM（CP Risk Management, LLC）のバイス・プレジデント。金融リスク測定やボラティリティ分析、経営リスクコンサルティングを専門とする。CPRM移籍前は、リスク・マネジメント・コンサルティング・サービス社のシニア・テクニカル・コンサルタントであった。また、デリバティブ取引をめぐる訴訟をサポートする会社に所属したほか、フューチャーズ・オプション市場研究センターでリサーチを担当した経歴を持つ。加えて、VaRや資産管理といったリスク管理に関する共著がある。シカゴ大学経営大学院で、役員教育プログラム・リスク管理コースの講師も務めている。物理学士、経済学士であるほか、現在、シカゴ大学でファイナンスのMBA修得を目指している。

ミッシェル・マッカーシー（Michelle McCarthy）　第6章
ドイツ銀行グループ（The Deutsche Bank group）のマネジングディレクターで、機関投資家向けサービスを行うリスクオフィス部門リスク測定サービス局（かつてはRAROC2000として知られていた）の責任者。バンカース・トラストとの合併によってドイツ銀行へ移籍した。1986年にバンカース・トラストに勤務して以来、さまざまな業務を経験している。IQフィナンシャル・システムのリスクプロダク

ト・マネジャーや資産管理部門のリスク管理責任者、社内リスク管理グループの欧州リスク管理責任者、金利、株式、通貨デリバティブのマーケティングおよびトレーディングなど。ハーバード大学で博士号を、ワシントン大学で学士を修得。

ロバート・リッターマン（Robert Litterman）　第7章

　ゴールドマン・サックス（Goldman Sachs）のクオンツ部門ディレクター。故フィッシャー・ブラックと、ブラック・リッターマン・モデルを共同開発した。このモデルは、アセット・アロケーションにおける重要なツールとなっている。資産運用部門の前は、1994年以来、企業リスク部門の責任者を務めた。OT&F部門の前は、8年間債券部の調査部門に所属し、故フィッシャー・ブラックと調査・モデル開発グループを共同管理していた。2人は、2つの論文『アセット・アロケーション——投資家予測と市場均衡の結合（Asset Allocation：Combining Invester Views with Market Equilibrium）』（1990年）、『株、債券、為替を使ったグローバル・アセット・アロケーション（Global Asset Allocation With Equities, Bonds, and Currencies）』（1991年）を共著している。また、カート・ウィンクルマン（Kurt Winkelmann）との共著に『マーケット・エクスポージャの管理（Managing Market Exposure）』（1996年）があるほか、著作に『ホット・スポットとヘッジ（Hot Spots and Hedges）』（1996年）がある。さらにウィンクルマンとの共著に『共分散行列の推定（Estimating Covariance Matrices）』（1998年）がある。これらに加え、ゴールドマン・サックスの企業リスク部門に在籍中の1998年に、SBCウォーバーグ・ディロン・リードと共同制作で『リスク管理の実践（The Practice of Risk Management）』を著した。ゴールドマン・サックスに勤務する1986年以前は、ミネアポリス連邦準備銀行調査部門のアシスタント・バイス・プレジデント、マサチューセッツ工

科大学経済学部の準教授であった。スタンフォード大学で理学士を、ミネソタ大学で経済学博士号を修得。

ジャックス・ロンガーステイ（Jacques Longerstaey）　第7章

JPモルガンからバイス・プレジデントとしてゴールドマン・サックス（Goldman Sachs）へ移籍。その後ゴールドマン・サックス・アセット・マネジメント（GSAM）のリスク管理部門に所属し、ヤコブ・ローゼンガーテンと共に共同責任者となった。後にマネジング・ディレクターに就任。JPモルガン時代は「リスク・メトリクス」の開発責任者であった。また、欧州、中東、アフリカ滞在中は、リスク管理の顧問を担当し、リスク管理技術やプロセスを最大限導入できるように、多くのクライアントと共同作業を行った。このほか、JPモルガンでは債券インデックス部門を運営し、経済、債券戦略上の展望に基づき、ベネルクス（ベルギー、オランダ、ルクセンブルクの3国）を同インデックスに採用した。ルーバン大学で経済学士を修得。

ヤコブ・ローゼンガーテン（Jacob Rosengarten）　第7章

リスク・マネジメント社（Risk Management Group）資産管理部門のマネジング・ディレクター兼共同責任者。それ以前は、コモディティーズ・コーポレーション（1997年ゴールドマン・サックスが買収）に1983年まで在籍。同社で会計、アシスタント・コントローラーおよびコントローラーのディレクターを務め、その前はリスク分析、クオンツ分析のディレクターを担当した。この間、各ポジション、つまり、フューチャーズやデリバティブ、株式、エマージング市場など、多様な商品を取引する運用マネジャーやポートフォリオマネジャーのポジションについてリスク測定を行うグループを指揮した。同社に移籍する前は、アーサー・ヤング社で監査役を務めた。ブランダイス大学で経済学士を、シカゴ大学会計学科でMBAを修得。また公認会計

士の資格も修得している。

エミー・B・ハーシュ（Amy B. Hirsch） 第8章

　パラダイム・コンサルティング・サービスのCEO（最高経営責任者）。同社は投資コンサルティング会社であり、オルタナティブ投資を行っている機関投資家向けに、定量的ポートフォリオ分析やリスク管理サービスを提供している。彼女はこの分野で20年の経験があり、特にヘッジファンド、フューチャーズ、コモディティ・プール、インターバンク市場の通貨およびデリバティブ取引に精通している。メリルリンチには12年間在籍した。そのうち半分は、メリルリンチ・フューチャーズ・インベストメント・パートナーズ社のバイス・プレジデントであった。そこでコモディティ・プールのオペレーターとして、MFLIPのトレーディング・グループを創設、運営した。その後、スミス・バーニー、ハリス・アップハム社で、マネージド・フューチャーズ部門を監督するシニア・バイス・プレジデントの任に就いた。リンク・ストラテジック・インベスターズ社で2年を過ごした後、1994年にパラダイム社の共同創業者となった。彼女は、オルタナティブ投資の分野にも理解があり、多くの会議で議長を務めている。また、ニューヨーク・マーカンタイル取引所資金管理諮問委員会のメンバーでもある。フォードハム大学で経済学士を修得。

ジョセフ・G・ニコラス（Joseph G. Nicholas） 第9章

　ヘッジファンドとオルタナティブ投資戦略の権威。ヘッジファンド・リサーチ（HFR）LLCおよびヘッジファンド・リサーチ（HFR）Inc.の創業者で社長。HFR LLCは、SEC（米証券取引委員会）登録の投資顧問会社でファンド・オブ・ファンズとマルチ・マネジャー・ポートフォリオの構築と管理を専門としている。HFR Inc.は、ヘッジファンド関連データ提供の大手であり、業界随一の規模とカバレッ

ジを誇るヘッジファンドのデータベースである「HFRデータベース」が有名。また同氏はチューリッヒHFRインデックスファンドを共同開発した。このファンドは、マーケットニュートラルおよびヘッジファンドの各戦略別インデックスへの投資を世界で初めて可能としたものであり、日次ベースでの時価開示などの高い透明性などを特徴としている。著書に『マーケットニュートラル投資の世界』(パンローリング刊・2002年)『ヘッジファンドのすべて』(東洋経済新報社刊・2000年)がある。オルタナティブ投資に関する講演やメディアへの出演も多数。デポール大学卒で商学士号、ノースウェスタン大学ロースクールで法学博士号を修得。

ガブリエル・ボウスビブ (Gabriel Bousbib)　　第10章

ロイター・フィナンシャル (Reuters Financial) の戦略マーケティング・業務開発マネジング・ディレクター。商品開発をはじめ、社外提携やジョイントベンチャー、買収を通じて投資業界におけるロイターのプレゼンス向上に努めている。また、同社のアプリケーションやエンタープライズ・ソリューション(トレーディング・システムや発注管理ソフト、インフラストラクチャーなど)のマーケティング活動も担当している。それ以前は、ロイター・アメリカ・ホールディングスのリスク管理部門シニア・バイス・プレジデント兼チーフ・オペレーティング・オフィサーであった。ここでは、発注管理やリスク管理の執行責任者であったことに加え、業務開発、金融工学の発展から、セールスやマーケティング、そして技術指導、アプリケーション・サポートまで担当した。ロイター移籍前は、財務サービスやリスク管理専門の経営コンサルティング会社、CBMグループのマネジング・ディレクター兼社長であった。彼はまた、デリバティブ・ディーラー向けにリスク管理システムを開発するソフトウエア会社、MYCA社の創業者でもある。それ以前は、メリルリンチ・キャピタル・マーケッ

ツのデリバティブ部門でリスク管理を担当した。コロンビア大学経営大学院でMBAを修得、パリのエコール・ポリテクニークを卒業。

レオ・デ・ビーバー（Leo de Bever）　第11章

オンタリオ州の教職員退職基金を運営するオンタリオ州教職員年金基金理事会（Ontario Teacher's Pension Plan Board、オンタリオ基金）の調査・経済部門でシニア・バイス・プレジデントを務める。この部門では、基金のアセットミックスの研究やリスク管理、TAAおよび投資戦略の背景にある経済分析を行っている。また、基金のインフレ連動債ポートフォリオも管理している。最近、同部門で定量的リスク測定システムが導入された。現在これは、アクティブ運用のリスク配分に用いられている。オタワのバンク・オブ・カナダに入社後、チェース銀行の傘下にある経済コンサルティング会社のトロント事務所に勤務した。この後、資産運用業界へ転身、クラウン生命、野村證券へ移る。オンタリオ基金には1995年に就任した。彼はまた、カナダ経営経済協会元会長で、現在『カナディアン・ビジネス経済ジャーナル』誌の編集も担当している。ウィスコンシン大学で経済学博士号を修得。

ウェイン・コズン（Wayne Kozun）　第11章

オンタリオ州教職員年金基金理事会の調査・経済部門ディレクターで、定量的通貨ポートフォリオを管理している。ほかにもリスク管理やSAA、TAA、定量的投資戦略および通貨エクスポージャの管理を行っている。それ以前は、エクソンのカナダ子会社、インペリアル・オイル社の資金部門に所属。またそれ以前はノーザン・テレコム社の電気工学部門に所属していた。ウェスタン・オンタリオ大学アイベイ校でMBAを、また同大学で電気工学士を修得。1996年にCFAを修得。現在、米国投資管理調査協会会員、トロント財務アナリスト協会会員。

バーバラ・ズバン（Barbara Zvan）　第11章

オンタリオ州教職員年金基金理事会（オンタリオ基金）調査・経済部門のディレクター。年金基金にオルタナティブ投資を紹介するほか、長期アセットミックスや短期TAA、そしてリスク測定を行うことが、この部門の重要な業務となっている。とりわけ彼女の専門は資産・負債に関する研究であり、それは戦略アセットミックスの策定のために、またサープラス政策の違いがどのように基金のリスクに影響を及ぼすかを調査するために利用されている。オンタリオ基金へ移籍する前は、カナダの大手銀行でクオンツ・リサーチ部門を担当した。年金アクチュアリー協会会員、カナダ・アクチュアリー協会会員。ウォータール一大学で数学博士号を修得。

マイケル・デ・マルコ（Michael de Marco）　第12章

パトナム・インスティテューショナル・マネジメント（Putnam Institutional Management）のシニア・バイス・プレジデント兼戦略リレーションチームのメンバー。同社の大手先端企業顧客に対してクライアントサービスやリレーションシップの充実を図っている。彼はまた、パトナムの利益分配退職金基金諮問委員会や米国投資管理調査協会、ボストン証券アナリスト協会、シカゴ・クオンツ連盟、国際金融工学協会の会員である。パトナム移籍前は、GTEインベストメント・マネジメントに在籍。この業界に就いたのは、シティコープでグローバル株式のファンドマネジャーを担当してからである。また、シティバンク・インターナショナル・バンキング・グループに所属し、アルゼンチン、プエルトリコの在住経験もある。カーネギーメロン大学で理学士、マサチューセッツ工科大学で理学博士号を修得。

トッド・E・ペッツェル（Todd E. Petzel）　第12章

コモンファンド・アセット・マネジメント・カンパニー社（Commonfund Asset Management Company, Inc）の社長兼チーフ・インベストメント・オフィサー。それ以前は、シカゴ・マーカンタイル取引所業務開発部門のエグゼクティブ・バイス・プレジデントであった。業務経験は、ニューヨークにあるコーヒー、砂糖、ココア取引所でチーフ・エコノミストを担当したことから始まり、その後シカゴ・マーカンタイル取引所の金融リサーチ部門でバイス・プレジデントを務めた。シカゴでは、シカゴ大学経営大学院で教鞭を執り、ファイナンスの講義を行った経験もある。著書には『フィナンシャル・フューチャーズとオプション――マーケット、アプリケーション、ストラテジーガイド（Financial Futures and Options : A Guide to Markets, Applications and Strategies）』（1989年）があるほか、多くの記事、レビューを著している。また、経済やファイナンスの専門誌を数多く審査しており『デリバティブ・クォータリー』誌では編集も担当している。シカゴ大学で文学士、同修士、同博士号を修得。後に、マカレスターカレッジ、スタンフォード大学で教鞭を執った。

ステファン・リース（Stephen Rees）　第13章

ロンドンのベアリング・アセット・マネジメント（Baring Asset Management）クオンツリサーチ部門のディレクター。投資分野の経験年数は13年および、クオンツ手法の開発、導入、そしてマーケティングに従事してきた。この分野の業務経験は、BZWインベストメント・マネジメント（現バークレイズ・グローバル・インベスターズ）で、英国株式市場向けに株式銘柄選択システムのひとつを開発したことから始まった。その他、クオラム社に勤務し、ベアリングへ移籍するまでは、ロスチャイルド・アセット・マネジメントのクオンツリサーチ部門責任者であった。クオンツ投資やリスク管理に関する会

議での講演経験も豊富。ロンドンのインペリアル・カレッジで物理学の最上級名誉号を、ケンブリッジ大学で数理物理学博士号を修得。

PART

1

概観

第1章
リスク・バジェッティング：リスク管理新手法の探究
——経験者の視点から

レスリー・ラール
キャピタル・マーケット・リスク・アドバイザーズ

　リスク管理の探究に終わりはなく、今も発展の途中段階にある。それは最良の実施方法を一回だけ実行すればよい、というものではなく、むしろ生涯にわたって知的探究を続けていかなければならないものなのである。20年前、デリバティブやリスクに私が最初にかかわった当時のリスク管理手法を振り返ってみるとつい笑ってしまう。「モーゲージ（住宅ローン債権）の平均残存年数は10年である」とか「ボラティリティは一定」とかいった表現はもはや過去のものとなったが、当初は重要な進歩と考えられていたのである。何年かたった後、リスク・バジェッティングに対する私たちの稚拙なアプローチを振り返ったとき、同じようなおかしさを感じることになるであろう。図1のグラフはリスク計測の進化を図示したものである。

リスク革命の原動力

　リスク革命の原動力とは何であろうか。最も大きな要素は、技術革新である。また、次に大きな要素は受託者責任に対する意識の高まりである。その影響から受託者、年金スポンサー、監督者、民間企業の取締役および規制当局などの意識と能力が高まってきており、受託者

図1 リスク計測手法の発展

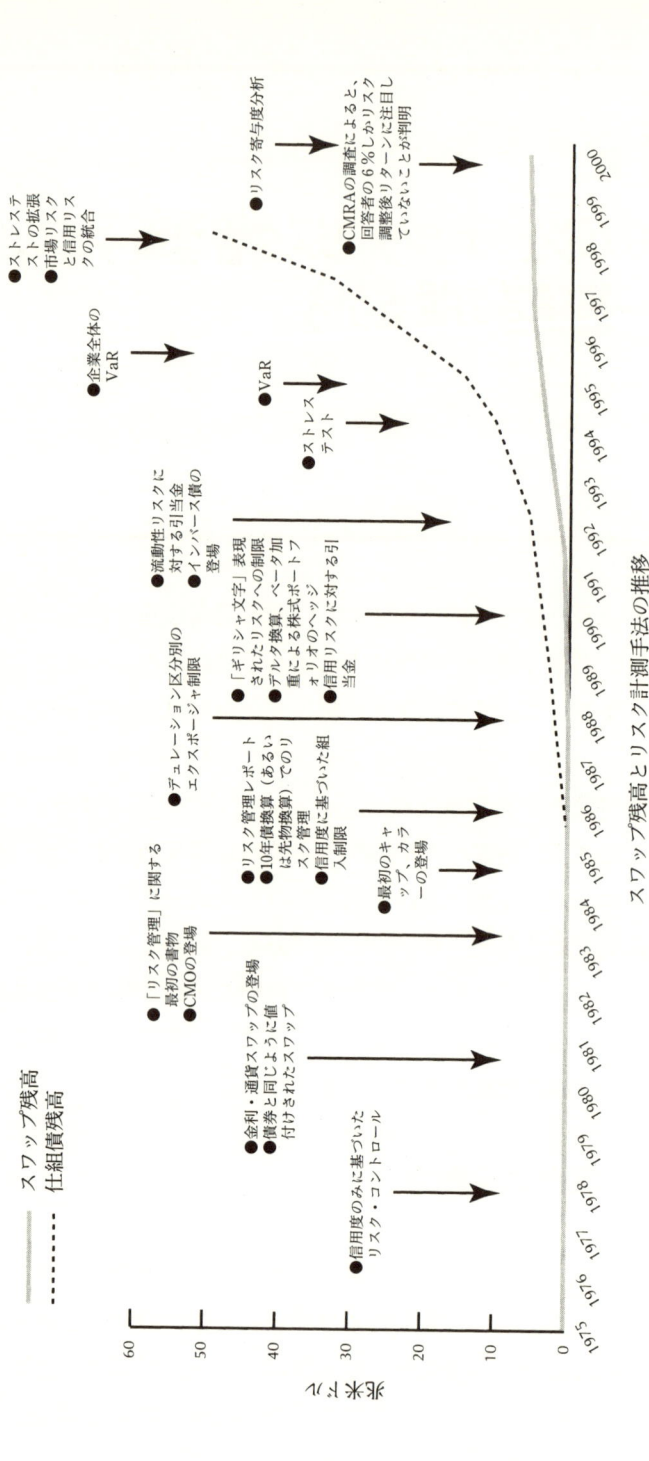

― スワップ残高
‥‥ 仕組債残高

- 信用度のみに基づいたリスク・コントロール (1977)
- 金利・通貨スワップ (1981)
- 債券と同じように値付けされたスワップ
- 「リスク管理」に関する最初の書物 (1983)
- CMOの登場
- リスク管理レポート (1986)
- 10年債換算（あるいは先物換算）でのリスク管理
- 信用度に基づいた組入制限
- 最初のキャップ、カラーの登場 (1985)
- デュレーション区分別のエクスポージャー制限 (1987)
- 「ギリシャ文字」表現されたリスクへの制限 (1989)
- デルタ換算、ベータ換算による株式ポートフォリオのヘッジ
- 信用リスクに対する引当金
- 流動性リスクに対する引当金 (1991)
- インバース債の登場
- VaR (1993)
- ストレステスト
- 企業全体のVaR (1995)
- ストレステストの拡張 (1998)
- 市場リスクと信用リスクの統合
- リスク寄与度分析 (1999)
- CMRAの調査によると、回答者の6％しかリスク調整後リターンに注目していないことが判明

スワップ残高とリスク計測手法の推移

（兆米ドル: 0, 10, 20, 30, 40, 50, 60）
（年: 1975–2000）

図2 リスク一覧

- 会計リスク
- 倒産リスク
- ベーシス・リスク
- コール・リスク
- 元本リスク
- 担保リスク
- コモディティー・リスク
- 集中リスク
- 契約リスク
- 信用リスク
- 通貨リスク
- 日中リスク
- 株式リスク
- 外挿リスク
- 受託者リスク
- ヘッジ・リスク
- 満期リスク
- 氷山リスク
- 金利リスク
- 知識リスク
- リーガル・リスク
- 制限リスク
- 流動性リスク
- 市場リスク
- 異端リスク
- モデル・リスク
- ネッティング・リスク
- オプショナル・リスク
- 人的リスク
- ファントム・リスク
- 政治リスク
- 期前返済リスク
- 広報リスク
- 原データ・リスク
- 規制リスク
- 再投資リスク
- ロールオーバー・リスク
- スプレッド・リスク
- 適合性リスク
- システミック・リスク
- システム・リスク
- 課税リスク
- テクノロジー・リスク
- タイムラグ・リスク
- 変動性リスク
- イールドカーブ・リスク

注=一部抜粋

責任について多くの質問が寄せられるようになった。加えて、最近の重大事件が原因で、ガイドライン、定義を更新しなければならなかったことや、ファンドの透明性を要求する声が高まっていることも大きな要素に挙げられる。

　投資家は、リターンを追求するために要するリスク量に注目し始めた。運用対象、ファンドマネジャー、そしてポートフォリオのリスクと運用報酬に注目する傾向が強まっているのである。こうした動きに合わせ、運用報酬や手数料が、受託者が想定している必要なリスク量に見合うものなのかどうかを確認する必要が生じてきた。ここで言うリスクには、膨大な種類がある。図2に示した多種多様なリスクの概念は、注にもあるようにあくまで「一部抜粋」したものである。アメリカの利上げ、メキシコ・ペソの平価切下げ、ロシア危機、LTCM（ロング・ターム・キャピタル・マネジメント）の破綻といった市場が混乱している時期には、資産評価の限界・問題点などが話題になった。物事を一面からしか見ないような定量化手法では、損失が生じた状況を制御したり発見したりすることができなかったのである。1998年秋に市場のボラティリティが大きく変動したときも、委託証拠金率

に大きな変化があったため、多くの証券はその流動性の多くを失うことになった。

　1998年のLTCMの危機から学べる最も重要な教訓は「アイスバーグ・リスク（氷山の一角かもしれないリスク）」の重要性である。氷山というのは目に見える部分だけでも大きいが、水面下にあるものはその何倍も大きく、その形も予想のつかないことが多い。より多くのことが見えてくると疑問も多くなってくるものであり、同様のことがリスク管理の過程にも当てはまるのである。例えば、次のような考え方は、リスク管理を発展させるためには何をすべきかの実例という意味で、いわば「氷山の一角」のようなものである。

- 「モーゲージ債の平均残存年数は12年である」というのはリスク管理の世界で受け入れられた画期的な概念であった。
- 信用リスクは、取引相手先の信用状況とは関係なく、満期までの期間のみに基づき、想定元本に対するパーセンテージで測られていた。
- 金利キャップはボラティリティ不変として値付けされ、満期やストライク・プライスとは無関係であった。
- スワップションのボラティリティはキャップのボラティリティから3％差し引いたボラティリティとして計算されていた。
- タイ・バーツはボラティリティの低い通貨であり、あたかも低いボラティリティが将来も続くものとして、その長期オプションは値付けされていた。
- 「トリプルAかつ満期2年未満のものに投資を限定する」というのは一般的でかなり効果的なリスク管理手法であった。
- 満期の長さとは無関係に、想定元本額に上限を設けることが一般的であった。
- 「マーケットニュートラル」は「市場の動きには影響を受けない」と同じ意味と考えられていた。

私のこれまでの歩みとか記憶とかを読者が共有しているかどうかにかかわらず、リスクに関する技術の進展が加速しているという事実には疑いを持たないであろうし、今後もこの動きは続いていくものと確信している。リスク・バジェッティングはこの過程における、きわめて重要な変革をもたらす一歩なのである。

機関投資家のためのリスク管理

　リスクを多くとれば、本当にそれに見合うだけのリターンを得ることができるのだろうか。最大損失額を超えないように身を守るためには、どのような制限を設けるべきなのであろうか。これらは、リスク管理者がじっくり考えなくてはならない基本的な問題の一部である。CMRA（キャピタル・マーケット・リスク・アドバイザーズ）が1997年12月に機関投資家に対し調査を行った結果、リスク調整後リターンに注目しているのは回答者の6％未満であり、回答者の40％が1998年12月までにはリスク調整後の尺度を導入することを計画中であることが明らかになった。新しい世紀に入ってこの進展は加速しているが、まだまだ道のりは長そうである。

　機関投資家は、銀行やブローカー、あるいはディーラーとは違ったニーズを持っている。そのため、彼らは次のようなリスク管理上の課題をも検討する必要がある。

- ●タイム・ホライゾン（投資期間）がより長いこと
  - ・保有期間
  - ・評価の方法
- ●アセットクラスが複数であること
- ●ファンドマネジャーや運用機関が複数であること
- ●受託者責任という独特の問題があること
- ●単純パフォーマンスかリスク調整後パフォーマンスなのかについ

図3 タイム・ホライゾン

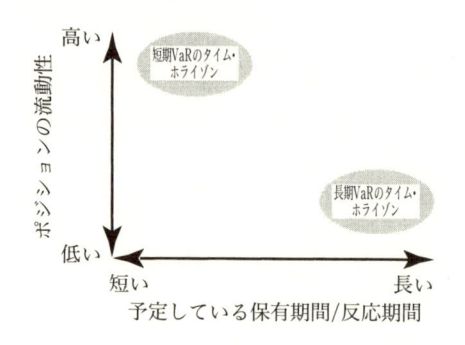

```
ポ  高い ↑
ジ     │   ┌─────────┐
シ     │   │短期VaRのタイム・│
ョ     │   │ホライゾン    │
ン     │   └─────────┘
の     │
流     │              ┌─────────┐
動     │              │長期VaRのタイム・│
性     │              │ホライゾン    │
       │              └─────────┘
   低い │
       └──────────────→
        短い            長い
         予定している保有期間/反応期間
```

て、かねてより論点になっていること

　典型的な機関投資家のタイム・ホライゾンは長いので、その運用ポジションの流動性は低いことが多い。そのため、投資家のタイム・ホライゾンやファンドの流動性特性をリスク定量化のプロセスに含めなければならない。長いタイム・ホライゾンを持つか、あるいは流動性の低いポートフォリオについては、それよりも短くあるいは非常に流動性の高いポートフォリオの場合とは違ったリスク尺度が必要なのである。図3はポートフォリオの運用目的とポジションの流動性が、タイム・ホライゾンの選択にどのように影響を与えるかを示したものである。

アセット・アロケーション対リスク・アロケーション

　歴史的に見てみると、機関投資家は投資戦略を決定するための中核プロセスとしてアセット・アロケーションを使ってきた。アセット・アロケーションのプロセスは、古典的にはアセットクラスの選択に始

図4　アセット・アロケーションのプロセス

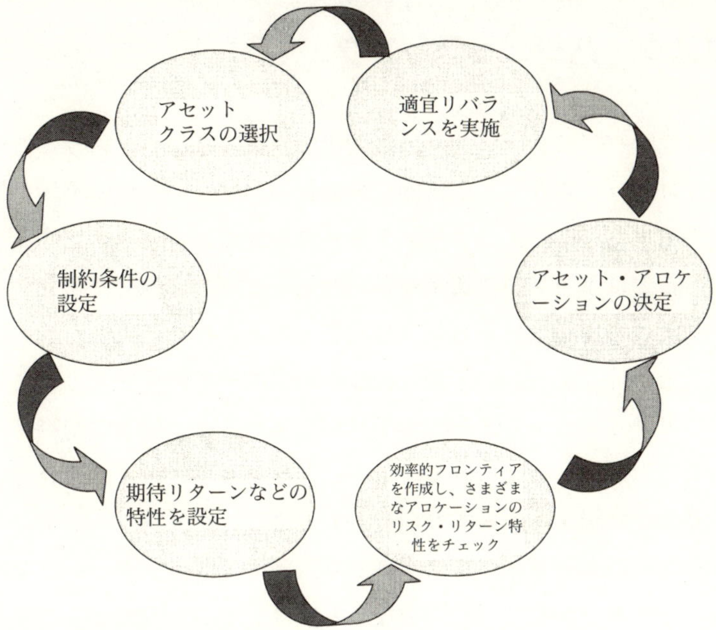

- アセットクラスの選択
- 適宜リバランスを実施
- アセット・アロケーションの決定
- 効率的フロンティアを作成し、さまざまなアロケーションのリスク・リターン特性をチェック
- 期待リターンなどの特性を設定
- 制約条件の設定

まり、図4に示したフローチャートに沿って行われる。

　アセット・アロケーションは重要なツールであるが、リスクを効率的に配分したり、リスク変化を適宜反映させるようなことはしていない。アセット・アロケーションは「リターン」「ベンチマークに勝つこと」、そして「損益」に重点を置いている。これに対し、リスク・バジェットの監視をすることは、新しい世界を開くことにもなるだろう。これは金額の関数であるのみならず、ボラティリティや相関の関数でもある。リスク・バジェッティングのフレームワークでは、資産が一定であるということは、リスクが大きく変動し得る結果になるの

である。

リスク・バジェッティング

　リスク・バジェッティングは最適化の作業ではないということを銘記しなければならない。伝統的な最適化のアプローチは、平均分散モデルを用いたものであり、リスクとリターンのトレードオフ関係を考慮することによって投資資金を各アセットクラスに最適に配分する。このモデルを使用してみると「最適」と考えられた結果が、最も信頼性の乏しい「リターンの予測」にきわめて敏感に影響を受けることに気づくはずである。リターンの予測が変化すると、分散の制約にぶつかるまで、最適と考えられていたポートフォリオが大きく振れてしまう。リスクに関する消極的な前提をもってロング・ショート・ポジションを作った場合など、リスクばかり大きくて期待リターンはなしということになりかねない。明白なことではあるが、巨大なリスクを取りつつ実質的には資本を投じないといった行動からは、通常は本源的な見返りというのは得られないものである。

リスク調整後パフォーマンス

　これまで「リスク調整後パフォーマンス」の定義については活発な議論が交わされてきた。1995年3月、SEC（米証券取引委員会）が投資信託のリスク開示の改善方法について金融界からのコメントを要請した。なんと3700ものコメントや手紙が回答として寄せられたが、これらのほとんどは個人投資家からのものであった。リスクについてもっと情報が必要だという点は一般的な総意であるが、リスクとリスク調整後パフォーマンスの適切な尺度は何かという点についてのコンセンサスはほとんど見られなかった。

ほかの条件が同じならば、リスク調整後パフォーマンスを極大化する投資家は、そうでない者よりも良い成績を得るはずである。投資目的が積極的であれ保守的であれ、リスク量はポートフォリオごとにあらかじめ決まっているような固定値ではないことを認識することが重要である。リスク量は投資家の選好に合わせて変えることができるのである。投資家は、保有するポートフォリオのタイプと、負担することになるリスクの量とを分離して判断するべきである。これはスワップ市場において、どういったクレジット・リスクを保有しようとするかという決定と、ポジションで保有する通貨にかかる決定とを分離して考えることができるようになっているのと同じことなのである。

リスク・バジェッティングとリスク調整後リターンの管理を、必ずしも一緒に行う必要はない。リスク・バジェッティングによって、年金スポンサーはさまざまなリスク・エクスポージャへのポートフォリオの寄与度を評価できるようになる。この枠組みは多様かつ重要な決定を分析するものであるが、これはまずスポンサーが始めなければならない。最初のステップは現在のリスク・エクスポージャを測定することである。スポンサーがそれぞれのマネジャーや運用戦略に関するリスクを計測する能力を持ちさえすれば、次の一歩としてリスク調整後リターンの数式の要素としてリスク尺度を用いることが、簡潔かつ力強いツールとなる。このプロセスの最終目標は、リスクを使って「戦略的リスク管理」ができるようになることである。

VaR（バリュー・アット・リスク）

それではVaR（バリュー・アット・リスク）に話題を向けよう。本書の別の章で述べられているとおり、VaRはリスク管理と計測の重要な要素となっており、ほとんどすべての「リスク・バジェッティング」アプローチで理論的支柱となっている。1990年代以降、企業全体

のVaRが学術的な立場だけでなく実務家や規制当局に受け入れられてきており、また、VaRは、現在のリスク管理上で最も優れた手法の重要な構成要素と考えられてきている。VaRは特定の期間・確率のもとで、ポートフォリオが被り得る最大損失額（率）と定義される。しかし、おそらくVaRではカバーできないことのほうが、VaRで分かることよりも重要であろう。表1がこの特性の概要である。

　VaRを算出する方法はさまざまあり、結果は方法によって異なってくる。表2はその手法をまとめたものである。

　図5の図形に共通していることは何であろうか。どれも12の長方形からなるが、形はまったく違っている。これはポートフォリオが同じでも、VaRの値は大きく違う可能性があることを視覚的によく表している。

　リスク・バジェッティングを効果的に使うためには、VaRの計算値は必ずしもすべて同じ値にはならないことを十分に理解していなければならない。リスク量を用いてポートフォリオを計画するときにはすべて、リスクを計測する手法を首尾一貫させるということが重要である。

　例えば、1997年のアジア危機の間、あるポートフォリオについて、ヒストリカル・シミュレーション法によるVaRと、等加重の分散・共分散法によるVaRと、指数加重した分散・共分散法によるVaRを計算したところ、結果はそれぞれ大きく異なっていた。図6は、あるファンドについての、3つの違った計測手法による日次ベースVaRを示している。単純なファンドにおいてさえもVaRの値が違ってくることがお分かりいただけよう。

　これら3つのVaR計測手法を3つの別々のポートフォリオに適用するという例も考えてみる。図7はこれを示したものであるが、2番目と3番目のポートフォリオを見ると、リスク計測手法によってポートフォリオのリスクがずいぶん違って見えることは確認できるものの、

表1　VaRの性質

VaRとは
- VaRは、特定の期間・確率のもとで、ポートフォリオが被り得る最大損失額（率）
- VaRは、現在、「最良の」リスク管理指標の1つである
- VaRは、実務家、学術家、規制当局のいづれにも受け入れられている
- VaRは、潜在的な損失可能性を測定する手法として利用価値が高い

VaRに関する誤解
- VaRは、最悪ケースのシナリオではない
- VaRは、特定市場下での損失額を計測するものではない
- VaRは、累積損失を表わすものではない
- VaRは、それだけでは、リスク管理に十分なものではない

表2　VaR手法

計測手法	分散・共分散法、ヒストリカル・シミュレーション法、モンテカルロ法
ホライゾン	1日～数年
信頼水準	84%、95%、97.5%、99%など
データ対象期間	1カ月から14年

図5　VaRの結果は、千差万別

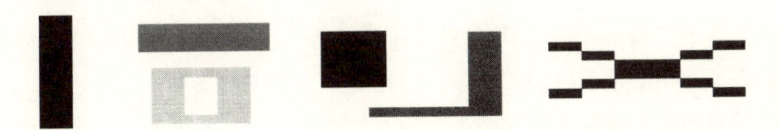

図6　VaRの計測手法による結果の違い

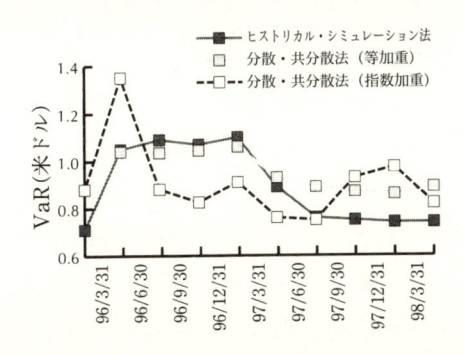

図7 ポートフォリオによって違う最適な計測手法

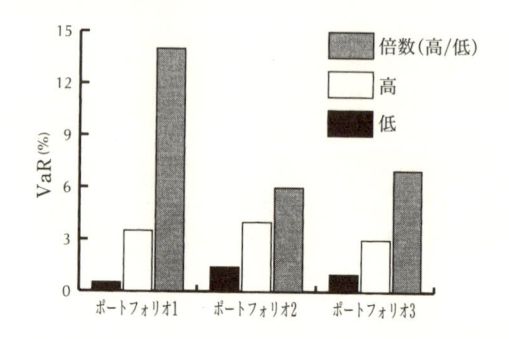

一貫した関係性を見つけることはできず、ほかのポートフォリオに類推適用できるような関係も見つけだせなかった。

多くのファンド（例えば、洗練された精緻な定量分析の達人であるLTCMのようなファンドでさえも）は1998年の秋、資金繰りで行き詰まることになった。VaRだけでは多くのスプレッド・リスクをとらえることができないのである。信用スプレッドに影響を与え、さらには満期29年と30年の米国債の利回りスプレッドを拡大した「質への逃避」、そして「ユーロ統合」取引の不安定な動きは、基本的なVaRの公式では捕捉できないリスクの一例である。ストレステストの結果を加味してリスク・バジェットの配分を行うことが、効果的なリスク管理を行ううえで重要である。

VaRの継続的な監視

ファンドのVaR情報を「継続的」に分析すると貴重な洞察を得られることがある。個々のファンドの推定リスクを目標値と比較することによって、ファンドマネジャーが期待に沿うリスクのとり方をして

図8　VaRの感応度のトレンド

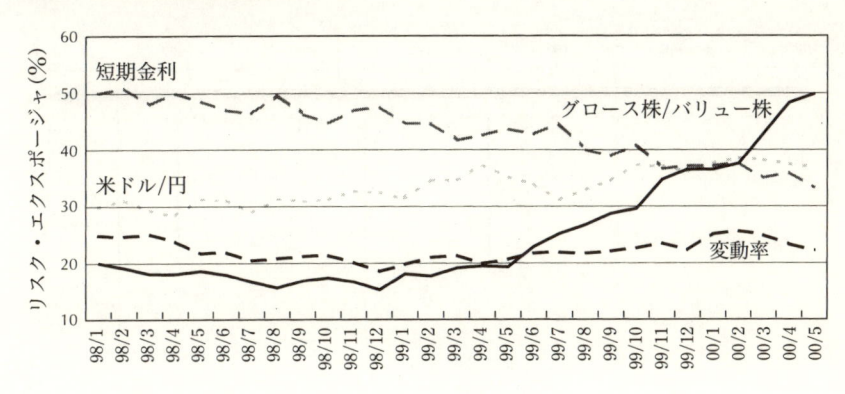

いるかどうかを評価できる。大きく逸脱している場合には議論が必要になるであろう。ファンドマネジャーのガイドライン制限いっぱいまで達しているような、暴走するポートフォリオを継続的に分析することも有益である。図8はさまざまな要素がポートフォリオに影響を与え得る様子を示したものである。VaRの感応度の傾向を探ることによって、投資家は能動的に「スタイル・ドリフト」を分析し、リスク・リターンの関係が突然変わって慌てたりしなくて済むようになる。リスク分散は、VaRの幾つかのアプローチを経て発展したのである。

　VaRの寄与度分析に関する報告においては、ファンド内の分散度合いや、ヘッジファンドのマネジャーと議論する必要があるような集中したポジションやエクスポージャの有無にも焦点が当てられる。このようなリスク分析を行うときには、いろいろな要素を考慮しなければならない。

●絶対VaR——市場価格のパーセンテージで表されるものであり、ファンド間で比較可能

図9 「予期しなかった」金融ショック

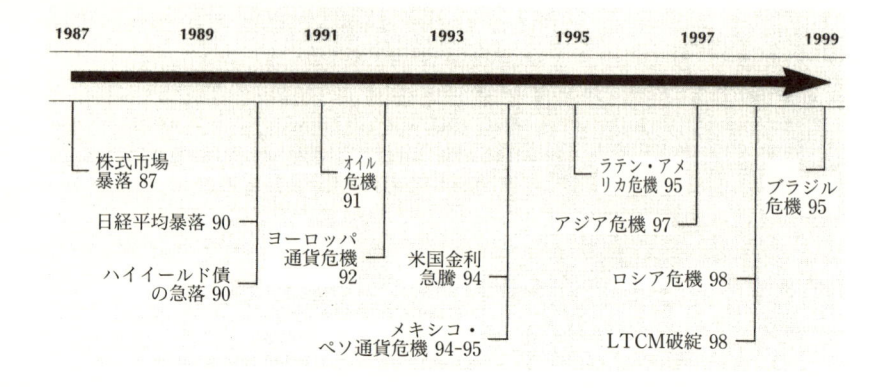

```
1987    1989    1991    1993    1995    1997    1999
━━━━━━━━━━━━━━━━━━━━━━━━━━━━━━━━━━━━━━━━━━━━━━▶
```

- 株式市場暴落 87
- 日経平均暴落 90
- ハイイールド債の急落 90
- オイル危機 91
- ヨーロッパ通貨危機 92
- 米国金利急騰 94
- メキシコ・ペソ通貨危機 94-95
- ラテン・アメリカ危機 95
- アジア危機 97
- ロシア危機 98
- LTCM破綻 98
- ブラジル危機 95

● 限界VaR──ポートフォリオ全体のVaRと、特定の口座やリスク・ファクターあるいはポジションを除いて算出されたVaRとの差であり、すなわちリスクの格差を計測するもの

● 相対VaR──ベンチマーク対比のポートフォリオのリスクを追跡するもの

ストレステスト

　過去10年を振り返ってみると、10標準偏差以上の大きな市場変動が毎年必ず1回はあった。このような予期していなかった金融ショックには、1987年の株式市場の暴落、1990年の日経平均の暴落、1990年のハイイールド債の急落、1992年のヨーロッパ通貨危機、1994年のアメリカ金利急騰、1994〜95年のメキシコ・ペソ通貨危機、1995年のラテン・アメリカ危機、1997年のアジア危機、1998年のロシア・LTCM危機、そして1999年のブラジル危機といったものがある（図9参照）。大部分の機関投資家は標準偏差の2ないし3倍の動きを想定したエク

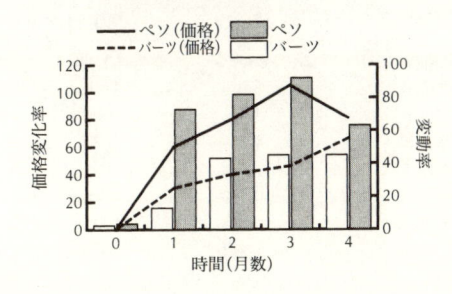

図10 通貨危機の比較(メキシコ・ペソ対タイ・バーツ)

スポージャを予期しているが、市場は通常それ以上の動きをしているのである。

ストレステストのアプローチにはいろいろある。過去の事象、一般化されたシナリオ、またはある組織独自のシナリオに基づいて行うこともできる。過去の事象に基づくストレステストは、次に迫った危機による損害を予測するのに有効である。

例えば、1994年のメキシコ・ペソ通貨危機は、1997年のタイ・バーツ通貨危機を考えるとき役に立つと考えられる(図10)。タイ・バーツの動きはメキシコ・ペソ通貨危機の激しさに比べれば半分であったが、単純なストレステストをするだけで壊滅的な影響を定量化できたであろう。香港ドルの平価切り下げを考えてみよう。この場合、タイ・バーツあるいはメキシコ・ペソと同じように動くであろうか。確かなことはだれにも分からないが、両者のシナリオは有益なストレステストとして参考になるだろう。

エマージング・マーケットを含め、多くのアセットクラスにリスクを割り当てるときに考慮すべきもうひとつの複雑な問題は、正規分布に従うという標準的な仮定が当てはまらないかもしれないということ

表3 タイ・バーツの分布曲線 (1993/1～1997/5)

	バーツ	想定値
1標準偏差以下	83.9%	63.4%
1標準偏差	8.9%	31.7%
2標準偏差	3.8%	4.6%
3標準偏差	1.5%	0.3%
4標準偏差	1.0%	0.0%
5標準偏差	0.7%	0.0%
6標準偏差	0.3%	0.0%
尖度	2.1×10^{-6}	0.0%

である。表3は1993年1月から1997年5月のタイ・バーツの分布を示したものである。この想定値が実際の分布と大きく違っていることが分かる。バーツ危機以前においてさえである。

同様に、ストレステスト結果の解釈方法にもいろいろあり、分布のテイル事象や、段階的に市場がひどくなっていくこと、あるいは極端な標準偏差のシナリオなどをどう評価するかなどによって異なる。図11のリスク特性が示すように、危機下においては、実際のリターン分布は理論上のリターン分布と大きく異なり得る。尖度は確率分布のテイルがどのくらい厚いかを測るものである。タイ・バーツは尖度の値が正規分布曲線よりも大きいが、これは正規分布によって予測されるよりも高い頻度で劇的な市場変動が起きることを示している。

明らかに、ストレステストの結果はVaRと同じくらい重要である。ストレステストは、以下のような基本的問題について答えを導き出してくれるのである。

● 小さな動きに対して、価格を大きく変動させるのはどの変数か
● 自己のポートフォリオにとっての重要な変数のうち、変動する可能性が大きいと考えられるのはどれか
● 互いに相殺されると考えられる変数あるいはエクスポージャはどれか。どの程度相殺されるのか

図11 リスク特性（理論値対経験値）

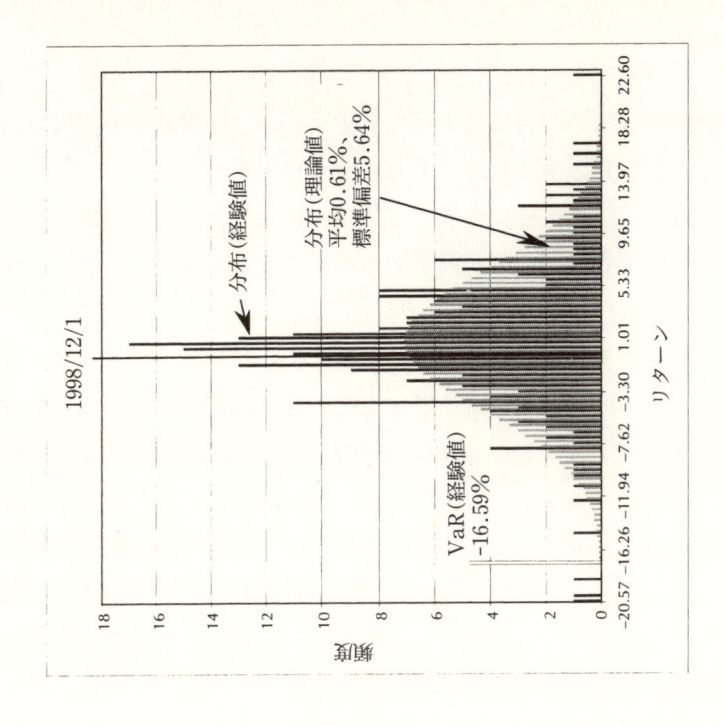

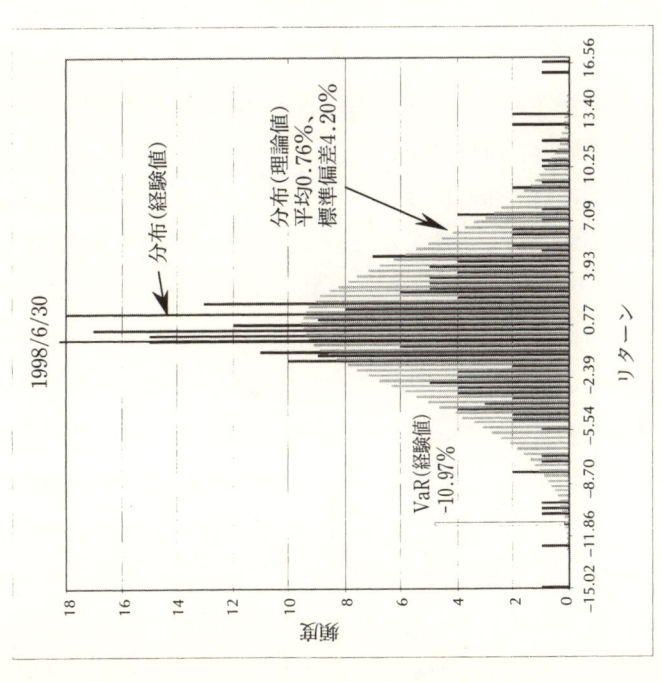

- 一般的なほかの方法によって算出すると、結果はどの程度ばらつくか。自分の手法と比べてどのくらい違うのか
- 自分のアプローチは市場でどのくらい受け入れられているか。自分の同業者の大部分が同じようなアプローチを使っているのか

　ストレステストを視覚化することで、あるファンドマネジャーと業界他社とを10段階で比較することもできる。図12はその一例である。
　リスク・バジェッティングは革新的で重要な概念であるが、しかしリスクというものは、VaRあるいは伝統的なリスク尺度よりも広く定義される必要がある。そのためストレステストの結果や感応度は、リスク調整後リターンの公式の要素に組み入れられなくてはならないだろう。また、ストレステストの結果というのは、市場変動に対する感応度だけでなく、運用戦略が前提としている仮定をも含む必要がある。VaRや時価評価による事後的な解釈というのは素晴らしい視点ではあるが、利用できない場合も多いからである。しかし新世紀になった今、流動性プレミアム、指標銘柄と周辺銘柄のスプレッド、信用スプレッド感応度、証券評価に当たっての掛け目（ヘアカット）への感応度、相関に対する感応度などのインパクトを、予算化すべきリスク定義の一要素として考慮しなければ、確固たるリスク管理を行っているとは言えないだろう。
　危機発生時には、すべての資産の相関がプラス１あるいはマイナス１へと動くということは広く知られているが、このことは必ずしもリスク管理やリスク・バジェッティングで認識され、考慮されているわけではない。例えば、LTCM危機後にCMRAが行った1998年の調査によると、危機以前に相関についてストレステストを行ったのは回答者のわずか９％にすぎない。信用リスクと将来の潜在的なエクスポージャの概念を、リスク・バジェッティングに統合することが成功のカギなのにもかかわらずである。リスク・バジェッティングを実践して

図12　ストレステスト

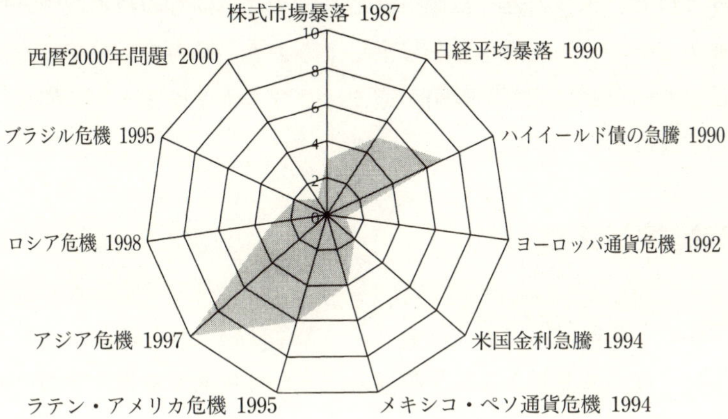
株式市場暴落 1987
日経平均暴落 1990
ハイイールド債の急騰 1990
ヨーロッパ通貨危機 1992
米国金利急騰 1994
メキシコ・ペソ通貨危機 1994
ラテン・アメリカ危機 1995
アジア危機 1997
ロシア危機 1998
ブラジル危機 1995
西暦2000年問題 2000
10
8
6
4
2
0

いくには、予算化しようとしているリスクを幅広い視点から認識していくことが重要である。

レバレッジ

ファンドマネジャーは、絶えず個々のポジションを監視し、ポートフォリオのエクスポージャを分散することでリスクをコントロールしている。複数マネジャーで運用するポートフォリオでは、ファンドの重要なリスク尺度として、ファンドマネジャーが用いているレバレッジ（あるいはポジションの大きさ）に焦点を当てる傾向がある。しかしリスク尺度としてレバレッジを利用するには限界がある。例えば、マネジャーがグロスで想定元本の200％のポジションを持つ場合を想定しよう。このポジションの大半を、望まないエクスポージャを相殺したり、リスクを中立化するためだけに使っているかもしれないので

ある。つまり、レバレッジを使ってリスクを減らせる場合もある。別の例として、2つの違った運用戦略（例えば、債券の裁定取引と株式マーケットニュートラル）を想定してみよう。双方のレバレッジ額は同じであったとしても、戦略が違えばリスク水準はまったく異なったものとなるだろう。

流動性リスク

　流動性とその欠如は、これまでまったく注目されてこなかったものの、おそらく最も大きな打撃を与えてきたリスクである。そのため、ポートフォリオの流動性を理解することは、効果的なリスク管理をするうえでとても重要である。

　ポジションが大きく、かつ流動性が乏しい局面において、市場の仲値でポジションを評価することは大きな間違いに結びつく。これはロシア・LTCM危機での教訓である。危機の後、CMRAが大手の銀行とディーラーに対して調査を行ったとき、買い持ちの場合ビッド（転売可能価格）で評価し、売り持ちの場合、オファー（買い戻し可能価格）で評価すると回答したのは64％にとどまった。またこの調査によると、危機の前に流動性のない大きなポジションについて調整を行っていたと回答したのは、銀行やディーラーのうち25％であった。プライム・ブローカーとその顧客は、ヘアカット設定プロセスが双方に大きな問題をもたらしたということを痛い目に遭いながら学んだ。危機以前に明確にヘアカットの取り扱いを顧客と共に認識できていたのは回答者の42％のみであったが、危機後には75％が顧客と認識を共有するようになったと回答している。このことによって次のような2つの疑問が浮かんでくる。すなわち「リスク管理・計測プロセスのなかで、ヘアカットの変更に対する感応度を考慮しているファンドがどのくらいあるのだろうか」、また「証券の貸し借りを行うマネジャーがどの

図13 流動性リスク（ロシア危機・LTCM破綻の影響）

ビッド/アスク・スプレッドの拡大

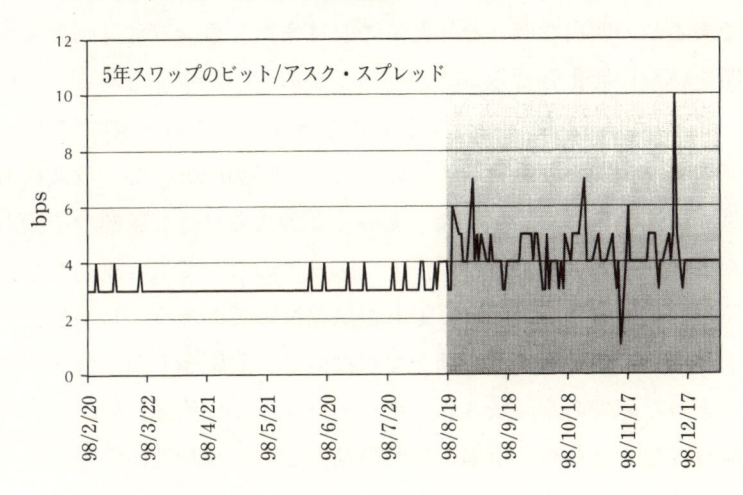

相関の急騰

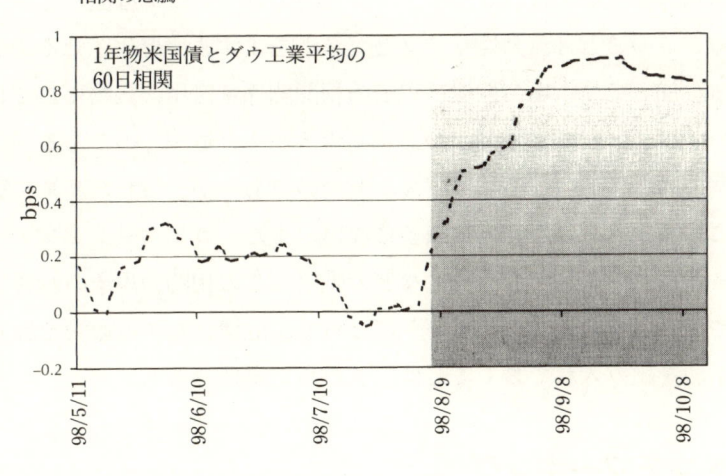

ロシア危機・LTCM破綻

ようにこの感応度リスクを管理しているか、といった情報を求めている年金スポンサーがどれだけいるのだろうか」ということである。

　LTCMの破綻は、ファンドの流動性を考慮することが、いかに重要であるかの明白な例となった。これはまた、危機管理計画の欠如が問題をいかに悪化させることになったかの明白な例でもある。図13はロシア・LTCM危機を引き金としたビッド・オファーのスプレッドの拡大と、相関の収斂を示すものである。経験則として、危機にあっては流動性が著しく乏しくなっていくと考えられる。証拠金を請求されたとき、支払いのためにポートフォリオのなかで最も流動性の高い資産を売却するというのは、最も自然な反応であろう。しかし、これは往々にして葬送の合図にほかならないし、実際多くの場合そうなってしまったのである。残されたポートフォリオは流動性の乏しい資産に偏ってしまうため、市場の変動の結果さらに流動性が必要になった場合には、対応できなくなってしまうからである。

　市場の急変時には、ビッド・オファーのスプレッドは広がる傾向がある。このことは流動性リスクとコストをますます悪化させることになる。加えて、市場の危機は過去の相関関係を無用の長物にしてしまう。すべての資産は相関1か、マイナス1へと近づくのである。この相関の動きはある程度、自明なことなのであるが、これがリスク算出式に組み入れられることは滅多にない。また、コンバージェンス・トレード、ベーシス・トレードなどの戦略はこの相関の現象の影響を受けやすい。そのようなファンドにとって、危機に対する影響を計測する手法を組み入れておくことは、きわめて重要である。

ベンチマーキング

　機関投資家にとっては、リスクを計測・監視する複雑さに加え、ベンチマーク対比を行うという新しい視点が必要になってくる。銀行や

第1章●リスク・バジェッティング：リスク管理新手法の探究──経験者の視点から

図14　VaR（絶対ベース対ベンチマーク相対ベース）

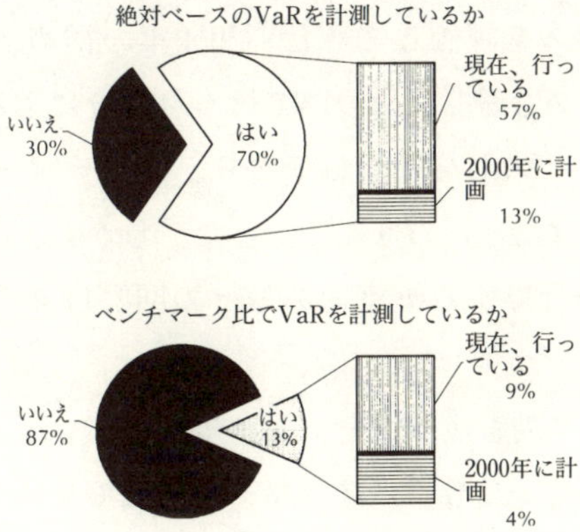

絶対ベースのVaRを計測しているか

- いいえ 30%
- はい 70%
  - 現在、行っている 57%
  - 2000年に計画 13%

ベンチマーク比でVaRを計測しているか

- いいえ 87%
- はい 13%
  - 現在、行っている 9%
  - 2000年に計画 4%

図15　ベンチマーク比のVaR（100万米ドル）

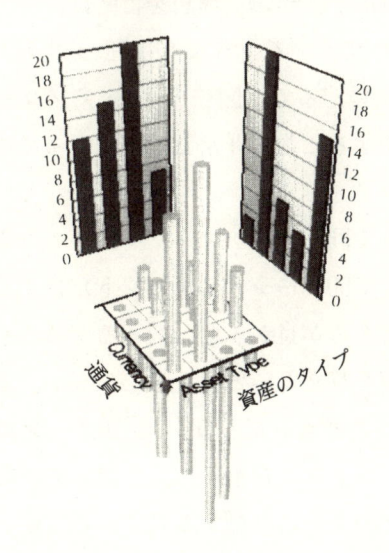

通貨　Currency　Asset Type　資産のタイプ

ブローカー、ディーラーは伝統的にリスク・リターンとも絶対ベースで計測してきたが、機関投資家の世界では以前からベンチマーク対比でパフォーマンスを評価してきた。2000年の初め、CMRAがヘッジファンドのリスク管理慣行について行った調査によると、回答者の57％が絶対ベースでVaRを計測しており、ベンチマーク対比でVaRを計算していたのはたった9％であった。しかも、今後、ベンチマーク対比でVaRを計算する予定であるとの回答は4％にすぎなかった（図14）。

　しかし、リスク調整後リターンとリスク・バジェッティングの素晴らしい新世界になっても、ベンチマーク対比でリスクやリターンを認識するニーズは、依然として残るだろう。ここで「なぜマネジャーはベンチマーク対比で運用するのか」、そして「実際のポートフォリオのリスクをどのようにベンチマーク・ポートフォリオのリスクと比較するのか」という疑問が浮かぶ。理想を言えば、マネジャーはベンチマーク対比のVaRを図示するような3次元のグラフを作れるようにならなければならないだろう（図15）。このアプローチでは、適切なベンチマークを選択することが非常に重要になってくることは言うまでもない。

　もし同じスタイルで同じベンチマークを用いる2人のマネジャーが、ベンチマークに対して50ベーシス・ポイントだけアウトパフォームしたとすれば、一体どちらが良かったと言えるだろうか。あなたならどちらにより高い報酬を与えたいと考えるだろうか。どちらにより多くの資金を配分したいと考えるだろうか。「リターンが同じなら、リスクの少なかったファンドマネジャーへ」と言うのは簡単なことであるが、そのリスクをどのように計測するのであろうか。

　上の例を手直しして、次の例を考えてみよう。

	マネジャー1	マネジャー2
運用スタイル	同じ	同じ
ベンチマーク	同じ	同じ
パフォーマンス	ベンチマーク+50	ベンチマーク+50
VaR(一貫した方法で計算)	12(100万米ドル)	12(100万米ドル)

一見すると、両マネジャーのリスク・リターンは同じである。しかし、もしあなたが次の情報を知ったとすればどうであろうか。

- マネジャー1は、ひとつの商品に90％のエクスポージャを持ち、マネジャー2はどの商品もエクスポージャを10％未満に抑えて運用していた
- マネジャー1は、いつでも透明性・流動性ともに高い商品にのみ投資しており、マネジャー2は不明瞭な価格しか建たない高度なストラクチャーを持つ流動性の低い商品ばかりに投資していた
- マネジャー1は、10年の運用実績を持ち、マネジャー2は1年の実績しかなかった
- マネジャー1は、トリプルB商品に投資しており、マネジャー2はダブルA以上の商品に投資していた。あるいは、両方のマネジャーとも店頭取引商品を用いていたが、マネジャー1はダブルA以上の相手先とのみ取引を行い、マネジャー2は投資適格であればだれとでも取引を行っていた
- マネジャー1は、最長で3年満期のポートフォリオを構成していたが、マネジャー2は最長15年満期としていた
- マネジャー1は、規律のある確固としたリスク管理ポリシーを実践していたが、マネジャー2は何もしていなかった

上で仮定したポートフォリオの例から、一見同じリスク・リターン特性を持っていても、実際にはまったく異なったリスク特性となって

いる可能性があるということを認識しておいてほしい。

比較を可能にする、リスクに関する効果的なコミュニケーション

　比較できるような形でリスク情報を効果的に伝達するには、幾つかの段階を踏まなければならない。まず、「実行可能」「比較可能」かつ「合算可能」なリスク尺度を選択することがきわめて重要である。次に、VaRやストレステストの結果などを相対比較したり、ファンドのリスク特性をベンチマークと比較したりする能力が必要である。具体的には、リスクを合計で、また個別のリスク・ファクター（円／ドル、ポンド・レートなど）ごとに計測し、同じような戦略をとる同業者や一般的なファンドとの比較でリスクを計測し、そして継続的にファンドのリスク特性を追跡する能力である。

　リスクを視覚化すれば、「同じような」ポートフォリオの間の相対的リスク特性を理解しやすくなる。例えばリスク特性分析を使えば、同じようなスタイルを持つマネジャーのリスクを相対比較し、その違いを明確にすることができる。リスクを視覚化することによって、「もっとファンドの内容を知りたい」という投資家のいらいらが高まってくるのを緩和することにもなり、アカデミックでない人たちとの意思疎通も効果的になり、ポートフォリオ間のリスク合算を容易にすることにもなり、分散化に報いることにもなり、そしてファンドの独自戦略を守り抜くことにもなるのである。

　年金スポンサーは、ポートフォリオ総計ベースでのリスク特性を評価するために、個々のマネジャーのリスクを合算する能力を備える必要がある。オルタナティブ投資の分散効果に対する要請がますます高まってきているため、このことはきわめて重要である。個々のポートフォリオのリスクを別々に計測し、合算・視覚化すると同時に、その

図16　分散メリットとVaR

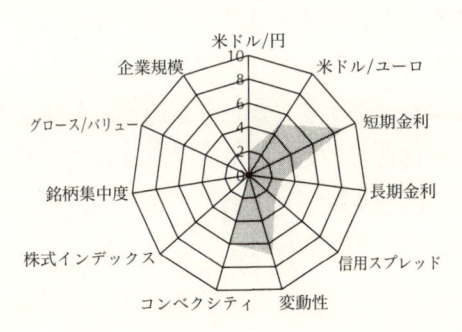

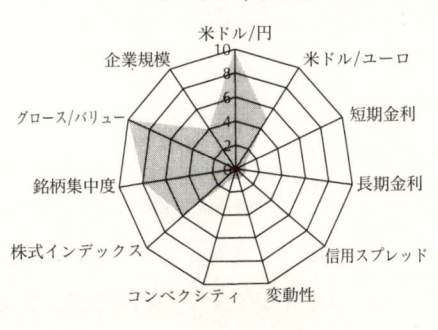

%
30
25
20
15
10
5
0
ポートフォリオA
ポートフォリオB
合計
分散メリット
AとBの合成ポートフォリオ

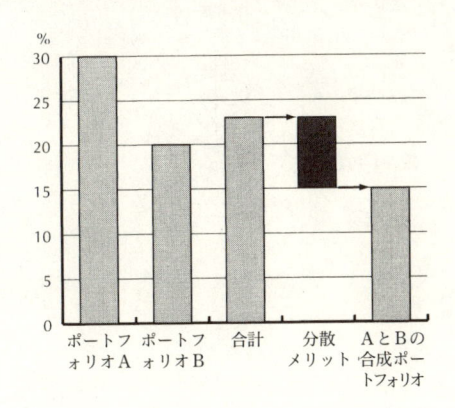

図17　リスク・マップによるマネジャー比較

ポートフォリオA
米ドル/円
米ドル/ユーロ
短期金利
長期金利
信用スプレッド
変動性
コンベクシティ
株式インデックス
銘柄集中度
グロース/バリュー
企業規模
10
8
6
4
2
0
ポートフォリオB
米ドル/円
米ドル/ユーロ
短期金利
長期金利
信用スプレッド
変動性
コンベクシティ
株式インデックス
銘柄集中度
グロース/バリュー
企業規模
10
8
6
4
2
0

図18　ポートフォリオAとBの合成

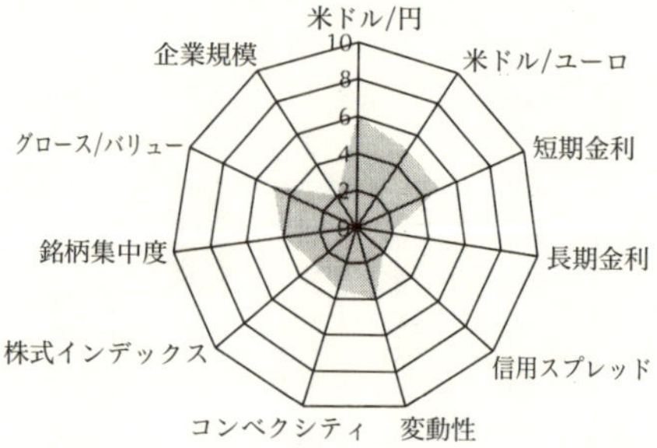
米ドル/円
米ドル/ユーロ
短期金利
長期金利
信用スプレッド
変動性
コンベクシティ
株式インデックス
銘柄集中度
グロース/バリュー
企業規模
10
8
6
4
2
0

分散価値を評価することなくして、オルタナティブ投資で予定した効果が得られているのか、その実現性を測ることは困難である。ファンド・オブ・ファンズについては特にそうである。これは成長性が高く重要な分野ではあるが、適切なリスク・ツールなくしては、マネジャーを組み合わせることによってリスクが分散されるのか、それともある種のリスク要素が倍加することになるのか、判断することすらできないのである。図16は２つのポートフォリオを合わせることによる相関効果のメリットの例を示したものである。図17のリスク・マップは２人のマネジャーのリスク特性を示すものである。

図18は、組み合わせたポートフォリオのリスク特性を示している。これを見れば分かるとおり、ポートフォリオＡとポートフォリオＢを組み合わせたリスク特性は、個別のポートフォリオとははっきり異なっている。

ファンドの透明性を求める投資家のニーズは、ときとして（特にヘッジファンドの）マネジャーとの軋轢を生むことがある。というのも、マネジャーは彼ら独自の運用戦略を秘密にしたいからである。サード・パーティーを使って、個々のポジション・データを合算したリスク情報に変換することも一般的になりつつある。私たちのような会社は、

このようなリスクの透明性に関するサービスを求められることが多くなってきている。

効果的なリスク管理実践への挑戦

効果的なリスク管理を実践しようと挑戦することは（リスクを適切に定量化し、報告し、監視する能力を含めて）、困難ではあるがやりがいのあることである。これには、大きな障害が幾つかあるが、そのひとつは、マネジャーを「仲間に引き込むこと」である。ほかの障害としては運用ポジションやリスクを基金全体にわたって合算させるインフラを整備すること、エクスポージャの的確なネッティングを行うことや、リターンを消滅させないようなルールを導入すること、それに革新的な強みを保持しつつ規律を与えることなどが挙げられる。経済的な意味での「リスク調整後」に適応していくには時間がかかるのである。

リスクの所在を突き止めるには困難が伴う。特に、クロス・ヘッジング、ベーシス・リスク、リターンとリスクの源泉が集中している場合、複雑な場合、そして流動性の低い場合などには注意が必要である。

ほかのアセットクラスに比べ、管理するのが難しいアセットクラスがあるということも認識しておくべきである。危機下において歴史的に大きな被害を受けてきたのは、非線形の構造を持ち期前償還モデルの推定に依存しているCMO、信用リスクの非連続性があるハイイールド債券、そして歴史の浅い、不完全なイールドカーブしか持ち得ないエマージング・マーケットである。これに加えて、十分なデータがなく、正確なモデル化の難しい不動産、プライベート・エクイティやオルタナティブ投資なども管理の難しいアセットクラスに含まれる。

1998年秋の危機時に学んだ教訓によって、主要な銀行やブローカー

の慣行や手続きの多くは大きく変わることになった。年金スポンサーとマネー・マネジャーも、リスクを考えるに当たってこれらの変化を取り入れ始めている。

企業全体でのリスク管理

　選択されたリスク計測法と管理手法によって、組織に定期的なフィードバックがされるようにすることはきわめて重要である。VaRのような定量的尺度は、人智や優れた判断と共に使用されるとき、きわめて有益なツールとなり得る。図19はどのようにリスク管理のフレームワークが機能するかを示したものである。

　残念ながら、この例では対話と決定のボックスが定量的・定性的計測プロセスと完全に切り離されている。対話と意思決定が、リスク管理プロセスのアウトプットと連繋を持ってはじめて、それまでの努力が完全に生かされることになるのである。リスク管理バジェッティングのあらゆる見解をまとめ上げるには、「リスク管理のスタイル」について自己評価を行うことが必要である。

図19　リスク管理フレームワーク

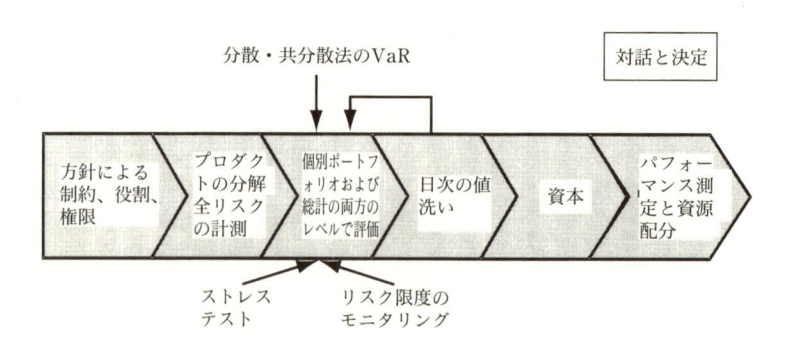

```
                    分散・共分散法のVaR              対話と決定
                            ↓
  ┌────┐┌────┐┌────┐┌────┐┌────┐┌────┐
  │方針に││プロダ││個別ポ││日次の││資本 ││パフォ│
  │よる制││クトの││ートフ││値洗い││     ││ーマン│
  │約、役││分解全││ォリオ││     ││     ││ス測定│
  │割、権││リスク││および││     ││     ││と資源│
  │限  ││の計測││総計の││     ││     ││配分 │
  │    ││    ││両方の││     ││     ││    │
  │    ││    ││レベル││     ││     ││    │
  │    ││    ││で評価││     ││     ││    │
  └────┘└────┘└────┘└────┘└────┘└────┘
              ストレス    リスク限度の
              テスト     モニタリング
```

図20　政策課題——現状の把握

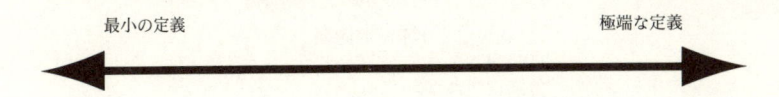

最小の定義　←——————————————————→　極端な定義

- 信頼に基づいた実施「正しいと思うことを行う」
- カルチャーに頼ったリスク・コントロール
- 「意に添わない政策」の実施余地を残す
- 「書いていないことを、やってはならない」
- 改革が遅れ、マネジャーはいらだつことになる
- とりべきリスクを取らなかったことでリターンを放棄する

　図20に示した横線は、どの場所が正しいとか間違っているとかを表しているのではない。読者の所属する組織が、どの位置にいるかを理解することが、リスク管理成功のカギとなるのである。現状がどこなのか、そして目標とする位置はどこなのかについて、上級管理メンバーがそれぞれ違った認識をしていることはけっして珍しくない。組織がリスクをどう管理していくかについて方針を明確にすることは、効果的なリスク管理を進めるための第一歩である。

　投資の意思決定において定性的な判断を加えることは欠かせない。リスク管理の目的は、リスクについての洞察を与えることである。定量的なレポートは「データ」を与えてはくれるものの、「情報」を与えてくれないことがしばしばある。リスク管理を効果的なものにしたいならば、これは変えなければならない。

　リスク管理のプロセスが、対話と意思決定のプロセスから隔絶されているために、リスク管理が本来持っている力を無駄にしてしまっている企業は非常に多い。表4は失敗した「古い」リスク・コントロールの例を挙げたものである。リスク・バジェッティングとリスク管理プロセスを、継続的な対話と意思決定のプロセスに統合させることが、リスク管理成功のカギである。しかし、これを達成するためには、共通のリスク言語が必要になるだろう。

表4　失敗した「古い」リスク・コントロールの例

AAAかつ2年未満の満期
低金利リスク
低通貨リスク
高流動性
コモディティーの禁止
ヘッジ許可
投機の禁止
高相関性

リスク・バジェッティングの「アート」的側面（定性的要素）

　この本の大部分は、今やリスク尺度のスタンダードとなったVaRの利用法と計算法について探求することに費やされているが、ここでは、リスク・バジェッティングやリスク調整後リターンのようなVaR以外の概念を導入する場合に検討しなければならない非定量的な問題について取り扱っていく。

　リスク・バジェッティング、あるいはこの課題に関する個々のアプローチは、それ自体では回答にならない。組織は、リスクに対して規律のあるアプローチを備える必要があるが、これは定量的な面を含むものの、ただそれだけに依存するものであってはならない。

　図21は、しっかりとしたリスク管理プログラムを構築するのに必要な要素を概説したものである。

　定量的な要素は重要だが、しっかりとしたリスク管理プログラムに必要な要素のうち、3分の1を占めるにすぎない。図22は図21から定量的な要素を抜き出したものである。

　また、影響を最小限にくい止めることはできても、コントロールできない小さな邪魔ものが幾つもあることは認識しておかなければならない。この邪魔ものには、詐欺、市場のパラダイム変化、新種の市場変動、突然の監督行政の変化、あるいはインフラの変化などのほか、

図21 リスク管理のフレームワーク（主要な要素）

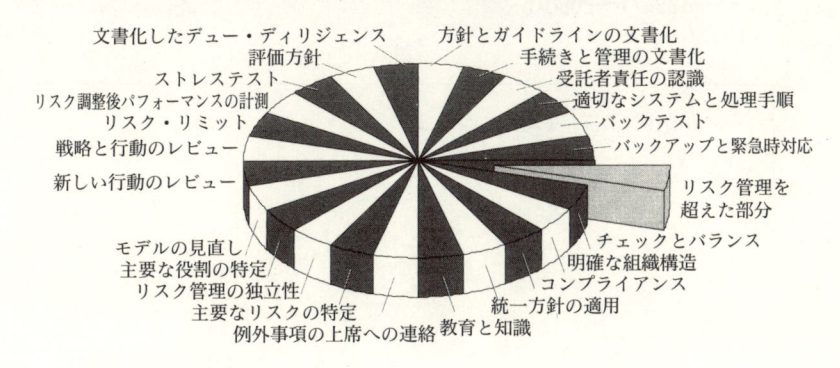

文書化したデュー・ディリジェンス
評価方針
ストレステスト
リスク調整後パフォーマンスの計測
リスク・リミット
戦略と行動のレビュー
新しい行動のレビュー
モデルの見直し
主要な役割の特定
リスク管理の独立性
主要なリスクの特定
例外事項の上席への連絡
教育と知識
統一方針の適用
コンプライアンス
明確な組織構造
チェックとバランス
リスク管理を超えた部分
バックアップと緊急時対応
バックテスト
適切なシステムと処理手順
受託者責任の認識
手続きと管理の文書化
方針とガイドラインの文書化

「天変地異」といったようなものが含まれる。つまり、リスク管理の範囲を超えたものであり、こういった要素はできるだけ小さくする必要がある。

2000年のITバブル崩壊を見れば、極度に単純化されたリスクの定義がなぜ不適切であったかがよく分かる。例えば、VaRにのみ焦点を当

図22 計量可能な要素は全体の1/3のみ

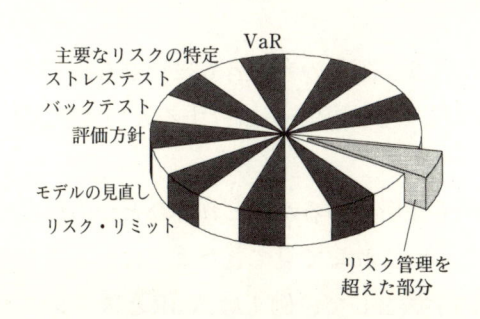

主要なリスクの特定
ストレステスト
バックテスト
評価方針
モデルの見直し
リスク・リミット
VaR
リスク管理を超えた部分

図23　S&P500比のNASDAQ（収益率の標準偏差）——1994/1〜2000/5

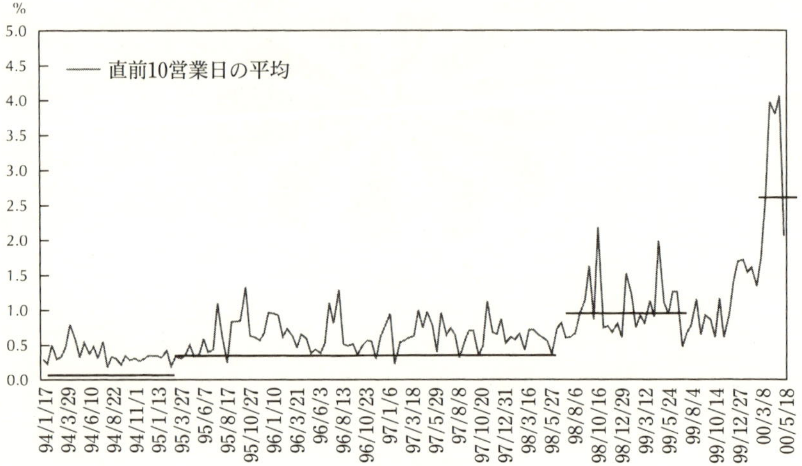

1日の平均値を使用

てたリスク・バジェッティングのアプローチでは、ナスダックに極端に偏ったポートフォリオのリスクは適切に計測できなかったであろう(図23)。

新世紀の思想

新しい世紀に入り、証券の発行者も投資家も、リスクおよびパフォーマンス計測に関する選択肢が拡大するという状況に直面している(表5)。

それぞれ長所も短所もあるが、どれかひとつの尺度ではすべてを語ることはできない。これまで見てきたように、リスクを計測し管理するための定量的手法として、例えば、VaRとストレステストは、近年

表5　CMRA社によるリスク/パフォーマンス計測手法の例

- ●絶対リターン
- ●ベンチマーク対比のVaR
- ●リターンのベータ
- ●借入レバレッジ
- ●キャッシュフロー調整後の株式インデックス
- ●下方偏差
- ●ダウンサイジング・リスク
- ●ドローダウン・リスク
- ●個別の標準偏差
- ●インフォメーション・レシオ
- ●ジェンセンの測度
- ●流動性調整後VaR
- ●ロング・ショート・レバレッジ
- ●残差標準偏差
- ●セミバリアンス
- ●シャープレシオ
- ●ショートフォール確率
- ●ソルティーノ・レシオ
- ●標準偏差
- ●時間加重収益率
- ●トラッキング・エラー
- ●トレーナーの測度
- ●VaR

注＝一部抜粋

目覚ましい進展を見せた。リスク管理は過去30年間に驚くべき進歩を遂げたのである。1990年代にはVaRのような定量的リスク尺度が金融界でもてはやされるようになった。しかし、リスク計測はこれで十分というものではない。十分なリスク管理を行っていくためには、「予期しない」ショックに対しての議論と備えを行い続けなければならない。過去10年間、毎年少なくとも１回は大きな市場の変動があったことを考えると、次の危機もそう遠くはないかもしれない。私たちは、たとえ新たな過ちを犯すことはあっても、すでに犯した過ちを再び繰り返すべきではない。次に、私たち全員が熟考し、心にとどめておかなければならない点について述べる。

- ●リスク自体は悪いものではない。しかし、ミス・プライスされていたり、管理が行き届いていなかったり、誤解されていたり、意図していなかったことから発生するリスクは、悪いリスクである
- ●上級管理者と定量分析担当者の両者が、リスク管理において重要な役割を演じる

- 数学とモデルは必要であるが、リスクをコントロールするのにこれで完全に十分というわけではない
- 「自分が間違っていたとしたら」と常に自分に問いかけること
- 値付けは「最もあり得る」事象に基づいて行われるが、リスク管理は「最もありそうにない」事象についても考慮しなければならない
- リスクは投資家にとって現実のものであり、増加するものであり、また関心の対象である。能動的に管理し、思慮をもって開示しなくてはならない
- リスクは定量化し、比較できる形で表現することができる
  - 比較可能な形でVaRを計測すること
  - 相対ベースで比較評価すること
  - 継続的に追跡すること
  - 標準的な個々のリスク・ファクター同士を首尾一貫した形で比較すること

　リスク・バジェッティングについて、われわれの業界の哲学者であるピーター・バーンスタイン（金融史家で、投資顧問会社のヘッド。1950年代以来投資業界で活躍。『ジャーナル・オブ・ポートフォリオ・マネジメント』の発刊にも携わり、東洋経済新報社刊『証券投資の思想革命――ウォール街を変えたノーベル賞経済学者たち』と日本経済新聞社刊『リスク――神々への反逆』の著者）の喝破した言葉をもって本章の締めくくりとしたい。「結果を管理することはできない。管理できるのはリスクのみである」

第2章
金融危機とリスク管理

マイロン・ショールズ
オーク・ヒル・キャピタル・マネジメント

　一連のマーケット危機は、金融リスクのモデル化、とりわけオプション・プライシングへの信頼をかなり傷つけてきた。しかし、評論家は、信用リスクと市場流動性との関係の変化について誤解をしている。

　2000年初め、特にハイテクセクターにおいて、リスクが再び投資家の関心事に浮上した。私自身は、なかでもオルタナティブ投資のリスク・リターンに関心を持っていた。というのも、オルタナティブ投資は、保険会社やヘッジファンドなどで金融仲介の重要な役割を担っているためである。

　理論上、オルタナティブ投資は、市場運用に比べ流動性が低いことから、その分プレミアム・リターンが要求される。この流動性プレミアムは、そのときどきで姿を変え、ときには投資家の選好の関数として、またときにはレバレッジ手法の変数として、また金融工学の発展や機関投資家の動向変化の変数として表されてきた。つまり、流動性プレミアムの動きは、金融危機に対する機関投資家の反応によって変化するのである。

　1997年から1998年にかけて、金融危機が世界中を駆け巡った。東南アジアを震源として、中南米に、続いてロシアに波及し、再度南米に

襲いかかった。特に1998年の8月から10月にかけては、欧州やアメリカにも金融危機が波及した。

これに伴い金融市場、とりわけ株式市場におけるボラティリティ（標準偏差）の上昇と世界的な流動性への逃避が起こった結果、私がかかわっていたLTCM（ロング・ターム・キャピタル・マネジメント）では、資本基盤が大きくきそんし、破綻に追い込まれてしまったのである。

LTCM破綻後、新聞などでは、金融モデル、特にオプション・プライシング・モデルに対する批判が高まった。しかし実際のところは、LTCMの破綻に数学的モデルやオプション・プライシング・モデルがいくらか影響を及ぼしていたかもしれないが、大きな原因ではなかった。LTCMでは、このモデルを局所的なリスクをヘッジするのに使っていたにすぎない。1998年、LTCMは流動性の低い資産に集中した巨大なポジションを持っていた。そこに金融危機が発生したため、それまでの流動性を大量に供給する立場から大量に必要とする立場に様変わりせざるを得なかった。そして、そのコストは、LTCMの資本を吹き飛ばすほどのものとなった。

ロシアの債務不履行やLTCMの破綻、多くの金融・サービス企業の経営危機が、1998年の夏の終わりと秋に発生した金融危機として目につく出来事であったが、多くの債券関連、株式関連の金融市場においては、今なお、ボラティリティが高く、流動性が不足する状況が続いている。一例としては、1999年夏、S&P500指数の3～5年の長期ボラティリティが、平均的な水準としては過去に類を見ない25～30％の水準に達したことが挙げられる。このような市場の期待と整合的であるためには、S&P500指数の年率換算ベースの四半期ボラティリティが、今後5年にわたって、平均30％、そして1年後スタートであればさらに高い水準でなければならない。なぜなら、現在から1年のボラティリティが、30％未満だからである。今日においても、3～5年

のボラティリティは、25％以上で推移している。私見になるが、これは、インデックスを構成する銘柄が入れ替わることを考えても、あまりにもおかしな数値である。

なぜなら、過去10年間以上、S&P500指数の四半期ボラティリティは平均15％をはるかに下回っており、またいずれの5年間をとっても25％を超えることはけっしてなかったからである。こういった高いボラティリティは、何もアメリカに限ったものではない。実際、欧州においても、3～5年のボラティリティが1999年に40％程度に達してから今なお30％台半ばで推移している。

クレジット・スプレッドやモーゲージ・スプレッドもまた、劇的に拡大した。1999年初めには、スプレッドがいくらか縮小したが、その年の夏には、1998年8～9月のスプレッドを超える水準にまで拡大した。事実、最近になって、格付けが投資適格水準を下回る企業の資金調達が困難なレベルにまで、クレジット・スプレッドが劇的に拡大した。デフォルト・プレミアムと言えるこれらのスプレッドから判断すると、市場は、デフォルトが頻発することやデフォルト時の回収率がきわめて低いことを相当程度見積もっていると言える。ただし、私はこうしたことはまず起こらないものと信じている。さらに1999年8月には、10年期日物スワップの対米10年債スプレッドが、1998年9月の金融危機時に比べても15ベーシス・ポイント（bps）上回る、112bpsまで広がった。1992年から1998年半ばまで、全般的にスワップ・スプレッドは20bps台後半から30bps台前半で推移していたので、このようなスプレッド水準は異常である。シティ・コープやバンク・オブ・アメリカをも含む銀行が破綻の危機にさらされた1990年においてすら、この水準に達することはけっしてなかった。

このスプレッド水準が、クレジット市場におけるデフォルト期待だけに帰因するとは考え難い。一例として周辺物スワップ・スプレッドを取り上げよう。LIBOR（ロンドン銀行間出し手レート）は、その

ときの世界の大手16銀行が提示する貸出金利を平均したものであり、例えば3カ月物というように期間ごとに設定されるが、特定銀行の破綻には左右されないようになっている。つまり、ある銀行が業績見通しの下方修正などによって危機的状態に陥った場合、その銀行は、次回のLIBORの算出から除外されることになる。そのため、スワップ・スプレッドがクレジット・スプレッドと同じ意味であるならば、全世界の銀行セクターが経営危機に陥っていると市場が判断しているものと認識しなければならないことになる。さらに驚くべきことは、この認識が、翌年中ではなく、1年後からの9年間についても正しいものでなければならないことであろう。この原稿執筆時の1年物LIBORは、GC取引（リバース・レポ）レートよりわずか＋25〜35bps大きいだけである。つまり、市場に売却する国債を借り入れ、同種債券を貸し手に返却するといったレポ取引において、債券の借り手が受け取る金利は、LIBOR－30bps程度ということである。このように、スワップ・スプレッドとクレジット・スプレッドが同じ意味であるには、1年後からの9年間平均して、LIBORはレポ金利に対して大幅に上昇しなければならないのである。

　もし、これらのスプレッドすべてが信用リスク見合いではないならば、私が思うにはそれは流動性リスク見合いである。金融危機においては、市場はより多くの流動性を必要とし、それに見合った値段が付けられる。しかし、過去2、3年の間に数多くの流動性供給者が姿を消してしまった。以前は、自己資本の一部を使って、市場へ流動性を供給し、利益を得ていた多くの金融機関がそうすることをやめて、はるかに高い期待リターンが望めるものだけに資本を使うようになったためと思われる。流動性を供給するためには、普通の市場参加者よりも長期的な展望に立った投資を行っていなくてはならない。

　興味深いことに、オルタナティブ投資においては、期待リターンと比べて一般的に流動性プレミアムは小さい。このことから、流動性供

給者とは、概してほかのファクター・エクスポージャをヘッジしている、レバレッジを利かせた投資家であると言えよう。その投資家にとってリスク管理は、特に信用リスクと流動性リスクのプレミアム両方が膨張する危機的なときには非常に重要なものである。

情報不足

　リスク管理の技術を理解すると、リターンの一部である流動性プレミアムの仕組みをより深く理解できる。シティ・コープやメリルリンチといった大手金融機関が実践するリスク管理は、流動性を供給し、ひいては流動性プレミアムの水準に影響を与える。流動性プレミアムが変わるにつれて、世界中の債券、株式市場においてクレジット・スプレッドやその他のスプレッドが拡大する。

　金融機関の場合、従来どおりのバランスシートでは、特にそのリスクに関しては、内部管理者はもちろんのこと投資家や債権者といった部外者にとって適切な情報提供にはならない。バランスシートは静的なリスクをとらえる最低限の尺度であって、それを見ても経済を取り巻くさまざまな環境変化によって生じる会社損益の将来予測はできないのである。リスク管理システムは、エクスポージャを測定しコントロールする仕組みである。エクスポージャを測定することは動的なものであり、これを利用することで、経済上のファクターの変化が企業の損益に与える効果を見極めることができる。ファクターとしては、金利の変動やイールドカーブのシフトや形状変化、通貨や商品価格の動向、株価の変動などがある。それらによって、そのリスク・ポジションを維持するための資本量が決まる。

　ここ5年間で、VaR（バリュー・アット・リスク）が金融業界で標準として受け入れられることになり、マーケット・リスクに対する銀行の所要自己資本を算出する基準となっている。多くの金融機関は、

動的リスクを測る尺度としてそれを用い、投資家にもしばしば開示している。しかし、このエクスポージャを計測するというアプローチは、リスク・ファクターの将来の動きが過去の動向と類似していることが前提となっている。つまり、損益に影響を及ぼすファクター・エクスポージャの分散や相関マトリックスは、将来においても不変であり、標準正規分布に従うことを想定している。VaRによる計測値は、特定の保有期間において算出される潜在的損失の推計値であり、特定の信頼区間に対する推計値である。例えば、2週間で99%の確率におけるVaRが1億米ドルと計算されたとする。これが意味することは、今後2週間で1億米ドルを超える損失の発生確率が、1％あるということである。

しかし、相関や分散は一定ではない。とりわけ市場価格が大きく変動するようなときはなおさらである。通常は低相関を示すファクターも、ボラティリティが上昇するときは高い相関を示すことがある。ほとんどの資産価格が同じ方向に動いているようなときは、分散投資はリスクの低減に役立たない。そして実際の相関マトリックスのそれぞれの値も1に近づいていくことになる。そのようなとき、損益のボラティリティはVaRによる推計値よりもかなり大きくなる傾向がある。そのうえ、流動性やリスクに対するプレミアムも大きく変動することから、計測される原資産のボラティリティは、はるかに大きな値となる。

世界市場における1987年、日本における1990年などのように、マーケットに極端なストレスがかかる時期においては、ヒストリカルデータでは統計的に相関が見られなかった多くのものが、高水準の相関を示した。例えば、1998年には、AAA格の事業債、商業用モーゲージ証券、そしてカントリー・リスクやスワップ契約などの対米国債スプレッドが広がった。さらには、株式や債券のボラティリティも、ここ数十年見られなかった水準にまで上昇した。例えば、1998年8月21日、

ロシアの債務不履行が発生した1週間後であるが、10年スワップと国債の金利差であるスワップ・スプレッドは、1日にして60bpsから80bpsに跳ね上がった。この20bpsの変化は、スワップ・スプレッドの過去の標準偏差の10倍の動きに相当した。そしてこの日以降、1日のスワップ・スプレッドのボラティリティは、0.8bpsから8bpsに上昇し、1999年もその高い水準が続いた。

皮肉

　このような極度のショックに耐えられるように、多くの機関投資家は、ポートフォリオにストレスロス・リミットを設定した。このストレスロス・リミットは、リスク・ファクター群と同様に、個々のリスク・ファクターにおける極度のショックに対して対応していこうというものである。つまり、「テイル・エクスポージャ」と呼ばれる、より極端な動きをとらえることをその目的としている。しかし、逆に言えば、こういったストレスロス・リミットがあることで、企業はひとつの戦略やプロジェクトだけに集中することができなくなったり、従来の現在価値分析で価値判断を行うと、追加的あるいは継続的投資で現在価値が高まることが期待される場合であっても、ポジションを維持できなくなってしまうかもしれないのである。

　1998年8月の金融危機以前、ほとんどの金融機関は、VaRやレバレッジ、tierⅠやtierⅡを標準的な尺度とするBIS（国際決済銀行）の資本に関する適正基準を遵守していた。8月に入り、投資家はより流動性の高い証券に殺到し、世界的に流動性に対する需要や価格が上昇した。投資家は、ポートフォリオに大きなウエートを置いていたアジアやラテンアメリカ、南米の資産を流動化するために、高い取引コストを払って市場に売却した。レバレッジを利かしていた多くの投資家は、追加の証拠金を支払うため、保有資産の清算を余儀なくされた

のである。

　流動性への逃避を引き起こした責任の一端は、IMF（国際通貨基金）にもある。投資家は、世界の未開発地域や低開発地域のカントリー・リスクに対する投資について、IMFが暗黙に保証を与えていると信じていた。しかし、ロシアが債務不履行に陥ったとき、市場参加者は、暗黙の保証など、もはやなくなっていることを認識した。同様に、今日のアメリカでは、危機発生時にはFRB（連邦準備制度理事会）が流動性を供給することで市場を下支えしてくれると思われているのかもしれない。このことから、危機発生時には投資家は買いに出るべきで、実際買いが入るという考え方が根づいてしまった。しかし、この考え方は、これから先も通用するものではない。FRBの暗黙の下支えが資産価格の急騰をもたらせば、政策は失敗に終わるだろう。そしてバブルははじけるだろう。

　危機が発生すると、ほとんどの市場参加者は、エクスポージャを減らすため、またバランスシート上のレバレッジを低下させるために、まず流動性の高い運用資産から売却していく。こうした市場では、スプレッドを加味した取引コストは比較的小さいものである。発生した危機がどれほどのものか分からないから、流動性の低い資産を保有し、流動的なものしか売却しないことは、ポジションを維持するためにオプションを購入することに似ている。より流動性の高い市場は、急速に拡大したり、大量の出来高を扱うことができるものである。しかし、いざ流動化が終了すると、残されたポートフォリオは、アンヘッジの状態に近く、流動性に乏しい状態になっている。こうなると新たな流動性の供給がないかぎり、ポートフォリオの処分にコストがかさむようになる。このために、スプレッド市場でボラティリティが上昇することになる。

　リスク管理において、ストレス発生時の流動性部分のモデル化や、それが流動性の価格に与える影響についてのモデル化はほとんど行わ

れてこなかった。研究者は、価格における極端な動きやそれらの発生頻度についての研究に理論を適用し始めているが、そこでの手段は小手先の対応にすぎず、ショックに備えた十分な資本のクッション（余力）とは何かを示すことができるという触れ込み程度のものである。金融機関は、このような危機発生時のリスクを抑えるために、ストレスロス・リミットや資本のクッションを利用している。金融機関は、急激な損失発生時に備えた資本余力を準備するために、レバレッジのような静的なリスク尺度から、動的なリスク尺度、すなわちVaRを、静的なストレスロス・クッションと併せて用いるようになってきた。

　しかし、すべての静的なリスク尺度も、常に一定であるということはない。また動的な世界においては、クッションが目減りしたときや破られてしまった場合に、どんな行動を取るべきかを記述するためには、動的な対策が必要となる。リスク管理者は、市場で価格が下落したときに、どのような行動を取ることを勧めるのであろうか。当たり前のことではあるが、投資家はリスクの低減に興味を持っていない。投資家の重要な目的は、利益の最大化である。したがって、投資家は市場に復帰するタイミングを計り、市場が進んで高いお金を支払う流動性をいつ供給するか決断しなければならない。ストレスロス・リミットは市場の激変から身を守るために設定されるが、仮にクッションが一度破られてしまった場合は、もはや機能しなくなってしまうのである。

　ストップロス時（投資家が流動性のない市場でポジションを投げ売って流動性を求めるとき）の価格と、企業がポジションを再構築する（再びマーケットに流動性を供給する）ときの価格との差がかなり小さくなっている場合には、その戦略がブラック・ショールズ式で導き出されるオプションを複製するものとなっていることは一般によく知られている。つまり、動的なストップロス政策の効果は、オプションと等しい。このことは、現在ストレスロス時の対応手法には考慮に入

れられていない。

　この見方からすると、プットオプションは、動的な流動性クッションに等しいものを供給していることが分かる。つまり、投資資金が枯渇し、市場が徐々に非流動的になると、プットオプションでヘッジされたポジションは権利行使によって流動化される。コールオプションの買い持ちポジションは、動的な資産ポジションに借入を加えたものに等しいことが分かる。原資産の市場価格が下落すると、プット価格は徐々にITM（イン・ザ・マネー）になる。つまりプットの価格は、原資産価格とは逆方向に、そしてより連動して動く。そのヘッジのためのコストが流動性の価値である。実際には、プットオプションは、静的なストレスロス・クッションを代替している。

　理論的には、リスクの評価、つまり自己のポジション防衛に必要な準備金額を見積もるために、投資家は流動性の需要が上昇するような事態でも自己防衛をできるように、購入予定にはないオプションをも評価しなければならない。ストレスロス・リミットは値付けされていないことから、投資家は誤った資本の配分をしてしまいがちになる。投資家は、オプションを購入することによって、危機発生時や資産価値の著しい下落から保護される。このことから、テイル・エクスポージャからポジションを保護するように資本の配分を行わなければならない。トレーダーは、このポジションの保護にかかるコストが高すぎると言うかもしれない。これは、正しいことであろう。あるいは、機関投資家もこういった異常値からポジションを守るような行動を取るほどには洗練されていないということになる。むしろ、リスク管理者たちは、このコストが約定代金のなかに明示的に含まれることを好まないであろう。こうすることで、短期的な利益は減少し、平常の経済環境で得られる利益に近づいてしまうのである。つまり、利益は平準化され、その結果ビジネス参加者の報酬も平準化されるが、ビジネス参加者は一般的に、平常時には多くの利益を得たいと考えるものであ

る。

　もしも、投資家が自ら準備金を設定した場合には、保有資産の価値が下落したりボラティリティが上昇したとき、準備金を積み増さなければならず、その結果として動的な調整を余儀なくされることになる。いわゆるクッションは、動的なものでなければならない。しかし、投資家が保有資産に動的なヘッジをかけたとしても、完全には資産価値の防衛はできない。急激な価格変動（特定のケースを除いて）、いわゆるジャンプが起こってしまえば、動的な内部調整を行ったとしてもヘッジすることはできない。しかし、動的な調整を提供するほうが、現在採用されている静的なリスクのクッションよりも優れている。多くの金融商品は、二方向の市場を持っている。つまり、金融機関は顧客やほかの金融機関と契約を取り交わしていくなかで、ロングおよびショートの契約を両建てで結ぶことが多い。金融機関のエクスポージャは差し引きネットでとらえられるから、ネットのリスク・ポジションは非常に小さくなるのである。このような行為は、マッチ・ブックもしくはエージェンシー・ビジネスと呼ばれている。しかし、グロスのポジションで見れば、きわめて大きなものになっている。加えて、信用リスクを減らすために、多くのディーラーや優良企業は、強制清算時において取引相手に支払いが必要となる金額分だけ、価格変動のたびに担保を出し合っているのである。

　その一方で、そういった特殊な商品の多くに関して、金融機関は債券や株式市場を利用してヘッジを行う必要がある。マーケット危機時に、いちばん大きな損失がこうした一連のヘッジ取引のなかで起こる可能性が高い。1998年8月、スワップの固定受けを国債の売りでヘッジしていた投資家、もしくは長期の株式オプションの売りを株式先物の買いでヘッジしていた投資家は、劇的なスプレッドの拡大によって、最大の痛手を被った。つまり、経済のファンダメンタルズが変化したことや、流動性に対する需要が予想以上に急増したことによって、こ

うしたヘッジ・ポジションに損失が発生したのである。

　1999年夏や2000年春、民間企業などが債券を発行したり、予想された金利上昇をヘッジしようとしたときに、機関投資家が流動性の供給を減少させるだけでなく需要家に転じたので、流動性への需要が高まった。ストレスロスのクッションが破られると、多くの金融機関は多額の流動化コストを支払って、ヘッジ取引の規模を縮小した。ストレスロスのクッションは静的であるため、企業はいつ流動性を供給すべきか、またどの程度供給すればよいかということに対して、おぼろげながらにしか決めていなかったのである。つまり、銀行や金融機関は、流動性を当たり前のように供給してくれる存在ではなく、金融危機などにおいては、逆にボラティリティを上昇させてしまう存在なのである。

　金融機関がヘッジ取引の分析に統計的なリスク・モデルを適用する場合、そのモデルには、金融機関の取引手法の変化がひとつのファクターとして取り込まれていなければならない。アメリカにおける金利スワップ・スプレッドは、近年、過去最高水準を記録し、10年期日物スワップのスプレッドは130bpsを超えるほどに至っている（周辺物のスワップ・スプレッドは100bps）。

　米国債は長い間ヘッジに利用されてきた。例えばディーラーは、米国債をショートにすることで保有していた事業債をヘッジしていた。1998年の危機以降、ディーラーはスワップをヘッジに利用するようになってきた。スワップは本来信用リスクが非常に小さく、リスク量は米国債と同程度のものであるが、こうした機関投資家の取引手法の変化から、市場のクレジット商品と金利スワップ・スプレッドの関連度合いがかなり高まってしまった。

　アメリカは財政黒字を維持しており、当面の間その状況が続くと見込まれている。サマーズ財務長官やその側近はその余剰分を利用し、連邦債務の一部を償還させる方針を立てた。財務省は長期国債を買い

戻してきた。トレーダーやヘッジファンドのマネジャーは、スワップ契約の満期が来るまで長期債のショート・ポジションを維持するのが困難になるのでは、と危惧した。たしかに、米国債の供給が減少すると、ショート・スクイーズに敏感になり、「レポ—LIBOR」スプレッドが拡大することになる。このように、リスクの上昇が認識されると、投資家はより流動性の高い国債の買い付けに殺到する。それだけ投資家の流動性に対するニーズが高まるのである。さらに言うと、今日においては、世界中の投資商品間の相関が1に近づいているため、危機も地球規模的に連鎖しやすくなっている。こうした要因が、国債の供給がなくなってしまう心配と相まって、債券ディーラーはヘッジ取引のカバーを国債からスワップ取引へ加速度的に切り替えている。そのうえ、ヘッジファンドの資本量がかつてより少なくなっており、依然存在しているヘッジファンドでも、取引で利ざやを稼ぐために、スワップ取引の固定受けと国債の売りポジションを持つことをやりたがらなくなっている。

　ある意味で世界の二大ヘッジファンドとも言えるファニーメイ（連邦抵当金庫）やフレディマック（連邦貸付抵当公社）は、流動性の供給者となる機会をつかみ取ろうという狙いで、連邦政府の国債発行スケジュールに合わせて、国債に代替してヘッジに利用できる商品を市場に提供している。それらの債券には米政府の保証が裏付けられているので、彼らは、LIBOR−20bpsの利回りで販売し、スプレッドを稼ぐためにモーゲージを購入することで、多くの利益を獲得してきた。しかし、このようにヘッジ手法の提供者として政府機関が入り込んでくることは、財務省にとっては歓迎できることとは思われない。

　これは将来に対してどんな意味をもたらすのであろうか。金融機関は、リスク・ヘッジのために、また市場にさまざまなリスクのある金融商品を供給するために、そしてそれをレバレッジを利かせて行うために国債を利用しており、新たなリスク・ヘッジの手段が必要とされ

る。欧州においては、ショート・スクイーズが発生するたびに、国債の供給を増やすために、新規発行を行うのが通例である。

　香港やほかの財政黒字国では制度上の枠組みによって、国債が代替可能なものになっている。これによってショート・スクイーズの発生を抑制している。満期に近い回号との価格調整による代替を認めることで、逆に債券の供給は実質的に増加しているのである。新しい債券と金融商品に対する需要が伸び続けるためには、このような変化がアメリカにおいて求められているのかもしれない。さらに言えば、今後は、新しい形態の資本供給者も生まれてくることだろう。将来的には、流動性の価格が上昇したとき、長期資本保有者は、市場に臨時の資本を供給できることになるだろう。現在のところでは、保険会社や年金基金、そしてほかの長期資産保有者が周辺銘柄やより流動性の低い商品を購入することで市場に流動性を供給している。資本フローの視点に立って長期の意思決定を行っているためである。現在の制度上の枠組みは、流動性の価格を平準化させるに十分なものではない。しかし、緊急時に出動できるような資本の枠組みが新たに発達すれば、流動性の供給に影響を与え、金融危機が発生したときも、スプレッド拡大の度合いを抑えることができるようになる。

結論

　過去数年間、当局は金融機関に対して、動的なリスク尺度を考案することを促してきた。ポートフォリオ理論が生み出したVaRは、短期間の、つまり日次の損益リスクのエクスポージャ計測に利用されている。今こそBISやほかの関係当局に働きかけて、ストレス・テストや集中についての方法論の研究を行わせるときである。危機に備えることは、VaR分析以上に重要なことである。そして、そのような新しい方法論が、金融業界に起こる近年の危機対応に対する正しい答え

なのだ。

　金融業界は、「流動性」オプションやストレス発生時に流動性を供給する緊急資本の供給源を作り出したり開発することに対して、より創造的になるだろう。再保険市場が、過大な損失に備えて発展を遂げてきたように、同じような市場が発展し、金融市場に付加価値を与えることもできよう。このことが、オルタナティブ投資において重要な役割を果たすようになる。金融業界全体がストップロスの手法を利用するようになると、多くの金融商品の流動性プレミアムのボラティリティが上昇する。しかし、新商品を開発し、潜在的な新しいマーケット参加者を教育し、入れ替えていくにはかなりの時間がかかる。より動的なクッションは、流動性価格の振れを低減させ、市場を危機に陥りにくくする。市場にはいずれオルタナティブ商品の提供者が現れ、流動性を供給する方法が生み出されるであろう。

　計測技術の向上にもかかわらず、金融の定量モデルを利用して金融危機や金融の失敗を排除するには至らなかったため、折りに触れて、そのモデルは失敗に終わったと主張する人がいる。金融危機は、時代を問わず各国に広がる。これは、あたかも絶望的に思えたり、金融モデルに対する批判と受け止められるかもしれないが、そうではない。つまり、より優れたリスク計測モデルによって、コストを削減する結果、金融機関は新しい商品や投資手法を開発できるようになる。さらには、これらの新しい発展によって、リスクレベルが高まる。コストが減少するにつれ、仲介業者は窮地に追い込まれることになると経済は警鐘を鳴らしている。

（本章は、2000年4月12日にパリで開催された「リスクマガジン第5回ヨーロピアン・デリバティブズおよびリスク管理会議」で、マイロン・ショールズ教授が発表した内容を編集したものである）

PART 2

リスク・バジェッティングとは

第3章
リスク・バジェッティング──
ファンド全体でのアクティブリスク管理

カート・ウィンクルマン
ゴールドマン・サックス・インベストメント・マネジメント

　本章の主たる目的は、機関投資家がリスク管理およびポートフォリオ管理にかかわる一般的なツールを活用して、ファンド全体でのリスク管理を体系的に行うための方法を明らかにすることである。これによって、機関投資家はポートフォリオ構築に際して、より確かな情報に基づいた意思決定ができるようになる。具体的には、マルチマネジャー・ポートフォリオの管理に固有の問題を議論していく。このマルチマネジャー・ポートフォリオでは複数資産が運用されており、それぞれの資産クラスに複数の運用会社が採用されているため、リスク・バジェッティングの手法が特に有効である。議論を進めるため、4つの例を利用し、分析手法における主要な4つのステップを説明する。はじめに、ファンド全体のリスクを考えるときの重要な足がかりとして、複合ベンチマークのリスク分析について考察してみたい。これは次の2つの理由によって重要だと言える。

- 複数資産運用（バランス型運用）ファンドのトータル・リスクの大半は、アセット・アロケーション政策に起因していると考えられること
- ほとんどのファンドは、純粋にパッシブ・マネジャーのみを採用して資産配分を行うという選択肢を有していること

次にトータル・アクティブリスクに関したファンド全体のリスク特性を見極めるに当たって、ディレクショナル・バイアス（**訳者注**　市場感応度を一定方向にコントロールすることによるバイアス）やトラッキング・エラーという形で表示される個々のマネジャーのリスクを、ファンド全体のリスクへと集計する方法を示す。また、投資政策の目的別にファンド全体のトラッキング・エラーを分解する方法も明らかにする。さらに、ブラック＝リッターマン型のグローバル・アセット・アロケーション・モデルで用いられているようなベイジアン・アプローチ（**訳者注**　いわゆる条件付き確率分布を利用する手法のこと）をマネジャー選択に活用する方法について論じる。特に、ファンド全体のインフォメーション・レシオやトラッキング・エラー、資産クラスおよびマネジャーごとのリスク配分などといった重要な特性を決定するために、マネジャーに関する市場で既知の情報とマネジャーに対する投資家の見通しとを融合する方法について説明する。最後に、グローバル・タクティカル・アセット・アロケーションの利用、既存のマネジャー構成の再構築、およびポータブル・アルファ戦略の採用などの意思決定において、これらのフレームワークをどのように適用できるかを示す。本章では、現代金融論で多用されているリスク管理手法と資産配分手法を、比較的単純に適用した手法について論じている。なお、例えばプライベート・エクイティ投資のように、データ収集が不完全である資産クラスの問題については今回は触れず、将来の研究課題としたい。

　機関投資家による資産運用の世界では、最近3つの主要なトレンドが生まれてきている。まず第一に、ほとんどの機関投資家が複合ベンチマークを設定するに当たって、アセット・アロケーション分析に依存している点である。第二には、多くのマネジャー（パッシブ指向、アクティブ指向のいずれも）が投資戦略を実行するときに、計量分析

のツールや用語を用いている点である。そして第三には、多くの機関投資家が、大規模な銀行で広く使われているリスク管理手法を応用しようと模索している点である。これらのトレンドは、ポートフォリオ理論を基礎としている点で共通していると言える。

本章では、これらポートフォリオ理論の基本原理を、ファンド全体のアクティブリスク管理に応用する方法を示していく。この問題は、次の2段階に分けて論じることができる。すなわち、①既存のマネジャー構成から生じるアクティブリスクの測定、②最適マネジャー構成の構築――である。特に②においては、個々の資産クラスや個々のマネジャーに対するアクティブリスク・バジェット（またはアクティブリスク配分）を確定するうえで、ポートフォリオ理論の基本原理がどのように使われるかが示される。より具体的に言うと、ポートフォリオ（またはファンド）における限界パフォーマンス増分の限界リスク増分に対する比率が、すべての資産クラス（またはマネジャー）において等しくなるまでリスクをとるべきであるという考え方を、最適なリスク・バジェットを確定するために応用できるということである。この分析は、マネジャーの採用人数やパッシブ・マネジャーへの配分割合といった実務的な判断について検討を行うためのフレームワークを与えるものである。

問題をこのように分割して考えることは、非常に有益だと言える。なぜなら、多くのファンドは既存のマネジャー構成（すなわち、アクティブリスクの最適配分に基づくマネジャー構成）を有しているので、ファンド全体のリスク調整後パフォーマンスに対して最も大きなインパクトをもたらすマネジャー構成の変更のときに、有用な示唆を与えてくれるからである。重要なことは、本章での分析が機関投資家に広く知られているツールや技術を活用しているということである。本章のポイントは、ファンド全体レベルのリスク管理を体系的に行うに当たって、これらの技術を実務へ応用する方法について明らかにしてい

ることである。このことによって、ポートフォリオ構築に際して、機関投資家はより確かな情報に基づいた意思決定を行えるようになるのである。

　本章は、次のように構成されている。次節では、仮想の複合ベンチマークのリスク特性について分析する。その次の節では、一般的なリスク分解手法を用いて、仮想のアクティブ・マネジャー構成におけるアクティブリスクについて探求する。その後の節では、マネジャー選択における、一般的なポートフォリオ最適化手法の利用方法を示す。そして、次の節では、GTAA（グローバル・タクティカル・アセット・アロケーション）、アクティブ・ポートフォリオの再構築、および「ポータブル・アルファ」に対するフレームワークの適用手法を論じる。さらに、最後の節では結論を述べる。

複合ベンチマークのリスク特性

　多くの機関投資家が複合ベンチマークを決定するのに利用する、確立された手法が存在する。この手法ではまず、負債のフローの特性（保険数理上もしくはほかのデータに基づく）を踏まえたうえで、目標ポートフォリオ・リターンを設定することから始める（複合ベンチマークは、負債キャッシュフローを最もうまくヘッジする資産ポートフォリオと見なすこともできる。厳格なヘッジとして解釈すると、複合ベンチマークは、サープラスのボラティリティ、すなわち資産のリターンと負債の「リターン」の差異についてのボラティリティを最小化するポートフォリオであると言える）。目標ポートフォリオ・リターンの設定後、実務的には通常、自己の投資目的に適合する資産クラスを選択し、それらの資産クラスについて長期のリスクおよびリターン特性を決定する（各資産クラスの長期収益率およびリスク特性の決定は、戦略的アセット・アロケーションを特定するうえで中核をなす

要素である。長期収益率を測定するのに、多くの実務家たちは過去の平均収益率を使用している。しかし、これらの収益率は測定期間に左右される。多くの実務家たちは現在、市場均衡収益率と予想収益率［モデルかファンダメンタルズ分析によって導出されたもの］を組み合わせることによって長期期待収益率を見つけようとしている。Black and Litterman，1991を参照)。この時点において、通常は最適化モデルを使用して、さまざまなリスク水準に対応した最大収益率を生じるポートフォリオ群を示す効率的フロンティアを描かせる。そして、この効率的フロンティア上から、負債の全体的なリスク・リターン特性に適合する最適ポートフォリオが選択されるのである。最後に、戦略的アセット・アロケーションは各資産クラスのインデックスに対するエクスポージャに変換される（例えば、戦略的アセット・アロケーション内の米国株エクスポージャは、S&P500指数やラッセル2000といったインデックスに対するエクスポージャに変換される）。そして各投資対象資産クラスごとのインデックスへのエクスポージャを合成したものが、複合ベンチマークとなるのである。

複合ベンチマークの設定

投資家は、投資対象資産クラスのインデックスに連動するパッシブ運用を選択することが、理論上は常に可能である。したがって、複合ベンチマーク（すなわち純粋パッシブ運用を行った場合）のリスク（およびリターン）特性は、ファンド全体におけるリスク（およびリターン）特性の把握と管理にとってきわめて重要であると言える。例えば、資本市場の下落を懸念する投資家は、ヘッジ・ポジションを構築したいと考えるかもしれない。また投資家は、自己のポートフォリオが自らの長期的戦略見通しを正確に反映したものとなっているかどうか知りたいと考えるかもしれない。こうした問題に対する答えは、

図1　グローバル時価総額加重ポートフォリオと複合ベンチマーク

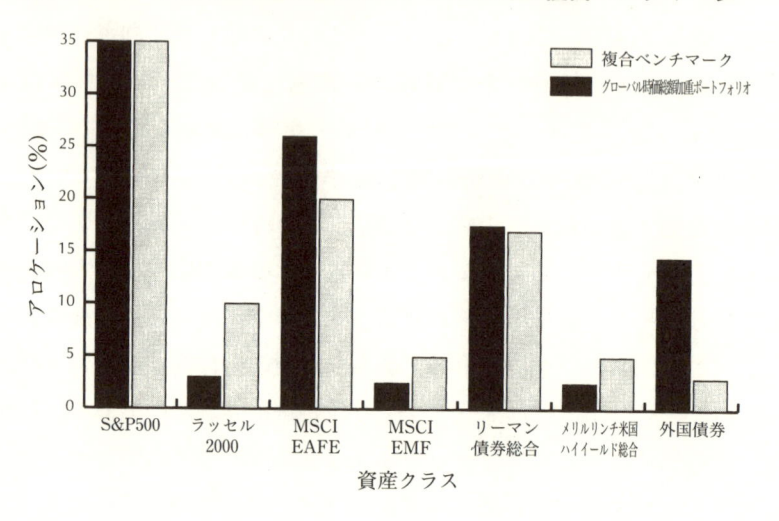

複合ベンチマークの基本的なリスク（リターン）の特性を理解することによって得られるのである。

　本章では、複合ベンチマークを設定するプロセスは、すでに完了しているものと仮定する。分かりやすくするために、最適化を行った結果、図1に表示されている複合ベンチマークが設定されたものとしよう（『Pensions and Investments』［1998年1月25日号］の調査によれば、確定給付型企業年金における平均資産配分は次のとおりとなっている。米国株式46.7％、米国債券27.2％、外国［アメリカ国外］株式14.2％、外国［アメリカ国外］債券1.7％、キャッシュ2.1％、プライベート・エクイティ2.8％、不動産3.3％、その他2.0％）。図1では、比較のために時価総額加重の国際分散ポートフォリオも表示した。この時価総額加重の国際分散ポートフォリオは、ポートフォリオ分析において、次の2つの理由から非常に便利な基準として使えるものであ

る。まず、①観察しやすいということに加え、②ポートフォリオ理論の基本原理に従えば、各投資家のポートフォリオはキャッシュと時価総額加重の国際分散ポートフォリオとを組み合わせたものであるべきだからである（Sharpe, Alexander and Bailey, 1995を参照）。

図1で示されているように、複合ベンチマークの資産配分は基本的に株式に偏っており、なかでも米国株式のウエートが高くなっている。時価総額加重の国際分散ポートフォリオにおいて、米国株式市場の時価総額は、全世界の時価総額のおよそ38％を占めている。これに対して、複合ベンチマーク・ポートフォリオでは、米国株式が全世界の時価総額の約45％を占めており、そこには小型株への偏り（これも、時価総額加重の国際分散ポートフォリオとの比較において）が認められる。さらに、複合ベンチマークでは、全体的な株式投資のなかで、若干のホーム・バイアス（自国株への偏り）が見受けられる。

リスク特性の概略

複合ベンチマークに関しては、次のような3つの疑問が想定されるだろう。まず、全体的に、複合ベンチマークのリスク特性とパフォーマンス特性を、時価総額加重の国際分散ポートフォリオのそれとどう比較するのか。次に、複合ベンチマークの主なリスクの源泉は何であるのか。最後に、複合ベンチマークから予測される見通しとはどのようなものであり、それを時価総額加重の国際分散ポートフォリオに基づくリターンとどのように対比するのか、ということである。

表1では、複合ベンチマークと時価総額加重の国際分散ポートフォリオのそれぞれについて、超過リターン（米国短期金利に対する超過リターン）、超過リターンのボラティリティ、シャープレシオが示されている。ボラティリティは、各資産クラスの長期（または戦略的）ボラティリティと相関関係を反映した共分散行列によって計算されて

表1 リスク・リターン特性

	複合ベンチマーク	グローバル時価総額加重ポートフォリオ
推定期待超過リターン（%）※	4.10	3.95
ボラティリティ（%）	9.20	8.55
シャープレシオ	0.43	0.46

※ この戦略が、上に挙げた推定期待リターンを達成するという保証はない。不確かな結果しか得られないほかの手法と同じく、数理的な推定方法を使用して計算しているからである。したがって、推定部分に関して値が違ってくる可能性がある。例えば、期待リターンはリターン分布の平均値を表しているにすぎず、リターン分布に表現されている変動性や不確定性を表してはいない。つまり、この推定期待リターンは、あくまでも目標値であり、確定値でも保証値でもない。また、実際の取引を反映してはいない。将来のリターンは、上の数字から大きく変わる可能性があり、損失も発生し得る。

いる（共分散行列の推定に関する詳細についてはLitterman and Winkelmann，1988を参照）。複合ベンチマークと時価総額加重の国際分散ポートフォリオのポートフォリオ・リターンは、各資産クラスの均衡リターンを使って求められており、これらは図2で示されている（均衡リターンは、時価総額加重の国際分散ポートフォリオを最適ポートフォリオとして見たリターンとして解釈することができる［均衡リターンの計算方法については Black and Litterman，1991を参照］。均衡リターンを計算するには、リスク回避パラメータを設定したうえで、資産評価モデルを適用する必要がある。図2では、S&P500指数の株式リスク・プレミアム［キャッシュ収益率に対する上乗せ］が5.5％となるようにリスク回避パラメータが設定されている）。

時価総額加重の国際分散ポートフォリオは、複合ベンチマークよりもボラティリティが低いことが分かるが、その一因は、前者のほうが債券に対するエクスポージャが高いことにある。さらに、複合ベンチマークは、時価総額加重の国際分散ポートフォリオよりもシャープレシオが低いことが分かるが、これは、株式投資についてのリスク分散

図2　均衡超過リターン

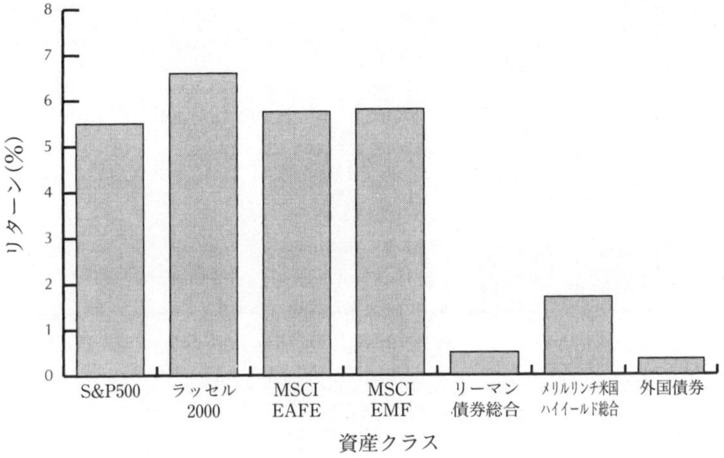
8
7
6
5
4
3
2
1
0
リターン(%)
S&P500
ラッセル
2000
MSCI
EAFE
MSCI
EMF
リーマン
債券総合
メリルリンチ米国
ハイイールド総合
外国債券
資産クラス

注＝1979/1～1999/12の日次データを基に作成

の度合いがより低いからである。

もちろん、均衡リターンに基づいて計算した場合、複合ベンチマークのシャープレシオが時価総額加重の国際分散ポートフォリオのそれよりも低いというのは、驚くべきことではない。複合ベンチマークにおける株式投資は米国株式、そのなかでも特に小型株への偏りを示している（図１参照)。したがって問題は、複合ベンチマークが示唆する、期待リターンに対する見通しはどのようなものかということと、それを均衡リターンと比較してどうかということになる。

この問題は、図３に示されるようなインプライド・リターン分析をもって解決することができる。この図では、複合ベンチマークのインプライド・リターンと均衡リターンとの差異が示されている。また逆

図3　インプライド・リターンの相違

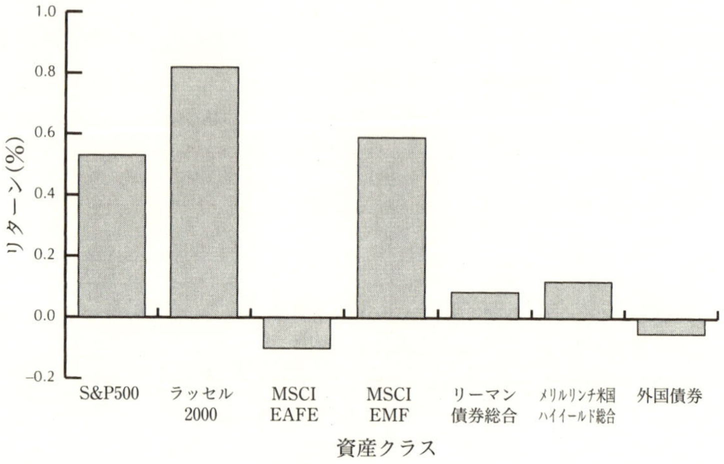
1.0
0.8
0.6
0.4
0.2
0.0
−0.2
リターン(%)
S&P500
ラッセル 2000
MSCI EAFE
MSCI EMF
リーマン 債券総合
メリルリンチ米国 ハイイールド総合
外国債券
資産クラス

注＝1979/1〜1999/12の日次データを基に作成

に、複合ベンチマークのインプライド・リターンには、9.2％のボラティリティ水準で、当該複合ベンチマークが最適ポートフォリオとなるようなリターンが反映されていることが分かる（インプライド・リターン分析の詳細についてはLittermann，1996を参照)。

図3において、複合ベンチマークから予測される株式リターンは(国際均衡リターンとの対比で）概して強気であるが、これは株式に対する資産配分比率が高い（これも時価総額加重の国際分散ポートフォリオとの対比で）ことと整合している。さらに、インプライド・リターンの差異は、複合ベンチマークが時価総額加重のポートフォリオよりも、米国株式全般、特に小型株に対して強気な見通しをもっていることを示している。また、アメリカ国外の市場に関しては、複合ベンチマークはエマージング市場に対して比較的強気な見方を示し、先

進国市場に対しては比較的弱気な見方を示している。

　この分析は、ファンド・レベルではどのように適用できるだろうか。分かりやすい適用方法としては、実際の戦略的見通しの検証機能と、再構築の潜在的な必要性を判断するための指針の2つが挙げられる。例えば、実際の戦略的アセット・アロケーションがエマージング市場を避け、アメリカとその他の外国株式にシフトしたと想定した場合、複合ベンチマークのインプライド・リターンは実際の戦略的見通しにかなり似たものになるはずである。

主なリスク源泉の特定

　複合ベンチマークに関して最後に論じなければならないことに、リスク配分がある。先に述べたことを反復するようであるが、この分析は、複合ベンチマークが純粋パッシブ運用ポートフォリオと同一と考

図4　ベンチマークのリスク分解

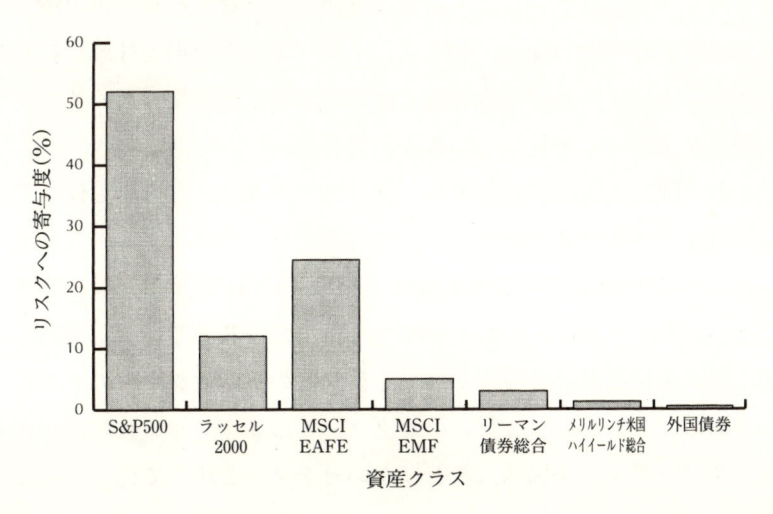

えてもよいため重要である。図4は、仮想複合ベンチマーク（図1参照）のリスク分解を資産クラス別に示している（ボラティリティの計算は非線形であるため、リスク分解は近似値である。Litterman [1996]がリスク分解についてより深い考察を行っている）。図を見ても明らかであり、かつ図1で示された資産配分とも合致するように、複合ベンチマークは、米国株式においてそのリスクの大半をとっている。さらに具体的に言えば、複合ベンチマークのボラティリティのうち63.7%は米国株式によるものである。そして、その次に大きなリスク源泉は、アメリカ以外の先進国株式市場への資産配分である。つまり、MSCI-EAFEへのエクスポージャが複合ベンチマークのボラティリティの約25%を占めているのである。このような分析を、ファンドではどのように利用できるのだろうか。

あるファンドが、世界の資本市場全般における相場下落を懸念しているとしよう。そのファンドは、負の収益率がサープラスに与えかねない悪影響を回避するために、短期的なヘッジ戦略を採用する。複合ベンチマーク全体をヘッジする単純な戦略としては、例えば、バスケット・プットの購入がある。しかし、この戦略には、コスト負担が非常に重くなり得るといったデメリットがある。なぜなら、ポートフォリオの流動性の低い部分（例えば、エマージング市場の株式）に対するオプション・プレミアムが高くなることや、相関性のあるオプション商品が全般的に不足しているからである。

これに代わる解決法としては、図4のようなリスク分解を使って、いちばん大きなリスク源泉に対してのみプットを購入することが考えられる。この例では、米国大型株とMSCI-EAFEとで、ポートフォリオのボラティリティのおよそ80%を占めているのである。これらは、国際資本市場における最大かつ最も流動性の高いセクターのうちの2つである。このため、これらのセクターでのオプション戦略のコストは、エマージング市場株式などほかのセクターと比べて低くなること

が予想できる。

　今までのところでは、複合ベンチマークのリスク分析に焦点を当ててきた。上で論じたように、あらゆる投資家のリスクの大部分が、戦略的資産配分における意思決定に依存しているという認識があるからこそ、ここに重点を置いたのである。しかし、ほとんどの機関投資家は、自己の複合ベンチマーク対比でアクティブリスクをとっている。このため、次節では同じツール（インプライド・リターン分析とリスク分解）を用いて、どのようにファンド全体のアクティブリスクを分析できるかについて論じる。

アクティブリスクの分解

　多くの機関投資家のマネジャーの構成は、幾つかの運用スタイルから成っている。最も分かりやすい例を言えば、パッシブ・マネジャーとアクティブ・マネジャーを組み合わせるというトレンドだろう。アクティブ・マネジャーは、もちろん、ベンチマークをアウトパフォームする能力があるという前提の下で加えられているのである。ファンド全体のレベルで付加価値を高めるために、アクティブ・マネジャーは資産配分、ディレクショナル・バイアス、銘柄選択、セクター・ローテーションなどの、付加価値の源泉となり得る各要因について意思決定を行う。そして、これらひとつひとつの意思決定が、実際のポートフォリオ全体をその複合ベンチマークから乖離させることになるのである。

　このように、実際のポートフォリオと複合ベンチマークとの乖離が推定された場合、ファンド全体のリスクに関連する問題を考えてみるのが有益である。例えば、ファンド全体のトラッキング・エラーはどうなっているかということがある。さらに、ファンド全体のボラティリティを算出するためには、ファンド全体のトラッキング・エラーと

複合ベンチマークのボラティリティをどのように合成すればよいのかということがある。また、ファンド全体のトラッキング・エラーの源泉を知りたいという場合もあるだろう。例えば、ファンド全体のトラッキング・エラーのうちどれくらいが、採用しているアクティブ・マネジャーによる資産配分の決定、ディレクショナル・バイアス、その他の要因に起因しているのか知りたいであろう。最後に、これら個々のリスクの計算結果が金融市場のストレスが高まっているときに、どのようになるのかということがある。

これらの問題については、前節で用いた例を使って論じることができる。図5では、実際のポートフォリオ構成例を図示しており、複合ベンチマークと対比している。実際のポートフォリオは、米国株式全般、そのなかでも特に小型株にオーバーウエートしており、米国外の先進国株式はアンダーウエート、エマージング市場株式はオーバーウエート、米国の投資適格債券は若干アンダーウエート、そしてハイイールド債券に対しては若干オーバーウエートしていることが分かる。それでは、ファンド全体のトラッキング・エラーはどのようにして算出できるのだろうか。

ファンド全体のトラッキング・エラーは、資産クラス・レベルにおけるあらゆる配分の乖離と、各資産クラスにおけるトラッキング・エラーに左右される。また、各資産クラスにおけるトラッキング・エラーは、個々のアクティブ・マネジャーが取るトラッキング・エラーによって左右される。したがって、ファンド全体のトラッキング・エラーを算出するには、①ディレクショナル・バイアス（Litterman and Winkelmann, 1996を参照）および、②資産クラスのトラッキング・エラーを割り出すための各マネジャーごとのトラッキング・エラー——この２つをまずはじめに用いなければならない（分析の基礎となっているのは、次のモデルである。期間tにおいて資産クラスiを運用するマネジャーmのキャッシュに対する超過リターンをR_t^{mi}とする。

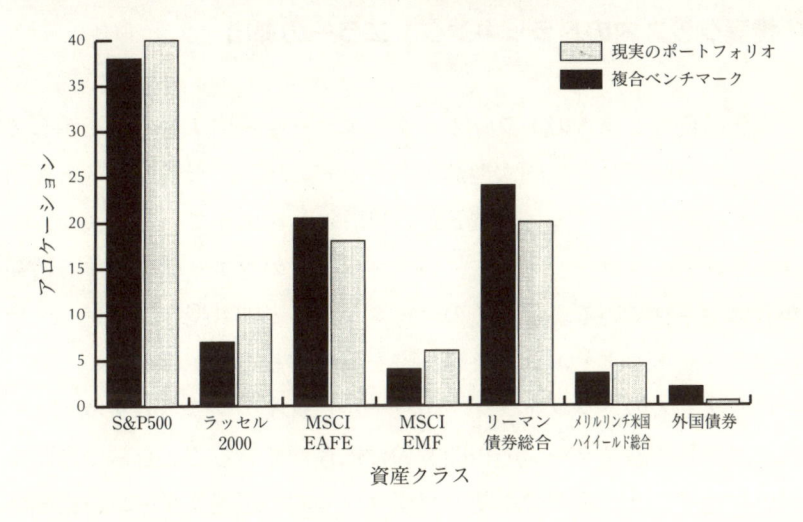

図5 アセット・アロケーション（戦略と現実）

同様に、資産クラスiのベンチマークのキャッシュに対する超過リターンをR_t^{ib}とする。b^{mi}をマネジャーmのベンチマークiに対するベータとおき、e_t^{mi}を残差項とする。すると、マネジャーmのリターンは$R_t^{mi} = b^{mi} \times R_t^{ib} + e_t^{mi}$と表記することができる。このとき$e_t^{mi}$を$e_t^{mi} = u_t^i + u_t^{mi}$と分解する。ここで$u_t^i$は資産クラスi内で共通の残差項であり、$u_t^{mi}$は資産クラス内の各マネジャーに特有のものである。最後に、u_t^iはu_t^{mi}に対して直交していると仮定する。このモデルを用いることによって、トラッキング・エラーをこれまで説明したような方法で合計したり、本文中で後で述べるようにリスクを政策決定ごとに分解することができるようになるのである）。

資産クラス内のトラッキング・エラーの算出

　表2は資産クラスのトラッキング・エラーを算出する方法を示している。この例では、米国大型株マネジャーの仮想的な構成リストを用い、それぞれのマネジャーをS&P500指数と対比している。また、トラッキング・エラー、ベータ、各マネジャーのウエートに関する情報が表に示されている。これらのデータから、米国大型株マネジャー全体のトラッキング・エラーとベータを算出することができる。

　資産クラスのトラッキング・エラーが、資産クラス内のマネジャー間における超過リターンの相関関係に依存していることを常に念頭に置いておくことが重要である（資産クラス内の超過リターンの相関は、2人のマネジャー間にどの程度代替性があるかということをとらえている。2人のマネジャーについて超過リターンの相関が高ければ高いほど、2人はお互いの代替として機能することになる）。例えば、2人のマネジャー間における超過リターンの相関が高まった場合、ポートフォリオは同一のアクティブリスクの源泉に対するエクスポージャをより多く持つことになる。その結果、資産クラス内におけるアクティブリスクの源泉に関する分散度合いが低くなるため、資産クラスのトラッキング・エラーは上昇するのである。したがって、この分析から得られる実務上の知見は、投資家は、相互に代替的な似通った運用スタイルでなく、相互に補完関係にある（すなわち超過リターンの相関関係がゼロに近い）運用スタイルを模索すべきということである。そうすることで、ファンド全体のトラッキング・エラーを減らし、アクティブリスクの源泉をより分散させることができる。

　ファンド全体のリスク特性を算出するためには、すべての資産クラスのリスク特性を知る必要がある。例に沿って話を進めるが、表3は、前出の全資産クラスについてのトラッキング・エラーを表示している。

表2　米国大型株マネジャーの仮想構成

マネジャー	ベータ	トラッキング・エラー(bps)	ウエート(%)
1	1.10	400	15
2	1.30	700	10
3	1.25	500	20
4	1.00	5	40
5	0.97	200	15
大型株合計	1.09	178	100

表3　仮想資産クラスのトラッキング・エラー

	トラッキング・エラー(bps)
S&P500	178
ラッセル2000	378
MSCI EAFE	298
MSCI EMF	654
リーマン債券総合	125
メリルリンチ米国ハイイールド総合	374
外国債券	129

表3では、最も高いトラッキング・エラーを持つ資産クラスはエマージング市場株式であり、米国小型株が2番目に高い（表2および表3では、各資産クラス内のマネジャー間における超過リターンの相関を0.25と置いている）。

ファンド全体のアクティブリスクの導出

ある資産クラスのトラッキング・エラーを決定するには、その資産クラス内のマネジャー間における超過リターンの相関関係について何らかの仮定が必要であったが、それと同様に、各資産クラス間におけ

表4 ファンド全体のリスク特性(モデルの算出結果)

ファンド全体のトラッキング・エラー(bps)	223
ベンチマークのボラティリティ(%)	9.20
ポートフォリオのボラティリティ(%)	10.25
ポートフォリオのベータ	1.09

注=表2、表3の仮定を参照

る超過リターンの相関関係についてもまた仮定が必要である。この仮定は、全資産クラスにわたるアクティブ・マネジャーたちが、同じアクティブリスク・ファクターに対するエクスポージャをどの程度抱えているのかを測定するものと解釈できる。例えば、米国投資適格債券のマネジャーと米国大型株マネジャーとの間に、超過リターンについて高い相関関係が認められる場合、両資産クラスのアクティブ・マネジャーはアクティブ・ポジションを取るのに、同じリスク・ファクターを使っていることを示している。この場合、これら2つの資産クラスのアクティブ・マネジャーは、大体同時期にベンチマークをアウトパフォームしたりアンダーパフォームするであろうと予測することができる。

表4は、例について、各資産クラス間では超過リターンの相関がないという仮定の下で作成した、ファンド全体のリスク特性の一覧である。この表のとおり、ファンド全体のトラッキング・エラーは223ベーシス・ポイント(bps)であり、ベータは1.09、ポートフォリオ全体のボラティリティは10.25%である。

図6は、資産クラス間における超過リターンの相関係数に対する、ファンド全体のトラッキング・エラーの感応度を示すものである。ここでは、相関係数の変化がトラッキング・エラーに対して与えるインパクトが次の2つのポートフォリオについてシミュレーションされて

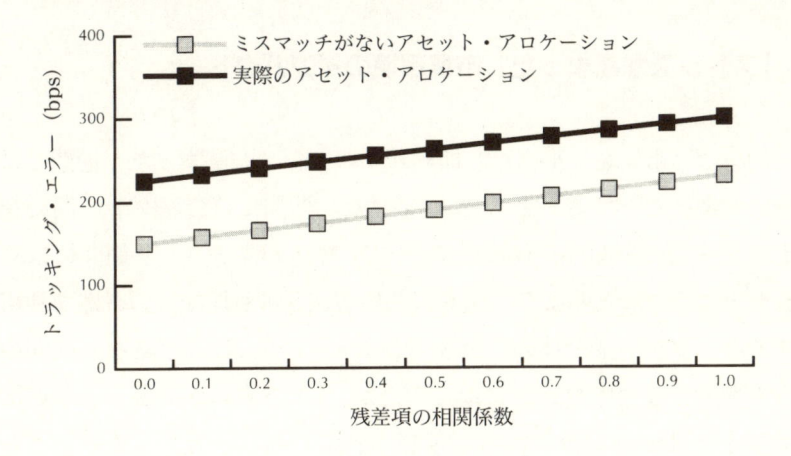

図6　トラッキング・エラーの感応度

凡例：
- ミスマッチがないアセット・アロケーション
- 実際のアセット・アロケーション

縦軸：トラッキング・エラー（bps）
横軸：残差項の相関係数

いる。最初のシミュレーションでは、実際のアセット・アロケーションの複合ベンチマークからの乖離（すなわち、図5に示したもの）を用いているが、2つめのシミュレーションでは、実際のアセット・アロケーションが複合ベンチマークのウエートに等しい場合について、超過リターンの相関係数の変化が与えるインパクトを表すものである。この例において、各資産クラスの超過リターンが完全な相関関係にあるものとし、また実際のアセット・アロケーションを想定した場合、ファンド全体のトラッキング・エラーは314bpsまで増加する。一方、各資産クラスの超過リターンが完全な相関関係にあり、かつ資産配分に複合ベンチマークからの乖離がまったくない場合には、ファンド全体のトラッキング・エラーは250bpsまでにしかならない。この感応度分析は、予想トラッキング・エラーの振幅可能レンジについて示唆を与えてくれるという点で、非常に重要であると言える。また、これらのレンジはファンド全体の方針を設定するうえでも用いることがで

きる。

「ストレスが高まった」市場環境のインパクト

例えば、市場を「平常な」期間と「ストレスが高まった」期間とに分けて考えるとする。さらに、「平常な」期間には資産クラス間の超過リターンの相関はゼロに近く、「ストレスが高まった」期間にはそれが1に近づくとしよう。図6の数値と図5の資産配分の乖離を利用すると、ファンド全体のトラッキング・エラーは、「平常な」期間の市場環境では大体223bpsになるのだが、「ストレスが高まった」期間になると314bps前後になると予想されている。一方、ミスマッチがないアセット・アロケーションの場合、ファンド全体のトラッキング・エラー予想レンジは135bpsから250bpsとなる。

ファンド全体の運営方針が（例えば、投資委員会決定などで）推定トラッキング・エラーを220bpsまでしか許容しないとした場合、「平常な」市場環境であれば、ファンドは目標レンジ近くにある。しかし、いったん「ストレスが高まった」市場環境になってしまうと、予想トラッキング・エラーがファンド全体の運営方針に違反してしまうことになる。このような場合に、ファンド全体として選択可能な方策としては、①「平常な」市場環境と「ストレスが高まった」市場環境のどちらにも対応できるように目標トラッキング・エラーを引き下げる、②目標トラッキング・エラーを「平常な」市場環境下におけるものと明確に位置づける、③アセット・アロケーションのミスマッチを縮小する——が挙げられる。

ファンド全体のトラッキング・エラーの源泉の特定

ファンド全体のトラッキング・エラーは、純粋パッシブ運用戦略か

図7　アクティブリスクの分解（モデルの算出結果）

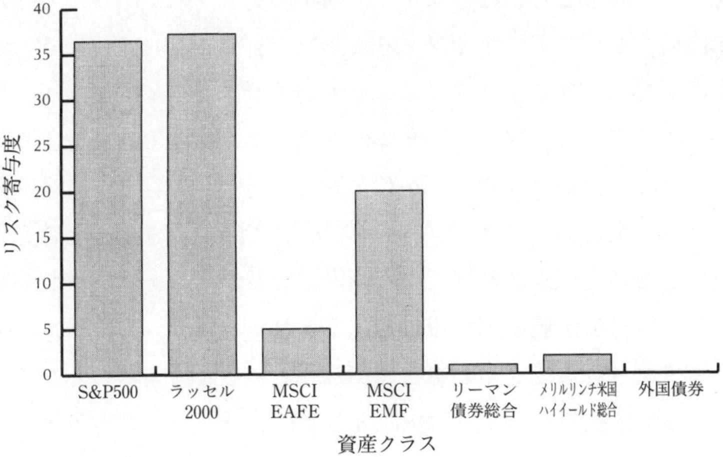
40
35
30
25
20
15
10
5
0
リスク寄与度
S&P500
ラッセル
2000
MSCI
EAFE
MSCI
EMF
リーマン
債券総合
メリルリンチ米国
ハイイールド総合
外国債券
資産クラス

注＝表2、表3、表4の仮定を参照

ら乖離するリスクに関する情報を提供してくれるという点で、それ自体興味深い数字だと言える。しかし、ポートフォリオ構築の観点から言えば、さらなる情報が必要である。特に、ファンド全体のトラッキング・エラーの源泉を明らかにする必要がある。

図7は、資産クラス間における超過リターンの相関がゼロであるという仮定の下、ファンド全体のトラッキング・エラーを資産クラス・レベルに分解したものである。このレベルだと、アクティブリスクの大部分が米国株式によって占められていることがよく分かる。これによると、ファンド全体のトラッキング・エラーのうち、およそ73％が米国株式（うち36％が大型株で、37％が小型株）に起因している。一方、ファンド全体のトラッキング・エラーのうち、米国投資適格債券に起因しているのはわずか１％であり、非米ドル建て債券にいたって

は、トラッキング・エラーにまったく寄与していない。このようなミスマッチを起こした状態のなかに再構築のチャンスがあるだろうか。

　米国債券が正のアクティブ・リターンを有するとしてみよう。この仮定の下では、アクティブリスクを米国大型株から米国債券へとリバランスすることで、ファンド全体のトラッキング・エラーをよりうまく分散することができる。しかし、異なる角度から見ると、米国債券がファンド全体のアクティブリスクに関して無視できるほどの影響しか及ぼさないということは、つまり米国債券がベンチマーク収益率にそれ以上の付加価値を加えることができないという、複合ベンチマークから予測される見通しと整合性がとれていると考えることもできる。したがって、投資政策上の選択肢としては、リバランスを実施するか、あるいは米国債券運用をパッシブに変えるかのいずれかということになる。

政策レベルでのリスク分解

　資産クラス・レベルでリスクを分解することに加えて、図8に示されているように、全体的な投資政策レベルにおいてもリスクを分解することができる（ここにおいても、次の諸ファクター間、すなわち、アセット・アロケーション政策、ベータ［ディレクショナル］政策、その他の政策［銘柄選択、セクター・ティルト、イールドカーブ・トレードなどのインパクトを反映させたもの］の間の超過収益の相関はないという仮定は維持されているとする）。

　この例では、ファンド全体のトラッキング・エラーの38%は資産配分政策に起因しており、38%がベータ政策、24%がその他の政策に起因している。これらの数値が、現実のポートフォリオ運用において意味するものとは何であろうか。

　ベータ政策およびその他の政策は、アクティブ・マネジャーのポー

図8　アクティブリスクの分解

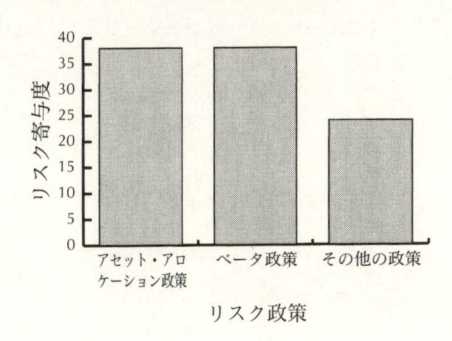

[図：リスク寄与度の棒グラフ。縦軸「リスク寄与度」0〜40。横軸「リスク政策」：アセット・アロケーション政策 約38、ベータ政策 約38、その他の政策 約25]

トフォリオ運用スタイルを反映したものである。一方、資産配分政策に起因するリスクは、ファンド全体レベルでの政策が反映されたものであり、図5に示したアセット・アロケーションのミスマッチがもたらす直接的な結果であると言える。これらの乖離は、特定の資産クラスをオーバーウエートもしくはアンダーウエートするといった決断や、あるいはその他の決断（例えば、ポートフォリオを頻繁にリバランスしないなど）を、意識的に下した結果だと言えるのである。しかしどちらの場合にせよ、それはファンド全体のレベルで容易に対処できる決断であると言える。例えば、この例においては、資産配分の乖離を解消すると、ファンド全体のトラッキング・エラーは135bpsまで減少するのである。

　では、資産配分の乖離はどのように管理すればよいのだろうか。この乖離が、ひとつないし2つの資産クラスにおいて、大きなリターンを獲得した時期にリバランスを頻繁に行わなかった結果であると仮定してみよう。自明な解決策のひとつとしては、ポートフォリオをベンチマーク・ウエートに戻すリバランスを、もっと頻繁に行うことであろう。しかし、このプロセスは必然的に取引コストを引き上げてしま

表5　全体アクティブリスクへの寄与度（マネジャー別）

マネジャー	資産クラスウエート	ベンチマーク	リスク寄与度
1	15%	S&P500	5.50%
2	10	S&P500	7.20
3	20	S&P500	12.70
4	40	S&P500	7.50
5	15	S&P500	2.00
1	15	ラッセル2000	4.03
2	20	ラッセル2000	8.80
3	50	ラッセル2000	18.60
4	15	ラッセル2000	4.54
1	20	EAFE	1.06
2	50	EAFE	2.65
3	30	EAFE	3.40
1	50	EMF	10.20
2	50	EMF	9.20
1	30	リーマン債券総合	0.24
2	30	リーマン債券総合	0.24
3	40	リーマン債券総合	0.24
1	50	WGBI（除く米国）	−0.12
2	50	WGBI（除く米国）	−0.12
1	40	メリルリンチ米国ハイイールド総合	0.98
2	60	メリルリンチ米国ハイイールド総合	1.30

う。これに代わるもうひとつの策としては、先物オーバーレイを使って、ポートフォリオをより頻繁にリバランスする方法が挙げられる。

個々のマネジャー・レベルでのリスクの帰属

　最後の重要な問題として、ファンド全体のトラッキング・エラーのうち、どのくらいが個々のマネジャーに起因するのかについて解明することがある。表5は、仮想のマネジャー構成を使ってこれを示したものである。2つの米国株式マネジャーを除いて、ほとんどのアクティブリスクはマネジャー間にかなり均等に分散している。これによると、2つの例外的なマネジャーのうち、米国大型株マネジャーはファ

ンド全体のアクティブリスクの約13%を占めており、米国小型株マネジャーは約19%を占めている。

アクティブリスクは個々のマネジャー・レベルの運用方針にも起因している。小型株マネジャーの場合、19%の寄与度の内訳は次のとおりである。すなわち、アセット・アロケーション政策（小型株への資産配分という意味と、特定のマネジャーへの資金配分という意味の両方において）は10.3%、ベータ政策は6.9%、そしてその他の政策はわずか1.4%である。これが政策変更に対して意味するところは、このマネジャーへの資金配分を少なくするか、または米国小型株のオーバーウエート・ポジション全体を削減するということになる。

一方、米国大型株のマネジャーの場合、ファンド全体のアクティブリスクに対する寄与度の内訳は次のとおりである。すなわち、資産配分政策は1.8%、ベータ政策は8.9%、その他の政策は1.9%である。これらの数値は、このマネジャーのリスクに対する最大の要因は、市場に対するエクスポージャをいつ増やし、いつ減らすかということを決定する能力であることを示している。

しかし、ファンド全体のレベルで容易に管理できる決定があるとすれば、それはアセット・アロケーションである、ということを念頭に置いておくことが重要である。上で論じたように、ファンド全体のトラッキング・エラーは、実際のアセット・アロケーションと複合ベンチマークとの乖離を単に取り除くだけで、135bpsにまで減らすことができるのである。資産配分は、複合ベンチマークを定義するうえで重要なだけでなく、ファンド全体のアクティブリスクにとってもまた重要であると考えられる。

これまでの例によって、ファンド全体のレベルでリスクを測定し、モニタリングする方法を説明してきた。これらの例は、資産クラス間、各マネジャー間における超過リターンの相関関係についての仮定や、仮想のデータに基づいている。このため、ファンド全体のレベルで、

この手法をフルに活用したいのであれば、追加的なデータ収集が必要となることを述べておかなければならない。例えば、ある資産クラスのマネジャー間で見られる超過リターンの相関関係は、外部情報ベンダーが提供するデータや日次のリターンを集積することによって確認することができる。資産クラス間における超過リターンの相関関係を確かめるときにも、基本的には同じ情報ソースを利用できるであろう。

PANEL 1

最適化の基本原則

　最適化の基本原則は「（制約がないと仮定した場合）限界アクティブリスクに対する限界アクティブ・パフォーマンスの比率が全資産について等しいことが、インフォメーション・レシオの最適解の条件」である。もちろん、資産別限界アクティブ・パフォーマンスの合計は、資産のリターンにすぎない。つまり、最適な状態とは「限界アクティブリスクに対するリターンの比率が、全資産で一致する場合」と言い換えることができる。言い換えれば「2資産の相対リターンが、限界リスク寄与度に等しくなる場合」ということになるだろう。
　図Aは、この2つの比率を2資産ポートフォリオで例示したものである。比率は、アセット1のアロケーションに対して描かれている。グラフが示すように、アセット1の期待リターンは、アセット2の2倍ある。この比率は、アセット1のアロケーションに影響を受けない。

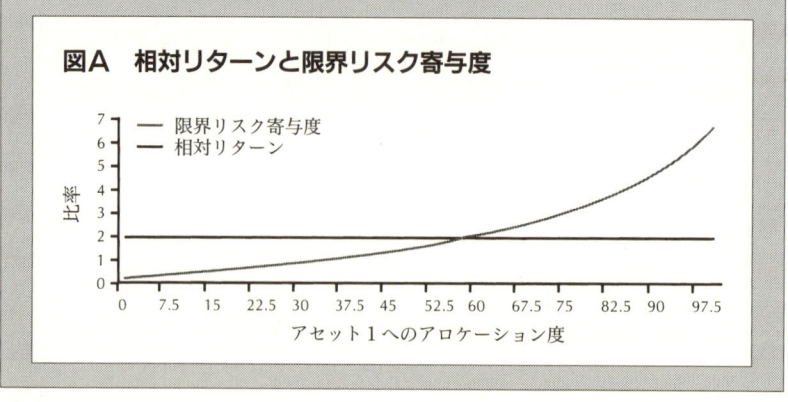

図A　相対リターンと限界リスク寄与度

（縦軸：比率、横軸：アセット1へのアロケーション度）
　―― 限界リスク寄与度
　―― 相対リターン

アクティブ・マネジャー構成の決定

前節では、ファンド全体のレベルにおけるアクティブリスクの測定とモニタリングに焦点を当てた。また、そこでの議論は、仮想のマネジャー構成の下で、幾つかの例を示しながら進めてきた。だが、そもそもはじめに、このマネジャー構成をどうやって決めたのか、という問題に立ち戻る必要がある。ここで提案するフレームワークは、以下の問題に対する解決策としても用いることができる。

●どの資産クラスでアクティブリスクをとるべきか
●マネジャーを何社採用すべきか
●アクティブ運用とパッシブ運用の割合をどうすべきか

これらの問題について、以下に論じていく。分かりきったことだが、複合ベンチマークからアクティブに乖離するのは、複合ベンチマーク

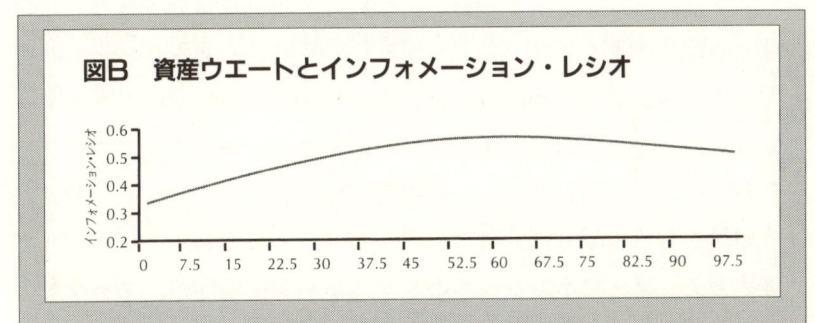

図B　資産ウエートとインフォメーション・レシオ

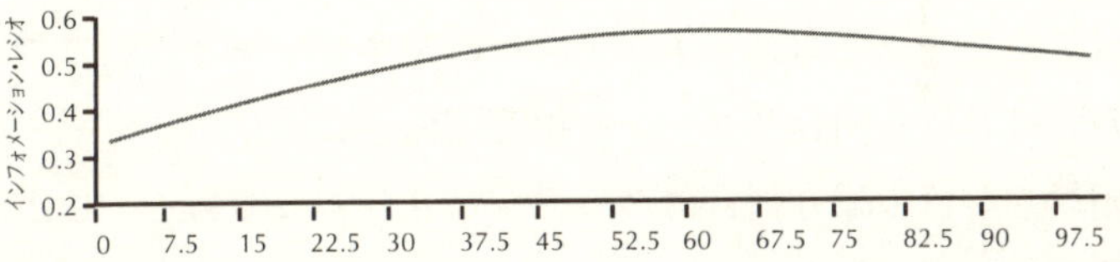

このグラフは、「アクティブリスクに対するアクティブ・パフォーマンス」の比率を表示している。アセット1のアロケーションが小さい場合、全体ポートフォリオ・リスクへのアセット1の影響力より、アセット2による影響力が勝っているといえる。したがって、図Bに描かれているように、アセット1のアロケーションを増加することで、ファンド全体のインフォメーション・レシオは高まることになる。
しかし、最適ポイントをすぎると、その関係は逆転し、インフォメーション・レシオは減少し始める。

をアウトパフォームすることを期待しているのである。しかし、それがアクティブリスクの増加につながることもまた、前に述べたように事実である。したがって、ファンド全体のトラッキング・エラーの水準は、インフォメーション・レシオ（すなわち、アクティブ運用によって得られる超過リターンのアクティブリスクに対する比率）の観点から考えるのが賢明であろう。

　目的が、ファンド全体におけるインフォメーション・レシオを最大化することにあるとする。アクティブ・マネジャーは、アウトパフォーマンスの期待値（またはアルファ）が正の場合にのみ採用される。こうすれば、アクティブ・マネジャーを新たに加える（または、資金配分をパッシブ・マネジャーから既存のアクティブ・マネジャーへと移す）ことは、ファンド全体のアウトパフォーマンスの期待値を押し上げることになりそうである。しかし、アクティブ・マネジャーの追加がファンド全体のトラッキング・エラー（つまりファンド全体のアクティブリスク）に与える影響は、それほど単純なものではない。結局は（前節で説明したように）、あるアクティブ・マネジャーへの資金配分増加の影響がどう出るかは、そのマネジャー自身のベンチマークに対するトラッキング・エラー、そのマネジャーとほかのマネジャーとの間における超過リターンの相関関係、およびマネジャー間における相対的な資金配分割合によって左右されるのである。したがって、あるアクティブ・マネジャーへのエクスポージャ増加が、ファンド全体のインフォメーション・レシオに与える影響は不確実である。しかし、一般的な原理に従えば次のことが言える。すべてのアクティブ・マネジャーについて、ファンド全体の期待アウトパフォーマンス（報酬控除後）への限界寄与度の、ファンド全体のトラッキング・エラーへの限界寄与度に対する比率が等しくなったときに、ファンド全体のインフォメーション・レシオは最大となる。なお、この原理は、最適資産配分を決めるのに使ったものを応用したにすぎない。

もちろん、この原理をマネジャー・ユニバース全体に適用しようとするのは厄介なことであり、また多くの制約に直面するであろうし、場合によってはおよそイメージに合わないマネジャー構成に陥りかねない。このため、この問題を考えるに当たっては、ひとつの緩やかな枠組みを設けることにする。ここで使う枠組みとは以下のとおりである。まず、実際のアセット・アロケーションと戦略的アセット・アロケーションは同じであるという制約条件の下で、各資産クラスに対するアクティブリスクの最適配分を考えていく。これによって、資産クラス・レベルにおけるアクティブリスクの配分を求めることができる。次に、資産クラス内における最適なマネジャー構成を考えていく。これによって、採用すべきマネジャーの数と、アクティブ／パッシブ・マネジャーへの配分割合を決めることができる。最後に、資産配分段階における上記制約条件を緩和した場合の効果について考察していく。

資産クラス・レベルにおけるアクティブリスクの配分

　まず最初にやることは、資産クラス・レベルにおけるアクティブリスクの最適配分を見つけることである。ファンド全体のマネジャー構成を決定するときに説明した原理を、ここでも利用することができる。今回の場合には、ファンド全体における超過リターン（対ベンチマーク比）への限界寄与度の、ファンド全体のトラッキング・エラーへの限界寄与度に対する比率が、すべての資産クラスにおいて等しくなるまで、各資産クラス内でアクティブリスクをとるということになる。
　この基本原理は次のように簡単に言い換えることができる。この比率のパフォーマンス部分を見てみると、いかなる資産（または資産クラス、マネジャー）でも、パフォーマンスへの限界寄与度は、単にその資産の収益率（または資産クラスのアルファ）であるということが分かる。したがって、資産クラスのアクティブ・パフォーマンス全体

に対する寄与度は、当該資産のアクティブ・ウエートと収益率（または資産クラスのアルファ）との積であることが分かる。一方、比率のリスク部分に目を向けると、当該資産のリスクに対する限界寄与度とアクティブ・ウエートとの積を、ポートフォリオ全体のリスクで除することによって、当該資産クラスのリスクに対する限界寄与度をパーセント表示したものが得られる。したがって、アクティブ・パフォーマンス全体に対する寄与度の、アクティブリスクへの限界寄与度（パーセント表示）に対する比率が、すべての資産クラスにおいて等しくなるまでアクティブリスクをとるというように、基本原理を言い換えることができる（何の制約条件も存在しない場合、ポートフォリオが最適となるには次の条件を満たさなければならない。つまり$[R_i/\sum_j\{X_j cov(R_i,R_j)\}]=[R_k/\sum_j\{X_j cov(R_k,R_j)\}]$がすべてのiとkの組み合わせについて成立しなければならない。ただしX_iは資産クラスiのウエート、R_iはリターンである。この式の左辺の分子と分母にX_iを乗じてみる。すると、分子の$X_i R_i$は資産クラスiのポートフォリオ全体のパフォーマンスに対する寄与であり、これをTCP_iと表記する。この結果、最適条件は$[TCP_i/X_i\sum_j\{X_j cov(R_i,R_j)\}]=[TCP_k/X_k\sum_j\{X_j cov(R_k,R_j)\}]$となる。ここで、両辺にポートフォリオの分散を乗じてみる。式を整理すると、最適条件は$TCP_i/pct_i=TCP_k/pct_k$となる。ここでpct_iは資産クラスiのポートフォリオ全体のボラティリティに対するパーセント表示の限界寄与度である）。

　この原理を実践するにあたって、資産クラス・レベルにおける予想アウトパフォーマンス、予想トラッキング・エラーおよび超過リターンの予想相関関係について説明する必要がある。幸いなことに、超過リターンとトラッキング・エラーの中央値は、すでにあるデータを使って説明することができる。分かりやすくするために、資産クラス・レベルにおける超過リターン間の相関はゼロとする。

　表6は、採用する可能性がある、中位マネジャーの情報をタイプ別

表6　資産クラス別のアクティブ・マネジャー情報

資産クラス	中位マネジャーの仮想インフォメーション・レシオ	中位マネジャーの仮想トラッキング・エラー（bps）	仮想目標インフォメーション・レシオ
米国大型株	0.04	525	0.17
米国小型株	0.47	825	0.63
外国株式	0.42	750	0.54
新興市場	0.38	900	0.56
米国債券	0.37	100	0.59
米国ハイイールド債	0.36	400	0.51
外国債券	0.26	350	0.55

に表したものである。表では、前節で使用した資産クラスすべてについて、（仮想）トラッキング・エラー中央値と（仮想）インフォメーション・レシオ中央値（報酬控除後）を表示している。各資産クラスの（仮想）目標インフォメーション・レシオも表に示されている。

　この表では、中位米国大型株マネジャーの超過リターン（報酬控除後）とインフォメーション・レシオが、ゼロに近い値になっている。したがって、米国大型株では純粋なパッシブ・ポートフォリオを構築しようという気になる人がいるかもしれない。しかし、そうすることは、中位マネジャーよりも良い成績を（少なくとも過去において）上げているマネジャーがほかに存在するという事実を無視していることになる。

　代わりに、採用候補に挙がっているマネジャーに関する情報のみを利用してポートフォリオを構築することもできるだろう。とはいえ、このアプローチでは、半分のマネジャーがパフォーマンスの中央値を下回っているという事実を無視することになる。したがって、入手可能な情報すべてを利用して、米国大型株でとるべきアクティブリスクの総額を求めるというのが、あくまでも理想的な形であろう。

　解決策のひとつとして挙げられるのが、ブラック＝リッターマンの

国際資産配分モデル（Black and Litterman, 1991を参照）で説明されている手法に類似した、ベイジアン・アプローチを用いた最適化環境の利用である。ブラック＝リッターマン・モデルは、市場によって決定される期待リターンと投資家自身の相場観とを用いて、資産クラス・レベルの期待リターンを直観的に算出する方法を提示している。例えば、米国大型株の期待リターンは、市場均衡ならびに投資家自身の米国株式市場に対する相場観（ほかの相場観も含み得る）によって導き出されるものである。投資家の相場観に与えるウエートを低くするほど、期待リターンはより市場均衡リターンに近似してくる。このアプローチは、戦略的アセット・アロケーションを求める手法の一部として、現在ではごく一般的になっている。

　アクティブ・マネジャーの超過リターンという観点から投資家の相場観と市場均衡を解釈し直す場合でも、同じ手法を適用することができる。例えば、中位マネジャーの超過リターンとトラッキング・エラーが、戦略的アセット・アロケーションにおける市場均衡リターンとボラティリティの役割を担うとしよう。そして、これらのデータはすべての投資家が容易に入手することができ、市場全体に周知された情報になっているとする。アクティブ運用の配分問題における中位マネジャーのインフォメーション・レシオは、戦略的アセット・アロケーション問題における市場均衡リターンが果たすのと同じ役割を担うことになる。つまり、中立的基準としての役割である。

　同じように、投資家が特に選好している特定のマネジャー構成が存在するとしよう。こういった条件の下では、こうしたマネジャー構成の目標インフォメーション・レシオは、戦略的アセット・アロケーション時における投資家の収益率予想と同じような役割を担う。ここで、各要素にウエート付けを行うことによって、期待アクティブ・リターンを算出することができる。米国大型株の例に戻ると、「市場均衡」により高いウエートをかけた場合、アクティブ超過リターンはゼロに

表7　資産クラス別の仮想平均超過リターン

資産クラス	中位マネジャーの仮想超過リターン(bps)	目標リターン(bps)	混合仮想超過リターン(bps)
米国大型株	21	90	30
米国小型株	388	520	450
外国株式	315	405	350
新興市場	342	504	465
米国債券	37	59	49
米国ハイイールド債	144	204	174
外国債券	91	193	137

　仮想平均超過リターンは、私たちの予想（資産クラスのリスクフリー・レートに対する超過リターンが、過去の実績と比較して高いか低いか）を反映するように調整したブラック＝リッターマン・モデルを基に算出されている。ここでは、ボラティリティや相関だけでなく、このような調整や仮想リターンも、単に各資産クラスに投資配分し、そのプロセスを例示するためだけに使われている。つまり、仮想平均超過リターンは実際のヒストリカル・リターンではない。また、将来における資産クラスの収益率を予測したものでもない。将来のリターンは、上の数字から大きく変わる可能性がある。

近くなり、アクティブリスクは、米国大型株では（もしあったとしても）ほとんどとられないことになる。

　表7は、表6にある各資産クラスの中位リターン、仮想目標リターン（より詳細な情報を持っていると仮定したマネジャー構成に基づく

表8　資産クラスのリスク・リターン特性

資産クラス	全体アクティブリスクへの寄与度	アクティブ・パフォーマンス寄与度	資産クラスの目標トラッキング・エラー
米国大型株	5%	7	40
米国小型株	20	25	400
外国株式	40	55	200
新興市場	14	20	600
米国債券	12	15	100
米国ハイイールド債	7	8	400
外国債券	2	3	125

もの)、期待アクティブ・リターンを示して、これらのポイントを説明している。表7のデータは、中位マネジャーと仮想マネジャー構成のトラッキング・エラーが、同一であると仮定している（この仮定をたとえ緩めたとしても、この手法は質的に変わるわけではない）。これからやるべきことは、ファンド全体のリスクとリターンの特性を見つけることである。

表8は、表7に示された期待アクティブ・リターンの数値と、図1にある複合ベンチマークのアセット・アロケーションに対応した、最適リスク配分を表示したものである。このような最適化を実施することで、アクティブリスクに対するパーセント表示での寄与度、全体の期待アクティブ・パフォーマンスに対する寄与度、各資産クラス内でのトラッキング・エラーなどを得ることができる。したがって、最適なリスク・バジェットを決めるプロセスでは、各資産クラス内におけるトラッキング・エラーもまた同時に設定されることになるのである。

例えば、米国債券の全体のアクティブ・パフォーマンスに対する寄与は15bpsであり、全体のトラッキング・エラーへの寄与度は12％である。これらの数値を生み出し、かつほかのアクティブリスク配分と整合性のある米国債券マネジャー全体の総合トラッキング・エラーは、100bpsである。

マネジャーの選定

表8に示されたトラッキング・エラーの数値は、資産クラス別マネジャー構成の目標トラッキング・エラーとしても使える。しかし、目標トラッキング・エラーを達成できるマネジャーの組み合わせは、複数存在する。例えば、表8においては、米国大型株の最適トラッキング・エラーは40bpsであり、アクティブ・リターンへの寄与（報酬控除後）は7bpsである。このようなリスク・リターン特性は、同一の

ポートフォリオ特性を有する単独のマネジャーか、もしくはパフォーマンスのボラティリティがより低いマネジャーと高いマネジャーの組み合わせによって再現することができる（極端な場合には、米国大型株のリスク・リターン特性は、パッシブ・マネジャー1社と、より高いトラッキング・エラーを有するアクティブ・マネジャー1社の組み合わせによっても満たすことができる）。マネジャーの選択はどのように行うべきだろうか。

まず最初に直面する問題としては、マネジャー・ユニバースの大きさの問題が挙げられる。選択可能なマネジャー・ユニバースは、すでに投資家が詳細情報を把握しているマネジャーだけに狭められてしまっているはずである。また、超過リターンの相関関係がないマネジャーに限定することで、ユニバースはさらに狭められる。そうすることで、各マネジャー間のアクティブリスクの分散化が可能となるのである。このプロセスのもうひとつの利点は、運用報酬を削減できることであろう。

ユニバースを狭めたら、次は各アクティブ・マネジャーへの配分の問題がある。マネジャーへの最適配分割合は、先ほど説明した基本原理を当てはめて見つけることができる。すなわち、期待アウトパフォーマンス（報酬控除後）への限界寄与度が、資産クラスのトラッキング・エラーへの限界寄与度と等しくなるところまで、それぞれのマネジャーに資金配分を行うべきである。

最後に解決すべき問題は、マネジャーの最適な組み合わせから生じる資産クラス全体のトラッキング・エラーを、資産クラスの最適構成によって設定されたトラッキング・エラーへ調整することである。これは、アクティブ／パッシブの配分という問題を解決するステップとなる。例えば、特定のアクティブ・マネジャー群への最適配分の結果、米国大型株におけるトラッキング・エラーが75bpsになるとしよう。しかし、資産クラスの最適化の結果、米国大型株のトラッキング・エ

ラーは40bpsになったとする。この目標トラッキング・エラーはアクティブ・マネジャー群への配分を減らし、パッシブ運用を増やすことによって達成することができる（マネジャーの超過リターンと戦略的アセット・アロケーションの相関がゼロと仮定した場合）。

　本節では、マネジャー構成を一から始めるための一般的な方法を説明してきた。このフレームワークは、広く利用されている資産配分手法を基にしている。特にこのフレームワークでは、ブラック＝リッターマン・モデルに類似したベイジアン・アプローチを利用して、市場全体に周知の情報（中位マネジャーの特性に代表される）と投資家自身の情報の関数として各資産クラスのアクティブ・リターンを決定する。パフォーマンスへの限界寄与度の、リスクへの限界寄与度に対する比率が、すべての資産クラス（あるいはすべてのアクティブ・マネジャー）で等しくなるまでリスクをとるといった条件を当てはめることで、私たちは最適なマネジャー構成を得ることができるのである。次節では、この方法論を利用して以下のような問題に対応している。それはGTAAマネジャーの追加、既存のポートフォリオの再構築、そしていわゆる「ポータブル・アルファ」である。

応用編

　前節で述べた最適化のフレームワークは、①当初のマネジャー構成がすでに作成されており、②ポートフォリオのアセット・アロケーションは複合ベンチマークのそれと等しい——という２つの仮定のうえに成り立っていた。本節では、これら２つの仮定の緩和がもたらす影響について考察していきたい。そのなかでも特に、GTAAの評価、既存のマネジャー構成の再構築、そしてポータブル・アルファ戦略の利用という３つについて、前節で述べたフレームワークを適用する方法を議論していく。

GTAA（グローバル・タクティカル・アセット・アロケーション）

ポートフォリオと複合ベンチマークが同一の資産構成であるという制約条件を緩めることで、戦術的アセット・アロケーションの手法を利用することができるようになる。GTAAは、資産クラス間の投資比率を短期的に変更することから生じる、潜在的投資機会を活用するものである。このような手法の効果を十分に発揮させるためには、ほかのすべての商品における資産配分に起因するアクティブリスクはゼロに近くなければならないと考えられる。つまり、ほかのマネジャー群のアクティブリスクを分解（95ページの節で論じたように）した場合に、資産配分に起因するリスクはほとんど存在すべきでないということである。もしそうでないならば、GTAAを実行する前に、ポートフォリオのリバランスか先物オーバーレイによって、ほかのマネジャー群による資産配分リスクをニュートラルにすべきであろう。

ここで問題は、どれくらいのアクティブリスクをGTAAでとるべきか決めることである。この問題は先ほどの基本原理を使うことで、簡単に解決される。すなわち、ファンド全体のパフォーマンス（報酬控除後）に対する限界寄与度の、ファンド全体のトラッキング・エラーに対する限界寄与度の比率がほかのすべての商品における当該比率と等しくなるまで、GTAAに資金を割り当てるべきであるということである。もしGTAAに関する当該比率がほかの商品の比率より大きい場合には、GTAAへのエクスポージャを増やすことで、ファンド全体のインフォメーション・レシオを改善することができる。

既存のアクティブ・マネジャー構成のリバランス

前節では、当初のアクティブ・マネジャー構成はこれから選定され

る、という仮定を基に議論を進めてきた。しかし実際は、ほとんどの投資家において、既存のマネジャー構成が存在しているのである。さらに、マネジャー構成を再構築するには、明示的にも潜在的にも、取引コストがかかってしまう。このため、たとえ投資家がマネジャー構成全体を再構築したいと考えたとしても、そうすることが必ずしも賢明であるとは言えない。それでは、どうやってフレームワークを適用すればよいのだろうか。

ここで必然的に浮かんでくる疑問は、アクティブ・マネジャー構成をどう変えたら、ファンド全体のインフォメーション・レシオに最も大きなインパクトを与えるのか、ということである。これに対する答えを見つけるためには、投資家はまず、前節で説明した方法によって最適なマネジャー構成を特定することから始めなければならない。次に、最適マネジャー構成におけるアクティブリスクとリターンを、既存のマネジャー構成におけるそれと比較してみる。最後に、ファンド全体のインフォメーション・レシオが最適インフォメーション・レシオに最も近くなるのは、マネジャー構成をどう変更（既存のマネジャーへの配分割合変更と新たなマネジャーの採用の両方を通じて）したときであるのかを見極める必要がある。通常、マネジャー構成にほんの少し手を加えるだけでも、リスク調整後パフォーマンスに大きな改善が見られることが多い。

ポータブル・アルファ戦略の評価

ポータブル・アルファ戦略というのは、あるベンチマークに対するアクティブ・パフォーマンスを、ほかのベンチマーク上に重ね合わせることを指す。例えば、米国債券マネジャーのアクティブ・リターンが、S&P500指数のベンチマーク上に重ね合わせられる。この例では、債券のアクティブ・パフォーマンスはS&P500指数のベンチマークに

「移転」されたことになる。つまり、アクティブ・リターンをあるベンチマークから「移転」して、ほかのベンチマークに対するエクスポージャを得るということである。なぜなら、マネジャーは元来、アクティブ・リターンが見込める資産クラスについてロング・ポジションを有しているからである。私たちの例で言えば、米国債券のマネジャーは、当然のことながら米国債券インデックス(例えば、リーマン・ブラザーズ債券総合インデックス)への正のエクスポージャを有しているのである。

　アクティブ・リターンをあるインデックスからほかのインデックスに対するものへ移すひとつの明快な方法は、トータル・リターン・スワップの活用である(トータル・リターン・スワップだけが、ポータブル・アルファ戦略を実行できる唯一の手段ではない。その他に、先物も利用できる[もしあればの話だが]。先物とスワップ取引のどちらを選ぶかは、もし2つ挙げるとしたら、取引コストとベーシス・リスクにかかっていると言えよう)。私たちの例で言えば、マネジャーは米国債券について、当然ロング・ポジション(ヘッジされるべきエクスポージャ)を有しているわけだが、S&P500指数についてロング・ポジションを持ちたいと思うとする。この場合、当該マネジャーは、S&P500指数のリターンを受け取るスワップ契約を締結することになる。結果として、リーマン・ブラザーズ債券総合インデックスのアクティブ・リターンはS&P500指数へと移転されたことになるのである。

　ポータブル・アルファ戦略とトータル・リターン・スワップのような実行手段の存在は、ファンド全体のインフォメーション・レシオを向上させる新たな方法を提供してくれる。例えば、複合ベンチマークが米国債券に28%、米国大型株に35%の資産配分を行っているとしよう。さらに期待インフォメーション・レシオは、米国大型株よりも米国債券のほうが高いとする。しかし、実際のアセット・アロケーションと戦略的アセット・アロケーションが必ず同一であるという制約を

設けることは、アクティブ・マネジャーの米国債券に対する配分が28％を超えることも、また米国大型株に対する配分が35％を下回ることもけっしてないということを意味する。したがって、この制約には、米国債券マネジャーから得られるはずの付加価値を十分に利用できないということによる、実際上のコストがかかるのである。

では今度は制約を緩和して、最適マネジャー構成の結果、米国債券は3％のオーバーウエート、米国大型株は3％のアンダーウエートになったと考えてみよう。つまり、実際のアセット・アロケーションは、米国債券に対して31％、米国大型株に対して32％になったとする。議論のために、このアクティブリスクの再配分によって、全体のアクティブ・パフォーマンスがさらに5 bps増加したとする。この資産構成には、米国債券で得られるアクティブ・リターンへのエクスポージャを増やすことができるというメリットがあるが、同時に、ファンド全体を意図しない資産配分リスクにさらすというデメリットも伴う。

この問題に対する自然な解決策は、米国債券への3％の配分増加に由来するアルファをS&P500指数に移転するということである。私たちの例を使って言えば、米国債券からS&P500指数にアルファを移転するに当たって、ポートフォリオ時価総額の3％についてトータル・リターン・スワップを用いるのである。ただし、アクティブ・リターンの増加とスワップ・コストの大きさを、ここでは比較検討する必要がある。分かりやすくするために、ポートフォリオ全体に対するスワップ・コストが1 bpsだったと想定してみる。その結果、アクティブリスクを米国大型株から米国債券に移転したことによって得られるファンド全体でのネット・リターンは、差し引き約4 bpsとなる。リスク管理の観点から見ると、資産配分にかかわるリスク要因は中立化されたものの、米国債券から得られるより高いアクティブ・リターン（この事例において）は十分に享受されたと言うことができよう。

結論

　本章では、リスクおよびポートフォリオ管理にかかわる一般的なツールを、マルチ・マネジャー・ポートフォリオ管理における問題に対して適用する方法について述べてきた。これは、多くの資産クラスに投資を行い、各資産クラス内に多くのマネジャーを採用しているファンドにとって、特に重要な意味を持つものである。本章ではまず初めに、複合ベンチマークのリスク分析について論じた。この論点は次の２つの理由から重要である。第一に、複数資産ファンドのトータル・リスクのほとんどは、資産配分にかかわる意思決定に起因していることが多いということである。第二に、ほとんどのファンドには、純粋にパッシブ・マネジャーのみを使って資産配分を実行する選択肢があるということである。したがって、複合ベンチマークのリスクを理解することは、ファンド全体のリスクを見るうえで重要な第一歩を示してくれる。

　複合ベンチマークの観点からリスクを論じた後、トータル・アクティブリスクの問題について述べた。このなかでは、(ディレクショナル・バイアスやトラッキング・エラーという形での)個々のマネジャーのリスクを、ファンド全体のリスク特性へまとめる方法について説明した。さらに本章では、ファンド全体のトラッキング・エラーを投資政策の目的別に分解する方法についても示した。

　ファンド全体のリスク分析について論じた後、(ブラック＝リッターマン・モデルをベースとした)ベイジアン・アプローチをマネジャー選択において適用する方法についても考察を加えた。特に、ファンド全体のインフォメーション・レシオ、トータル・ファンド・トラッキング・エラー、各資産クラスや個々のマネジャーに対するリスクの配分というような重要な特性を決定するに当たって、マネジャーに関

して市場全体に周知の情報と投資家自身が有する特定の見方とを、どのように融合させるのかを示した。

　最後に、GTAAの活用や既存のマネジャー構成のリバランス、ポータブル・アルファ戦略の利用などといった意思決定過程において、本章のフレームワークをどのように適用すべきかについて言及した。

　本章で論じられたテクニックは、現代金融理論の世界でよく用いられているリスク管理および資産配分手法を、比較的単純に応用したものである。なお、データ収集が十分にできない資産クラス（例えば、プライベート・エクイティ）に関する問題については、この論文では触れられていない。

追記

シミュレーションおよびモデルによる（仮想）結果について

　シミュレーションに基づくパフォーマンス結果には、おのずと限界がある。これらは仮想のものであり、実際の取引を表したものではない。したがって、流動性の制約などのように、現実の意思決定に影響を与える可能性のある重要な経済、市場要因を必ずしも反映したものではない。また、シミュレーション結果は、過去の事象を分析するためにモデルを事後的に当てはめて得られたものである。その結果には、配当金やほかの収益金などの再投資は反映されているが、投資顧問報酬や取引コスト、その他顧客が支払うであろう経費といった、収益率を低下させるものは反映されていない。また、顧客がシミュレーショ

ンどおりの結果を得られるというような表明をするものではない。

　次の表は、運用報酬がポートフォリオ収益率に与える影響を、簡略化して例示したものである。例えば、あるポートフォリオが運用報酬控除前で毎月0.5％の投資収益率を安定的に確保し、運用報酬はポートフォリオの月末時価残高の0.05％であるとする。運用報酬は、月末のポートフォリオ時価残高から控除される。そして期間中は、何のキャッシュフローも起きないとしよう。投資収益率や報酬料率などのその他の要因が変わらないと仮定すると、運用報酬控除前収益率と運用報酬控除後収益率との差が、複利効果によって時間と共に累増していくのは表を見て明らかだろう。もちろん、運用報酬控除前収益率と運用報酬控除後収益率との差の広がりの程度は、さまざまな要因に左右されるのであって、この例は意図的に簡略化したものである。

期間	グロスリターン	ネットリターン	差
1年	6.17％	5.54％	0.63％
2年	12.72％	11.38％	1.34％
10年	81.94％	71.39％	10.55％

　仮想中位リターンはブラック＝リッターマン・モデルに基づいており、ある資産クラスの対リスクフリー・レート超過リターンが、過去よりも高いか低いかといった私たちの主観的な期待を反映するように調整されている。ボラティリティや相関だけでなく、このような調整やその結果としての仮想リターンもまた、各資産クラスへの資産配分を決定するためだけに使われている。そしてそのプロセスを説明するだけのために、ここに表示されているのである。仮想リターンは過去における実際の収益率ではない。また、仮想リターンは、ゴールドマン・サックス・アセット・マネジメント、ゴールドマン・サックス・アンド・カンパニーによって運用管理されているファンドや分別勘定、

あるいはその他の証券会社口座を含む、あらゆる投資や資産クラスが将来獲得するであろう収益率の予想や予測でもないし、そうとらえるべきでもないことを付言しておく。将来の収益率は過去の収益率と異なるかもしれないし、これら仮想収益率とも異なるかもしれないのである。

ポートフォリオのリスク管理プロセスは、リスクを監視し管理する作業を含んでいるが、だからといって低リスクであると混同されるべきではないし、また低リスクとなることを意味するものでもない。

《参考文献》

Black, F., and R. Litterman, 1991, "Global Asset Allocation with Equities, Bonds and Currencies", Goldman, Sachs & Co, Fixed Income Research.

Litterman, R., and K. Winkelmann, 1998, "Estimating Covariance Matrices", Goldman, Sachs & Co, Risk Management Series.

Litterman, R., and K. Winkelmann, 1996, "Managing Market Exposure", Goldman, Sachs & Co, Risk Management Series.

Litterman R., 1996, "Hot Spots and Hedges", Goldman, Sachs & Co, Risk Management Series.

Sharpe, W., G. Alexander and J. Bailey, 1995, *Investments*, Fifth Edition (Englewood Cliffs: Prentice Hall).

第4章
ヒストリカルデータにひそむ危険性

アンドリュー・B・ワイズマン
日興證券インターナショナル

ジェローム・D・アバナシー
ストーンブルック・ストラクチャード・プロダクツ

　リスク・バジェッティングは、資産側のリスク・リターン特性の向上と負債特性からくる制約という、機関投資家が直面している2つの競合する利益を統合することができる、素晴らしいフレームワークを提供するものである。しかし、リスク・バジェッティングのフレームワークを直接適用することができない資産クラスもあり、ヘッジファンドはその最も典型的な例と言える。一般に、リスク・バジェッティングのプロセスにおいては、投資対象の統計値に適切な処理を施して利用することが求められる。もし得られた統計値が不正確であったり、体系的にバイアスがかかったものであったりすると、リスク・バジェッティングで用いられる最適化のプロセスが「誤差を最大化」してしまう可能性があり、その結果ポートフォリオのアロケーションは望ましくない結果を招くからである。ヘッジファンドの場合、特に誤った結果を導きやすい。ヘッジファンドのトラック・レコードは十分な期間分ないことが一般的であり、リターン系列が一貫していないことや、パフォーマンス・データが不正確であることと相まって、ヘッジファンドの組み入れを検討しているポートフォリオマネジャーにとって大きな障壁となっている。本章では、ヘッジファンドのパフォーマンス特性をより保守的にとらえることができるシンプルな方法である、

GMDモデル（Generic Model Decomposition）について説明する。さらに本章では、2つの事例を紹介し、GMDモデルを用いることによって明らかになる、パフォーマンス測定にひそむ2つのバイアスについて検討する。

　リスク・バジェッティングは、アセット・アロケーションの決定を体系立てて正当化するための合理的・客観的なフレームワークを、機関投資家に提供する。投資家は、この手法を用いることで、現代ポートフォリオ理論（MPT）、資本資産評価モデル（CAPM）、さらには機関投資家特有の負債特性からくる制約をも考慮に入れたうえで、系統立った意思決定を行うことができる。さらにリスク・バジェッティングは、資産クラスとアクティブリスク双方のアロケーションを対象とした重要な最適化基準を与えてくれる。しかしリスク・バジェッティングのフレームワークは、すべての資産クラスにそのまま適用できるものではない。いわゆる「オルタナティブ」投資（特にヘッジファンド）に関しては、より慎重に検討する必要がある。

　機関投資家は、リスク・リターン特性の一層の向上を目指し、オルタナティブ投資への戦略的な資産配分を行っている。これまでオルタナティブ投資の大部分はベンチャー・キャピタルへ向けられてきたが、ここ2、3年で急速にヘッジファンドに対する関心が高まっている。機関投資家は、ヘッジファンドを運用資産に組み入れるため、これまでに多くの困難な問題に直面してきた。ヘッジファンドが「代替的な」投資に分類される理由は、ひとつは運用手法について独自のアプローチによる多種多様な戦略を用いることが多いからであり、もうひとつは、その多くが、ベンチマークの制約が緩やかであるためである。そのためヘッジファンドには、その定義からして適当なベンチマークが存在せず、これまでの投資実務において利用してきた手法が通用しない。つまりリスクやリターン、相関を適切に測定する方法が欠如し

ているのである。それにもかかわらずヘッジファンドのポートフォリオマネジャー（「ファンド・オブ・ファンズ」のマネジャー）やコンサルタントは、マネジャーの選択やポートフォリオの構築といった目的のためにヒストリカルデータを最大限に利用している。残念ながらヘッジファンドのヒストリカルデータを用いて、しゃくし定規にポートフォリオの最適化を行った場合、実際にはリスクを最大化し、流動性を最小化したようなポートフォリオを構築してしまう危険性が高い。

ヘッジファンドのリターンの計量化

　多くの計量分析手法は、マネジャーのリターン分布およびほかのマネジャーとの相関係数は共に安定的であるという仮定を置いている。このことは相関係数に関してはおおむね正しいと言えるが、リターンの分布に関してはけっして正しいとは言えない。ヒストリカル・リターンはリスクとリターンの特徴を分析するのに有効だが、十分な期間と精度の高いデータがそろって初めて、マネジャーのパフォーマンス測度として機能するのである。残念ながらヘッジファンドのトラック・レコードの期間と精度が十分なケースはまれである。

　ヘッジファンドのトラック・レコードの大部分は、マネジャーの投資行動を十分に表しているとは言えないため、マネジャーのリターンの評価に際しては、代替的な手法を用いることが必要となる。以下ではヘッジファンドのリターンの特徴を分析するシンプルながらも効果的な手法、すなわち「GMDモデル」と呼ばれる手法を示す。この手法を用いることで、ヒストリカル・リターンの期間や精度にそれほど依存することなく、幅広いマーケット状況におけるマネジャーの投資行動に関する重要な知見を得ることができる。

　GMDモデルはマネジャーのリターンに対してノンパラメトリックなファクター分析を行うものである。GMDモデルは、マネジャーの

トラック・レコードが存在しない期間のマネジャーの投資行動推定に活用することができる。またGMDモデルの分析結果から、ファンドリターンの源泉について何らかの知見を得ることもできる。

ヘッジファンドのスタイル分析

ここ10年の間、ヘッジファンドの数や資産規模、およびファンドの重要性そのものが大きく増加している。この動きと相まって、ヘッジファンドという新しい投資商品に対し、スタイル分析の手法を拡張または修正して適用するという試みが行われてきた。なお、このスタイル分析というのは、シャープ（1992）がミューチュアルファンドのパフォーマンス分析に用いた手法である。ヘッジファンドに対するスタイル分析の研究例として、シュネーバイスとスパージン（1998）、ライアン（1999）、ファンとシーエ（1997）などがある。

ファンとシーエは、シャープのスタイル分析を拡張し、オルタナティブ・マネジャーのスタイルの違いをとらえるファクターを取り入れた。彼らはヘッジファンドの投資スタイルを5つのカテゴリー（破綻先証券型、グローバル・マクロ型、トレンドフォロー型、イベント・ドリブン型、割安型）に分類した。これらのカテゴリーは、シャープが利用したオリジナルのファクターよりも、ヘッジファンドのリターンの差異をいくぶんうまく説明できることが分かった。しかし、ファンとシーエによる研究の最大の成果は、ヘッジファンドのリターンの源泉を説明する特定のファクターを発見するという目的のために、スタイル分析を用いることなくヘッジファンドの投資スタイルを分類したことであった。ファンとシーエは、ヘッジファンドのリターンの源泉を明らかにするために、シャープと同じファクターを用いてスタイル分析を行った。それによると、ミューチュアルファンドの半数は決定係数（R^2）が75％以上であるのに対し、ヘッジファンドの48％は

決定係数が25％以下しかないことが分かった。次に、シャープのオリジナルのファクターに新しいファクターを加えて分析を行ったが、十分な説明力があると言える決定係数を有するファンドは、調査対象ファンドの40％にも満たなかった。

シュネーバイスとスパージン（1998）は次の4つのファクターを用いてヘッジファンドのリターンをモデル化した。
- 資産クラスのリターン
- 売買執行能力
- 月中のボラティリティ
- 一時的な価格のトレンド

彼らはヘッジファンドやミューチュアルファンド、そしてCTA（商品投資顧問）のリターンの源泉を明らかにするために、この共通のファクターを使用した。この研究は、ヘッジファンドのパフォーマンスを決定するファクターに関する、ごく一般的な結論を導き出した。しかし彼らは、ヘッジファンドの運用スタイルはさまざまな特徴を持っているため、その特有のリターン生成プロセスを理解するためには、個々のヘッジファンドに関する詳細な研究が必要である、とファンとシーエ同様の主張を論文に書きとどめている。

本章の内容は、個々のヘッジファンドのリターン生成プロセスを分析し、解明するときに用いる手法について、既存の研究成果を大きく発展させたものである。さらに、ヘッジファンドの運営業務や分析業務という、著者の専門的な業務経験を積極的に利用している。この経験は、個々のヘッジファンドのリターン源泉を明らかにすると思われるファクターの候補を選択するときに生かされている。定性情報を加えることで、マネジャーのリターンに関する定量分析モデルの精度を高めることができると思われる。

GMDモデル──オルタナティブ投資のリターン特性を導出する方法

　手短に言うと、GMDモデルは個々のヘッジファンド戦略の特徴を明らかにするファクター（ファクターの代替指標を同時または単独で利用する場合もあるが、本章ではこれらについても単にファクターと呼ぶことにする）を用いた、マネジャーのリターンに関するノンパラメトリックなファクター・モデルである。GMDモデルは（デュー・ディリジェンスの一環として）個々のマネジャーを評価するときに得られた定性情報やヒストリカルレコードから、マネジャーのリターンについて最も説明力のあるファクターを抽出し構築される。これは既存のファクター分析手法からの大きな発展を意味している。というのも、GMDモデルはヘッジファンド一般に関する包括的な結論を導くわけではなく、むしろヘッジファンドの投資戦略やマネジャーの多様性を認めた上で、個々のマネジャーそれぞれに対して構築されるものである。

　GMDは次の2つのステップで処理される。最初のステップはマネジャーのリスクとリターンの源泉に関係がありそうなファクターのユニバースを明らかにすることである。これは定性的なデュー・ディリジェンスの一環として行われる。次のステップで、マネジャーのリターンに対してモデルが最も「当てはまる」ように最適化を行い、ファクターへの重みづけを決定する。

　ここでGMDモデルを以下のように定義する。

$$\hat{r}(t) = \sum_{i=1}^{n} a_i(t) s_i(t)$$

　$\hat{r}(t)$は、マネジャーの実際のリターン$r(t)$に対する推定値である。$\hat{r}(t)$が$r(t)$の最良の推定値となるようにファクターのユニバース $\{s_i$

(t)} とウエート {a_i(t)} を決定するが、これには次の式を用いる。

$$\min_{S,A} C(r(t), \hat{r}(t))$$

ここでCはマネジャーのリターンr(t)とGMDモデルの推定リターン$\hat{r}$(t)との当てはまり具合を表すコスト（目的）関数であり、これを最小化する。

　ファクターのユニバースを決めるには、マネジャーのポートフォリオや運用戦略に対する定性的なデュー・ディリジェンスが必要である。ファクターには、株式や債券のインデックス、それらの指数オプション、およびヘッジファンドのきわめてアクティブな運用手法を単純にモデル化して作り上げたリターンなど、さまざまな系列データが利用される。後で2つの事例を紹介するが、私たちはオプションの時系列データ（これはファンとシーエ［1997］やグロステン［1994］らも提案している）をアクティブな運用戦略の代替指標として利用したり、ヘッジファンドが保有する一部の証券のオプション的な動きをとらえるのに利用している。

　GMDモデルで用いられている目的関数は、マネジャーのリターンの最も重要な特徴をとらえることができるように設計されている。このため、ノンパラメトリックかつ非線型の目的関数が用いられているが、これによって、単に誤差の二乗和を最小化するのとは異なり、大勝ちした月や大負けした月にもうまく対応できるように工夫されている。

仮定
x_i＝期間iにおける、分析対象マネジャーのNAV（純資産価値）。
y_i＝期間iにおける、GMDモデルの推定リターンから算出したNAV。分析対象のマネジャーと同じ日に、同じNAVで運用が開始されたと仮定している。

n＝ヒストリカルデータの期間数。

$d_i = \%x_i$（期間iにおける分析対象マネジャーのリターン）と$\%y_i$（期間iにおけるGMDモデルの推定リターン）との、集合$\{(\%x_i, \%y_i) ; i=1,2,\ldots n\}$におけるそれぞれの順位の差。

$$C = 目的関数 = \frac{\left[\sum_{i=1}^{n}(x_i - y_i)^2\right]^{1/2}}{\left[1 - \frac{6 \cdot \sum_{i=1}^{n} d_i^2}{n(n^2 - 1)}\right]}$$

　上式の分子は、NAVを示す2曲線の二乗誤差の平方根を表している（NAVを示す曲線は、例えば1000ドルの投資を行ったときの資産額の推移をグラフ、または数値として表示するもので、その後マネジャーが達成した一定期間［通常は月次］ごとのパフォーマンスによって値を算出する）。2つのパフォーマンス系列が同程度の絶対リターンとなるように工夫されているので、GMDモデルの推定ポジションはレバレッジの水準を適切に反映するように決まる。

　分母はスピアマンの順位相関として知られているノンパラメトリックな相関の尺度である。この相関統計量を用いると、NAVを示す2つの曲線におけるさまざまな点の順位づけがなされ、GMDモデルのファクター・ウエート$\{a_i\}$がマネジャーの戦略に内在するリターンの源泉を適切に表すような値に決まる。さらに、ノンパラメトリックな相関の尺度を用いることで、算出されるファクター・ウエートは非正規分布をしたひずみのあるデータや不正確なデータによる影響を受けにくくなっている。以下で実証されるように、これらは従来のスタイル分析を用いるときには避けて通れない問題となる場合がある。

　上記の目的関数を最小化することで、GMDモデル独自のファクタ

ー・ウエートが得られるが、これはマネジャーが報告するリターンを可能なかぎり厳密に推定するものとなるであろう。ファクター・ウエートはレバレッジをも含めたファクターへのアロケーションを示しているが、これはマネジャーのリターン系列の特徴を最も的確に表したものである。

一方で、GMDモデルの推定結果は批判を受けやすいということを認識しなければならない。簡単に言えば「モデルの説明力」の問題がある。つまり、導出されたファクター・ウエートが、どのような場合でもマネジャーの行動を十分に描き出せるとはけっして言い切れない。この手法は、不完全な情報しか手に入らないような状況下での使用を想定して考案された「ゲリラ的な分析手法」だからである。

残念ながら、ヘッジファンドの世界は精度や透明性に関して一定の制約があるために「最適な」結果を引き出そうとすることや、ファクターによって推定されたリターンに過大な期待を抱くことは適切でないかもしれない。

以下にGMDモデルに関する2つの簡単な事例を示す。2つの事例で利用したデータは、それぞれのマネジャーの運用開始時点から1998年8月までの期間をカバーしている。最後の月を除くと、この期間はヘッジファンド史上、実に問題の少ない期間であった。この好調な期間を使って、分析期間以外のリスクを評価できるというGMDモデルの価値を実証することができる。ヘッジファンドの世界において「報告された」ボラティリティは、その大半がまさに今回の分析期間の直後に起こったものである。

GMDモデルの事例

転換社債――マネジャーA

図1のグラフは、匿名の転換社債アービトラージ・マネジャーAの

ものである。マネジャーAは1993年の終わりから1994年末にかけてボラティリティの高い期間を経験している。しかしマネジャーAは、ほとんどボラティリティがなかったとの報告をしている。マネジャーAのリターンの標準偏差は、年率で4.83％であり、シャープレシオは1.97であった。また月次で見たドローダウンは5.07％であり、最大ドローダウンは8.43％であった。

マネジャーAは転換社債のポートフォリオを保有しているが、株式のコールオプションを内包した転換社債に対し株式をショートすることで超過収益の確定をもくろんでいる。ただし、株式のショート・ポジションは転換社債の完全なヘッジとはなっていない。転換社債の価値は、債券市場のボラティリティおよび流動性に非常に影響を受ける。

リスクとリターンの主な要素は、事業債市場、レバレッジの水準、

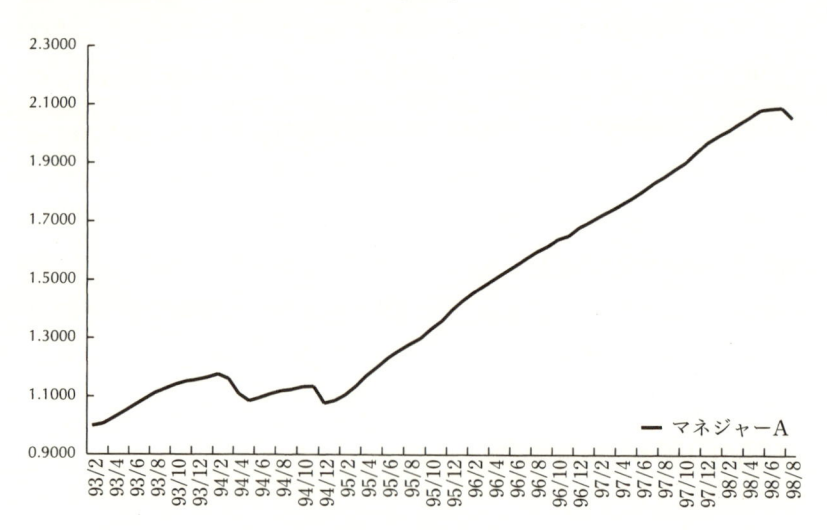

図1 転換社債アービトラージ・マネジャー

表1　転換社債アービトラージ・マネジャー

マネジャーA

ファクター	米ドル/1000	%
ATM、10年債コール・プレミアム（対NAV）	–14.16	–1.42%
ATM、10年債プット・プレミアム（対NAV）	–7.7	–0.77%
OTM、10年債コール・プレミアム（対NAV）	–0.31	–0.03%
OTM、10年債プット・プレミアム（対NAV）	–0.17	–0.02%
ATM、S&Pコール・プレミアム（対NAV）	0.1	0.01%
ATM、S&Pプット・プレミアム（対NAV）	–15.23	–1.52%
リーマン・ブラザーズ事業債インデックス	1466.6	146.66%
借入金	466.6	46.66%
オプション・プレミアム	37.46	3.75%

統計値の比較

GMDモデル	
超過収益率（年率）	8.30%
標準偏差（年率）	9.43%
シャープレシオ	0.88
マネジャー	
超過収益率（年率）	9.50%
標準偏差（年率）	4.83%
シャープレシオ	1.97
マネジャーの実質エクスポージャ	
対S&Pのネット・エクスポージャ（対NAV）	26.00%
対債券のネット・エクスポージャ（対NAV）	121.00%

　そして債券と株式双方の市場に対するデリバティブのエクスポージャである。

　表１はGMDモデルの目的関数について最適化を行った結果である。この結果からマネジャーのリターンを再現できるが、これはマネジャーのリスクとリターンの主な源泉となる証券へのアロケーションで実現される。最初の要素はATM（アット・ザ・マネー）の10年債コールオプションのプレミアムであり、これは−1.42％である。この値はATMで取引されている上場10年債のコールオプションへのアロケー

ションをNAVに対する割合で表している。ほかのオプション・プレミアムへのアロケーションも同様に表される。リーマン・ブラザーズ事業債インデックスへのアロケーションはNAVの146.66％に達する。借入金は事業債インデックスへのレバレッジを利かせたアロケーションを実現するために必要な額を表している。オプション・プレミアムは3.75％であるが、これは受け取ったプレミアムの合計額を月次で表している。これは、事業債インデックスへのレバレッジを利かせたアロケーションを行うのに必要な借入金と相殺されている。GMDモデルのアロケーション結果の下に記載されている3つの数値は、GMDモデルの推定アロケーション戦略に関する主要な統計値であり、それぞれ年率の対リスクフリー・レート超過収益率、標準偏差、およびシャープレシオを表している。また、その下の「マネジャー」と書かれた部分にある3つの数値は、分析対象のマネジャーに関する同様の統計値を表している。最後に、S&Pインデックスのネット・エクスポージャと事業債インデックスのネット・エクスポージャは、マネジャーAの株式と債券に対する実質的なネット・エクスポージャを表している。これはオプションのエクスポージャに相当するような架空の先物のポジションを組成し、（債券のエクスポージャの場合）このポジションを事業債インデックスのエクスポージャと相殺して算出している。この統計値より、ヒストリカルで見たマネジャーの投資戦略は、約26％のS&Pインデックスのロング・ポジションとレバレッジを利かせた約121％のリーマン・ブラザーズ事業債インデックスのロング・ポジションの合計に相当するということが分かる。

　図2はマネジャーAとGMDモデルの推定ポジションのNAVを示す曲線を表している。表1から、マネジャーAは過度なレバレッジを利かせてはおらず、大体1.5程度であることが分かる。しかし、マネジャーAはリターン獲得のため事実上のオプションの売り（ショート・ボラティリティ）を行っているので、債券市場のボラティリティの

上昇にネガティブな影響を受ける。マネジャーAの債券のショート・ボラティリティは、ATMとOTM（アウト・オブ・ザ・マネー）の債券オプションに対するマイナスのアロケーションによって構成される。さらに、マネジャーAは株式市場と債券市場の下落に対し、共にネガティブな影響を受ける。図2をよく見ると、GMDモデルの推定リターンはマネジャーAよりもボラティリティが高く、マネジャーの報告ベースでの損益発生時点の前に損益が明確に表れる傾向がある。このことは、マネジャーAが自身のポートフォリオ価値の期間変動を過小に報告し、月次リターンを平坦化しているという証拠に十分なり得るものである。

　マネジャーAの月次リターンとGMDモデルの推定する月次リターンの分布が「最もよく当てはまる」期間について分析を行うことによって、それぞれの月次リターンの分布を比較することができる。最も

図2　転換社債アービトラージ・マネジャー

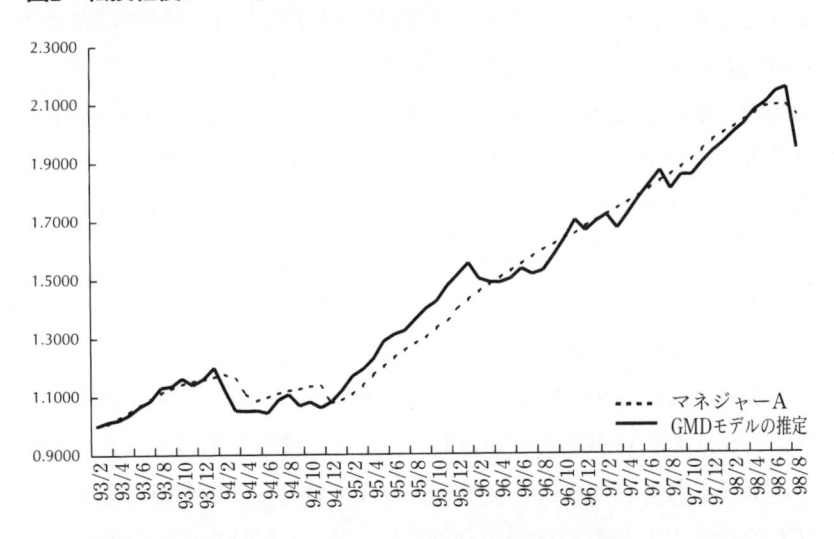

説明力の高い期間のGMDモデルの推定結果を利用し、マネジャーのトラック・レコードよりも十分に長い期間を通して分析を行うことで、短期間のパフォーマンスから得られる結果に比べ、マネジャーの潜在的なボラティリティをよりはっきりととらえることができる。マネジャーの過去のリターン分布からは、1カ月で0.57%以上の損失が発生する確率が10%あるということが分かる。一方、GMDモデルの推定リターンの分布からは、1カ月で2.55%以上もの損失が発生する確率が10%あるということが分かる。GMDモデルは、マネジャーAの潜在的な損失の可能性をより保守的に推定している。実際のリターンの分布とGMDモデルの推定リターンの分布は、平均とモードは共にプラスであるが、マイナス方向にひずんだ分布となっている。

表2は、月次リターンの分布と系列相関の推定値を用いた一連のモンテカルロ・シミュレーションの結果を示している。この分析は、年率のリターン、月次のドローダウン、および最大ドローダウンがどういった分布をしているかを把握するために行われている。GMDモデルはこの場合も、より保守的にリスクを推定している。マネジャーAが報告したリターンによると、1年間で12.73%以上の損失が発生する確率はほんの5%であるということが分かる。一方、GMDモデルは36.4%もの潜在的な損失可能性を示している。同様にGMDモデルは最大ドローダウンが47.74%以上になる確率を5%と見積もっているのに対し、マネジャーAが報告したリターンの分布は最大ドローダウンが12.72%以上となる確率を5%としか見積もっていない。

GMDモデルは、マネジャーAを、かなり控えめにレバレッジを利かせている投資家であると推定している。したがって、大きな損失が発生する可能性は相対的に小さいものとなっている。リスクの主な要因は、株式および事業債市場の下落、それに債券市場のボラティリティの上昇である。さらに、マネジャーAはおそらく自身のポートフォリオのボラティリティを過小評価している。GMDモデルの推定リタ

表2　月次リターンの分布

	リターン（年率）		月次の ドローダウン		最大 ドローダウン	
	報告ベース	GMD	報告ベース	GMD	報告ベース	GMD
最小＝	–52.56%	–68.21%	–6.70%	–6.18%	0.00%	0.00%
最大＝	166.14%	106.75%	8.07%	9.80%	52.56%	78.49%
平均＝	15.53%	17.99%	–1.07%	–0.97%	1.76%	18.94%
標準偏差＝	19.14%	34.05%	1.38%	2.63%	5.07%	14.92%
分散＝	3.66%	11.60%	0.02%	0.07%	0.26%	2.23%
歪度＝	0.76	0.10	0.16	0.55	3.86	0.74
尖度＝	5.47	2.34	4.34	2.93	20.63	3.12
モード＝	11.44%	14.63%	–2.64%	–5.14%	0.00%	0.00%
5パーセンタイル＝	–12.73%	–36.40%	–3.26%	–4.76%	0.00%	0.00%
10パーセンタイル＝	–6.60%	–26.80%	–2.72%	–4.20%	0.00%	0.00%
15パーセンタイル＝	–2.48%	–19.55%	–2.40%	–3.75%	0.00%	1.53%
20パーセンタイル＝	0.67%	–13.32%	–2.12%	–3.35%	0.00%	4.59%
25パーセンタイル＝	3.34%	–7.70%	–1.91%	–2.98%	0.00%	6.99%
30パーセンタイル＝	5.74%	–2.46%	–1.72%	–2.61%	0.00%	9.34%
35パーセンタイル＝	7.91%	2.63%	–1.54%	–2.29%	0.00%	11.30%
40パーセンタイル＝	10.01%	7.43%	–1.38%	–1.96%	0.00%	13.26%
45パーセンタイル＝	12.05%	12.25%	–1.23%	–1.62%	0.00%	15.09%
50パーセンタイル＝	14.12%	17.02%	–1.08%	–1.27%	0.00%	17.04%
55パーセンタイル＝	16.19%	21.92%	–0.94%	–0.90%	0.00%	18.86%
60パーセンタイル＝	18.34%	26.87%	–0.78%	–0.55%	0.00%	20.78%
65パーセンタイル＝	20.66%	31.92%	–0.61%	–0.17%	0.00%	22.96%
70パーセンタイル＝	23.19%	37.26%	–0.44%	0.25%	0.00%	25.21%
75パーセンタイル＝	25.92%	42.95%	–0.24%	0.70%	0.00%	27.89%
80パーセンタイル＝	29.14%	49.14%	–0.02%	1.26%	0.00%	30.95%
85パーセンタイル＝	33.28%	56.14%	0.24%	1.90%	2.48%	34.84%
90パーセンタイル＝	38.77%	64.37%	0.61%	2.68%	6.59%	39.97%
95パーセンタイル＝	48.35%	75.49%	1.18%	3.86%	12.72%	47.74%

ーンと実際のヒストリカル・リターンの標準偏差を比較することで、実際の月次のボラティリティを50％ほど少なく報告している可能性がある、ということが分かる。

　最後に、これらの知見が従来のスタイル分析を利用して得られるのか否かを考えてみたい。この問題は、ここでは吟味しないものの、次の事実を指摘することは有益であると考える。すなわち、予備調査を

行ったところ、マネジャーの月次リターンにはかなりの程度の系列相関が存在することが明らかとなったのである。一期間のラグ相関は0.55であり、その標準誤差は0.09であった。これはおよそ6という非常に高いt値を示している。このように高い系列相関が存在するため、ファクターの推定結果の偏りはなくなるかもしれないが、統計的な有意性はあいまいなものとなるであろう。

MBS（モーゲージ証券）——マネジャーB

次のGMDモデルの分析事例は、図3のマネジャーB（MBSのマネジャー）に対するものである。図3より、マネジャーBは単月で損失を出したことがなく、したがって月次でのドローダウンは0％であることが分かる。リターンの標準偏差は年率で5.62％で、シャープレシオは4.99である。

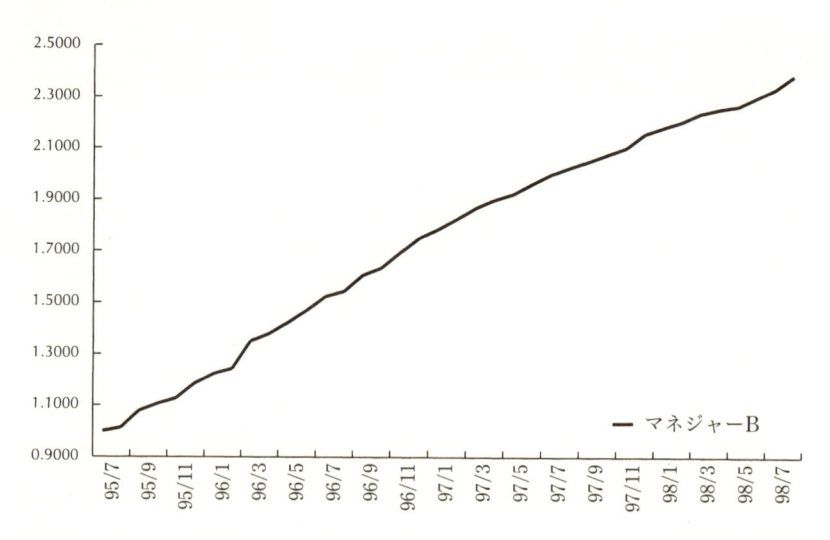

図3　MBSマネジャー

表3　MBSマネジャー

マネジャーB

ファクター	米ドル/1000	％
ATM、10年債コール・プレミアム（対NAV）	−29.85	−2.99%
ATM、10年債プット・プレミアム（対NAV）	−35.07	−3.51%
OTM、10年債コール・プレミアム（対NAV）	−27.32	−2.73%
OTM、10年債プット・プレミアム（対NAV）	−7.63	−0.76%
リーマン・ブラザーズMBSインデックス	8201.62	820.16%
借入金	7201.62	720.16%
オプション・プレミアム	99.87	9.99%

統計値の比較

GMDモデル	
超過収益率（年率）	17.74%
標準偏差（年率）	29.53%
シャープレシオ	0.60
マネジャー	
超過収益率（年率）	28.03%
標準偏差（年率）	5.62%
シャープレシオ	4.99
マネジャーの実質エクスポージャ	
対債券のネット・エクスポージャ（対NAV）	724.00%

マネジャーBはレバレッジを利かせながらMBSに投資しており、また、さまざまなモーゲージに関連したデリバティブ商品にも投資している可能性がある。したがって、マネジャーBは債券のボラティリティの上昇にネガティブな影響を受けやすい。リスクとリターンの主な要素は、原資産（リーマン・ブラザーズMBSインデックス）のパフォーマンス、レバレッジの水準、そして債券オプションに対するエクスポージャである。表3はマネジャーBから導出されたGMDモデルのパラメーター推定値を、また図4は、マネジャーBおよびGMDモデルの推定ポジションのNAVを示す曲線を表している。

図4　MBSマネジャー

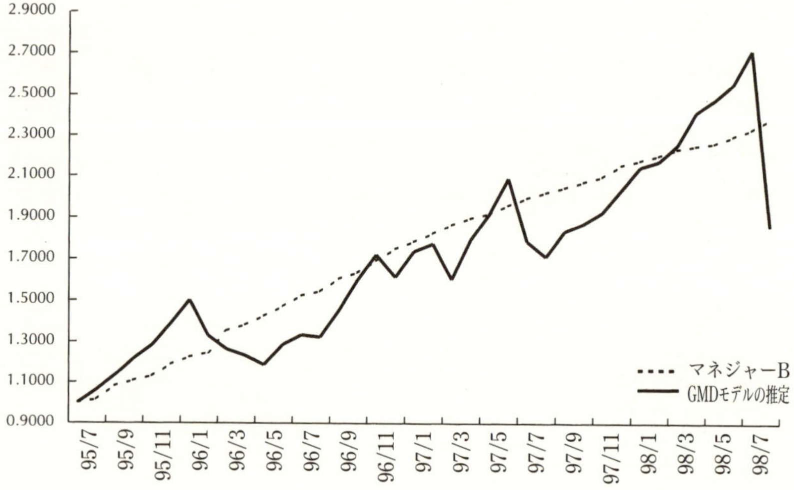

表3から、マネジャーBのパフォーマンスに見合うためには、GMDモデルの推定ポジションは8倍以上のレバレッジを利かせたものでなければならないことが分かる。GMDモデルの推定ポジションは、債券オプションをショートすることで低ボラティリティなマネジャーBのポジションを模倣している。GMDモデルのパラメーター推定値より、マネジャーBはMBS市場の下落と債券市場のボラティリティ上昇の両方に対して非常に影響を受けやすいことが分かる（マネジャーBの報告するパフォーマンスとGMDモデルの推定結果との格差からすると、マネジャーBが「営業を支援する」経理処理を行っているかもしれないと推測することもできる。特に1998年の8月におけるマネジャーBとGMDモデルのパフォーマンス格差はきわめて大きい。当時のマーケット状況からすると、マネジャーBは8月に相当悪いパフォーマンスを記録したはずである、ということがGMDモデル

の結果から推定される。GMDモデルによると、マネジャーBは債券市場のボラティリティの上昇に対して非常に感応度が高いということが分かる。面白いことに、マネジャーBは9月以降の数カ月において巨額の損失を報告している。しかし、GMDモデルはその前月に当たる8月における損失の発生をも示しているのである）。

　上で述べたとおり、GMDモデルを導入することで、マネジャーが実際には運用を行っていない期間においても、実現しそうなパフォーマンスを考察することが可能となる。これは短期間のトラック・レコードしか持たないマネジャーを分析するときに特に役に立つ。マネジャーBのトラック・レコードは1995年に始まっているが、私たちはGMDモデルの推定ポジションのパフォーマンス分析を1992年の1月から1998年の8月末までの期間に対して行った。この分析は、モーゲージ証券のマネジャーにとって特に運用が困難であった1994年のような期間を含めて、マネジャーのパフォーマンス評価の機会を提供する。2つの分布を比べると、マネジャーBのパフォーマンスに対するイメージが大きく違ったものとなるだろう。マネジャーBの月次リターンの分布からは、リターンの下限が0％よりも上に存在することが分かる。また、リターンの分布は大きくプラスの方向にひずんだ形をしている。これとはまったく対照的であるが、GMDモデルの推定リターンの分布からは、月次でドローダウンが10％を越える可能性が少なからず存在するということが分かる。さらに、リターンの分布はマイナスの方向にひずんだ形をしている。平均とモードについては、GMDモデルの推定リターンの分布と実際のヒストリカル・リターン分布の双方ともプラスとなっている。

　表4は月次リターンの分布と系列相関の推定値を用いた一連のモンテカルロ・シミュレーションの結果を示しているが、これによって年率のリターン、月次でのドローダウン、そして最大ドローダウンの潜在的な値について理解することができる。これを見ることで、過去の

表4　月次リターンの分布

	リターン（年率）		月次のドローダウン		最大ドローダウン	
	報告ベース	GMD	報告ベース	GMD	報告ベース	GMD
最小＝	3.31%	−99.91%	−22.05%	−39.97%	0.00%	0.31%
最大＝	2222.14%	11284.01%	−0.21%	60.82%	0.00%	99.91%
平均＝	35.09%	98.35%	−2.31%	−1.61%	0.00%	46.83%
標準偏差＝	42.11%	306.38%	1.51%	8.63%	0.00%	25.49%
分散＝	17.73%	938.71%	0.02%	0.75%	0.00%	6.50%
歪度＝	19.49	11.53	(2.71)	0.17	–	(0.01)
尖度＝	814.36	275.13	17.32	4.44	–	1.97
モード＝	18.98%	−38.53%	−1.53%	−8.78%	0.00%	46.05%
5パーセンタイル＝	10.24%	−78.46%	−5.10%	−15.44%	0.00%	5.65%
10パーセンタイル＝	12.49%	−65.63%	−4.06%	−12.11%	0.00%	11.05%
15パーセンタイル＝	14.29%	−54.21%	−3.51%	−9.75%	0.00%	16.16%
20パーセンタイル＝	15.96%	−43.60%	−3.12%	−8.18%	0.00%	21.17%
25パーセンタイル＝	17.57%	−33.43%	−2.83%	−6.86%	0.00%	25.89%
30パーセンタイル＝	19.13%	−22.71%	−2.58%	−5.68%	0.00%	30.46%
35パーセンタイル＝	20.73%	−11.66%	−2.39%	−4.57%	0.00%	34.87%
40パーセンタイル＝	22.39%	−0.61%	−2.21%	−3.59%	0.00%	39.12%
45パーセンタイル＝	24.20%	11.57%	−2.07%	−2.60%	0.00%	43.26%
50パーセンタイル＝	26.13%	24.99%	−1.93%	−1.66%	0.00%	47.25%
55パーセンタイル＝	28.31%	39.44%	−1.80%	−0.73%	0.00%	51.28%
60パーセンタイル＝	30.64%	56.03%	−1.67%	0.20%	0.00%	55.33%
65パーセンタイル＝	33.36%	75.52%	−1.56%	1.16%	0.00%	59.39%
70パーセンタイル＝	36.56%	98.38%	−1.45%	2.25%	0.00%	63.40%
75パーセンタイル＝	40.53%	127.26%	−1.34%	3.50%	0.00%	67.46%
80パーセンタイル＝	45.59%	165.37%	−1.23%	4.87%	0.00%	71.67%
85パーセンタイル＝	52.44%	216.92%	−1.11%	6.51%	0.00%	76.23%
90パーセンタイル＝	62.83%	301.55%	−0.97%	8.80%	0.00%	81.28%
95パーセンタイル＝	84.31%	485.65%	−0.81%	12.62%	0.00%	87.46%

パフォーマンスとGMDモデルの推定結果とがまったく対照的なものであることが再認識できよう。マネジャーBによって報告された収益率分布については、1年間の収益率が10％以下となる確率はたったの5％であり、またどんな月や年であろうとも、リターンがマイナスとなる可能性は実質的にゼロであるということが分かる。これとは対照

的に、GMDモデルの推定結果からは、1年間で約80％の損失が発生する確率は5％、単月の収益率がマイナスとなる確率は50％以上、そして単月で15％超の損失が発生する確率は5％であることが分かる。

ここでもう一度、従来のスタイル分析の適用可能性について考えてみたい。表5はGMDモデルと同じファクターを用いた回帰分析の結果を示している。

表5のなかで最も重要な結果は、おそらく4つの債券オプションのファクターのF値であろう。これらのF値は債券オプションのファクターのいずれについても統計的に有意でないということを示唆している。これは債券のボラティリティがマネジャーのパフォーマンスを左右しないということを示しているが、私たちはこの推定結果が真実でないということを知っている。さらに、最も重要なファクターは月次

表5 分散分析

要因	自由度	偏差平方和	平均平方	F値	Pr＞F
モデル	6	100.26724	16.71121	0.89	0.5095
誤差	46	862.86171	18.75786		
全体	52	963.12895			

説明変数	パラメーター推定値	標準誤差	タイプⅡの平方和	F値	Pr＞F
切片項	−18.07965	9.52221	67.62188	3.60	0.0639
ATM、10年債コール	0.00822	0.02744	1.68481	0.09	0.7658
ATM、10年債プット	0.02036	0.02071	18.13687	0.97	0.3306
OTM、10年債コール	−0.00186	0.00968	0.69454	0.04	0.8483
OTM、10年債プット	−0.00165	0.00577	1.52838	0.08	0.7766
1M LIBOR	40.97034	20.41950	75.51485	4.03	0.0507
リーマン・ブラザーズMBSインデックス	1.58152	1.72594	15.75003	0.84	0.3643

のLIBORのリターンであると判定されている。もし月次のLIBORのリターンが基本的にプラスの定数であり、かつマネジャーが毎月プラスの収益を報告したのであれば、両者の強い相関関係は単なる統計処理の結果にすぎない可能性がある。

　上に示した例から浮かび上がることは、2つの異なる分析手法から得られたパフォーマンスの解釈には、大きな違いがあるということである。マネジャーBのパフォーマンスについて伝統的な手法をそのまま適用すると、マネジャーBは高い収益率を有し、ほとんど無リスクであるという結果が得られた。ところが、GMDモデルを用いて分析すると、過大なレバレッジや大規模なショート・ボラティリティの存在、そしてポートフォリオ価値の期間変動を過小評価する傾向が明らかになった。GMDモデルの推定リターンとヒストリカル・リターンの標準偏差の比率を計算することによって、マネジャーBは月次ボラティリティの15％程度しか報告していない可能性がある、ということが分かる。

　マネジャーBのシャープレシオは4.99と非常に高いため、このまま伝統的なポートフォリオ最適化を行うと、マネジャーBに大きな配分がなされるであろう。一方、GMDモデルの分析結果によると、このマネジャーへの投資はどう考えても大変危険であることが分かる。結果はまったく違ってくるのである。

GMDからの知見

　2人のマネジャーについてのGMDモデルを用いた分析によって、幾つか重要な知見が得られた。第一に、大規模な「オプションのショート・ポジション」を保有する投資スタイルのマネジャーが存在するということである。今回分析したマネジャーは、GMDモデルで分析した場合には、共に大規模なオプションのショート・ポジションを保

有していた。コスト（大きなリスク）の負担なしには成果（高いリターン）は得られない。オプションの売りも同様で、これはシャープレシオを押し上げるのに役立つが、悲惨なパフォーマンスを招く危険性をもはらんでいるのである。オプションの売りに内在するリスクは、マネジャーの短期間のトラック・レコードからは明らかにされない。すなわち、マネジャーが「ボラティリティ・イベント」を経験していないため、リスクが表に出てこないのである。このため、ポートフォリオの最適化手法を用いると、これらの戦略に過剰なアロケーションを行ってしまう傾向がある。最適化手法を用いた場合にオプションのショート戦略に過剰なアロケーションを行ってしまうという傾向は「ショート・ボラティリティ・バイアス」と呼ばれている。これは重要なことなので強調しておくが、マネジャーが運用する期間において急激なボラティリティの上昇が起こらないかぎり、妥当な価格のオプションを売り（ショート・ボラティリティ）、優れたリスク調整後リターンを獲得したように見せかける、という投資戦略はきわめて容易なのである。リスク調整後リターンが過大評価されていれば、伝統的なポートフォリオ最適化はそのような「ショート・ボラティリティ」戦略に過剰に資金を配分してしまい、それによってポートフォリオのリスクは増加するであろう。これは重大な問題となる可能性をはらんでいる。というのも、個人的な経験や調査からすると、たいていのヘッジファンドマネジャーはトラック・レコードの水準を引き上げるためにショート・ボラティリティのエクスポージャを何らかの形で作り上げている、ということが分かっているからである。しかし、上で述べたとおり、そのような一時的なパフォーマンスの向上は、ボラティリティ・イベントに対するエクスポージャの増加という犠牲のうえに成り立っているのである。

　第二には、マネジャーがポートフォリオ価値の期間変動を過少に報告するという傾向が、少なからず存在するということである。店頭で

取引される証券は流動性が低く、時価評価ができない場合もある。このため、そういった証券を保有するマネジャーは、ポートフォリオ価値の期間変動を過小評価する傾向がある。もしマネジャーがポートフォリオのボラティリティを過少評価するならば、それはリスク調整後のリターンを過大評価することになるだろう。ポートフォリオの最適化においてそのようなリターンを用いた場合、流動性の低い証券に投資する投資スタイルおよびマネジャーへ過剰なアロケーションを行うことになるであろう。この現象は「低流動性バイアス」と呼ばれている。このバイアスを考慮せず伝統的なポートフォリオの最適化手法を用いてアセット・アロケーションを実施した場合は、ポートフォリオの流動性を低下させるとともにリスクを過小評価する結果となりやすい。

(マーク・アンソン、松田雅夫、ティモシー・バーニー、そしてリチャード・ミショー各氏の思慮あふれるコメントに感謝する。文中の誤りについての責任はすべて著者に属す)

《参考文献》

Alexander, Sharpe and Bailey, 1993, Fundamentals of Investments (Englewood Cliffs, NJ: Prentice Hall).

Edwards, M., 1988, "Commodity Fund Performance: Is the Information Contained in Fund Prospectuses Useful?", *Journal of Futures Markets* 8(5).

Elton, G.B., 1995, "Fundamental Economic Variables, Expected Returns, and Bond Fund Performance", *The Journal of Finance* 50(4).

Fung, H., and Hsieh, 1997, "Empirical Characteristics of Dynamic Trading Strategies: The Case of Hedge Funds", *The Review of Financial Studies* 10(2).

Glosten, J., 1994, "A Contingent Claim Approach to Performance Evaluation", *Journal of Empirical Finance* 1, pp. 133–60.

Liang, 1999, "On the Performance of Hedge Funds", *Association for Investment Management and Research*.

McCarthy, Spurgin and Schneeweis, 1997, "Informational Content in Historical CTA Performance", *Journal of Futures Markets*.

McCarthy, Spurgin and Schneeweis, 1998, "A Review of Hedge Fund Performance Benchmarks", *Journal of Alternative Investments*.

Michaud, 1999, "Investment Styles, Market Anomalies, and Global Stock Selection", The Research Foundation of The Institute of Chartered Financial Analysts.

Michaud, 1998, *Efficient Asset Management* (Harvard Business School Press).

Schneeweis and Spurgin, 1998, "Multifactor Analysis of Hedge Fund, Managed Futures, and Mutual Fund Return and Risk Characteristics", *Journal of Alternative Investments*.

Sharpe, 1992, "Asset Allocation: Management Style and Performance Measurement", *Journal of Portfolio Management* 18(2).

Silber, 1994, "Technical Trading: When It Works and When It Doesn't", *The Journal of Derivatives*.

Weisman, 1998, "Conservation of Volatility and the Interpretation of Hedge Fund Data", *Alternative Investment Management Association*.

第5章
ファンドマネジャーのためのVaR

クリストファー・L・カルプ
CPリスク・マネジメント

ロン・メンシンク
ウィスコンシン州投資委員会

アンドレア・M・P・ネビス
CPリスク・マネジメント

　VaR（バリュー・アット・リスク）は資産やポートフォリオの市場リスクを計量化するための尺度で、確率論に基づいている（「市場リスク」とは金利、為替、証券価格といった市場の価格が変動することによって、資産あるいはポートフォリオの価値が下落するリスクのことである。市場リスクは信用リスクや流動性リスクのようなほかのタイプの金融リスクとは別のものである。VaRは主に市場リスクを測定する目的で作られたため、本章では市場リスクに限定して話を進める）。VaRは選択された期間の最大損失の推計値として利用されることが多い。VaRは商業銀行、デリバティブ業者、および一般企業の財務リスク管理者の間で広まっているが、この主な魅力は、異なる金融商品や資産クラス間のリスクを一貫して扱うことができるのに加えて、リスクの統計量として解釈が容易なことである。

　機関投資家については、VaRはそれほど受け入れられているわけではない（Culp, Miller, Neves [1998] を参照のこと）。その主な理由は、ファンドマネジャーは基本的にリスクをとるのが仕事だからである。すなわち彼らは支払期日が不明確な債務を負い、正のリスク

調整後リターンを獲得しようとしてリスクをとるのである。驚くべきことではないが、ミューチュアルファンド、プライベート・バンク、ヘッジファンド、年金基金、その他の基金または財団といったファンドマネジャーは、一般的にリスク管理、特にVaRを、本質的に業務上遵守すべきガイドラインなどとは相いれないものと考えがちである（Culp、Mensink [1999] を参照のこと）。しかし、VaRは、抱えているリスクがファンドマネジャーの望んでいるものなのか、とる必要があるものなのか、また意図したとおりのものなのかを確認することができる有益な手段である。投資家もまた、モニタリングツールとしてのVaRの素晴らしさに気づきつつある。そのため、受託者であるファンドマネジャーに対し、この市場リスクの尺度を定期的に計算し、かつ公開するよう要請している（本章を通じ、第三者のためにファンドを運用するものをマネジャーと呼ぶことにする。また、ファンドマネジャーに資金を預ける第三者を投資家と呼ぶ。例えば、年金基金におけるマネジャーとは、退職者のために資金を投資する内部または外部のファンドマネジャー、およびその上級管理者である。同様に年金基金における投資家は退職者である。ヘッジファンド、ミューチュアルファンド、そしてプライベート・バンクにおいては、マネジャーはファンドマネジャーまたはゼネラル・パートナーであり、投資家は資金提供者、買い手、リミテッド・パートナーである）。

本章では、資産運用におけるVaRの適用例、特に多通貨運用を行うマネジャーにとってのVaRの重要性に関して詳しく述べていく（年金基金によるVaRの利用に関するより専門的な議論はCulp、Tanner、Mensink [1987] を参照のこと）。最初にVaRとは何であるか、なぜそんなに魅力的な概念なのかを説明する。次節で、重要な幾つかの仮定を含め、最も一般的なVaRの計算方法を説明している。さらにVaRを測定する難しさを念頭に、資産運用におけるVaRの4つの具体的な適用例をまとめている。これらの適用例は、以下の目的

のためにVaRを利用することを含む。
- マネジャー、ポートフォリオ、およびヘッジを監視する
- 取引に対する事前承認の必要性を排除する
- リスクターゲットやリスクの境界値について定型的な仕組みを設ける
- リスク・バジェッティングを導入する

VaRとは何か
（この節の一部は主に前掲のCulp、Miller、Nevesから引用している）

　VaRは資産、あるいはポートフォリオの市場リスクに対するエクスポージャを簡潔に表す統計量である。VaRによって、マネジャーは次のようにリスクを計測し、表すことができる。「ファンドの純資産価値の10％を超過する損失は、今後20四半期において一度しか生じない見込みである（VaRの一般的な説明についてはJorion［1997］を参照のこと）」。ポートフォリオのVaRを求めるために、マネジャーは、ある特定の期間におけるポートフォリオ（あるいはそれを構成する資産）のリターンまたは価値の変化の分布を作成しなければならない。ポートフォリオのリターンまたは将来価値の分布は、VaR確率分布と呼ばれる（VaR確率分布は収益率または金額ベースで表される。収益率分布を用いるほうが、経験的にはより扱いやすく、またいつでも金額ベースでの損失額に変換することができる）。ポートフォリオのVaRは、確率分布の左端によって定義される、あらかじめ定めた確率水準（通常５％またはそれ以下）に対応するリターンまたは金額ベースの損失幅である。すなわちある期間において５％以下の確率でしか発生しないと予想されるマイナスのリターンまたは金額ベースの損失幅のことである。

　VaRは市場リスクの有益な統計量と考えられているが、これには幾つか理由がある。VaRのひとつの特徴は、金融リスクの尺度とし

ての一貫性である。損失予想額、あるいはマイナスのリターン値を用いてリスクを表すことによって、VaRは異なるポートフォリオ（例えば、株式と債券）や異なる金融商品（例えば、金利スワップと普通株）にまたがるリスクを直接比較することができる。この一貫性に加え、VaRを用いると、マネジャーや投資家は、ある特定の期間における損失の可能性について検証することができる。どのような算出方法によろうとも、VaRはリスク・ホライズン（リスクの計測期間）などのインプットを明確に与える必要がある。ファンドマネジャーは、リスク・ホライズンを適切に設定することで、リスク管理やディスクロージャー業務を円滑に行うことができる。リスク・ホライズンの選択は、さまざまなイベントが発生するタイミングによるであろう。このイベントには、外部機関による運用評価、理事会、投資家やリミテッド・パートナーまたは調査会社（例えば、マネージド・アカウント・リポート社［MAR］やAIMR［米国投資管理調査協会］など）への運用報告、規制当局の検査、税務申告、重要な顧客との打ち合せなどが含まれる（Jordan, Mackay [1997] を参照のこと）。

　VaRのもうひとつの利点は、確率論にその根拠があることである。ファンドマネジャーが特定したい信頼度に応じて、VaRはその信頼水準で、あるリスク・ホライズンにおける具体的な潜在的損失を見積もることができる。例えば、1カ月というリスク・ホライズンにおける95％の信頼水準は、厳密に言うと、リターンが今後1カ月にX％以上下落する可能性が5％ある、ということを意味している。信頼水準95％とは、リターンが100カ月のうち5カ月以上X％を下回ることはない、ということを意味すると思い込んでいる人が多いが、もととなる確率分布の安定性について強固な仮定が置かれている場合のみ、この推定値は正しいものとなる（ここでは資産価格の変動は独立かつ同一の分布に従う。すなわち価格変動率は毎期同じ分布から抽出されるものと仮定している）。いずれにしても、VaRは市場リスクの将来を

見据えた予測値であり、実際の過去のパフォーマンスを用いた実績評価のための尺度ではない。なお、実績評価のための尺度には、マネジャーの実現リターンを用いて計算されるシャープレシオなどがある（Sharpe［1994］を参照のこと）。したがって、VaRは従来の手法にとって代わるというよりは、これらを補完するものであると言える。

　VaRのさらなる利点として、このリスク尺度は運用戦略に対して中立的なので、マネジャーにとって魅力的である、ということが挙げられる。つまり、VaRはポートフォリオの過去のパフォーマンスを使うのではなく、ポートフォリオで保有する個々の金融商品の市場リスクを検証することによって求められるのである（この部分は運用業界において混同されている場合がある。マネジャーまたはポートフォリオの実際のリターンが統計量を計算するための基礎数値として利用可能な場合、このリターンはパフォーマンス評価の目的では利用できるものの、VaR算出のためには利用できない）。代表的なパフォーマンス尺度がマネジャーの実際のパフォーマンスを反映するのに対し、VaRはもっぱら現時点でのアセットミックスや保有証券に基づき、投資家が負っている市場リスクを明らかにしている。とはいえ、VaRはすべての運用戦略に対して中立というわけではない。もしマネジャーがボラティリティの高いセクター（例えば、テクノロジー・セクター）を組み入れると、この戦略に起因するボラティリティがVaRに反映されることになる。これとは対照的に、マネジャーが戦術を変更したり、マーケット・タイミング戦略をとる場合には、VaRには反映されないし、また後述するように反映されるべきでもない（前掲のCulp、Mensinkを参照のこと）。

VaR推計のメカニズム

　あるポートフォリオおよびリスク・ホライゾンについてVaRの確

率分布を作成することは、2段階の過程と見なすことができる（実際問題として、VaRの推計は2段階できちんと実施されない場合が多いが、このステップをたどることで、一般性を失うことなく議論を単純化している）。まず最初に、ポートフォリオに含まれる個々の証券の価格やリターンの分布が作成される。これらの分布は、あるリスク・ホライゾンにおける全構成資産の価値の変化を表している。次に、個々の分布を単一ポートフォリオの分布にまとめなければならない。こうすることで、VaR算出のための土台が完成するのである。

個々の資産とポートフォリオのそれぞれの確率分布を作る方法は、簡単なものから非常に複雑なものまで存在する。VaRを計測する、より現実に即した方法は、最も実現可能性の高い市場のリスク・シナリオの下で、ポートフォリオに含まれるすべての資産を評価することである。このフルバリュエーション法は、計算に非常に手間がかかる。したがって、より簡便な手法として、必要なデータや計算のコストを減らすために、統計上の仮定を複数設定することを行っている。そのような仮定のひとつに、ポートフォリオの現在価値のまわりの小さな変化は、より大きな潜在価値の変化を表している、というものがある。これはVaRのパーシャル・バリュエーションとして知られており、債券のコンベクシティーを無視し、デュレーションをリスクの近似値として利用することと似ている（フルバリュエーションとパーシャル・バリュエーションは、JPモルガンの『RiskMetrics Technical Document』第4版［1996］にて対比されている）。その他の単純化は計算コストの軽減を意図しており、これには分布に関するさまざまな仮定などがある。なお、この分布の仮定については後ほど議論する。

今日まで、VaRを利用するほとんどのファンドマネジャーは、より簡略化した計算手法を用いてきた。したがって、本節では例として外国株式ポートフォリオを用いた簡略化したVaRの計算手法について紹介する。まず最初に、過去の時系列データに完全に依存する

VaRの簡単な計算手法を紹介する。次に、分散・共分散法と呼ばれる、最も一般的なVaRの推計方法について議論する。これは1994年にJPモルガンがリスクメトリックスによって紹介し、広まったものである。本節の最後に、分散・共分散法の問題点について簡単に議論し、ほかの代替手法の概要について紹介する。

ヒストリカルVaR

VaRを求めるひとつの方法は、将来が過去とまったく同じように振る舞うということを単純に仮定するものである。このときVaRは、過去の証券リターンの時系列サンプルを利用して求めることができる。例を用いて説明しよう。

図1は1988年1月から1995年1月までのFTSE100株式インデックスの月次リターンの分布とその統計値を示している。横軸はリターンを、縦軸は横軸の各区間に位置するヒストリカル・リターンの全サンプルに占める割合を示している。将来が過去と同じように振る舞うと仮定することによって、この過去の収益率分布を、将来実現する「確率」と呼ぶことができる。例えば、最も右側にある棒は、過去の月次リターンのうち約1％は、その値が14％以上であったことを示している（図のx軸の目盛は上側の印に対応している。例えば、15％という目盛は2つの印の間に位置しているが、その目盛の上に位置する棒は、ヒストリカルデータの約1％について、その値は14％より大きく15％以下である、ということを意味している）。今後1カ月が過去と同じように振る舞うと仮定すると、これは今後1カ月において14％以上のリターンが生じる確率は1％であると解釈できる。

図1とその統計値が示すように、この収益率分布は正に歪んでおり、左側の裾より右側の裾のほうが厚みがある。つまり、リターンが平均を上回る確率は、下回る確率よりも大きい。また、尖度は正であり、

図1　FTSE100インデックスの月次リターン率分布（1988/1～1995/1）

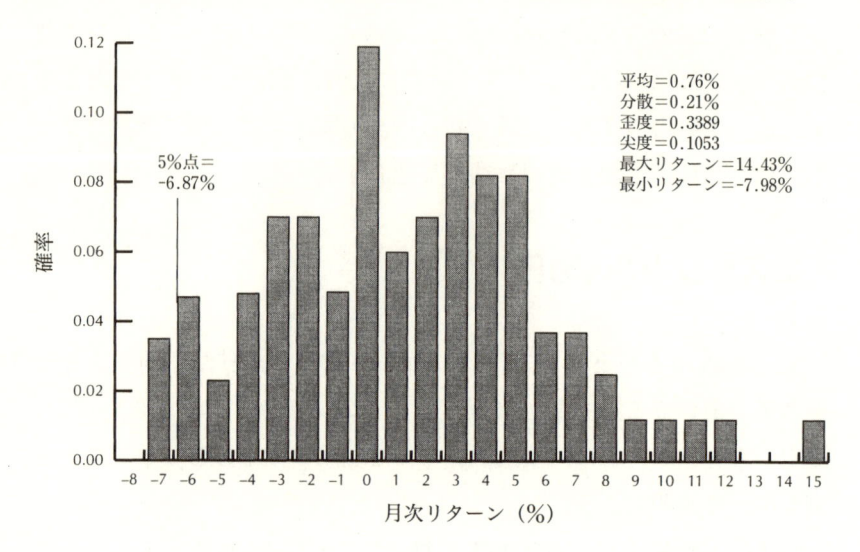

平均＝0.76%
分散＝0.21%
歪度＝0.3389
尖度＝0.1053
最大リターン＝14.43%
最小リターン＝-7.98%

5%点＝-6.87%

確率 / 月次リターン（%）

したがって図1の分布は正規分布よりも両裾が伸びていることが分かる（ここで言う尖度とは正確には超過尖度のことである。超過尖度とは分布の尖度について、正規分布の尖度である3を上回る値のことを言う。正の超過尖度は、その分布が正規分布よりも中心が高く、裾が厚いことを示している）。

ここで、FTSE100の構成株式すべてに投資する時価100万ポンドの株式ポートフォリオを保有する英国のファンドマネジャーを考える。さらに、そのマネジャーのポートフォリオなかの株式はFTSE100の構成ウエートとまったく同じウエートであるとする。つまり、このファンドはインデックスファンドである（この例においては、FTSE100のポートフォリオを単一の資産と見なしている）。このときマネジャーがリスク・ホライゾン1カ月、信頼水準95%でポートフォリオのVaRを計算したとすると、ポートフォリオの損失額は、今後

100カ月のうち5カ月においてこのVaRの値を超過する可能性がある、ということを示す。図1のヒストリカルデータを用いると、このVaRは次のように計算される。

$$VaR = £1,000,000 \times R^{0.05}$$

ここで$R^{0.05}$はFTSE100の月次ヒストリカル・リターンの5％点を表している。この5％点は、図1にて縦線で示しているとおり、1988～95年のサンプル期間において−6.87％であった。したがって、このポートフォリオの期間1カ月のVaRは6万8700ポンドである（慣習によって、VaRの値を表す場合、マイナスの符号を落としている）。すなわち、このポートフォリオのNAV（純資産価値）が6万8700ポンド以上減少するのは、今後100カ月のうち5カ月のみであることが予想される（しかし、VaRは、ポートフォリオがどの程度の損失を被るかについては何も示唆しない。すなわち、VaRが6万8700ポンドであると言ったとき、損失が6万8701ポンドになるのか、あるいは100万ポンドになるのかは分からないのである）。

多数の資産によって構成され、多くのエクスポージャを保有する大規模なポートフォリオでは、このヒストリカル法は途端に取り扱いが困難となる。必要となるデータの問題だけをとって見ても、大規模なポートフォリオに対してこの単純な手法を適用することが、実質的に困難となっているのである。例えば、FTSE100の構成銘柄を保有するポートフォリオのVaRを計算したいが、ポートフォリオにおける保有銘柄の構成ウエートはFTSE100の構成ウエートとは異なっている場合を考える。このとき、個別銘柄について直接調べる必要が生じる。つまり、100銘柄すべてについて時系列データを取得し、ポートフォリオの構成ウエートと過去データに基づく相関行列を用いてVaRを計算する必要があるのである。

分散・共分散法によるVaR

　JPモルガンおよびロイターは、ヒストリカル法におけるデータの問題を単純化し、VaRの計測法としてよりシンプルな方法を提案した。このリスクメトリックスと呼ばれるVaRの計算方法は、2つのテクニックを用いて、ヒストリカルデータを使用する場合に発生するデータの問題を回避している。第一に、リスクメトリックスはポートフォリオが保有する実際の証券ではなく、プリミティブ証券に依存している。このプリミティブ証券とは、実際に保有する証券を代替するような証券であり、VaRの計算に利用される。実際の証券から成るポートフォリオのキャッシュフローは、プリミティブ証券のキャッシュフローに置き換えられ、これをVaRの計算に利用する。第二に、リスクメトリックスではプリミティブ証券についてさまざまなデータを利用することができ、したがってヒストリカルデータは不要となる。例として、リスクメトリックスでは利付国債に関するデータを提供していないが、代わりに割引国債に関するデータを提供している。したがって、ポートフォリオで実際に保有している利付国債は、プリミティブ証券である割引国債に置き換えられる。リスクメトリックスで利用可能なプリミティブ証券は、国債、スワップレート（これは事業債の金利を兼ねている）、為替レート、株価指数、商品価格、そして短期金利である。またこれらすべてのプリミティブ証券について、さまざまな国や通貨のものが利用可能である。

　ヒストリカルVaRにおけるデータ問題への対処とは別に、リスクメトリックスは、VaRの計算を単純化するために多くの統計的な仮定を置いている。最も重要な仮定は、すべてのプリミティブ証券のリターンは正規分布に従う、というものである。正規分布の魅力的な特性は、分布が左右対称なことである。平均と分散は正規分布を特徴づ

ける重要な統計値である。リターンが正規分布する資産について、そのリスクを測るためには、単に分散を測ればよいことになる。

JPモルガンの計算方法は非常に単純化されたものであるため、今や多くのマネジャーが、リスクメトリックスのデータセットを使わずに、自身で用意したプリミティブ証券を用いて利用している。この方法は一般に分散・共分散法として知られている。これは非常に一般的な、かつ手ごろなVaRの計算方法であるため、次節でその仕組みについてより詳しく述べることにする。

1資産、1期間のVaR

分散・共分散法を用いたVaRの計算は、正規分布の左裾の部分の確率が標準偏差の関数で表される、という性質を利用している。例えば、正規分布の5％点は、平均を1.65標準偏差だけ下回ったところに位置する。再び例を用いてこの手法の仕組みを説明する。

再度、FTSE100のインデックスファンドを考える。図1の統計値より、月次の平均リターンは0.76％、分散は0.21％であることが分かる。ポートフォリオのNAVが100万ポンドであるとき、期間1カ月、信頼水準95％のVaRは次のように計算される。

$$VaR_e = £1,000,000 \times (0.0076 - 1.65 \times 0.045)$$
$$= £1,000,000 \times (-0.068) = £68,012$$

図2では、図1のヒストリカル・リターンの分布と共に、このヒストリカル・リターンと同じ平均・分散を持つ正規分布が表示されている。また、分散・共分散法によるVaRの推計値（収益率で表示）を縦線で示している。分散・共分散法によるVaRが、実際の分布の5％点の値と（小数第2位まで）同じであることは注目すべき点である。

予想どおり、分散・共分散法によるVaR（6万8012ポンド）は、過去の収益率分布を用いて計算した期間1カ月のVaR（6万8700ポンド）とほとんど変わらないものとなっている。

分散・共分散法によるVaRの計算で利用する標準偏差として、時系列データの分散（すなわち図1および図2で示した、全85カ月の月次リターンの標準偏差）を用いた。代わりに、分散・共分散法へのインプットとして利用するボラティリティについて、ほかの推計方法を用いることもできる（これらの方法については、前掲のCulp、Miller、NevesやJorionを参照のこと）。

例えば、分散を定期的に計算する場合、ボラティリティの推計値として分散の移動平均を使用することが考えられる（分散の移動平均を求める場合、過去のボラティリティのローリング期間における平均値が用いられる。例えば、20カ月というローリング期間を考えた場合、期間1カ月のVaRを計算するために用いられる分散は、直前20カ月における月次の分散である）。ボラティリティの移動平均は時系列データにおける全観測値の等加重で計算されるため、その計算は非常に単純である。しかし、移動平均は値を平滑化する効果を持つため、ボラティリティが急激に変化した場合でも、より長い期間のデータを反映したなだらかな山のように見えてしまう。したがって、移動平均はボラティリティの急激な変化をとらえることができない。

JPモルガンとロイターは、リスクメトリックスのデータセットとしてプリミティブ証券すべてについてボラティリティを計算し、提供しているが、このとき移動平均が抱える問題に対処するために、指数平滑法を用い、日次と月次の両方で計算を行っている（このデータセットには相関も含まれる）。過去データによる分散や単純なボラティリティの移動平均とは違い、指数平滑法は過去の観測値よりも直近の観測値に比重を置くことになる。したがって、指数平滑法は、単純な移動平均に比べて市場のショックをよりうまくとらえることができる。

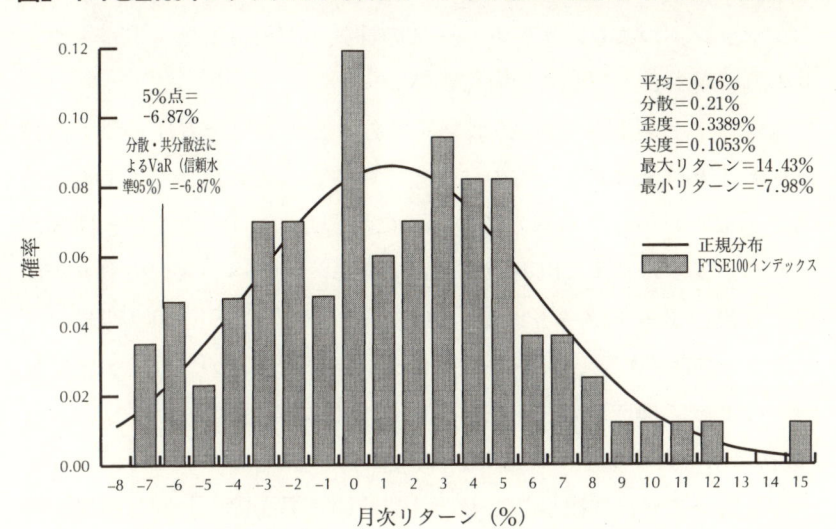

図2　FTSE100インデックスの月次リターン率分布と正規分布（1988/1〜1995/1）

5%点＝
-6.87%

分散・共分散法
によるVaR（信頼水
準95%）＝-6.87%

平均＝0.76%
分散＝0.21%
歪度＝0.3389
尖度＝0.1053
最大リターン＝14.43%
最小リターン＝-7.98%

正規分布
FTSE100インデックス

月次リターン（%）

このことから、分散・共分散法によってVaRを推計するとき、指数平滑法を用いて求めたボラティリティはより望ましい性質を有すると一般に見なされている。

多資産、1期間のVaR

　分散・共分散法を用いることで、データを整備するコストや大げさな計算にかかる手間を省くことが可能となるが、それが本当の意味で効果を表してくるのは、複数の資産や通貨を保有する大規模なポートフォリオにおいてVaRを使ったときである。前述のFTSE100の例において、今度はこのポートフォリオをドルベースのマネジャーが運用する場合を考える。こうすることで、たった2資産の例ではあるが、分散・共分散法を大規模ポートフォリオに対して適用することの単純

さを説明することができる。ここで、ポートフォリオは全体で2つのポジション、つまり、ポンドベースの株式ポジションと、ドル・ポンドの為替ポジションから成っている。

為替レートが1ドル1.629ポンドであるとする（訳者注　この為替レートは実勢とは異なるものになっているが、これはあくまでも数値例であることから、本章の後の議論に影響しない）。このとき株式ポートフォリオの価値は61万3874ドルである。ドルベースの投資家が保有する複合ポートフォリオは、61万3874ドルのFTSE100（株式のプリミティブ証券）と、同額の為替ポジション（為替のプリミティブ証券）によって構成されている。ここで、株式の期間1カ月のVaRは（最初に求めたポンドベースの株式ポートフォリオのVaRを、為替レートを用いてドルに換算しても、［端数の差異を除き］同じ結果が得られる）、以下のとおり。

$$VaR_e = US\$613{,}874\ (0.0076 - 1.65 \times 0.045)$$
$$= US\$40{,}915$$

これはポートフォリオの株式部分を分離して計算したVaRであり、株式ポジションに対する、分散効果を考慮しないVaRと呼ばれる。

為替の分散効果を考慮しないVaRも同様に計算できる。

$$VaR_{fx} = US\$613{,}874 \times (\mu_{fx} - 1.65\sigma_{fx})$$

ここで、μ_{fx}とσ_{fx}は、ポンド・ドルレートの月次変化率の平均と標準偏差である。ボラティリティの推定値として標準偏差（計算期間は1988年1月〜1995年1月）を利用すると、σ_{fx}は0.0368、μ_{fx}は−0.001となる。先の式に代入すると、為替の分散効果を考慮しないVaRは次のように求まる。

$$\text{VaR}_{fx} = \text{US\$}613,874 \,(-0.001-1.65\times 0.0368)$$
$$= \text{US\$}37,888$$

ここで、2次元正規分布の特別な特性を利用し、ポートフォリオの全体のVaRを計算することができる（ここでは「2次元正規分布に従う2つの資産から成るポートフォリオの分散は、個々の資産の分散に、2資産の相関を2倍し、さらに2資産の標準偏差を乗じた値を加えたものである」という性質を前提として利用している。この結果は、リターンが多次元正規分布に従う場合、2資産以上から成るポートフォリオにも拡張できる）。具体的には次の式のようになる。

$$\text{VaR}_p^2 = \text{VaR}_e^2 + \text{VaR}_{fx}^2 + 2\rho \text{VaR}_e \text{VaR}_{fx}$$

ここでρはFTSE100の月次リターンとポンド・ドルレートの月次変化率との相関である。1988～95年のデータより、ρは-0.2136と推定される。つまり、FTSE100はポンド・ドルレートの変化と逆方向に変化する。相関係数とほかの変数を先の式に代入すると、期間1カ月のポートフォリオのVaRは以下のように計算される。

$$\text{VaR}_p = [(\text{US\$}40,915)^2 + (\text{US\$}37,888)^2$$
$$+ 2\,(-0.2136)\,(\text{US\$}40,915)\,(\text{US\$}37,888)]^{1/2}$$
$$= \text{US\$}49,470$$

この数字は分散効果を考慮した通常のVaR、すなわち株式と為替の両方のエクスポージャを2つのポジション間の相関も含めて反映した期間1カ月のVaR（信頼水準95％）を表している。したがってファンドマネジャーは、FTSE100とポンドのエクスポージャを併せ持

つポートフォリオについて、今後100カ月のうちの5カ月はNAVの8％以上の損失を被る可能性があることを認識すべきである。お分かりかと思うが、通常のVaRは資産間に完全な相関関係がない場合には分散投資の効果を反映する。今回のケースでは相関係数がマイナスであった。また通常のVaRは個々の分散効果を考慮しないVaRの合計値よりもかなり小さくなる。

多期間のVaR

　前の例は、リスク・ホライゾン1カ月のVaRを算出するために月次データを使用している。というのも、リスクメトリックスのデータは月次で利用できるので（ボラティリティと相関のデータは日次でも利用できる）、もしリスク・ホライゾンとして月次を選択するのであれば、さらなる調整がなされる必要はない。しかし、より長いリスク・ホライゾンのVaRを計算するためには、1期間のVaRを調整する必要がある。この計算は、分散・共分散法において簡略化を行うためのさらなる仮定を利用している。その仮定とは、収益率は時系列で見て独立かつ同一の分布に従う、というものである。これは、期間1カ月のVaRを算出するために利用する確率分布は、連続する月次のリターンごとに独立である、ということを意味している。このとき、多期間のVaRは、1期間のVaRにリスク・ホライゾンに相当する期間数の平方根を掛けたものである。

　FTSE100のポートフォリオのVaRを、信頼水準95％、3カ月のリスク・ホライゾンで計算したいとする。これは期間1カ月のVaRに3の平方根を掛けるだけでよい。すなわち4万9470ドル×1.7321＝8万5685ドルとなる。したがって、この外国株式ポートフォリオにおいて、今後100四半期のうち95四半期については、8万5685ドルを超える損失は生じないと予想される。

分散・共分散法の代替手法

　図1と図2において、分散・共分散法によるVaRは、実際のヒストリカルデータを用いて計算したVaRとほぼ同じであった。最初は意外に思ったかもしれない。図2と実際のヒストリカルデータの統計値を見ると、ヒストリカルデータの度数分布と正規分布とは似ていないということが分かる（図2において、実際の分布は正規分布と比べ裾が伸びているということは注目すべき点である。これは先に検証した正の超過尖度とも整合のとれた結果である）。にもかかわらず、たとえもとのデータが正規分布していなくても、VaRの計算のために正規分布を用いて近似を行うことは、十分に現実的と言える場合がある。しかし、これは常に十分とは言えず、むしろ不十分な場合が多い。

図3　日経平均株価の月次リターン率分布と正規分布（1988/1～1995/1）

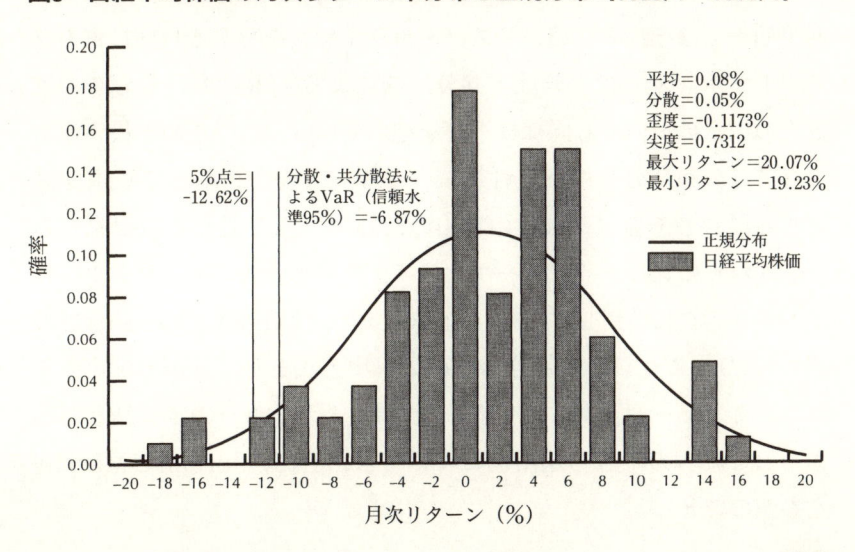

（グラフ内注記）
- 5%点＝-12.62%
- 分散・共分散法によるVaR（信頼水準95%）＝-6.87%
- 平均＝0.08%
- 分散＝0.05%
- 歪度＝-0.1173
- 尖度＝0.7312
- 最大リターン＝20.07%
- 最小リターン＝-19.23%
- 正規分布
- 日経平均株価

横軸：月次リターン（％）
縦軸：確率

図3は1988年1月から1995年1月までの日経平均株価の月次リターンの度数分布を示している。図2と同様に、ヒストリカル・リターンと同じ平均・分散を持つ正規分布が度数分布と合わせて表示されている。図3とその統計値から、日経平均の分布は負の方向に分布の裾が伸びており、それはFTSE100の場合以上に裾が伸びていることが分かる。この結果、分散・共分散法によるVaRはリターンで表すと－11.68％であり、ヒストリカル・リターンの5％点である－12.62％よりも損失を小さく見積もっている。このように、正規分布という仮定を用いて計算されたVaRは、日経平均の真のリスクを過小評価してしまうのである。

　一般的なルールとして、分散・共分散法によるVaRは、分布が負の方向に分布の裾が伸びており、正規分布よりも裾が伸びている（すなわち尖度がより大きい）場合には、資産あるいはポートフォリオのリスクを必ず過小評価してしまう。不動産、商品、私募債その他の債券を含め、多くの資産クラスがこの分類に当てはまる。当然ながら、ファンドマネジャーの多くは、分散はすべての資産クラスに対するリスクの完全な尺度である、という仮定には満足していない。加えて、四半期またはそれより短いリスク・ホライゾンを有する長期投資のファンドマネジャーは、分散・共分散法によるVaRにおける分布の安定性の仮定についても同様に不満を抱いている。このため、投資家によっては分散や分布の安定性に依存しない尺度を利用してVaRを計算する場合もある（これらの理由のためにVaRを避ける投資家もおり、代わりにショートフォール・リスクや下半分散のようなダウンサイド・リスクに注目している。前掲のCulp、Tanner、Mensinkを参照のこと）。こうした代替的なVaRの算出方法としては、モンテカルロ・シミュレーション法やヒストリカル・シミュレーション法などがある（これらの手法の適用例については、前掲のJordanとMackayを参照のこと）。

分散・共分散法以外の手法でVaRを算出する場合、その計算システムを構築するのに多くの費用を要する。資産の収益率が正規分布するという仮定に依存しない高度なVaRの計算システムは、一般に100万ドルを上回る費用がかかり、ときにはリース料金で年当たり100万ドルかかる場合もある。こういったシステムの購入代金やリース料金以外にも、高度な計算方法は一般に膨大なデータ（過去の個別証券の収益率データ）を必要とする。このデータの購入と維持にかかる費用は、計算システム自身の費用よりも高くつくことはないにしろ、場合によってはかなりの額となる可能性がある。

　高度なVaRを算出する場合、システムやデータの費用に加えて、人件費の観点から、システムが複雑になればなるほどこれを実施し維持するための費用がより多くかかることになる。非常に高度なシステムの場合、そのシステムへの入出力を管理するため、新たに専任の担当者を置く必要がある。そして、システムが複雑になるほど、ユーザーのスキルの向上が必要になるのである。

　このように、ファンドマネジャーは、VaRの推計に際して「費用」対「正確性・現実性」というあまり歓迎できないトレード・オフに直面する。理解できることではあるが、特にVaRの妥当性がファンドマネジャーにとって不明確な場合、ファンドマネジャーの多くはVaRを完全に避ける。支払時期が不確実な債務を負い、資金を投入してより高いリターンを稼ぐことがファンドマネジャーの業務であるならば、なぜマネジャーはVaR計測システムに100万ドルもの費用を費やすべきなのか。こうした疑問に答えるべく、次節において、膨大なシステム投資を必要とせず、またファンドマネジャーの投資に対する自律性を不必要に損なうこともないようなVaRの導入例を紹介する。

VaRの導入（資産運用での利用）

　VaRがファンドマネジャーに受け入れられるためには、まず投資方針が守られるべきものとして位置づけられていなければならない。VaRはファンドマネジャーの主要な運用目標と競合するものではなく、むしろ運用目標を補完するものである。すなわちVaRは、マネジャーがさらされているリスクについて、それが意図したとおりかどうか、そしてとりたいリスクかどうかを判断するための道具である。ただしVaRは、ファンドマネジャーに対してどれぐらいリスクをとるべきかを教えてくれるわけではない。どれぐらいリスクがとられているかを知らせるだけである。投資方針を所与とした場合、ファンドマネジャーがファンドの運営にVaRを導入するには、少なくとも4つの利用法が考えられる。

モニタリング

　ファンドマネジャーにとってのVaRのメリットのひとつは、市場リスクに対する一貫した、定期的なモニタリングができることである。機関投資家は、さまざまなレベルのVaRを計算し監視することができる。ポートフォリオレベルでVaRを計算すると、内部のトレーダーやファンドマネジャー、または外部のファンドマネジャーのいずれかにかかわらず、個々のファンドマネジャーがとっているリスクを継続して評価することができる。また市場リスクはファンド全体のレベルでも追跡・監視することができる。これは資産クラスや発行者、カウンターパーティーといったレベルについても同様である。以下で3つの具体的なVaRのモニタリング適用例について述べる。

マネジャーやポートフォリオの内部的なモニタリング

ディアボーン年金基金は確定給付制度を採用しており、そのNAVは10億ドルである。この10億ドルは、内部や外部のファンドマネジャーを通じ、すべて伝統的な資産クラスに対して投資されている。ディアボーン年金は、毎週すべてのファンドマネジャーについて、四半期のVaRを計算している。外部のファンドマネジャーであるラッシュは、ディアボーン年金の１億ドルの外国債券ポートフォリオを運用している。ここでラッシュのVaRが毎週モニタリングされるとする。このとき、さまざまなリスク尺度を比較することで、ラッシュのVaRが大きく乖離していることが認められたならば、ラッシュの最近の投資行動について照会することになる。ディアボーン年金の上級管理者にとって上記の照会がなかったら、詳細調査は行われなかったであろう。

ラッシュの四半期のVaR（信頼水準95％）は、過去２年間では平均して1000万ドルであったとする。このときディアボーン年金は、今後100四半期のうちの95四半期について、ラッシュに委託している全投資額の10％以上の損失を被ることはないと予想される。ラッシュのVaRが毎週計算されており、その値が過去の平均値である1000万ドルから突然5000万ドルに変化したら、ディアボーン年金の上級管理者は不審に思い、理由を尋ねるだろう。VaRは戦略に対して中立なので、ここでは２つの答えが考えられる。ひとつは、ラッシュの保有する外国債券のボラティリティが（アジア通貨危機のようなものが起こって）上昇したことが考えられる。この場合、リスクの大きさは政策アセットミックスに伴うリスクを単に反映しただけと言える。もうひとつには、ラッシュが新たな証券を購入したため、ディアボーン年金がその政策アセットミックスにおいて想定していない、重大な市場リスクにさらされてしまった、ということが考えられる。

マネジャーのとっているリスクをモニタリングし、過去の履歴と比

較するということとは別に、VaRを用いることでポートフォリオ同士、あるいはマネジャー同士のリスクを互いに比較することが容易になる。先の例を続けると、もしディアボーン年金が委託しているほかの外国債券マネジャーのVaRが同時に上昇しているならば、ラッシュのVaRの上昇はそれほど問題があるものとは言えない。ラッシュのパフォーマンスを評価するために使われるベンチマークのVaRが上昇した場合についても同じことが言える。これらの場合、ディアボーン年金が負う市場リスクは、ラッシュの投資戦略特有のエクスポージャが増加したことが原因であるというよりも、資産クラスとして外国債券というエクスポージャを保有することによって、その値が上昇したと結論づけることができよう。

　VaRのモニタリングによって効果を上げるためには、数値の正確さは必ずしも必要なものではない。事実、VaRをモニタリングすることの主な効果は、相対VaRを調べることでもたらされる。この相対VaRとは、マネジャーあるいはポートフォリオのVaRを、ベンチマーク、同種のポートフォリオ、内外のマネジャー、または自身の過去のVaRと比較したものである。1000万ドルや5000万ドルといったVaRがたとえ不正確であったとしても、同じようなバイアスは、ほかのポートフォリオにも同じように作用するであろう（バイアスは常に同じように作用するとはかぎらない。したがってVaRの測定誤差の原因を見極める場合は、個々の状況を考慮に入れる必要がある。特に測定誤差が資産やポートフォリオにわたって一貫して生じているかどうかを見極める場合にはそれが重要である）。理論上、これらの測定誤差は、問題となる絶対VaRの代わりに相対VaRを使うことで打ち消し合う。したがってファンドマネジャーにとっては、分散・共分散法によるVaRのモニタリングでさえ、予想以上に効果がある。

外部からのモニタリング

　VaRのモニタリングは、自家運用や、外部委託運用においてメリットがあるだけではない。特に、ポートフォリオが常に不透明であり、投資家がその詳細を知ることができないようなファンドマネジャー（例えば、多くのヘッジファンド）からVaRを報告させることで、ポートフォリオの詳細な情報がなくとも、市場リスクについての投資家の心配を和らげることができる。同様に、基金の理事会に対する定期的なVaRの報告は、市場リスクが投資資金に定められたリスク許容度の範囲内にあるということを確認する意味で、大いに役立つものである。

ヘッジの有効性についてのモニタリング

　ファンドマネジャーは、ヘッジが想定どおりに機能しているかどうかをモニタリングするため、VaRを利用することがある。簡単な例として、内外の株式に投資する5億ドルのミューチュアルファンドを考える。このうち外国株式については、先渡しや先物を利用し為替リスクをヘッジしているものとする。このミューチュアルファンドの四半期のVaRは、為替ヘッジを考慮しない場合、NAVの15％であったとする。このファンドのマネジャーは、ヘッジを考慮に入れた場合のVaRを計算することで、ヘッジの効果を評価することができる。また、ポートフォリオのリスク・リターンが為替リスクによってどの程度影響を受けているのかについても分析することができる。例えば、もしヘッジ後のポートフォリオのVaRがNAVの14.5％であるとすると、ヘッジする価値があるかのどうか、またはヘッジが適切に行われているのかどうか、ファンドマネジャーは疑問を感じるかもしれない。

　ヘッジの効果を評価するためのVaRの利用は、ヘッジのタイプに加え、運用方針としてヘッジの目的をどのように位置づけるかに強く依存する。この理由を考えるために、ある年金基金に関する2つのポ

ートフォリオの例について見ていくことにする。これらのポートフォリオは外国債券と外国株式に投資しており、また為替リスクのコントロールという目標がある（この状況についてはIhle［1998］に詳細が説明されている）。最初のケースとして「為替リスクの許容範囲はどちらのポートフォリオにおいてもその現在価値の1％以内であり、ファンドマネジャーがこの為替リスクのヘッジを担当する」ということが基金の運用方針で明記されている場合を考える。このとき、個々のマネジャーのヘッジの効率性は、各ポートフォリオについてヘッジを考慮したVaRと、考慮しないVaRとを別々に検証することによって評価できる。

　一方で、同じ基金が「為替リスクの許容範囲は基金全体のNAVの1％以内である」という運用方針を指定した場合を考える。さらに、個々のファンドマネジャーが各自でヘッジを行うのではなく、基金が為替オーバーレイ・マネジャーを採用し、為替リスクを統合的にヘッジするという状況を考える。この為替オーバーレイの効率性は、為替オーバーレイを適用した場合の基金全体のVaRと、適用しない場合のそれとを比較することによって評価できる。

　ヘッジ目標について、運用方針に明記されているものとは異なるレベルでヘッジの有効性がモニタリングされた場合、幾つかの興味深い問題に出くわすことになる。ここで、基金の外国株式はすべてカナダ株式にCAD（カナダ・ドル）建てで投資されており、また外国債券はすべてATS（オーストリア・シリング）建てであると仮定する（この例は前掲のIhleに従っている）。これら2つの通貨は負の相関を示すことがある。もし年金基金がポートフォリオごとにヘッジ政策を明記するならば、債券マネジャーと株式マネジャーが個々に独立してヘッジを行うことなる。このとき、基金の個々のポートフォリオのVaRは減少するかもしれないが、一方で基金全体のVaRは上昇してしまうかもしれないのだ。これは、それぞれの通貨間の相関が負であ

る2つのポートフォリオの為替リスクを個別にヘッジすることによって、為替が本来有していたヘッジ機能が排除され、逆に基金全体のVaRが上昇してしまったためである（これは前掲のIhleにおいて数値を用いて説明されている）。

当然ながら、為替オーバーレイのマネジャーは、ATSとCAD間の負の相関を考慮したうえでヘッジを行うことができる。全体の為替リスクをヘッジすることに関心がある基金にとって、為替オーバーレイ・マネジャーはまさに基金が望むVaRの減少を達成できるのである。なお、オーバーレイ・マネジャーが採用され、これと同時に個々のポートフォリオのVaRが評価された場合、ヘッジを考慮に入れると少なくともひとつのポートフォリオについては（オーバーレイを導入しない場合に比べて）よりリスクが高まっているように見えるだろう。

このように、ヘッジの評価におけるVaRの有効性は、運用方針においてファンドマネジャーが指定した個々のヘッジ目標に強く依存する。ファンド全体よりもマネジャーレベルでの為替リスクを気にするファンドマネジャーもいるかもしれない。こうしたファンドでは、外部のマネジャーがとっている個々に独立した為替リスクを管理しようとするが、このためには個々のポートフォリオごとにヘッジをかける必要が出てくるであろう。その場合、ファンドは個々のポートフォリオレベルのヘッジに必要なものを特定したうえで、ポートフォリオレベルでヘッジの有効性を監視することが必要である。このとき、保有通貨が負の相関を持つ場合には、その基金は全体からすればおそらくオーバーヘッジ（すなわち為替のリスクをとった状態）となってしまうだろう。したがって基金は、為替の残余エクスポージャが予期しない（そして重大な）リスク要因とならないよう、基金全体のVaRについても注意深く監視しなければならない。

対照的に、為替リスクを全体レベルで把握したいファンドマネジャーは、全体レベルでヘッジすべきであり、またファンド全体のVaR

を用いてそのリスクを監視すべきである。

取引のモデルの「What-if」分析

　上級管理者、役員会または理事会から要求される個々の取引についての詳しい調査の手間を削減しようとするファンドマネジャーにとって、VaRは有効に機能し得る。この点に関しては、VaRに基づいた定型的なリスク管理のプロセスを持ち、VaRを利用することでファンドマネジャーはより自律性を保つことができる。

　1990年代初めにおいてデリバティブによる巨額の損失事件が発生した後、機関投資家の役員会または理事会の多くは、デリバティブ取引によるリスクを心配するようになった。結果として、数多くの運用方針においてそのような取引は禁止され、またそうでない場合にも理事会レベルの承認が必要となることが多い。このような場合、VaRを利用し取引のモニタリングを行うことで、効果的に問題に対処することができる。

　例えば、ファンドマネジャーが収益を増大させるためにデリバティブを用いてレバレッジをかけるかもしれないと、顧客(例えば、ヘッジファンドのリミテッド・パートナー)が心配しているとする(必ずしもすべてのデリバティブがレバレッジを伴うわけではない。なお、ここでのレバレッジという用語は、証拠金という意味ではなく、レバレッジ手法のことを指している。例えば、ヘッジファンドが想定元本100万ドルに対し8％の固定金利を受け取りLIBORを支払うスワップは、レバレッジ手法と呼ばない。一方、ヘッジファンドが8％の固定金利を受け取り、LIBORの2乗を支払うスワップは、レバレッジ手法となる)。ほとんどのヘッジファンドは、自身のポートフォリオの内容について定期的な報告を行わないので、リミテッド・パートナーはそのような取引を禁止するよう、マネジャーに要求するかもしれな

い。このとき、マネジャーはファンドの資本のＸ％以上にVaRを増加させるすべての取引を禁止することもあり得るだろう。

　ファンドマネジャーは、個々の取引について事前にVaRを計算し報告する必要はない。これは取引に関する不要な調査をなるべく削減するためである。特に、VaR計算システムのコストの観点から見ると、このようなリアルタイムの計算を行うことができるVaRのシステムはほとんど存在しないのである。しかし、事後的な要求が設けられ、そして実行される場合がある。例えば、取引によって決められた限界VaRの最大値を超えた場合には、取引の１週間以内に清算またはヘッジを行うことが要求される、といったものである。

　注意点として、ファンドマネジャーは、個々の取引に対するVaRの適用が意味あるものとなるために、その計算方法に気をつけなければならない。マーク・ガーマンによって提案されたVaRによく似た統計値は「DelVar」と呼ばれ、ポートフォリオのVaRに対する個々の取引のインパクトを検証するものである（Garman [1996] を参照のこと）。DelVarは便利なツールではあるが、ここで議論しているVaRの適用例として適切なものではないかもしれない。ガーマンによって提唱されている個別取引の計測方法は、ポートフォリオのVaRに対する個別証券のインパクトを評価するものであるが、これはもととなる価格の小さな変化に対してのみ有効である。つまりDelVarは、ポートフォリオの大きな変化を引き起こすような取引について、その限界リスクを過小評価してしまうのだ。以上において議論したようなことに対してVaRを適用するためには、単にDelVarのような尺度を利用して近似するのではなく、執行しようとする取引を含めた場合、含めない場合についてポートフォリオのVaRを十分に吟味しなければならない。

リスクターゲットおよびリスクの境界値

　資産運用におけるVaRの第3の導入例は、あらかじめ定められたリスクターゲットまたは境界値を利用して市場リスクを測定し、モニタリングすることである。すなわち、リスクの境界値を利用することで、場当たり的になりがちなリスクモニタリングのプロセスを一歩前進させ、体系化するのである。具体的にはポートフォリオレベルやマネジャーレベル、また場合によっては全ファンドレベルのVaRを評価し、議論することで体系化を行う。

　リスクに境界値を設けることは、ファンドの運用方針やリスク許容度によって定められた、投資という名のフィールドのまわりに仕掛けを設定するようなものである。この仕掛けは、マネジャーまたはポートフォリオごとに最大許容VaRを配分することで定義され、実際に観測されたVaRとあらかじめ定められた目標値とを定期的に（例えば週次で）比較することでモニタリングを行う。ファンドマネジャーは、必要に応じてそのフィールドの外に出ることが許されるが、上級管理者はそうしたマネジャーの行動を境界値の仕掛けによって知ることができる。仕掛けが作動すると（例えば、VaRの境界値に到達すると）その旨報告がなされ、ファンドマネジャーに対して協議と説明が求められる。

　リスクターゲットは絶対または相対VaRについて設定される。例えば、プライベート・バンクは、ある顧客の資金について「ほかの顧客またはマネジャーがとるリスクにかかわらず、一定量を上回るリスクにさらしてはならない」などと取り決めるかもしれない。この場合、その顧客を担当するトレーダーは絶対VaRの境界値に従うことになる。対照的に、ミューチュアルファンドでは、ベンチマークまたは同グループのファンドのVaRに対する相対的なリスクターゲットを設

定することが多いだろう。

　リスク値について、到底到達できないほどターゲットが大きいものであったり、ターゲットを超過したポジションはすべて清算またはヘッジによって調整するということが、リスクターゲットが有効に機能するための絶対条件ではない。むしろ、リスクターゲットの主な狙いは、ターゲットの超過について議論し、申告し、分析するというプロセスの定型化にこそある。このようにリスクの境界の設定は、上級管理者がファンドマネジャーの自主性を損なうことなく市場リスクを体系的に監視し、制御することのできる有益な方法である。リスクに制限を設けることの主な目的は、決められたリスク許容度に対する実際の市場リスクについての議論を体系化することであるため、VaRの計算システムに対する巨額の投資は一般的には必要とされない。不正確なVaRでさえ、リスクモニタリングプロセスの定型化に、十分な成果をもたらすであろう。

リスクの制限とリスク・バジェッティング

　リスクターゲットやリスク境界値のより極端なものとして、厳密にリスクの制限値を決めるやり方がある。この手法はまた、リスク・バジェッティングとして知られている。リスク・バジェッティングにおいては、ファンド全体のVaRが計算され、それから資産クラスや個々のポートフォリオにリスクが配分される。このときリスクとしては絶対VaRや相対VaR、またはSaR（ショートフォール・アット・リスク）が用いられる（SaRはネットの資産・負債のポジションがリスク計算や統計量の変数となる場合のVaRとほぼ同じである。前掲のCulp、Tanner、Mensinkを参照のこと）。そしてマネジャーは配分されたリスク・バジェットの範囲内で運用することが求められる。リスクターゲットは、マネジャーが超えてしまったことを事後的に説

明しなければならないフィールドのまわりの柵のようなものであるが、真のリスク・バジェットはマネジャーが事前にけっして超えることができないフィールドのまわりの鉄条網のようなものである。

　ポートフォリオ全体に対して決められたトータル・リスク・バジェットは、ファンドマネジャーに多くの問題をもたらす可能性がある。第一に、リスク・バジェッティングはファンドやポートフォリオの絶対VaRにある程度依存する。測定方法に欠陥があれば、それだけリスク・バジェットは誤ったものとなってしまう。VaRの測定方法が特定の資産クラスや証券にバイアスをもたらすものである場合、単にこの測定方法の欠陥によって不利になったり有利になったりするマネジャーが出てくるだろう。極端な場合、相対的にリスクの高いファンドは過大なリスク・バジェットを与えられるのに対し、相対的に安全なファンドはわずかなVaRしか配分されない、ということも起こり得るのである。

　第二に、リスク・バジェッティングは資産クラスと個々のポートフォリオの両方にまたがって適用されるものであるため、互いに矛盾が生じたりファンドの政策アセットミックスについて疑問が生じる可能性がある。特に問題となりやすいのは、リスク・バジェットの制限値に達しないかぎり、基金の運用委員会がアセット・アロケーションの変更を承認しなければならないという点である。例として、従来型の平均・分散法やポートフォリオの最適化手法を用い、年1回アセットアロケーションを見直している年金基金を考える。そしてこの基金はまた資産クラスやポートフォリオに対しVaRの配分を行うものとする（なおVaRは分散・共分散法を用いて測定される）。ここでもしリスク・バジェットが1年において何度も見直されるとすると、市場のボラティリティはその度に変化しているので、リスク・バジェットとアセット・アロケーションの整合性が取れなくなってしまう可能性がある。すなわち分散がVaRの変化をもたらし、これがリスク・バジ

ェットを通じてアセット・アロケーションの変更をもたらすのである。たとえ実務的な結果はアセット・アロケーションそのものの変更であっても、実際の引き金はリスク・バジェットである。この場合、理事会はまったく素通りされてしまうであろう（皮肉にも、リスク・バジェットはときに役員会によって支持される。役員会はリスク・バジェットが役員会レベルでの細かい管理を減らしてくれると考えているのである。しかし、リスク・バジェットが単に、アセット・アロケーションに関して役員会の承認を回避できるという権利をファンドマネジャーに与えるだけならば、これは本来の目的とはまったく逆になってしまうだろう）。この問題を避けるため、リスク・バジェッティングは同じ資産クラス内のファンド間のリバランス時にかぎるべきである。その場合でさえ、リスク・バジェッティングを考えるファンドマネジャーは、VaRの計算システムに多大な金額を配分し、その計算方法が特定のマネジャーや金融商品に対して偏りがないことを確実なものとしなければならないのである。

結論

　ファンドマネジャーの多くは、体系だった尺度を用いたり、リスクを明らかにしたところで、運用プロセスの自律性を弱めるだけだと主張して、VaRを避け、また批判してきた。しかし実際には、VaRを測定し、内部のモニタリングやリスクターゲット、外部に対するディスクローズ、および取引のリスク評価における基盤として利用することで、投資家または上級管理者がファンドの市場リスクが実際にはどの程度であるかということに確信がない場合に比べ、ファンドマネジャーはより自律性を持って運用することができる。VaRに基づいた適切なリスク管理システムとは、運用方針を所与として受け入れるべきものである。またファンドがさらされているリスクが、マネジャー

や投資家が認識し、望み、そして必要とするリスクであることを確認できるよう、サポートを行うことだけを目的とするべきである。

　VaRを計測するシステムのうち、最もコスト的に優れたシステムは、単純かつしばしば非現実的な仮定に基づいている。とはいえ、ファンドマネジャーがVaRを適用することのメリットは、VaRがどのように計算されるかということよりも、どのようにVaRが使用されるかに依存する。特に、多通貨のエクスポージャにさらされるファンドマネジャーにとっては、単純なVaRでさえ市場リスクを抽出しひとつの統計量に落とし込む非常に貴重な手段となり得るのである。VaRは万能ではないが、自身のポジションのVaRを計測するファンドマネジャーは、市場リスクについてほとんど認識していないマネジャーよりも、運用ビジネスをより効果的に進めることができるであろう。

　(本章は「季刊デリバティブ」[1998年冬号21〜33ページ]に掲載されたものをインスティテューショナル・インベスター社の了解を得て、転載したものである)

《参考文献》

Culp, C.L., and R. Mensink, 1999, "Measuring Risk for Asset Allocation, Performance Evaluation and Risk Control: Different Problems, Different Solutions", *Journal of Performance Measurement* 4(1).

Culp, C.L., M.H. Miller and A.M.P. Neves, 1998, "Value-at-Risk: Uses and Abuses", *Journal of Applied Corporate Finance* 10(4).

Culp, C.L., K.T. Tanner and R. Mensink, 1987, "Risks, Returns and Retirement", *Risk* 10(10).

Garman, M., 1996, "Improving on VAR", *Risk* 9(5).

Ihle, G., 1998), "Forward Hedges that Increase Value at Risk", *Derivatives Quarterly* 4(4), pp. 67–72.

Jordan, J.V., and R.J. Mackay, 1997, "Assessing Value at Risk for Equity Portfolios: Implementing Alternative Techniques" in R.J. Schwartz and C.W. Smith, Jr. (eds), *Derivatives Handbook* (New York: John Wiley & Sons)

Jorion, P., 1997, *Value at Risk* (Chicago: Irwin Professional Publishing).

Sharpe, W.F., 1994, "The Sharpe Ratio", *Journal of Portfolio Management*, pp. 49–58.

第6章
年金基金とファンドマネジャーのための、VaRを使ったリスク・バジェッティング

ミッシェル・マッカーシー
ドイツ銀行グループ

　ここには何か目新しいものでもあるのだろうか。リスク・バジェッティングは、アセット・アロケーションについて語る新しい方法のひとつにすぎないのだろうか。リスク・バジェッティングに関する議論は、これまで利用してきた運用実務と何も違わないのに、がっかりするぐらい整理されていない（おかゆのように混沌としている）と感じている投資家は多い。本章では、リスク・バジェッティングやVaR（バリュー・アット・リスク）と、アセット・アロケーションのような従来型のリスク管理における実務や、標準偏差のような従来型のリスク尺度との違いを明らかにすることを目指す。また、これらの新しいテクニックが、運用プロセスに対していかに独創的かつ価値あるものをもたらすのかについて示す。また年金基金やファンドマネジャーにとっての主要な一連の市場リスクを特定し、これらのリスクを見据えたリスク・バジェッティングの枠組みについて述べる。最後に、VaRの質の正確さを損ないかねない、幾つかの要因を明確にし、VaRの精度を確認するためのバックテストの行い方について議論する。

VaRおよびリスク・バジェッティングと従来型運用リスクツールとの相違

　リスク計測ツールは、これまでも投資家に利用されてきた。運用の世界に近代的なリスク尺度がはじめて導入されたのはもう数十年も前のことであり、これらはマーコヴィッツやシャープの研究によって発展してきた。それではなぜ、もともと銀行業界から発生したVaRのような「新しい」リスク尺度がにわかに注目を集めるようになったのであろうか。そして、これらの尺度は1950年代以来改良されてきた従来型のリスク尺度とどう違うのであろうか。

　事実、VaRは現代ポートフォリオ理論（MPT）のなかのリスク尺度のひとつにすぎない。しかし、本章にて後述するが、VaRがほかの尺度と異なるのは、主として、ヒストリカル・リターンではなくマネジャーのポートフォリオが現在保有する証券について計測するものであるという点であり、また転換社債やモーゲージ、オプション、債券といった複雑な証券のリスク特性を分解するに当たって、非常にユニークな方法をとるという点である。これら2点の違いのゆえに、MPTを利用したほかの手法よりも、VaRには管理ツールとして価値があるのである。ポートフォリオがよりリスクの高いポジションに変更されたとき、その変化がパフォーマンスに現れてからでなく、事前にVaRはシグナルを発することができる。VaRは、リスク・バジェッティングにおいて非常に拡張性のあるツールとして機能してくれる。本章で後述するように、VaRは資産クラス、投資戦略、運用スタイルの違いにとらわれず適用することが可能である。

　しかし、VaRに関して多くの誤解があることをこの場で指摘しておきたい。

　第一に、VaRはポートフォリオの資産に対してのみ計算されるものと理解されていることが多いが、実際はベンチマークや年金負債に

関連付けて計測することが投資家にとってより重要である。VaRは、ベンチマークや債務と比較して計測することが可能であり、またそのようにすべきである。

第二に、VaRは短期の運用期間（例えば、1日あるいは10日間における潜在的損失、といった具合）に対してのみ予測力があると理解されている一方、実際は投資家の運用期間ははるかに長い。VaRはもっと長い期間に対して、例えば、1年以上であったとしても、計算することができる。

第三に、VaRは、最悪のケースでの損失（例えば、99％あるいは95％の信頼水準での最大損失）を予測するものであると理解されている。一方で、VaRは通常時の市場のヒストリカルデータを用いて計算されていることなどを理由に、この数字は信頼のおけないものと考えている人が多い。なぜなら実際には、暴落状況にあるような市場は通常の市場とはまったく異なる値動きを示すことが、実務家にとっては周知の事実であるからである。しかし実際には、よく起きそうな場合に限定することで、VaRはより信頼できる値をはじくことができる。このときVaRは、通常の市場環境ではどのような損失が発生し得るかというシグナルを発しているのであるが、ポートフォリオのポジションがよりリスクの高いものとなったとき、このシグナルは高い数値を示す。そしてこのシグナルが高い数値を示したとき、マネジャーはポートフォリオを修正すればよいのである。たとえポートフォリオの本当の「最悪のケース」を正確に計測するものではないとしても、VaRは有用である。

VaRの計算方法にはさまざまなものが存在する。本章は、潜在的損失の計算方法として、ただひとつのアプローチに依存するものではない。手法のなかには次のようなものがある。「パラメトリック・アプローチ」は主要リスク要因のボラティリティとそれら相互の相関に着目する方法で、したがって運用の世界でなじみの深い平均・分散法

PANEL 1

VaRの定義

この後の事例において「1年84％信頼水準VaR」および「トラッキング・エラー」という用語がたびたび登場する。なぜならば、これらの尺度が便利だからである。つまり、パフォーマンスや相対パフォーマンスと比較がしやすく、通常のポートフォリオの年間パフォーマンスと明らかによく似た数字になるからである。84％の信頼水準というのは、下方1標準偏差分を表す。1年84％信頼水準のVaRとは、ポートフォリオ中の証券をそのまま1年間保有し、平均期待収益率を目標とした場合に、ポートフォリオに発生する可能性がある最大損失額を示す。1標準偏差の信頼水準というのは、特別な最悪事態を想定したものではなく、通常の1年における下方リスクを想定したものである。ポートフォリオ中の証券からベンチマーク内の証券を差し引いてこの尺度を計算した結果が「トラッキング・エラー」（「推定トラッキング・エラー」「相対リスク」あるいは「アクティブ・リスク」などとも呼ばれる）である。これは、ベンチマークからみた相対ポジションが1年間維持され、また平均超過収益率（通常ゼロと置かれる）を目標とした場合に、ポートフォリオが通常の1年間で被り得る潜在的損失額である。これは、ヒストリカルなファンド・パフォーマンスではなく現在のポートフォリオおよびベンチマークに着目するものであるから、ベンチマークに対する過去のパフォーマンスの標準偏差とは異なる。

に非常によく似ているように見える。「ヒストリカル・シミュレーション」法は、ポートフォリオの価格がどうなるかの再計算を、多数のヒストリカルなシナリオを通じて実施することによって、特定の信頼区間におけるポートフォリオの損失を求めるものである。「モンテカルロ・シミュレーション」法は上記2手法の混合のように見られることもあるが、過去のボラティリティおよびリスク要因間の相関によって規定される価格シミュレーションの下で、ポートフォリオの価格変化を行わせるものである。

これらのモデルを利用するために必要なポートフォリオの分析方法としてはさまざまなものが存在するが、これは商品や資産クラスによ

って異なってくる。ある商品は、市場全体に影響するリスク要因が変化すると、価格がどう変化するかおのずと決まっている。例えば、国債の価格はリスクフリー・レートのイールドカーブ関数で示すことができる。大半の高格付け債券、デリバティブ、コモディティや為替商品は、このような観測可能な市場パラメータとほぼ決まった形で連動しているという特徴がある。すなわち、これらの価格決定のもととなるリスクが変化すると、直ちに価格も変化するのである。他方、株式については、市場全体の要因で価格が動く面もあるが、しかしそれはより影響が軽いものであり、個々の会社に関するニュースに比べると、はるかに影響の小さなものでしかない。したがって株式については、価格式を用いるのではなく、複数の指数や要因に対する回帰分析を行うことが一般的である。

したがって、ポートフォリオ中の株式は、そのヒストリカルな価格変化を幾つかの指数や要因に対して回帰分析することで整理するのが一般的である。これによって、各証券ごとの固有の性質を考慮に入れたうえで、ポートフォリオの性質を説明するのに必要な要因を絞り込むことができる。

債券やデリバティブ、為替商品に回帰分析を行うことはあまりない。上述のように、これらの商品については通常、市場のリスク要因の関数として、定式的な価格付けが行われる。これらの商品をリスク要因ごとに分解することはすなわち、それらの価格モデルを別の目的に使用するということにすぎない。つまり現在の市場におけるイールドカーブや金利水準をもって価格を算出するのではなく、その代わりに、ひとつまたはそれ以上の市場状態に対するその商品価格の感応度を見るためのストレス・テストを行うのである。結局これは、リスク要因に対するポートフォリオのエクスポージャがどれだけあるかを見るために使われるのである。例えば、あるポートフォリオがABC株式指数のコールオプション1000枚（価格は1枚当たり1ユーロ）を持って

いるとした場合、これらのオプションをまず現在の水準で、次に株式指数が1％上昇した場合の水準で価格計算することができる。もしもABC株式指数の1ユーロの上昇に対してオプション価格が0.50ユーロ上昇すれば、そのオプションを保有していることは、ABCを0.5×1000単位保有しているに等しい。パラメトリックVaRアプローチにおいては、このポジションはABC指数を500ユーロ分保有しているものとして認識される。

　ここで、VaRと従来型の尺度との違いを明らかにし、そしてリスク・バジェッティングを説明するために、本章を通じてある年金基金の例を用いることする。架空の「アクメ」年金基金はアメリカの確定給付年金プランであり、約42億ドルの資産を有する（「アクメ」という名称は架空の企業として選択したものであり、実際の企業にこれと類似したものがあったとすれば、これはまったく偶然の一致である）。アクメ年金基金は正のサープラスの状態にある。負債の現在価値はほぼ38億ドルであり、4億ドルのサープラスになっている。アクメ年金基金には上層部の定めたアセット・アロケーションがあり、これを「政策」アセットミックスと呼ぶことにする。この政策アセットミックスはラッセル3000インデックスが50％、MSCI-EAFEインデックスが20％、リーマン債券総合インデックスが25％、そしてキャッシュが5％である。ファンドマネジャーは若干異なったベンチマークを持っており、これは政策アセットミックスよりも頻繁に変更される。これらの具体的・戦術的なターゲットを本章ではベンチマークという。現在のベンチマークを表1に掲げる。

　リスク・バジェッティングの枠組みについて議論する前に、このような枠組みにおいてどのような種類のリスクが取り扱われるべきかということを再考する必要がある。リスク・バジェッティングはたいてい、ポートフォリオの市場リスクをカバーするものである。というのも信用リスクは通常、銘柄ごとの投資制限によって抑制されているし、

表1 「アクメ」年金基金の採用ベンチマーク

株式マネジャー

大型成長株	ラッセル1000グロース	15%
大型割安株	ラッセル1000バリュー	13%
小型株	ラッセル2000	13%
「エクイティ・プラス」S&P500エンハンスド・インデックス	S&P500	5%
テクノロジー株	S&P500	4%
外国株式	MSCI EAFE	20%
転換社債	S&P500 50%／リーマン債券総合50%	4%
株式ベンチマーク合計		74%

債券マネジャー

「フィックスド・ファンド」米債券	リーマン債券総合	21%
外国債券	ソロモン世界国債	5%
債券ベンチマーク合計		26%

オペレーショナル・リスクは事務の方針や規定を通じて抑制されているからである。それでは、年金基金やファンドマネジャーが考慮する必要のある市場リスクとは何であろうか。

年金基金にとっての主要な市場リスク

確定給付プラン

サープラス・リスク

確定給付年金プランにおけるカギとなるリスクはただひとつ、ポートフォリオ中の資産が加入者に対する負債をアンダーパフォームし、その結果としてスポンサーが積立不足を穴埋めするために予期しない拠出を余儀なくされるというものである。アクメ年金基金の場合、この拠出の可能性が生じるまでに4億ドルのサープラスを使い切る必要があるだけでなく、不足が生じた場合でも、数年間かけて不足分を埋め合わせることもできる。したがって、たとえアクメが6億ドルの損

失を計上したとしても、それは2億ドルを直ちに用意しなければならないということを意味するものではない。しかしそれでも、これほど巨額になり得るリスクをコントロールすることは、年金基金にとって重要な目標である。年金基金は数ある要素のすべてをコントロールすることはできないが、拠出を余儀なくされる可能性を極力抑えるため、アセット・アロケーションおよびマネジャー選択をコントロールすることはできる。

　通常、年金は定期的にアセット・アロケーションの検討を行い、負債の構造およびリスク許容度に最もよく適合するようなアセットミックスを決定する。最もリスクの低いポジションは、債券投資によって負債のイミュナイゼーションを行うことであろうが、これはあまり現実的ではない。なぜならば、すべての負債をカバーするのに十分な長期の固定利付債の供給がないからである。最もそれに近いのは株式市場である。さらに言えば、債券投資によるイミュナイゼーションでは収益の機会を逸する場合がある。すなわち、もしもほかの基金が負債をアウトパフォームすれば、その基金は掛け金の拠出を一時的に停止することができるのである。これは競争上の強みとなる。しかし、負債からあまりにも異なる特性の資産を保有することは、積立不足を生じるリスクをもたらしてしまう。

年金プラン全体のアセット・アロケーションに対するトラッキング・エラー

　アセット・アロケーションがひとたび選択されると、それは年金プランの負債を代替する指標となる。もしも、意図したアセット・アロケーションと著しく異なるマネジャーミックスを選択するとしたら、それは究極的には年金負債をアンダーパフォームし積立不足を生じるリスクを冒すことになる。もしも個々のマネジャーが、例えばキャッシュやほかの資産クラスやセクターにシフトするなどして、そのファ

ンドのポジションの多くをベンチマークからかけ離れた形で運用すれば、いずれかの時点で今度はそのマネジャーが年金負債を下回るリスクを冒すことになる。これが、トラッキング・エラーが年金基金にとってカギとなるリスク尺度であることの理由である。「相対パフォーマンスでは腹の足しにならない（結局は絶対リターンが重要である）」とはいえ、プラン全体での視点なしに、絶対リスクを取る権限を欲しいとも思わないであろう。プランの一部しか分からない者に対しては、トラッキング・エラーは適切なリスクの尺度なのである。トラッキング・エラーの制限は相当広範囲とすることもできるが、上手に設定されれば、アセット・アロケーションのなかでマネジャーが果たすべき役割の近辺に彼らを引きとどめておくことができる。

　以上をまとめると、確定給付プランにとって最も重要で監視すべき尺度は、プランレベルにおいてもマネジャーレベルにおいても、「SaR（サープラス・アット・リスク）」とトラッキング・エラーである。

確定拠出プランおよびマネー・パーチェス・プラン

不適切なアセット・アロケーション

　こうしたアセット・アロケーションのリスクが、年金プランを設立する企業にどんな影響を直接及ぼすのかは、完全には明らかでない。しかし、これが個人にどのように影響を与えるのかはもう少し簡単に見ることができる。もしもプラン加入者の選択したアセット・アロケーションが、その加入者が退職してから必要とする将来の支払いと整合性が取れていないならば、その加入者は積立不足に陥るだろう。加入者がキャッシュと短期債券での運用を選択したら、このリスクは明白である。もしもプラン加入者に対する教育が不十分であったとか、プランにおける資産クラスの選択肢が不十分であったとかいうことに

基づいて訴訟を起こされれば、プランを運営する企業にとって、その影響は単に訴訟だけにとどまらない。大半の企業はこのリスクを極小化するために、苦心して教育および幅広い（商品の）選択肢を用意している。

ならず者マネジャー

　加入者および（訴訟のせいでより現実的になったが）確定拠出プランを運営する企業に影響を与え得る次のリスクは、パフォーマンスが資産クラスのインデックス収益率から著しく乖離した（つまりトラッキング・エラーの大きい）マネジャー、または大きな損失にさらされた（つまりリスクの大きい）マネジャー、もしくは拙劣なファンド運営やあまりにリスクが大きいと考えられる商品によってこの種の損失を被ったようなマネジャーの存在である。

　確定拠出プランのマネジャーが監視したいと望むリスクについて要約すれば、アセット・アロケーションが内包するリスクは企業全体のレベルでは監視が困難である。そのためには、仮に確定給付プランを加入者に適用した場合に合理的と考えられる負債のようなものを作り上げ、この架空の負債と加入者のアセット・アロケーションとの間のSaRを計測することが必要であろう。さもなくば、会社にとってほとんど間接的にしか影響がないようなリスクに対して多大な労力を費やすことになる。プラン加入者レベルでは、この影響を計測するのに使用できる計算ツールがインターネット上にたくさんある。これらは、各投資信託をそれぞれの保有資産に分解して分析しようとするのではなく、ファンド収益率のヒストリーを用いて、現在のアセットミックスが加入者の将来におけるニーズを満たしているかどうかを示すものである。

　期待された運用を行っていないマネジャーに対する監視を、これらインターネット上の計算ツールを通じて行うのは無理である。なぜな

らば、これらのツールは現在のファンドが保有するポジションではなく、ヒストリカル・リターンを使って計算しているからである。予期しないパフォーマンスのぶれが顕在化する前にファンドの異常な振る舞いを監視するには、現在の保有証券を用いるのが肝要である。これは、確定給付プランの場合と同様、推定トラッキング・エラーを用いれば可能である。

運用会社にとっての主要な市場リスク

年金プランと同様、ファンドマネジャーは多くの重大な市場リスクにさらされているが、そのうちの幾つかは、比較的制御しやすい。

変動する手数料収入

大半のファンドマネジャーの手数料は運用資産規模に比例しているため、運用するファンドの絶対パフォーマンスが良好であれば彼らの手数料収入は増加し、相場が下落すれば収入は減少する。この効果は一部は市場の収益率の関数として、また一部は受託額の増減のパターンの関数としてモデル化することができる。このリスクをヘッジすることは非常に困難である。どのようなタイプのビジネスにおいても、核心的なリスクにはこのような性質がある。上場会社への投資家は会社に対し、これらの核心的リスクをヘッジし消し去るのではなく、とることを期待している。もしも運用会社が、主な株式指数が下落したときに手数料収入が落ち込むリスクをヘッジしてしまうならば、通常は、株式相場が上昇したときに投資家が欲する収入の増加を排除してしまっているのである。

顧客満足および商品の信頼性

　運用会社にとって顧客を失うリスクにはさまざまなものが存在する。絶対パフォーマンス、対ベンチマークの相対パフォーマンス、そして競合他社と比較してのパフォーマンスの劣後は、いずれも顧客喪失のカギとなる市場関連リスクと言える。もしもこうしたパフォーマンスの劣後が、オペレーショナル・リスク、マネジャーの間違いや不正、あるいは運用ガイドラインの範囲内ではあるけれども本来の趣旨よりもリスクの高いような商品によって引き起こされるならば、運用会社が自ら損失を穴埋めしなければならない、あるいは損失額について提訴され敗れる、といった形でさらにリスクが上積みされることになる。

　VaRの尺度を用いれば、各ファンドの潜在的な絶対あるいは相対リスクを監視でき（競合他社に対する相対リスクの議論については後述）、これによって、あるファンドのリスクが顧客に対して説明しているリスク水準と比較して異常かどうかを見ておくこと、さらに顧客と運用会社との絶えざる対話の仕組みを設けることもできるようになる。ヘッジファンドの場合を除けば、ベンチマーク相対尺度のほうが絶対尺度よりも一般的である。トラッキング・エラーの計算のために選んだベンチマークは、どんな場合でも定期的なパフォーマンス報告に用いられるものと同じとなろう。これらの尺度によって、どのような種類の下落がその投資戦略や資産クラスについて「平常の範囲内」なのかを顧客に伝えることができる。また、これらの尺度を用いることで、上級マネジメントは、マネジャーが従来よりもリスクの高いポジションを取っているのかどうかを監視することができ、容認できないようなパフォーマンスが記録される前にやり方を改めさせることもできるのである。このようにすれば、市場関連商品の質や顧客満足に関する運用会社のリスクをよりよく管理することが可能である。

投資家にとっての「リスク・バジェッティング」

「リスク・バジェッティング」とは、単純に言えば、損失可能性の許容量を運用プロセスの過程ごとに配分し、各過程において許容量を超えていないかどうか監視し、許容量を超過している場合、もしも必要と考えられれば投資行動を修正し、そしてリスク計測プロセスを用いてリスク調整後リターンを評価するプロセスである。リスク・バジェッティングの最初のステップは、運用プロセスのうちどの過程においてこのような方法での監視が必要なのかを決定し、リスク許容水準を設定することである。

何を監視するか

図1に掲げる運用プロセスの諸要素が、リスク・バジェットの対象となり得る。これらは前節で特定した、年金基金やファンドマネジャーにとって主要なリスクの実務的尺度である。

SaR

SaRとは、一定の運用期間（例えば、1年）および信頼水準（例えば、95％）において、基金の政策アセットミックスが年金債務をアンダーパフォームする可能性のある最大金額である。アクメ年金基金の場合、これは、1年後に政策アセットミックスが将来の負債キャッシュフローの現在価値をアンダーパフォームするかもしれない額である。すなわち、4億ドルの積立余剰が減少する見込額、または余剰がなくなったとき会社が拠出を余儀なくされる見込額を言う。アクメ年金基金の場合、95％信頼水準での最悪のケースで言えば、資産対負債の平均期待リターンに比べて11.41億ドルの損失を被る可能性があること

図1 「アクメ」年金基金の現在のリスク水準

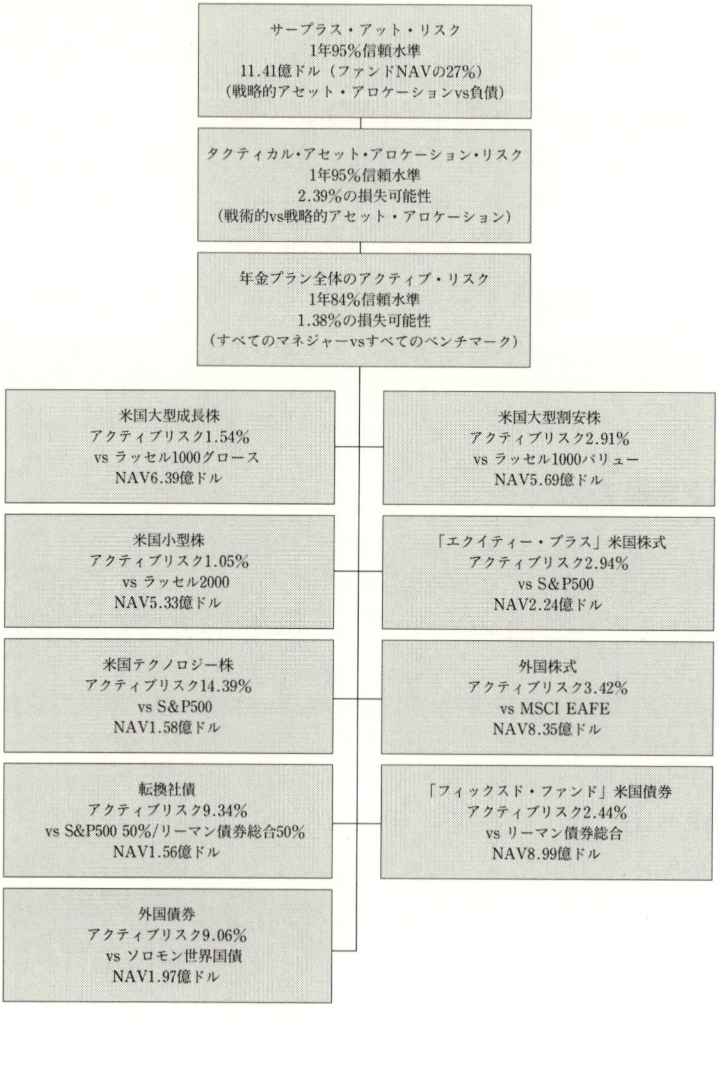

```
┌─────────────────────────────────┐
│    サープラス・アット・リスク          │
│       1年95％信頼水準              │
│  11.41億ドル（ファンドNAVの27％）     │
│ （戦略的アセット・アロケーションvs負債）│
└─────────────────────────────────┘
                 │
┌─────────────────────────────────┐
│ タクティカル・アセット・アロケーション・リスク│
│        1年95％信頼水準             │
│        2.39％の損失可能性           │
│ （戦術的vs戦略的アセット・アロケーション）│
└─────────────────────────────────┘
                 │
┌─────────────────────────────────┐
│   年金プラン全体のアクティブ・リスク    │
│        1年84％信頼水準             │
│        1.38％の損失可能性           │
│ （すべてのマネジャーvsすべてのベンチマーク）│
└─────────────────────────────────┘
```

米国大型成長株 アクティブリスク1.54％ vs ラッセル1000グロース NAV6.39億ドル	米国大型割安株 アクティブリスク2.91％ vs ラッセル1000バリュー NAV5.69億ドル
米国小型株 アクティブリスク1.05％ vs ラッセル2000 NAV5.33億ドル	「エクイティー・プラス」米国株式 アクティブリスク2.94％ vs S&P500 NAV2.24億ドル
米国テクノロジー株 アクティブリスク14.39％ vs S&P500 NAV1.58億ドル	外国株式 アクティブリスク3.42％ vs MSCI EAFE NAV8.35億ドル
転換社債 アクティブリスク9.34％ vs S&P500 50％/リーマン債券総合50％ NAV1.56億ドル	「フィックスド・ファンド」米国債券 アクティブリスク2.44％ vs リーマン債券総合 NAV8.99億ドル
外国債券 アクティブリスク9.06％ vs ソロモン世界国債 NAV1.97億ドル	

になる。資産負債ネットの期待リターン5％（すなわち2.12億ドル）および4億ドルの積立余剰を差し引けば、アクメ年金基金は1年後に5.29億ドルを拠出しなければならない可能性が5％ある、と言うこともできる。

実行リスクまたはTAAリスク

「実行リスク」または「TAAリスク」とは、プランの戦術的アセット・アロケーションが戦略的アセット・アロケーションをアンダーパフォームすることを言い、例えば、1年間でアンダーパフォームする度合いを95％の信頼水準で表したものである。アクメ年金基金の場合、これは政策アセットミックスとファンドマネジャーのベンチマークとの差である。アクメ年金基金の追求する（戦術的）アセット・アロケーションが、戦略的アセット・アロケーションを1年間で2.39％以上アンダーパフォームする可能性が現在5％ある。

年金プラン全体のアクティブリスク

「年金プラン全体のアクティブリスク」とは、プランがポートフォリオ全体を通じて実際に投資している資産が、戦術的アセットアロケーションをアンダーパフォームする可能性のある額であり、通常1年間でアンダーパフォームする度合いを84％の信頼水準で表す（すなわち年金プラン全体に対するトラッキング・エラーと同様である）。アクメ年金基金の場合、これは運用資産がプラン全体のレベルでベンチマークをアンダーパフォームする可能性がどれだけあるかということである。通常の年においては、この投資が年金プランの戦術的アセット・アロケーションをアンダーパフォームする可能性は、1.38％である。

マネジャー当たりのアクティブリスク

「マネジャー当たりのアクティブリスク」とは、あるマネジャーが戦

術的アセット・アロケーションによって規定されたベンチマークをアンダーパフォームする可能性のある額であり、通常1年間でアンダーパフォームする度合いを84％の信頼水準で表す（例えば、トラッキング・エラー）。アクメ年金基金の採用するマネジャーのなかで現在最もトラッキング・エラーの高いのは「米国テクノロジー株式ファンド」のマネジャーで、14.39％であった。ただしこれは、このファンドのベンチマークをS&P500指数にしたという、通常とは異なる選択のせいかもしれない。最低は「米国小型株式」のマネジャーで、ベンチマークはラッセル2000インデックスであった。

　図1にあるとおり、年金プラン全体のアクティブリスクは1.38％であるが、一方ファンド元本額で加重平均した各マネジャーのトラッキング・エラーの総計は3.42％となる。これは、マネジャーのアクティブリスクが互いに大きく打ち消し合っていることを意味する。このとき、あるマネジャーをパッシブ運用に戻らせると、プラン全体としてのアクティブリスクが上昇する場合もあり、したがってこのことは個々のマネジャーレベルで対処する前に考慮すべきである。マネジャーごとの単独のアクティブリスクに加えて、VaRの利用者は「インクリメンタルVaR」あるいは「マージナルVaR」と呼ばれるものを計算することがある。これは個々のマネジャーがパッシブ運用に戻ったときに生じるプラン全体のVaRの変化を示すものであり、そのマネジャーのアクティブリスクがポートフォリオにとってリスク分散のカギとなっているかどうかを評価する一助となる。もしもそれがリスク分散のカギだとすれば、ポートフォリオを大幅に変更するときにはこれを考慮する必要がある。表2に、このポートフォリオにおけるマネジャーごとのインクリメンタルVaRおよび単独のアクティブリスクの数字を示す。

　表2を見ると、インクリメンタル・リスクが負となっているマネジャーが3社ある。「大型成長株式」「大型割安株式」および「小型株

表2 インクリメンタルVaRと単独のアクティブリスクの比較

マネジャー	元本（百万ドル）	単独のアクティブリスク	元本加重後単独リスク	元本加重後インクリメンタル・リスク
大型成長株	639	1.54%	0.23%	–0.11%
大型割安株	569	2.91%	0.39%	–0.07%
小型株	533	1.05%	0.13%	–0.07%
「エクイティ・プラス」S&P500エンハンスド・インデックス	224	2.94%	0.16%	0.03%
テクノロジー株	158	14.39%	0.54%	0.19%
外国株式	835	3.42%	0.68%	0.31%
転換社債	156	9.34%	0.35%	0.16%
「フィックスド・ファンド」米債券	899	2.44%	0.52%	0.17%
外国債券マネジャー	197	9.06%	0.42%	0.27%
	4,210		3.42%	0.87%

式」の各マネジャーである。もしもこれらのうち1社でもパッシブ運用に戻したとすると、プラン全体のアクティブリスクは上昇するであろう。もしも「大型成長株式」のマネジャーがパッシブ運用に変更したとすれば、プラン全体のアクティブリスクは1.38%から11ベーシスポイント上昇し、1.49%となる。このマネジャーのとっているアクティブリスクは、ポートフォリオのそれ以外の部分におけるリスクの一部と相殺し合っているのである。ネットベースでのリスクを最も大きくしているのは、外国株式のマネジャーである。もしもこれがパッシブ運用に変わったとすると、プラン全体のアクティブリスクは1.38%から1.07%に低下する。

　これまで述べた年金プランの各階層における意思決定は、別々の人間が行っても構わないものである。例えば、理事会は、年金プランにおいてどのような資産価値の下落が受け入れ難い水準であるかについて明確な意見を持つべきである。そうすることで、SaRの限界点を定め、監視に集中できる。しかし、その他のリスクは年金基金の担当者

の領域であろう。

　運用会社においては、投資家に対して全体のアセット・アロケーションについて何らかの責任を有していないかぎり、そのマネジャーのアクティブリスクのみが責任の範囲である。運用会社にとってマネジャー当たりのアクティブリスクを監視することは、運用の一貫性、つまり各ファンドでとっているリスクが顧客の要請やパフォーマンス目標に沿ったものであるということを保証する一助になる。運用会社としては、商品の一貫性を確かなものにしたり、手数料収入が相場動向にどのように影響されるのかを理解するために、その運用するあらゆるポートフォリオにわたってリスクを記録する理由があるであろう。しかし、彼らにとって最も簡単に制御できるリスクは「マネジャー当たりのアクティブリスク」のレベルなのである。

　図2に、運用会社における多数のファンドのリスクレベルとはどのように見えるものかという一例を示す。

リスク許容度の境界点の設定

　どの尺度を監視するのかを決めたら、次のステップはリスク許容度の水準を決定することである。これはさらに難しい問題である。もしもこの水準がきつすぎれば、アウトパフォームする機会を逃し、より積極的なほかの基金よりも成績が悪くなるかもしれない。この水準が緩すぎれば、投資行動の修正が必要であるというシグナルを発するより前に、多額の損失が生じてしまうかもしれない。

　これらの境界点を設定することによって、「リスク計測」は「リスク管理」に転ずる。この境界点によって、認められ、かつ受容可能な水準のリスク——すなわち収益の追求において許容できる損失の額が設定される。境界点は通常、過去の経験や、シャープレシオおよびインフォメーション・レシオの期待値を統合した全体のアウトパフォー

図2 資産運用会社のリスク水準の例

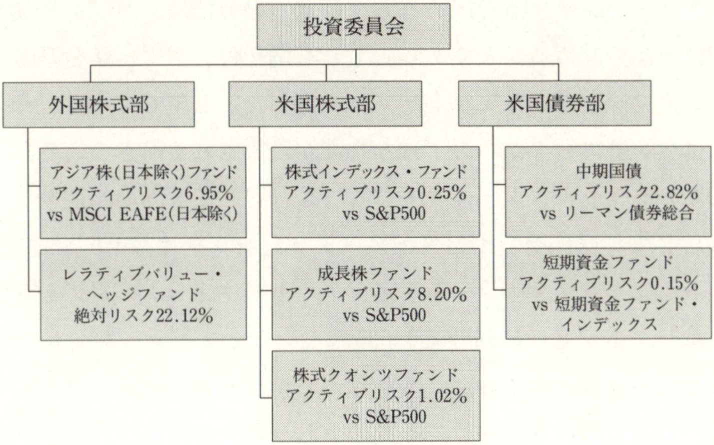

```
                    投資委員会
        ┌──────────────┼──────────────┐
    外国株式部        米国株式部        米国債券部
        │               │               │
   ┌────┴────┐     ┌────┼────┐     ┌────┴────┐
アジア株(日本除く)ファンド  株式インデックス・ファンド  中期国債
アクティブリスク6.95%    アクティブリスク0.25%   アクティブリスク2.82%
vs MSCI EAFE(日本除く)   vs S&P500          vs リーマン債券総合

レラティブバリュー・     成長株ファンド        短期資金ファンド
ヘッジファンド         アクティブリスク8.20%   アクティブリスク0.15%
絶対リスク22.12%       vs S&P500          vs 短期資金ファンド・
                                        インデックス

                  株式クオンツファンド
                  アクティブリスク1.02%
                  vs S&P500
```

ムへの期待値によって導かれる。

　例えば、アクメ年金基金がここ１年間ベンチマークポートフォリオを４％アンダーパフォームしており、これが基金の理事にとって受け入れられないものであるとすれば、一定の信頼区間においてそのファンドのアンダーパフォームの幅が４％を超えそうになる場合には何らかのシグナルを欲するであろう。アクメ年金基金としては、例えば、「私たちはこの経験を繰り返す可能性を10％以上とりたいとは思いません」と表明することで、監視する必要のあるパラメータを示すことができる。この文章を言い換えると、90％の信頼水準で、１年間で４％というのが、プラン全体のアクティブリスクの境界値となるのである。これはリスク・バジェットを設定するうえであまり洗練されたやり方とは言えないかもしれないが、実践的かつ分かりやすい手法である。これによって、理事の経験をリスク計測の基準に置き換えること

ができる。

　リスク・バジェットを決めるもうひとつの方法は、パフォーマンスの期待値から始めることである。もしも例えば、アクメ年金基金が来年ベンチマークを5％アウトパフォームしたいと望むならば、そのためにはベンチマークからの十分な乖離が許容されるべきである。もしも10％のトラッキング・エラーを許容し、そして5％の超過リターンを得るとすれば、そのインフォメーション・レシオは0.5となる。もしもトラッキング・エラーを8％、アウトパフォームの目標を5％とすれば、マネジャーに対して0.625のインフォメーション・レシオを期待していることになるが、これはより積極的かつ達成の難しい目標である。もしも自身に対して5％のトラッキング・エラーしか許容しないとすれば、マネジャーに期待されるインフォメーション・レシオは1.0となり、マネジャーが5％のアウトパフォームを達成する確率はさらに低下する。アクティブリスク・バジェットをシャープレシオやインフォメーション・レシオの期待値から導き出すことは、パフォーマンスへの期待と整合性のある境界点を設定するうえで有用である。もしもアクメが0.5というインフォメーション・レシオを妥当な目標だと思うなら、アウトパフォーム幅の目標を2倍して各マネジャーのアクティブリスク・バジェットとすればよいことになる。プラン全体としてのアクティブリスクのバジェットは、やはりプラン全体としてのアウトパフォーム幅の目標を2倍したものである。

　図3に、アクメ年金基金が検討の結果決定するであろうバジェットの数字を掲げる。マネジャーの各トラッキング・エラーのバジェットを合計すると、ファンド全体のアクティブリスク・バジェットよりも大きくなる。無条件に足し合わせれば、潜在的には5％アンダーパフォームの可能性があることになる。実際にはマネジャー間で打ち消し合う部分があるであろうことから、これは故意に大きめに見積もった数字ではある。しかし、ポートフォリオ全体の数字から検討していく

図3 「アクメ」年金基金のリスク・バジェット使用状況

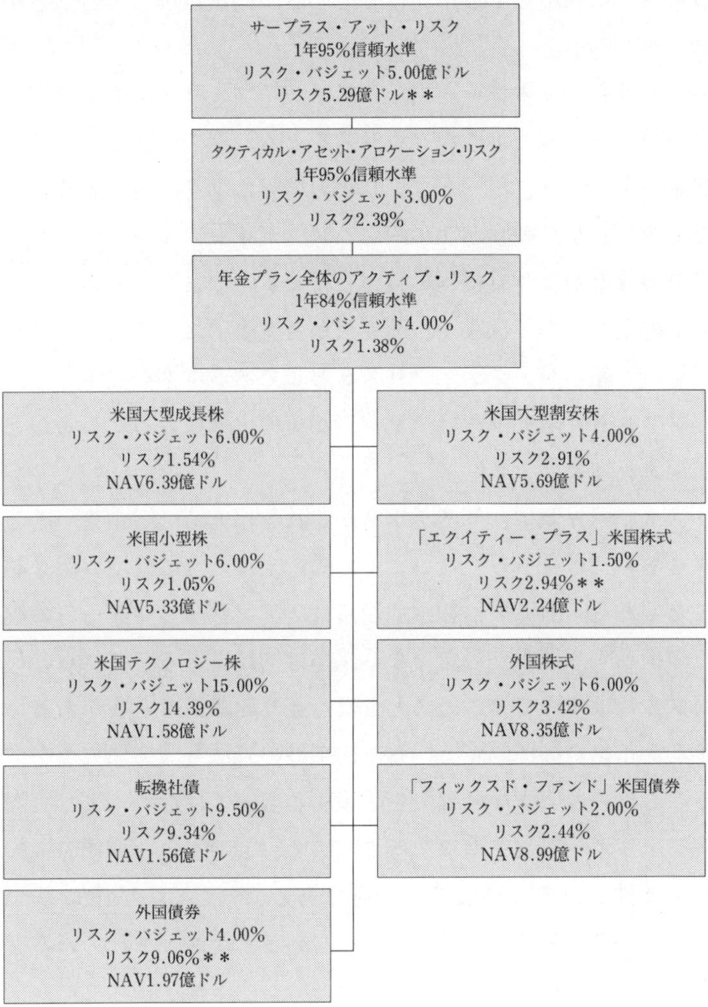

```
サープラス・アット・リスク
1年95%信頼水準
リスク・バジェット5.00億ドル
リスク5.29億ドル＊＊
```

```
タクティカル・アセット・アロケーション・リスク
1年95%信頼水準
リスク・バジェット3.00%
リスク2.39%
```

```
年金プラン全体のアクティブ・リスク
1年84%信頼水準
リスク・バジェット4.00%
リスク1.38%
```

米国大型成長株	米国大型割安株
リスク・バジェット6.00%	リスク・バジェット4.00%
リスク1.54%	リスク2.91%
NAV6.39億ドル	NAV5.69億ドル

米国小型株	「エクイティー・プラス」米国株式
リスク・バジェット6.00%	リスク・バジェット1.50%
リスク1.05%	リスク2.94%＊＊
NAV5.33億ドル	NAV2.24億ドル

米国テクノロジー株	外国株式
リスク・バジェット15.00%	リスク・バジェット6.00%
リスク14.39%	リスク3.42%
NAV1.58億ドル	NAV8.35億ドル

転換社債	「フィックスド・ファンド」米国債券
リスク・バジェット9.50%	リスク・バジェット2.00%
リスク9.34%	リスク2.44%
NAV1.56億ドル	NAV8.99億ドル

外国債券	
リスク・バジェット4.00%	
リスク9.06%＊＊	
NAV1.97億ドル	

＊＊現状、アクメ年金基金のリスク許容度よりリスクが大きい資産

ことで、貴重な資源と言えるトラッキング・エラーをどのマネジャーが最も有効に利用して運用を行っているかに焦点を当てることができる。

　運用会社も、マネジャー当たりアクティブ・リスクの境界点を定めるに当たって、似たようなプロセスをとる。過去の経験や期待されるパフォーマンスは、ポートフォリオの境界水準を設定するうえでの基準である。もしも顧客が明示的にリスクガイドラインを提示するならば、そのほうがより直接的で良いと言える。つまり、顧客のリスク許容度を推定するのではなく、境界点が合意事項になるということである。もしも顧客がアクティブリスクとしてある水準を提示してくれれば、ファンドマネジャーはファンドがその水準に入っているかどうかを監視すればよい。

　リスクの境界値は、リスク水準がこれを超えることがないことを保証するものではけっしてない。その構造上、ときには境界値を超過することもある。84％の信頼水準ならば、アンダーパフォームの幅が境界点の指示する値よりも悪くなる確率は約16％ある。これらの尺度を利用する者はすべて、このことをはっきり認識する必要がある。運用ガイドラインや標準偏差といった従来型の方法も同様に欠点を抱えている。これらは望まない損失を防止するものではなく、また実際、ポートフォリオが収益を追求するに際して、どのような種類の損失が生じる可能性があるかがより不明確である。一方で、VaRに基づいたリスク尺度は明解ではあるが、超えないことが保証されているなどと誤解してはならない。

　例としてアクメ年金基金の外国株式ポートフォリオを取り上げてみよう。アクメ年金基金はガイドラインで、日本に投資できるのはファンドのうち20％だけとするかもしれない。たとえこのような制限があったとしても日本で市況の急激な悪化が起きれば日本株式について損失を被ることになろう。VaRの制限は、ポートフォリオについてボ

ラティリティの水準に関する目標を設けることになる。例えば、日本がよりボラタイルになれば、日本株に対する投資はこのような制限をより多く消費することになり、その結果ボラティリティに基づいた制限はより制約のきついものとなる。この制限はまだ後追い的なものである。というのは、日本株がよりボラタイルになるのは市況の下落が始まった後だろうからである。しかしVaRの制限はガイドラインよりは迅速なフィードバックの仕組みを備えたものであり、多数の国々のリスクを同時に制限するという複雑なことを首尾よくやってのけることができる。VaRはポートフォリオの損失可能性やトラッキング・エラーの意味するところをガイドラインよりもよく説明するものであり、これによって前回と比較してアクティブリスクが3.4%から6.8%へと倍になったかどうかをアクメ年金基金がチェックすることもできる。もし何の行動も起こさず、何らかの市場の危機でも起これば、実際のアンダーパフォーム幅は6.8%よりもずっと大きく、ひょっとすると10%とか12%となるかもしれない。しかし3.4%から6.8%へと動くことによって、VaRのシグナルはアクメ年金基金に対し、ベンチマークからのポジションの乖離が以前よりも大きくなったという警告を発する。これを受けて年金基金は、パフォーマンスが現実のものとなってしまう前にポートフォリオの変更を行うかどうか決定することができる。この明快さに、VaRを計測しリスク・バジェットの境界値と比較することの意義がある。

トレードオフおよび基金間の比較

　厳格な運用ガイドラインが与えられた場合と同様、VaRのバジェットが厳しい場合は、ポートフォリオが負債やベンチマークをアウトパフォームする能力に制約が加えられる可能性がある。リスク・バジェットは、他基金との比較によって簡単に決められるものではない。

債務が著しく異なるファンド、またはリスク・コントロールが不適切なファンドが、アクメ年金基金のファンドをいずれかの時点においてアウトパフォームするということもあり得るのである。他基金とのリターン比較において上位4分の1に入り、かつ内部的制約を考慮したリスク調整後リターンについても上位4分の1に入るという二重の制約を設けて管理するのは非常に困難で、ときとして賢明とは言えないやり方である。これら2つの目標には、まったく正反対の運用プロセスが必要となる可能性がある。私たちは、内部的制約を考慮した尺度というのが年金ファンドの目標によりふさわしいものであり、これらの制約を考慮しない尺度より重視すべきであると考えている。

年金ファンドのファンド間比較において、SaRやTAAリスクもしくはアクティブリスクのデータを使用した比較ができるならば、リターン情報のみを用いた比較より公正な評価が可能となろう。しかし、このような比較の目的で、これらの尺度の大規模な利用が可能となるにはしばらく時間がかかるであろう。

アセットアロケーションとの違いについての留意点

リスク・バジェッティングは、ダウン・ストリーミングおよびダイナミック・トリガーという2つの重要な性質を備えている点で、アセットアロケーションと異なる。

ダウン・ストリーミングというのは、リスク・バジェッティングにおいて、SaRに始まり銘柄選択に至るまでの各段階に順次制約を加えることを指している。つまり、リスク・バジェッティングを用いれば、各段階におけるすべてのリスクについて、同じ単位で語ることができるのである。また、リスクをとる担当者全員の裁量の大きさを事前に検討し、全体のリスク許容度に適合するように確認を行うのに役立つ。従来型の運用実務において、個々のマネジャーはトラッキング・エラ

一制限あるいは運用ガイドラインを与えられる。この制限値やガイドラインには、パラメータを最大にするなどして実施されたストレス・テストが施されている場合もある。しかしこうした制限値が、年金プランにとっての最大トラッキング・エラーときちんと関連付けられている、すなわち政策アセットミックスの年金債務からの乖離を許容する上限値と関連付けられていることはまれである。さらに言えば、従来型の運用実務においては、これら各ポイントのリスクを同時にまとめて検討することが行われていないと思われるのである。リスク・バジェッティングは、これら多様な段階ごとのリスクを同時かつ定期的に監視するための一連の道具を提供するものである。

　ダイナミック・トリガーとは、リスク・バジェッティングの仕組み上、その運用する資産がよりボラタイルになるにつれて、また金融市場間の相関が変化するにつれて、各ファンドマネジャーがより多くのリスク・バジェットを必要とするようになることを指している。このように、リスク・バジェットは各市場に対する明文的なアロケーションの取り決めを必要としない。しかしその代わりに損失可能性の単位によって表現され、そしてその損失可能性はポジションの大きさ、そのボラティリティおよびほかのポートフォリオリスクとの相関の関数として増加する。

VaRの質の維持

　幾つかの実務上の問題から、VaRの質が劣化してしまうことがある。もしも年金ファンドがファンドマネジャーに対して、それぞれ独自に「マネジャー当たりアクティブリスク」を計測するように要請したとすると、各マネジャーはそれぞれ異なったアプローチを取り得ることになり、マネジャー間の比較は不可能となってしまう。このような場合、個々の尺度を統合して意味のある「プラン全体のアクティブ

リスク」を作り上げることが非常に困難となる。

　もしもVaRを計測しようとする者のなかに、短すぎるヒストリカルデータ、長すぎるヒストリカルデータ、あるいは自身の相場観によってヒストリカルデータに変更を加えるような者がいたとすれば、その尺度は予測としての正確さに乏しいものとなろう（これについては、バックテストのセクションにてさらに議論する）。

　上記3点のVaRの「誤差」のうち3番目は、ヒストリカルデータが市場見通しに合うように変えられているかどうかを問わず、最も都合よく変更されがちなものである。もしもファンドマネジャーが自身の市場見通しを反映するようにVaRの手法を変えたとすれば、これは尺度を歪めさせ、リスクの信号を見落としてしまうことになる。市場において投資戦略を実行する者はだれでも予測を持っており、これは通常、直近に起こった出来事とは異なる。リスクをとる者はこれらの予測に基づきポートフォリオを分析するさまざまな手法を開発している。重要なのは、リスク・バジェッティングのために監視を行うVaRのような防御のための手法を、これらの予測と入れ替えたりしないことである。VaRのような道具は「攻撃」、つまりリスクをとるために用いる予測とは区別しておかなければならない。

　攻撃と防御の道具を混在させてしまったために危険を招く例を挙げよう。あるファンドマネジャーが、信用スプレッドが縮小する、すなわち社債と国債の相関は今後高まると予測したとする。おそらく過去には国債と社債それぞれのスプレッド変化の相関は0.80であったが、マネジャーとしてはスプレッドが縮小しこれら2つのセクターの動きはより似たものとなるにしたがって、この相関が0.90まで上昇すると信じている。彼らはこの予測を反映して、社債を買い国債を売る。もしもVaRのシステムの担当者が過去の相関0.80の代わりにマネジャーの予測0.90を使用すれば、ポートフォリオに対するVaRの数値は低下する。マネジャーが相場を誤った場合、VaRは適切なシグナル

を発することはできないであろう。つまり、マネジャーはその戦略で損失を被り、VaRを使用しているのに戦略のリスクの度合いを過小評価することになる。VaRを防衛的に使用するときのルールとしては、ヒストリカルデータに変更を加えるときは確実に保守的な方向、つまりVaRが上昇する場合にのみ変更するということである。ボラティリティの推定を引き上げることは常に保守的な行動であり、引き下げれば必ずVaRは低下する。相関の推定を変えるときは、場合によって異なる。その効果が本当におしなべて保守的かどうかを見分けるのは困難である可能性があり、したがって変更するときはよく注意を払うべきである。ファンドマネジャーが算出するVaRを用いる場合や自分自身でVaRの量を計算する場合は、VaRの質が低下しないように気をつけるべきである。つまり、楽観的な見通しにしたがってヒストリカルデータを上書きしないように注意すべきである。

投資行動の修正

ひとたび年金プランが、何を監視するかを決定しどれだけのリスクを過剰なものと考えるかを決めれば、これらのリスク境界値を超過したときにはいつでも、一連の行動を起こす必要が生ずる。これに対するアプローチは機関によってさまざまであろう。例外のない一連の手続きを要求するところもあろうし、リスク・バジェットを超過するたびに議論を行うが、必ずしもポートフォリオ構成の変更に至るとはかぎらないとするほうが望ましいというところもあろう。

VaRはほかのリスク尺度よりも新しいということもあるので、今のところ多くの機関が後者の立場を取っている。このような機関は、何の議論もなく次の投資行動を自動的に起こすようなプロセスを求めているわけではない。彼らが求めているのは、何を調査すべきかを特定する手助けになってくれるようなシグナルである。彼らは、VaR

図4 サープラス・アット・リスクが超過したときのフロー

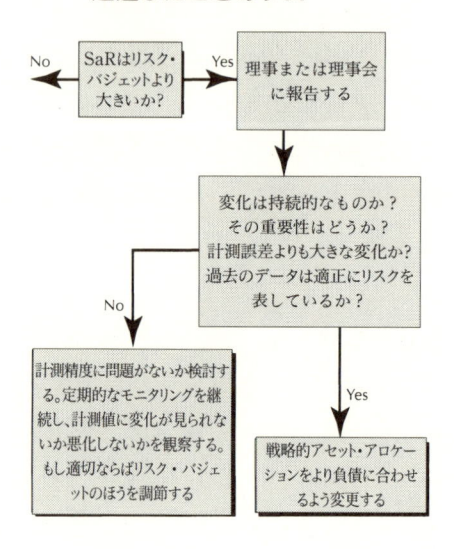

```
                    No  ┌─────────────┐  Yes  ┌─────────────┐
                ←───────│ SaRはリスク・│──────→│ 理事または理事会│
                        │ バジェットより│        │ に報告する   │
                        │ 大きいか？   │        └──────┬──────┘
                        └─────────────┘               │
                                                      ↓
                                          ┌─────────────────────┐
                                          │ 変化は持続的なものか？│
                                          │ その重要性はどうか？ │
                                          │ 計測誤差よりも大きな変化か？│
                                          │ 過去のデータは適正にリスクを│
                                          │ 表しているか？      │
                                          └──┬───────────────┬──┘
                                        No  │               │ Yes
                                            ↓               ↓
                        ┌─────────────────────┐  ┌─────────────────┐
                        │ 計測精度に問題がないか検討す│  │ 戦略的アセット・アロケー│
                        │ る。定期的なモニタリングを継│  │ ションをより負債に合わせ│
                        │ 続し、計測値に変化が見られな│  │ るよう変更する     │
                        │ いか悪化しないかを観察する。│  └─────────────────┘
                        │ もし適切ならばリスク・バ   │
                        │ ジェットのほうを調節する  │
                        └─────────────────────┘
```

のもたらした情報をすべて調査し、マネジャーの意図を理解し、そしてその資産クラスにおいて将来があまりに過去と違うためにVaRのシグナルが無効であると見なされると考えるかどうか見直す必要がある。このように、年金基金のスタッフや運用会社の運用委員会にとってみれば、リスクの尺度と境界値を使うことの意義は、通常と異なる極端な動きをしており、詳細に調べる必要のあるファンドを特定できることである。

　この対話的アプローチの利点は、ブラックボックスが意思決定をするわけではないということである。市場参加者は、単純で統計的なモデルに巨大な権力を与えようとはまず思わない。一方、このより柔軟なプロセスの欠点は、問題が事実として存在するにもかかわらず、問題は存在しないと関係者が互いに納得しあってしまう場合がある点である。もしも境界値が強制されることなく、あるいは違反が起こった場合、常に境界値のほうが引き上げられてしまうならば、その効果は

図5　TAAリスクが超過したときのフロー

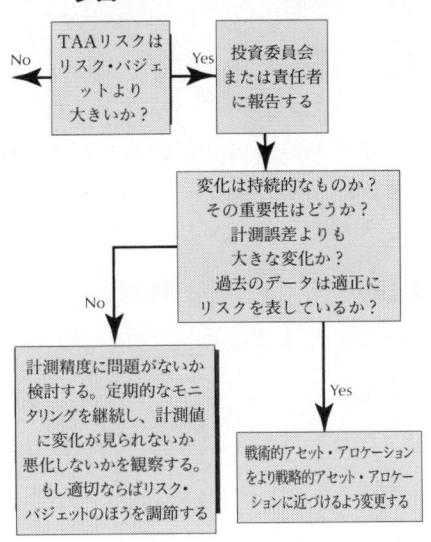

```
         No ←── [TAAリスクは       ──→ Yes → [投資委員会
              リスク・バジェ                  または責任者
              ットより                         に報告する]
              大きいか？]                            │
                                                    ↓
                                          [変化は持続的なものか？
                                           その重要性はどうか？
                                           計測誤差よりも
                                           大きな変化か？
                                           過去のデータは適正に
                                           リスクを表しているか？]
                             No ←─────────┤
                              ↓                     │ Yes
                  [計測精度に問題がないか                ↓
                   検討する。定期的なモニ        [戦術的アセット・アロケーション
                   タリングを継続し、計測値       をより戦略的アセット・アロケー
                   に変化が見られないか         ションに近づけるよう変更する]
                   悪化しないかを観察する。
                   もし適切ならばリスク・
                   バジェットのほうを調節する]
```

失われる。

　VaRが境界値を超えたとき、可能性として取り得るステップの例として次のような行動が挙げられる。

SaR（図4を参照）
- 情報を理事会に報告する
- 境界値の超過を引き起こした変化が持続的で重要なものであると判断されるならば、サープラスに対する潜在的な脅威を減ずるべく戦略的アセット・アロケーションを変える
- もしもその変化がテクニカルで一時的なものと思われるならば、何もしない。一定時間以上その変化が持続したとすれば、この問題は再提起されるべきである

TAAリスク（図5を参照）
- 情報を運用委員会に報告する
- もしも戦術的アセット・アロケーションと戦略的アセット・アロケーションとの差異が許容可能な範囲を超えて拡大したと判断されるならば、戦術的アセット・アロケーションを戦略的のそれに近づける
- もしもその変化がテクニカルで一時的なものと思われるならば何もしないが、それがどれほど大きなものか監視し、持ち直さないようなら再考する

図6　年金プラン全体のアクティブリスクが超過したときのフロー

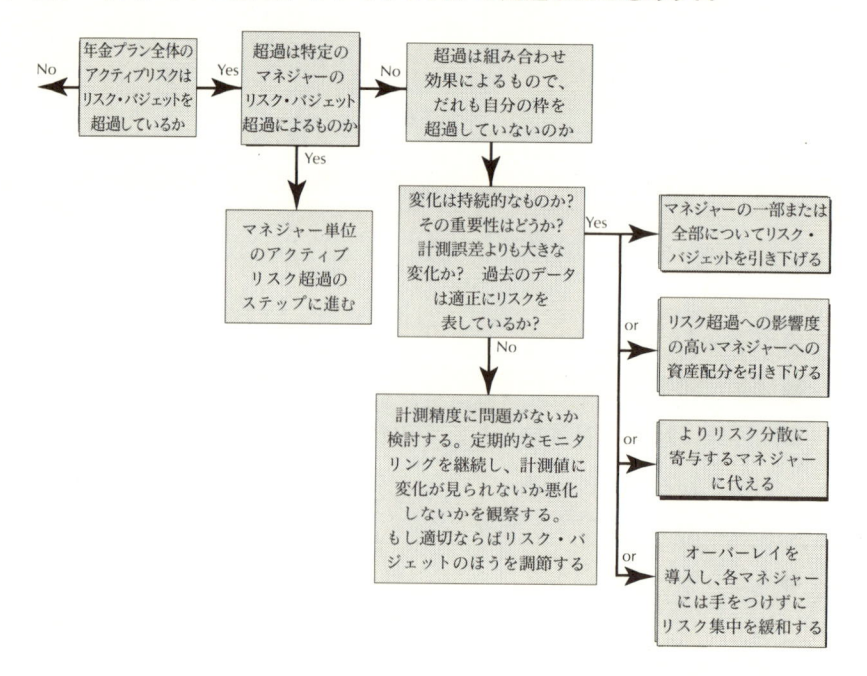

```
年金プラン全体の         超過は特定の              超過は組み合わせ
アクティブリスクは  Yes  マネジャーの        No   効果によるもので、
リスク・バジェットを ──→ リスク・バジェット ──→  だれも自分の枠を
超過しているか          超過によるものか          超過していないのか
        │                      │                        │
       No                     Yes                        ↓
        ↓                      ↓                 変化は持続的なものか?
                        マネジャー単位            その重要性はどうか?        マネジャーの一部または
                         のアクティブ             計測誤差よりも大きな  Yes  全部についてリスク・
                         リスク超過の             変化か? 過去のデータ ──→  バジェットを引き下げる
                         ステップに進む           は適正にリスクを
                                                  表しているか?             リスク超過への影響度
                                                         │           or   の高いマネジャーへの
                                                        No           ──→  資産配分を引き下げる
                                                         ↓
                                                  計測精度に問題がないか          よりリスク分散に
                                                  検討する。定期的なモニタ   or   寄与するマネジャー
                                                  リングを継続し、計測値に  ──→  に代える
                                                  変化が見られないか悪化
                                                  しないかを観察する。             オーバーレイを
                                                  もし適切ならばリスク・バ   or   導入し、各マネジャー
                                                  ジェットのほうを調節する ──→   には手をつけずに
                                                                                  リスク集中を緩和する
```

年金プラン全体のアクティブリスク（図6を参照）
●情報を運用委員会または責任者に報告する
●ベンチマークから乖離するリスクの要因を特定する

　個々のファンドマネジャーはすべて許容範囲内であるにもかかわらず、さまざまなマネジャーのリスクを組み合わせた結果としてこうしたことが起こり得るのだろうか。これは別にめずらしい事態ではない。実は個々のマネジャーのトラッキング・エラー制限値を足し上げれば、プラン全体のリスク許容度よりも大きくなることが普通である。もしも単純に足し上げてプラン全体の数字となるならば、マネジャーのトラッキング・エラーに関して分散効果を得る機会はなく、プランはそのアウトパフォーム目標を達成するために不十分なリスクしかとっていないことになる。この場合、もしも運用委員会がリスク・バジェットの超過分を持続的で重大なものであると認めれば、影響を受けた資産クラスにおけるマネジャーのトラッキング・エラーの境界値を引き下げることもある。またマネジャーに対して、セクターに対するウエート付けの変更を要請することもできようし、重複するマネジャーをより分散効果が得られる別のマネジャーと取り替えることもできようし、マネジャーのポートフォリオに手を加えずに集中を緩和するためにオーバーレイを導入することもできよう。
　●運用委員会は、その影響を顕著あるいは持続的なものと考えないとしても、この尺度をよく監視して、増加していないかあるいは予想より長く持続しないか確認することもできる。
　●単一あるいは複数のマネジャーがリスク・バジェットに比べて高すぎるリスク水準にあるために超過を生じた場合については、次の「マネジャー当たりアクティブリスク」の項をご覧いただきたい。

図7 特定のマネジャーのアクティブリスクが超過したときのフロー

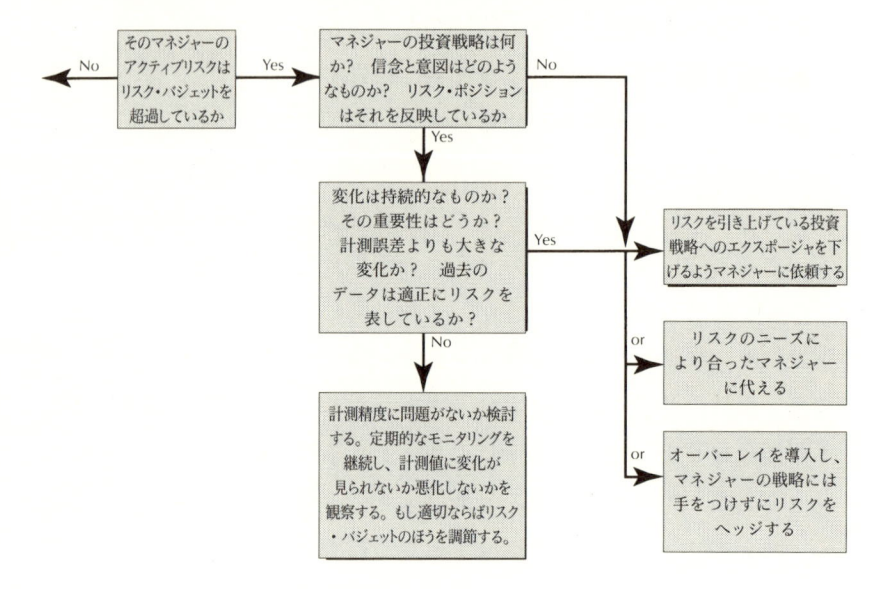

```
                    そのマネジャーの            マネジャーの投資戦略は何
            No      アクティブリスクは    Yes   か？ 信念と意図はどのよう   No
     ←──────────    リスク・バジェットを ──────  なものか？ リスク・ポジション ──────┐
                    超過しているか            はそれを反映しているか            │
                                                    │                          │
                                                    │ Yes                      │
                                                    ↓                          │
                                            変化は持続的なものか？              │
                                            その重要性はどうか？                │
                                            計測誤差よりも大きな     Yes        │    リスクを引き上げている投資
                                            変化か？ 過去の    ──────────→     戦略へのエクスポージャを下
                                            データは適正にリスクを              げるようマネジャーに依頼する
                                            表しているか                       │
                                                    │                          │
                                                    │ No                      or
                                                    ↓                          │
                                            計測精度に問題がないか検討          │    リスクのニーズに
                                            する。定期的なモニタリングを        ──→   より合ったマネジャー
                                            継続し、計測値に変化が                    に代える
                                            見られないか悪化しないかを          │
                                            観察する。もし適切ならばリスク      or
                                            ・バジェットのほうを調節する。      │
                                                                               │    オーバーレイを導入し、
                                                                               ──→   マネジャーの戦略には
                                                                                    手をつけずにリスクを
                                                                                    ヘッジする
```

　どのマネジャーも個々のリスク・バジェットを超過していないにもかかわらず、ファンド全体ではリスク超過が生じた場合、運用委員会は次のような手段を取り得る。
- 幾つかのマネジャーのバジェットを見直して引き下げ、ポジションを縮小するように彼らに要請する
- 幾つかのマネジャーを、より分散効果の得られる者に取り替える
- オーバーレイ戦略を用いる

マネジャー当たりアクティブリスク（図7を参照）
- 情報を運用委員会または責任者に報告する
- オフ・ベンチマークリスク（ベンチマークからポートフォリオが

乖離するリスク）の要因を見定める
- マネジャーの信念と意図を理解する
- 予測を尊重して、VaRがシグナルを発するもととなったヒストリカルデータセットを無視すべきかどうか決定する。運用委員会は、ポートフォリオを受け入れることを決定し、アクティブリスク・バジェットを引き上げる、またはベンチマークから乖離する戦略を監視するその他の方法を採用することができる
- ベンチマークを、マネジャーの戦略によって適したものに変更することもある
- もしもオフ・ベンチマークリスクが受入れられないものと考えられるならば、運用委員会は次のような手段を取り得る
  - マネジャーのポートフォリオにおいて、アクティブリスクを受容可能な水準にまで引き下げることを要求する
  - マネジャーを交替させる
  - オーバーレイを導入し、マネジャーのポートフォリオに手を加えずにベンチマークから乖離しているポジションを落とす

リスク調整後パフォーマンスの評価

マネジャーおよび基金全体のパフォーマンス評価とパフォーマンス要因分析を行うことで、一連の運用プロセスは完了する。これは、VaRによる予測が結果的に正しかったのかを確かめる一助となる。やむを得ないことであるが、VaRはパフォーマンス報告のような正確さを持ち合わせていない。VaRはポートフォリオ中の保有銘柄やこれら保有銘柄のリスク要因を前提に、リターンの可能性や源泉を予測しようとするものである。保有銘柄をリスク要因に分解することはしばしば「リスク分解」あるいは「リスク要因分析」と呼ばれる。リスク分解によってポートフォリオは、パフォーマンスの大部分を説明

する要因の集合として再度説明されることになる。しかしリスク分解はマネジャーのスキルやポートフォリオのリバランス頻度などの情報につぃは何ら情報をもたらさない。

　パフォーマンス計測は「答え」、つまり既知のパフォーマンス結果から始まり、どのような変数によってそのパフォーマンスとなったのかをさかのぼって特定する。パフォーマンス要因分析とリスク要因分析に用いるツールが似たようなものであればあるほど、これらの2つのツールを一緒に用いることで、予測の作成とそれが実現したかどうかのチェックをより効果的に行うことができる。リスク計測はパフォーマンス計測より正確さにおいて劣るであろうが、パフォーマンス計測と異なり、ポートフォリオの許容できない性質が受け入れ難い損失となって実現してしまう前に、早い時期に警告を発してくれる。

　リスク調整後パフォーマンス尺度は、マネジャーを評価する、より優れたツールとして幅広く認知されている。もしもパフォーマンスのみを観察していたとすれば、マネジャーにはリターンを極大化しつつリスクを極小化するインセンティブが働かないことになる。

　VaRはリスク調整後リターンの式における分母の値として利用可能であるが、標準偏差を用いる場合と比べると、ある状況下では劣っているけれどもそれ以外の状況においては優れているということになる。

　VaRはマネジャーのスキルをその数値に織り込むことはしないが、標準偏差ではスキルも一緒に織り込んで評価していると言ってよい。例えば、単純化されたケースとして、アクメ年金基金の「フィックスド・ファンド」の債券マネジャーが、ポートフォリオ・デュレーションを4年物国債とずっと等しくしている場合、VaRからすると「フィックスド・ファンド」は4年国債と同じボラティリティを示すものと考えられるであろう。ある意味で、VaRはファンドのボラティリティが平均的な市場のそれになるということを仮定しているのである。もしも「フィックスド・ファンド」のマネジャーが一貫して市場より

もうまいタイミングで売買を実行すれば、マネジャーは平均以上のリターンを稼ぎ、そのボラティリティは平均よりも低いであろう。このマネジャーの実際のボラティリティが3％であっても、VaRではこのようなポートフォリオに対して年率4％のボラティリティと算出されるであろう。マネジャーのスキルが市場平均と大幅に異なっている場合、VaRはリスク調整後パフォーマンスの尺度としてはより劣ったものとなる。

　しかし、ポートフォリオがオプションを用いたときには、VaRをうまく使えばリターンをリスクで調整するに当たって標準偏差よりも優れたものとなり得る。例えば、アクメのS&P500指数をベンチマークとするエンハンスト・インデックスファンド「エクイティ・プラス」において、リターンを向上させるためS&P500指数のプットオプションを売ったとする。もしもS&P指数が著しく下落すれば、これらのオプションによってポートフォリオは損失を被る。しかしオプションを売った時点においては、S&P指数はそれまで数年間も持続的に上昇していた。これらのオプションのボラティリティは上昇トレンドの相場においては非常に小さいであろう。オプションを売った時点で、S&P指数のボラティリティは年率18.24％であり、「エクイティ・プラス」のヒストリカル・リターンの標準偏差も実質的にこれと同じとなる。リスク調整後リターンの式の分母がリターンのボラティリティであれば、マネジャーの稼ぐプレミアムに対して、リスクは非常に小さいように見える。しかし、VaRは相場が上昇する可能性と下落する可能性を等しく重み付けするものであり、リスク調整後リターンのリスク部分の単位として用いられた場合、VaRはマネジャーに対して、下落相場において被る可能性のある潜在的損失についてボラティリティを「追加する」ことになる。VaRの数値は21％で、リターンの標準偏差18.24％よりもオプションによるマネジャーの潜在的損失をよりよくとらえている。VaRの計測手法によってはこの効果

を拾い上げてくれないものもある（特に平均分散法、パラメトリック法、またはデルタ・ノーマル法）が、ヒストリカル・シミュレーション法やモンテカルロ法を用いたものは通常このような形でオプションのリスクを反映する。

リスク・バジェッティング対アセット・アロケーション

　リスク・バジェッティングは、VaRの枠組みに基づくところが非常に大きい。ポートフォリオのVaRは資産クラスのレベルで推定することができ、これは従来から行われてきた効率的フロンティアに関するアセット・アロケーション研究やALM研究の核心的部分をなすものである。従来型の平均分散オプティマイザーへの入力値は、資産クラスを代表するベンチマークの標準偏差および、ほかのベンチマークとの相関係数である。従来型の方法でアクメ年金基金のポートフォリオを分析するならば、マネジャーのベンチマークを使用することとなる。すなわちベンチマークの期待リターン、標準偏差、そしてそれらの相関をリスク分析の根拠として用いることになる。

　VaRの計測もこの枠組みに基づくものであるが、ベンチマークではなく個別証券のレベルでこの分析を行う。VaR分析とは「エクイティ・プラス」ファンドのマネジャーのボラティリティがS&P指数のそれと同じであると仮定するのではなく、マネジャーの売ったプットオプションを分解し、その損失可能性が実際S&P指数のそれよりも大きいことを示そうとするものである。

　この個別証券レベルの分析を行うのは、時間やシステム資源という意味でいえばコスト高である。債券リスクや為替エクスポージャが限定的で、デリバティブやモーゲージや転換社債に対するエクスポージャも限定されているポートフォリオについては、個別証券ごとに分析しても資産クラスのレベルで分析しても似通った結果しか得られない

だろう。ところが債券や為替、デリバティブ、モーゲージや転換社債を保有するポートフォリオについては、これら2つのスタイルの分析はまったく異なったものとなる。そして、もしもあるファンドが通常の投資スタイルから乖離し始め、ベンチマークとはまったく違った動きをするようになり始めたならば、現在の保有証券に対する分析だけが、シグナルを発することができるのである。

　結局、徹底的なリスク分析のメリット・デメリットは、パフォーマンスの計測と非常に似通ったところがある。ポートフォリオのパフォーマンスの大半は、広汎な資産クラスに対するアセット・アロケーションおよび一定の期間に資産クラスのベンチマークがどれだけ変化したかが分かっていれば説明できる。しかし、ポートフォリオを時価評価するのにこのようなアプローチで良しとする者はほとんどいない。誤差の余地があまりに大きすぎるからである。これがパフォーマンス計測（実際の利益または損失の計測）として不満足なものであるのと同様の理由によって、資産クラスベースの分析はリスク計測（利益または損失の可能性の推定）として不十分なのである。

リスク・バジェッティング対運用ガイドライン

　VaRは元本制約やリスク感応度制約（例えば、デュレーション規制）によって生じた問題に対処するために、銀行において生まれたものである。これと同じような種類の規制を用いるのであれば、運用ガイドラインはリスク・コントロールとして効果的でなくなることもあり得る。これらの規制は、商品の名前を変えればくぐり抜けることができ、それによって「悪い」リスクテイクを防ぐことができない。しかも、ポートフォリオの目標を低コストかつ効率よく達成するためのヘッジ商品の利用が制限されることによって、良いリスクテイクを阻害する可能性もあるのである。

銀行におけるリスク制約の歴史を振り返ると、なぜ元本規制や感応度規制で適切なリスク・コントロールができなかったか、その理由がよく分かる。

　元本制約は、ポートフォリオが特定の範疇に入る証券をどれだけ購入できるかを制限するものである。これには多くの利点があるが、ある種のポートフォリオに対してはうまくリスク・コントロールできないことがある。元本制約に最も適するポートフォリオは、単純な資産のみを購入しショート戦略や複雑な資産をけっして利用しないようなものである。オーバーレイや空売り、デリバティブ、デリバティブを内包する商品（例えば、転換社債、社債、モーゲージ）を用いるポートフォリオは、たとえNAV（純資産価値）が同じであったとしても、そのリスク状態はまったく異なったものとなっていることがある。これらの規制は、新しい商品、特に各種のレバレッジを内包した商品に対してもうまく対応できない。また、債券ごとに異なるリスクも捕捉できない。例えば、30年の固定利付債は、30日の変動利付債と同じ元本だったとしても、これらの債券の金利変化に対する影響度合いはまったく異なる。

　元本に基づいたルールはまた、ポートフォリオにおいて別の資産に対するヘッジあるいは分散効果を持つ資産の組み入れ割合を増やしたり、ある資産がよりボラタイルとなったときに保有量を減らしたり（例えば、トルコ株式対カナダ株式）する能力に乏しい。これらの制約の下で許される資産比率は必ず遵守しなければならず、かつ複雑なものとなる傾向がある。多資産、多通貨のポートフォリオとなると、これらのルールはさらに複雑さを増してゆく。これらの下では、当初の想定よりもさまざまなリスクを内包したポートフォリオが組成されるであろう。

　ヘッジや債券デュレーションのリスクに対応するために、銀行や投資家はリスク感応度の制約によるリスク・コントロールを取り入れ始

めた。これは、あるリスク要因の変化に対するポートフォリオの損益に基づいている。例えば、あるポートフォリオにおいてデュレーションがベンチマークに対してプラスマイナス半年以下に制限されていたとする。もしも金利がイールドカーブ全体、債券市場セクター全体にわたって0.01%上昇したとすれば、この制限があることで、ポートフォリオの損失はまず確実にベンチマークと似たようなものとなる。しかしこのポートフォリオが、30年債のロング・ポジションを1年債のショート・ポジションを使って、デュレーション加重平均ベースで相殺したポジションとなっていた場合はどうであろうか。この場合ネットのデュレーションはゼロとなり、ほかのコントロール手段がない状態にあっては、マネジャーは制約なしにさらにポジションを取り続けることができる。このポジションはイールドカーブの平行移動によるネットの損失はないであろうが、平行でない移動があった場合、ベンチマークから乖離して多額の損失を被る可能性がある。これに対応するため、ガイドラインにおいてイールドカーブのセグメントごとに、また市場セクターごとにルールを設けることはできよう。しかし、これらのルールを守ることの複雑さは（特に外国資産のポートフォリオにおいては）考え込ませるものがある。そして、この構図に投資家がそれぞれ個別に設けたルールがさらに加わるとすれば、ファンドマネジャーの仕事は、ポートフォリオに課せられるあまりに複雑な一連のルールを守るだけで終わってしまうであろう。

　VaRは、感応度ベースの尺度の最も良い側面と、過去のボラティリティや相関とを組み合わせたものである。投資家が債券ポートフォリオについてプラスマイナス0.5年以内というデュレーションの制限を設けるのでなく、アクティブリスク2.00%以内という制限にしておけば、このルールはイールドカーブ、セクターポジション、それにデュレーションのポジションもとらえつつ、海外投資にも対応することができる。例えば、アルゼンチン債のベンチマーク乖離ポジションは、

アルゼンチン債のほうがボラタイルなため、イギリス・ポンド債のベンチマーク乖離ポジションより大きなリスク値を算出するかもしれないのである。

VaRはリスクの核心に到達するものであり、結局ほかの尺度よりも容易に比較可能である。私たちが市場リスクの制限によってコントロールしたいのは実質的なパフォーマンスであり、ポートフォリオで保有している運用資産の名前ではない。従来型の尺度では、どのポートフォリオが実際に最も多くのリスクをとっているのかを見定めにくい場合がある。ベータ値1.1の株式ポートフォリオを持つのと、デュレーションがベンチマークより1年長い外債ポートフォリオを持つのとでは、どちらがよりリスクが高いのであろうか。これは難しい問題である。しかしトラッキング・エラー8％のアクティブリスクとなっているポートフォリオは、トラッキング・エラー0.30％のポートフォリオよりも確実にリスクが高いと言える。ポートフォリオがベンチマークから大きく乖離しているならばパフォーマンスを上げる可能性があると言えるが、この可能性はベンチマークに勝つ能力を秘めたマネジャーや勝てる可能性のある市場にこそ割り当てられるべきである。

レバレッジ

VaRとリスク感応度はレバレッジを監視するのに有用な尺度である。先物を用いてキャッシュポジションを「株式化」しているようなS&P指数のポートフォリオのケースでは、リスク感応度を使うことで株式先物がポートフォリオをレバレッジするために使われていないことを確認することができる。例えば、あるポートフォリオにおいて、5％がキャッシュ、95％がS&P指数相当の株式に投資されていたとすると、ポートフォリオの純資産価値の8％に相当する先物を買ったときにレバレッジが生じる。リスク感応度はポートフォリオ内のS&

P指数に対するエクスポージャが103％であることを示し、レバレッジの存在が明るみに出ることとなる。

VaRにはさらにもうひとつの要素がある。レバレッジの潜在的なインパクトを示してくれることである。S&P指数に103％投資しているファンドは、30日物のコマーシャルペーパーに103％投資しているファンドよりも多くのリスクをとっている。どちらも投資においてレバレッジを用いているが、その投資対象のボラティリティのために、前者のトラッキング・エラーは後者のそれよりもずっと大きいであろう。

デリバティブおよび外国為替

VaRとリスク感応度は、運用ガイドラインにある従来からの投資制約よりもデリバティブにずっとうまく対応できる。運用ガイドラインは通常、デリバティブの利用を禁じているか、それとも何がヘッジであって何がそうでないか定義せずに「ヘッジ目的にかぎり」許容しているかのどちらかである。「ヘッジ目的にかぎり」とはオーバーヘッジを含むのだろうか。ヘッジ対象資産とは異なる通貨によるヘッジを含むのだろうか。まったく年限の異なる外国為替先渡取引は、異通貨間の金利リスクを抱えるわけであるが、どのように考えればよいのであろうか。

リスク感応度を使うことで、ある投資対象がヘッジと定義され得るかどうかを計測することができる。ヘッジと定義されるためには、ヘッジのリスク感応度はヘッジ対象となるポートフォリオのリスク感応度と逆向きかつより小さくなければならない。ユーロ／ドル為替レートが１％上昇したときにポートフォリオが100万ドルの損失を生じ、一方でヘッジが同じ事象に対して100万ドルの利益を生じたとすれば、これはヘッジと見なされるであろう。しかし、ユーロ／ドル為替レー

トの1％の上昇に対してヘッジが150万ドルの利益を生み出したとすれば、これはヘッジとは見なされないであろう。そして、ポンド／ドル為替レートが1％上昇したときにヘッジが100万ドルの利益を生じ、一方でユーロ／ドル為替レートの上昇に対してポートフォリオが損失を生じたとすれば、これもヘッジではないであろう。

　VaRのコントロールによって、必要とあればヘッジにさらなる余地を与えることができる。ポートフォリオが、ヘッジするのに高いコストがかかるような多数の小規模な通貨に対するエクスポージャを有しているとき、マネジャーは代わりにより流動性が高く、かつ相関の高い通貨を用いて広義の意味でのヘッジを実行したいと思うであろう。もしもこの「ヘッジ」を行った結果としてポートフォリオのVaRが減少すれば、これは本当にヘッジと考えられるかもしれない。しかしもしもVaRが増大したとすれば、これはリスクを増大させるものであり、したがってけっしてヘッジなどではなく、むしろ形を変えた投機である。

　VaRとリスク感応度によって、運用ガイドラインではカバーすることの難しい投資戦略や商品を監視することができる。これによって投資家は、より広範囲にわたって付加価値をもたらす戦略を発見することができ、また望まざるリスクを知らずに負ってしまうのを避けることができる。

リスク・バジェッティング対標準偏差

　先に、リスク調整後パフォーマンスを評価したセクションにおいて、VaRとポートフォリオのリターンの標準偏差との多くの違いを論じた。この2つをリスク・コントロール手段として比較すると、主な違いは、VaRはより敏感に、早期の警告を出すということである。通例として、標準偏差は5年分の月次リターンから計算される。このた

め、あるマネジャーがたった今、戦略を大幅に変更したとしても、その事実がリターンの実現値を通じてパフォーマンス分析に反映されるには何カ月もかかる。VaRはポートフォリオ中の現在の保有資産をとらえ、これらの過去の動きを見るのであり、マネジャーが過去に保有していた資産の動き、すなわちマネジャーの過去の実現値を見るのではない。もしもベンチマークから大幅に乖離した投資をしていれば、現在の保有資産のベンチマークに対するトラッキング・エラーは大きいであろう。したがって、戦略において大きな変更が実施されたとき、VaRはより素早いシグナルを発するのである。

VaRはまた、新しいマネジャーや新しい戦略に対して、よりたやすく利用することができる。必要なのは現在の保有資産だけであり、それらは市場のリスク要因によって近似されることになる。標準偏差を計算するにはマネジャーのリターンの実現値がそろうまで数年間必要であり、したがって新しい戦略に対して利用するには制約がある。

リスク・バジェッティング対ベータ

ベータを計算するには、VaRにおけるのと同じような尺度を用いる。ベータはポートフォリオと「市場」——通常は株式ベンチマーク——との間の相対的なボラティリティを表すものである。VaRがこれと異なるのは主に、相対的ボラティリティではなくトラッキング・エラーを計算するという点であり、トラッキング・エラーはベータと関係はあるものの同一ではない。トラッキング・エラーはポートフォリオのベンチマークに対するアンダーパフォームの可能性の程度を計測するものであるが、ベータでは市場を代表するひとつのベンチマークを使用することがよくある。トラッキング・エラーは、単一の市場ベンチマークが存在しないような株式、債券、バランス型、国内あるいは海外資産の各ポートフォリオにわたっても拡張可能である。

リスク・バジェッティング対デュレーション

　デュレーションは、イールドカーブ全体にわたる金利上昇が0.01%あったとき、債券ポートフォリオがどれだけ感応するかを示すものである。これは、0.01%の変化がどの程度の確からしさで起こりそうかとか、イールドカーブのどのセグメントでそれが起こるかとか、どの債券セクターや各国市場で起こるかといったことに注目するものではない。VaRはデュレーション情報を市場の多様なセグメントならびに多様な国のボラティリティ、およびこれら相互の相関と組み合わせることで、イールドカーブの平行でない移動が起こる場合にもポートフォリオの損失可能性を計測することができる。あるいはまた、2つのポートフォリオのデュレーションは同じだが、抱えているリスクは異なるということがあるかもしれない。もしもアクメ年金基金の外債ファンドがエマージング市場に集中しており、またその「フィックスド・ファンド」が米国内債券のファンドであったとしたとき、これらのデュレーションは同じかもしれないが、エマージング市場のポートフォリオのVaRは、エマージング市場のボラティリティとリスクが高いことによって、先進国市場のポートフォリオのVaRよりも高くなっているであろう。

流動性リスク、信用リスク、集中リスクのコントロール

　この分野では、運用ガイドラインのほうがVaRよりも有効に機能し、VaRを補完する優れたものと位置付けられる。

　市場の流動性に対して大きすぎるようなポジションが、簡単に流動化できるようなポジションに比べ高いリスクを負っていることを、VaR単独では見分けることができない。VaRはポジションをリスク

要因へと分解し、これらリスク要因のボラティリティを予定の保有期間にわたって計測して、潜在的損失を算出するものである。ボラティリティとは、一定期間における価格またはイールドの変化の標準偏差である。例えば、XYZ社の株式は平均的な1日の出来高が100万株で、株価変化のボラティリティが15%であるとする。もしもアクメ年金基金のエクイティ・プラスのマネジャーがXYZを1500万株保有しているとすれば、この株式のヒストリカル・ボラティリティはこのマネジャーには当てはまらない。というのは彼らが1500万株を売ろうと決定すれば、市場にインパクトを与え、したがってボラティリティは通常よりもずっと高くなるからである。VaRは、市場の流動性を超えてしまうようなポジションに対して調整を行うような簡単な方法を持ち合わせていない。実際、大きなポジションが市場に出てきたとき、市場がいかに大きく変化するか、見慣れたはずの者さえ驚かされることがよくある。この変化を正確に予測するのは、非常に困難である。

　VaRの誤りが深刻なものとなるのを避けるには幾つかアプローチがあり、そのひとつは広く一般に書かれているような運用ガイドラインですでに十分カバーされている。運用ガイドラインは、個別の株式、債券、および各国市場への集中を制限することで、これら証券のポートフォリオ中の割合が大きくなりすぎるのを防ぐものである。こうしてポートフォリオは合理的に分散投資されていることが保証され、VaRはリスク尺度として有効に機能することとなる。このアプローチは、ある運用会社のひとりのファンドマネジャーがポートフォリオを数多く運用しており、これらのポートフォリオを全体でとらえた場合には、ある特定の投資対象に集中しすぎているために、その行動によって市場を動かしてしまうリスクを冒すことになる、という事実には対応していない。しかしその一方で、たとえある証券が大幅に下落したとしても、各ポートフォリオにおいてその証券に対する投資金額を制限することで、その証券が各ポートフォリオの結果に及ぼし得る

影響を弱めることができるのである。

　もうひとつのアプローチは、流動性のある資産および流動性のない資産について、それぞれ異なった保有期間に対してVaRを計測することである。このとき、市場の流動性に対して過大な規模の資産、あるいは市場の流動性がそもそもないような資産については、これを流動化するために要すると思われる通常より長い期間を反映させる。これは、ポートフォリオの回転率が通常より高い銀行やヘッジファンドがしばしば取るアプローチである。結局のところ、ポートフォリオを流動化するために要する日数が問題となる。流動性のない投資が余分に抱えるリスクを示すために、保有期間で調整したVaRの推定値を用いるべきなのである。

　3番目のアプローチは、保有期間を一定に保つものの、流動性のないことを反映させるためにVaRを引き上げて調整することである。以下のような場合にこのアプローチが用いられる。

- マネジャーが、日次の出来高に比べて大きなポジションを取っている（たとえポートフォリオの集中ルールを超過していなかったとしても）
- 市場に明らかに流動性がない
- 市場が新しいためヒストリカルデータがなく、したがってボラティリティがゼロであるように見える可能性がある
- 構造的な理由によって市場のボラティリティが低い（管理通貨がしばしばそうであるように）が、そこにボラティリティ情報ではとらえることのできない、通貨切り下げのようなリスクが明らかに存在する

　このアプローチによってVaRが上乗せされ、ある保有期間における投資対象のボラティリティと、その保有期間内に流動化する必要が生じた場合にそのポジションが被るであろう実際の損失との間で（管

図8　VaRの上乗せの例

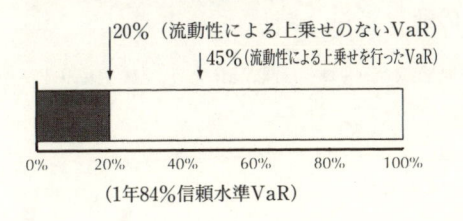

20%（流動性による上乗せのないVaR）
45%（流動性による上乗せを行ったVaR）

0%　　20%　　40%　　60%　　80%　　100%
（1年84%信頼水準VaR）

理通貨の場合にはその保有期間内に所与の確率で起こる可能性のある通貨切り下げとの間で）生じた差異が調整される。この上乗せ作業はサイエンスというよりもアートの部分が大きいが、少なくとも流動性の乏しさがもたらし得る追加的なリスクを考慮に入れるものである。

　図8に、VaRに上乗せを行う例を示す。ある保有資産のボラティリティは年率20%であるが、マネジャーが保有期間内に容易に売買できる数量よりもずっと多くの数量を保有していたとすれば、その潜在的損失は20%と100%の間のどこかに位置することになる。そのマネジャーのポジションが、1年の保有期間のなかで流動化されたとしたときに引き起こされるであろう市場の変動をモデル化することによって、リスク計測チームは45%という流動性の乏しさを考慮したうえでのVaRの数値に結論として達した。

VaRモデルを調整するためのバックテストの利用

　VaRは多くの仮定のうえに成り立っており、実際の市場においては、VaRが予測した最大損失額を超えるような例がよく見つかる。それでは、算出したVaRが潜在的なパフォーマンスをうまく予測するのかどうかを、どのようにして評価するのであろうか。

図9　バックテストの例

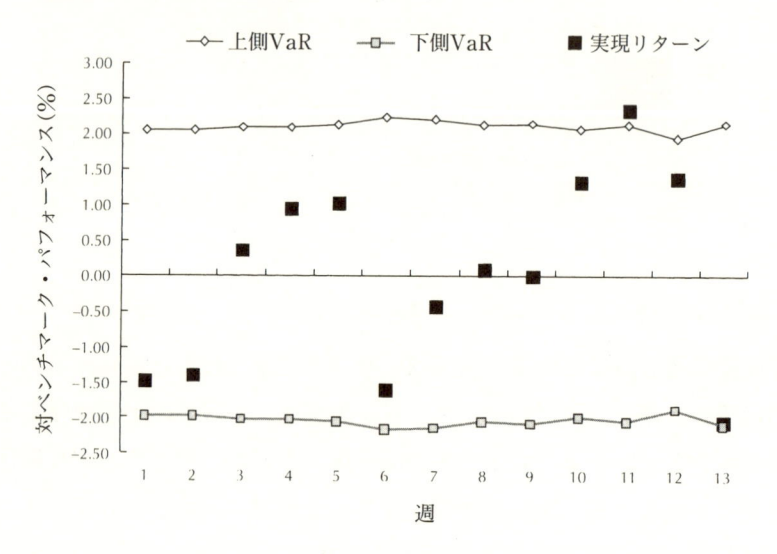

　バックテストは、VaRのユーザーが自身のモデルを調整するのに利用するツールである。しかしこれは、ある程度の頻度でVaRおよびパフォーマンスの計測を行っているポートフォリオにしか行えないものである。さもなくば、バックテストを行う時点の合間に発生したポートフォリオの変更のため、計測結果が歪められてしまうかもしれないからである。市場リスクキャピタルを評価するのに内部のVaRモデルを使用する銀行は、日次でバックテストを行っている。週次のバックテストというのもあり得るし、回転率が非常に低いポートフォリオについては月次のバックテストも可能である。

　図9にバックテストの例を示す。第1週のはじめにVaRの「予測」が行われる。これは、ポートフォリオがベンチマークに対し、1週間でアンダーパフォームする幅の最悪のケースを95%信頼区間で表している。第1週のVaRの予測値は2.00%の損失である。その週の終わ

りに、対ベンチマークの実際のパフォーマンスが計測される。この記録によれば、この週はベンチマークマイナス1.50%である。ポートフォリオの構成が変更されるのにしたがって、リスクおよびパフォーマンスの数値も変動するであろうが、もしもこのモデルが予測をきちんと行えるならば、VaRの予測値を実際の結果が下回るのは全体の5%だけのはずである。この「外側にある」データは数値としては巨大なものかもしれないが、これらが全体のデータ数の5%以下であるかぎり、モデルはその本来の意図したとおりに機能していることになる。

　図9において、全体の5％、すなわち0.7個のデータポイントは下方VaRの予測値よりも悪かったはずであるが、ひとつもない。同じ個数（0.7個）のデータが上方VaRの予測値を超えていたはずであり、これは1個存在する。したがってこの簡単な例は、かなりうまくいったバックテストであろう。VaRモデルの頑健性について正確な結論を導くには、より大規模なサンプルを用いるのが望ましい。

第7章
アクティブ・ファンドマネジャーのためのリスク・バジェッティング
──「グリーン・ゾーン」を用いたリターンの質の評価

ロバート・リッターマン
ジャックス・ロンガーステイ
ヤコブ・ローゼンガーテン
カート・ウィンクルマン
ゴールドマン・サックス・インベストメント・マネジメント

ゴルフでは「フェアウエー」、野球では「フェア」、アメリカン・フットボールでは「インバウンド」に当たる概念が、資産運用の世界にも存在する。私たちはこれを「グリーン・ゾーン」と命名する。

ファンドマネジャーの仕事は、さまざまなリターンを生み出すことであると言える。そのとき、マネジャーは顧客のためにリスクをとる。もし、マネジャーが終始一貫してリスクをとらなければ、運用報酬に見合う仕事をしていないことになる。逆に、あまりにも過度にリスクをとるのであれば、顧客の資産を危険にさらすことになるであろう。

私たちがグリーン・ゾーンと呼んでいるものは、運用を行うとき、ファンドマネジャーと顧客との間で適切であると合意されたリスクの範囲のことである。

資産運用業務においては通常、ファンドマネジャーの生み出すリターンは、市場インデックスのリターンと比較される。顧客が、インデックスのリターンを比較的低コストで手に入れることができるのであれば、これは妥当な基準となる。このような場合には、トラッキング・エラー（「トラッキング・エラー」は、ベンチマークに対するポートフォリオの相対リターンのボラティリティを年率換算したものであり、通常ベーシス・ポイント（bps）で表示される。ポートフォリオに明確なベンチマークを定めていない場合や、ベンチマークがリスクフリー・レートとなる場合もあるが、このような場合におけるトラッキング・エラーは、リスクフリー・レートに対する超過リターンのボラティリティである）が適切なリスク尺度となる。ファンドマネジャーはこの相対リスクを負担し、超過リターンを獲得しようと試みるのである。顧客にもまた、ファンドマネジャーと共にリスクについて検討する義務がある。顧客はこのとき、ポートフォリオの絶対リターンに関するリスクのみならず、対ベンチマークでどの程度のリスク（すなわち「アクティブリスク」）をとってほしいのかについて、ファンドマネジャーに対して明瞭な指針を示さなければならない。

　なぜグリーン・ゾーンが必要なのだろうか？（色によって範囲を分類定義し、これをリスク管理に用いるという考え方は、バーゼル銀行監督委員会によるマーケット・リスク管理のフレームワークで最初に用いられた。過去何年かの間、一部の銀行は自行のトレーディング業務において、その市場リスクをカバーするのに必要な自己資本額を、内部モデル、すなわちVaR型の計算方法によって測定することが認められていた。しかし、可能なかぎり最良のモデルを利用するように銀行に促すために、監督当局は所要自己資本額に乗数を課した。この乗数の値は各行の内部モデルがどの程度正確にリスクを予測できるかに依存する。バックテスティングの統計的な限界を認識したうえで、

委員会は3つの範囲について定義している。グリーン・ゾーンは、バックテスティングの結果から、銀行が使用するモデルの質や正確さに問題がないことを示すものである。イエロー・ゾーンは、モデルの質・正確さには疑問が残るという結果であるが、決定的なものではない。レッド・ゾーンは、バックテスティングの結果から、銀行のリスク・モデルにはほぼ間違いなく問題がある、ということを示している。この方法の詳細については、「マーケット・リスクに対する所要自己資本額算出に用いる内部モデルアプローチにおいてバック・テスティングを利用するための監督上のフレームワーク」［1996年1月］を参照のこと。原文はhttp://www.bis.org/publ/index.htmより入手可能である）。投資の最終的な目的とは、結局のところ、ベンチマークに対するポートフォリオのリターンを最大化することではないのだろうか？　パフォーマンスの「量」を測定する相対リターンの数値は、収益率分布の平均値を反映したものにすぎない。このため、この値だけでパフォーマンスを評価するのは不十分である。リターンの「質」についても評価を行う必要があるのだ。本章では次の主張を展開する。まず、資産運用を行う場合は、最初に顧客とファンドマネジャーとの間でトラッキング・エラーの適切な範囲を取り決めるべきである。また、パフォーマンスの品質を評価するうえで重要な尺度は、ポートフォリオのトラッキング・エラーが決められた範囲内に一貫してとどまっているかどうかということである。

　従来より、ファンドマネジャーのパフォーマンスは、ベンチマークに対する超過リターン、競争相手に対する相対リターン、あるいはリスク調整後のリターンなど、リターンを基にして評価されてきた。これはたしかに視点としては正しいものである。与えられたリスク水準のもとで期待リターンを高めるのが資産運用の目的だからである。

　しかし、リターンの水準のみでパフォーマンスを評価しようとすることには、2つの大きな問題がある。まず、平均値というのは非常に

不正確な統計値だということである。平均値と言った場合、収益率分布の平均値を直接観測できるわけではけっしてなく、実現したリターンから推測しているにすぎないのである。運と能力を区別するには長い時間を要する。数十年ではなく数年という単位で測定した場合、収益率分布の平均値を推定するときに発生する誤差のほうが、偉大な才能と平凡な能力との間に存在する実際の平均値の差と比べて大きくなりがちである。

　また、投資家の関心は今や単なるリターンではなく、リスク調整後のリターンであると広く認識されている。生のリターンよりインフォメーション・レシオ（年率換算したベンチマークに対する超過リターンの平均値をトラッキング・エラーで除した数値）のようなリスク調整後のリターンのほうが、より優れた注目すべき統計値であるということが急速に認識され始めているのである（さらに正確な話をすると、本来ボラティリティ自体は適切なリスク尺度ではないといったことが指摘できる。この点について、例えば、『ハーバード・ビジネス・レビュー』1965年1－2月号にある、ジャック・トレイナーの「How to rate management of investment funds［ファンド・マネジメントの評価方法］」などを参照していただきたい。特に、分散効果によって減少させることができるリスクは、それ自体リターン・プレミアムを生み出すものではない。MPT［現代ポートフォリオ理論］の示すところによると、リスク・プレミアムの主な源泉は、市場ポートフォリオに連動するリターンである。ひとつ言えることは、コモディティ、ロング・ショートや、その他相関のない資産で超過リターンを獲得できるファンドマネジャーは、ボラティリティの水準が同じであれば、株式と正の相関を持つポートフォリオで同程度のリターンを獲得できるマネジャーより高く評価されるべきである、ということだ。株式リターンに対する相関がマイナスである場合にはさらに価値がある。例えば、株のショート・ポジションで常にプラスのリターンを生み出

すことのできるマネジャーは非常に価値が高いのである。しかし、株式投資の長期平均リターンがプラスであるという事実を勘案すると、このような逆風下において、ショート・ポジションによってプラスのリターンを安定的に生み出せるとしたら、それはとてつもない偉業であると言えよう）。

投資家は、ファンドマネジャーに対し、トラッキング・エラーの範囲について合意するよう求めるべきである

リターンをリスクで調整することは重要な前進ではあるが、これだけでは先に挙げた最初の問題、すなわちリターンの平均値推定のときに生じる大きな誤差の問題に踏み込んだことにはならない。運と能力を明確に区別できるリスク調整後のパフォーマンス統計値を得るには、数十年とまではいかないまでも、長い時間を要するのである。

ほとんどの投資家は、投資を行うためにはリスクをとらなければならないことを認識している。結局のところ、リスクをとることこそが、リターンの源泉なのである（リターンはプラスになる場合とマイナスになる場合がある）。しかし、投資家にとってリスクは貴重な資源である。このため、ファンドマネジャーやほかの投資家においては、投資を行うには「リスク・バジェット」を効率的に管理する必要がある、ということが今や常識となりつつある。事業計画を綿密に策定する場合には、その目標収益が投下資本を正当化できるぎりぎりの線まで、経費を削減しなければならないというプレッシャーがかかる。これは経費予算だけではなく、リスク・バジェットにも当てはまることである。各投資先へのリスク・バジェットや資金配分を決定したら、次は予算を大幅に狂わせないようにするためのプロセスが必要になってくる。ファンドマネジャーがトラッキング・エラーを合意された範囲内に比較的安定して維持する能力を有する場合にかぎり、ファンドのリスク・バジェットの範囲内で効率的にアクティブ・リスクを管理する

ことができると信じている。

　本章において私たちが提案するのは、ファンドマネジャーの能力を別の視点から評価すべきということである。ファンドマネジャーは、リターンの平均値を高めることばかりに執心するのではなく、リスク管理、とりわけポートフォリオのトラッキング・エラーが変動する範囲の管理に注力すべきである（238ページのカッコ内における議論と同様の理由によって、市場全般のリターンと自己が運用する資産の対ベンチマークの超過リターンとの相関を低く抑えることを目標とすることも、ファンドマネジャーにとっては意味のあることであろう）。ほとんどのファンドマネジャーは、対ベンチマークのリスク調整後パフォーマンスを安定的に確保しようと努めている（もし仮にファンドマネジャーが自らのベンチマークをアウトパフォームしたとしても、こうしたリターンを生み出すために許容できないほどの高いトラッキング・エラーを必要とするならば、顧客はそのマネジャーへの投資を継続しないであろう。リスク・バジェットの浪費は、顧客のマネジャーに対する信頼を損ねることになるかもしれないのである）。このことは、トラッキング・エラーを管理するのに必要な能力を磨かなければならないことを意味する。パフォーマンスを評価するとき、彼らがどの程度この目標を達成したかに関する測定基準を持つことは、間違いなく意味があるものと思われる。

　ファンドマネジャーのリスク管理能力をモニタリングすべきもうひとつ別の理由がある。これはやや漠然としたものかもしれないが、おそらくより重要な理由である。それはポートフォリオのリスク管理を行うファンドマネジャーの能力は、顧客にとっての直接の関心事というだけでなく、マーケットをコンスタントにアウトパフォームする能力と強い相関がありそうだ、ということである。ポートフォリオを適切に構築できるかどうかは、ポートフォリオにおけるリスクの源泉を理解し定量化する能力、エクスポージャの大きさを適切にコントロー

ルできる能力、そして意図しないリスクを回避できる能力に依存している。ファンドマネジャーにとって、与えられたかぎりあるリスクを最適に配分して、リターンの平均レベルを一貫して高めていくためには、こうした能力を駆使することが必要である。

短期間におけるリスクの管理や測定は、収益率分布の平均値の管理や測定よりも容易である

こうしたリスク管理の能力があればこそ、ファンドマネジャーはグリーン・ゾーンにとどまり続けることができる。リスクの目標値を注意深く管理することは、少なくとも超過リターンを積み上げることに比べると、顧客にとってはさほど重要に思えないかもしれない。とはいえ、このリスク管理能力は、ファンドマネジャーを選択したり管理するときにおいて投資家やコンサルタントが利用すべき非常に重要な運用力の指標である、というのが私たちの見解である。

さらに、ファンドマネジャーの能力のうち、ボラティリティを目標値近辺にとどめる能力は、高いリターンを獲得する能力よりもはるかに正確に測定できる。これは、短期間における(あるいは中期においても)収益率分布のボラティリティは、その平均値よりもはるかに管理しやすく、かつ正確に測定できるからである。

ここで、ポートフォリオのトラッキング・エラーを、目標範囲と対比してモニタリングするための単純な方法を提案する。この基本的な考え方は、3つの範囲を定義し、事後トラッキング・エラーの結果を分類するというものである。最初の範囲は、事後トラッキング・エラーが目標値に近く、良い結果と見なされるもので、これを「グリーン・ゾーン」と呼んでいる。2番目の範囲である「イエロー・ゾーン」は、やや芳しくない結果を表す。事後トラッキング・エラーという値はランダムに生成されるため、適切に管理されているポートフォリオでさえも、ときにはイエロー・ゾーンに入ってしまうことがある。た

だし、能力のあるファンドマネジャーならば、イエロー・ゾーン内で運用を行うことはそう頻繁ではないはずである。また、イエロー・ゾーンに陥ることは危険信号と見なされるべきではあるが、正当な理由を伴う場合も多くある。最後に、悪い結果の範囲を「レッド・ゾーン」と定義する。ポートフォリオにおけるリスクの源泉を理解しているファンドマネジャーであれば、この範囲まで踏み込んでしまうことはまずあり得ない。レッド・ゾーンは単なる警告ではなく、ポートフォリオ構築プロセスにおけるコントロールの欠如を示唆するものである。

グリーン・ゾーン、イエロー・ゾーン、そしてレッド・ゾーンは、リスク・バジェットを管理するのに役立つ品質管理のツールである

　ファンドマネジャーの能力は、ポートフォリオのトラッキング・エラーをグリーン・ゾーンの範囲内に、運用期間中相当な割合でとどめることができるかどうかで（それがすべてではないにしろ、少なくとも部分的には）評価されるべきである。とはいえ、成功かどうかを判断する単純な方法などあり得るはずもない。標的を撃ち抜こうとするすべてのスポーツに当てはまるように、成功の確率は、競技者の能力のみならず環境によるところも大きいのだ。資産運用の場合における環境要因とは、例えば、時間と共に変化するボラティリティ、流動性、証券価格の透明性、およびポートフォリオのエクスポージャを変更するための取引コストなどであり、これらはマーケットによって異なるものである。

　私たちは、あえて色を用いた単純な分類方法を作り上げてきたのだが、そのあまりの単純さのため、誤解を招く可能性があることは承知している。ポートフォリオ構築や統計的予測の複雑さなどはもちろんのこと、さまざまな市場環境から生ずる不規則な影響のため、この方法を実務に適用しようとした場合は、多くの複雑な問題に悩まされることになる。これらには本章では深く掘り下げない問題も含まれる。

しかし、イエローやレッドの警告が発せられた場合、このシグナルの原因や意味合いを理解するうえで、これらの問題は非常に重要であることを強調したい。

目標とする範囲内にトラッキング・エラーを収めようとしたとき、最も難しい問題のひとつは、その幅をどのくらいの広さに設定するかということである。目標範囲の幅を広げれば広げるほど、そのなかに収めることは簡単となる。一方顧客にとっては、目標範囲が広ければ広いほど、厳密なリスク管理ができなくなる。また委託された資産の規模がどうであれ、目標範囲の拡大はリスク・バジェットをさらに使い果たしていくことになる。さらに、目標範囲をより広く設定した場合に、その範囲から乖離することは、相対的に強いシグナルが発せられていることを意味することになる。このように、目標範囲を決めるときには常にバランスを考える必要がある。

こうした理解の難しさがあるとはいえ、資産運用業界は、顧客に対して自己のリスク管理の制約をより適切に定義して伝える必要性を感じている。ファンドマネジャーは、運用を委託された時点において、顧客とトラッキング・エラーの目標範囲について議論し、そして範囲を決定するべきである。また、目標範囲を超過した場合は、その理由や、そのとき取るべき行動、または実際に取った行動について議論するべきである。また、顧客の側では、どのような市場環境のときに投資手法が機能しないのか、そしてどのようなリスクが想定されるのかについて明確にするように、ファンドマネジャーに求めることが重要である。例えば、ファンドマネジャーが、トラッキング・エラーがグリーン・ゾーンから外れる原因となり得る環境を事前に特定できたとする。このとき顧客は、実際に外れてしまった場合にも、これは長期的なものではなく短期的なものである、という高い確信を持つことができるかもしれない。このように明確で定量的なコミュニケーションは、顧客とファンドマネジャーとの間の相互理解を深めるはずであり、

この場合、パフォーマンスがたとえ期待はずれに終わったとしても、紛争に発展する可能性は低いであろう。

ポートフォリオのリスク管理の成功を判断する基準とは

残念ながら、これまで論じたとおり、ポートフォリオのトラッキング・エラーの管理が適切であったかどうかを判断する絶対的な基準があるわけではない。あまりにも多様な状況が混在するため、適切かどうかを判断する標準的な方法がただひとつ存在するということはあり得ないのである。金融先物取引のように非常に流動性の高い商品に投資するファンドマネジャーであれば、非常に素早く、しかもほとんどコストをかけずにエクスポージャを調整することができる。一方、エマージング市場の証券のように、流動性が比較的低い商品に投資するファンドマネジャーは、ポジションの調整のために多額のコストを支払わなければならない。投資家は、後者のようなファンドマネジャーに対し、前者のようなファンドマネジャーと同じぐらい厳格なトラッキング・エラーの管理を期待したり、望むべきではない。

リスクとリターンの見通しを立てるためには、顧客とファンドマネジャーとの間の明瞭なコミュニケーションが不可欠である

もうひとつ考慮しなければならないことは、ファンドマネジャーの運用スタイルである。ボラティリティを毎日ある一定のレベルに保つという運用プロセスに従うファンドマネジャーもいれば、マーケットにおける収益の機会をうかがい、機会が到来したときにポートフォリオのリスクを高めるというファンドマネジャーもいるであろう。この場合、後者のリターンのボラティリティは、前者のそれよりも、終始一貫して大きくなることが明らかである。

これまで見てきた点や、その他多くの事情を考慮すると、適切なト

ラッキング・エラーの範囲を定義する唯一の方法があるとは考えられない。私たちは、ポートフォリオのリスクを管理する能力というのは、資産運用会社が提供するサービスの中核をなすと考える。しかし、「すべてのファンドマネジャーは、トラッキング・エラーを、目標値のまわりの定められた範囲内に、運用期間中一定の割合で維持するように期待されてしかるべきである」などといった提案を正当化することはできない。この章においては、このような型にはまった提案をするのではなく、ある特定の状況において予想されることについての具体的な例を提示する。この具体例を通して、ファンドマネジャーと顧客がこの問題について注意深く検討するような機会を提供したい。そして両者が有益な議論を行い、何を期待でき、何を期待すべきではないかということに対する理解が深まれば幸いである。

事後トラッキング・エラーのモニタリング

一般に、「トラッキング・エラー」という用語は、ベンチマークに対するポートフォリオの超過リターンのボラティリティを意味する。しかし本章では「トラッキング・エラー」という用語を用いるとき、4つの異なる状況において、それぞれ区別して取り扱う。すなわち以下のような4つの概念に分類する。

- **事後トラッキング・エラー** 過去のある期間において実際に実現された超過リターンのボラティリティ
- **目標トラッキング・エラー** 事後トラッキング・エラーを評価するための、トラッキング・エラーの目標値
- **真のトラッキング・エラー** ある時点における、実際の超過リターンが従う分布のボラティリティ(観測不可能)
- **推定トラッキング・エラー** ある時点における、ポートフォリオの真のトラッキング・エラーの統計的手法による予測値ないしは

推定値

　以上の定義に基づき、それぞれ異なるトラッキング・エラーの概念に注目しながら、ファンドマネジャーがとるべきステップを以下に示す。

- 運用開始時点において、目標トラッキング・エラーの適切な水準や範囲を顧客と合意する
- 運用中は、ポートフォリオの事後トラッキング・エラーやその他の情報を利用して、推定トラッキング・エラーの精度向上に努める
- 真のトラッキング・エラーをできるだけ目標トラッキング・エラーに近づけるため、取引コストやその他の要因を考慮するなど、適切な行動をとる
- 運用プロセスに照らして必要と思われる場合は目標トラッキング・エラーを調整する。そして必要に応じて顧客に通知する

さらに顧客がとるべき行動を以下に示す。
- 運用開始時点において、目標トラッキング・エラーの適切な水準や範囲をファンドマネジャーと合意する
- 運用中は事後トラッキング・エラーをモニタリングする
- もし事後トラッキング・エラーが合意した範囲から大きく逸脱したならば、ファンドマネジャーとその不一致について議論する

　ここでは特に、ファンドマネジャーが顧客に対して責任を負うべきトラッキング・エラーは事後トラッキング・エラーであることを強調しておきたい。ファンドマネジャーも顧客も真のトラッキング・エラーが何であるかを知る由もない、ということは事実として明らかであろう。しかし次の事実についてはあまり知られていないようである。すなわち、ファンドマネジャーはトラッキング・エラーの最善の推定

値が何であるかを、そしてその推定は議論のポイントまたは運用プロセスの一部でさえあることを知っているべきであるが、一方で顧客にとって重要なのは、結局のところ、予想される収益率分布ではなく実現した収益率分布なのである。

基金の運用方針やガイドラインにトラッキング・エラーに関する方針を定めることは良い考えである

　残念ながら、トラッキング・エラーの概念の違いを区別できないために、混乱が生じることがある。例えば、モデルから顧客の期待どおりの推定トラッキング・エラーを得られるまでファンドマネジャーがポジションの調整を行う、といった運用プロセスが往々にして存在する。これは妥当な運用方針のように思われるかもしれないが、この方法の弱点はモデルがうまく機能しなかったときの対応策が含まれていないことである。すべてのリスク・モデルは概算値を示しているにすぎない。このため、事後トラッキング・エラーがモデルの推定トラッキング・エラーよりはるかに、しかも一貫して高い、ということがよく起こる。ファンドマネジャーはリスク・モデルの予測にしたがって盲目的に管理を行うべきではない。ファンドマネジャーがモデルを使うときは、そのモデルの限界を理解し、実際の結果に対して責任を負う必要がある。

グリーン・ゾーン、イエロー・ゾーン、レッド・ゾーンの定義

　消費者が大きな買い物をするとき、一般的に品質に関する明確な基準があるはずである。だれも自分の期待にそぐわない買い物には満足しないであろう。同様に、ファンドマネジャーにも明確な基準があるべきだと私たちは思う。トラッキング・エラーの範囲を決める目的は、リスクをどの程度とるかについて、顧客とファンドマネジャーが事前

に見込みをつけておくことである。

　ファンドマネジャーのパフォーマンスの質をモニタリングすることに関し、さまざまな問題が存在するが、いずれも複雑であり、十分に理解されていない。混乱を招いている大きな要因のひとつは、トラッキング・エラーの測定における不確実性である。結局、トラッキング・エラーは推定された統計量にすぎないのである。ひとまず、トラッキング・エラーは観測可能であり、不確実な統計量ではないと仮定して、これらの問題を整理してみよう。

　もしトラッキング・エラーが観測可能であるならば、ポートフォリオのリスク管理が適切であったかどうかをモニタリングすることは比較的容易であろう。例えば、ファンドマネジャーはトラッキング・エラーをある範囲内（例えば、年率のボラティリティで300bpsと500bpsの間）に維持することに同意し、顧客はこれをモニタリングする、といったことができよう。トラッキング・エラーが範囲を逸脱するような理由には、幾つもの種類があることが想定される。このため、顧客とファンドマネジャーとの間で、理由確認のために話し合うことになるであろう。この話し合いでは、トラッキング・エラーは部分的にしかファンドマネジャーのコントロール下にない、という明白な事実に焦点が当たるであろう。保有証券のボラティリティや相関関係の変化、そしてポジション調整のコストなど、すべての要因がコントロールを非常に困難にするのである。このため、議論のポイントは、範囲が十分広いかどうか、そしてファンドマネジャーが範囲から外れることに至った明白な理由があるかどうかということになる。この状況は、決められた高度で飛ぶように指示されているパイロットにちょっと似ている。パイロットはその高度近くにとどまるように努力すべきであるが、当然ながら航空管制は、気流やその他の不確定要素のため、目標高度の周辺においてある程度のブレが生じてしまうということを理解している、というのがこの指示の実際の意味するところである。す

なわち、この指示の実質的な意味は、パイロットは目標高度周辺の指定された範囲内に高度を維持すべきであるということを、パイロットと航空管制は事前に合意しているということなのである（たとえ航空機の高度がトラッキング・エラーより測定しやすいものだとしても、その測定は環境によってさまざまな影響を受ける。例えば、航空機間の垂直距離の測定は、航空機がレーダー探知範囲内を飛行しているか否かに依存している［航空管制官は、アメリカの中西部上空の状況については明確に認識しているが、航空機が大西洋上空を飛行している場合には、飛行位置を推測することしかできない］。同様に、グリーン、イエロー、レッドの各ゾーンの範囲は、ベンチマークがマネジャーの運用哲学にどの程度沿っているかといったさまざまな要因に依存している、というのが私たちの見解である。マネジャーに付与されたリスク・コントロール上のパラメーターについては強く意識すべきではあるが、ベンチマークが不透明、またはベンチマークどおりの運用が不可能な投資対象については、より柔軟な幅を設ける必要がある）。

ファンドマネジャーから送られる日次のパフォーマンス・データは、パフォーマンスに大きな影響を及ぼす前に、投資家が潜在的なトラッキング・エラーの問題を認識するのに役立つ

残念ながら、リスクは実際に観測可能な数値ではなく、むしろ統計量であるため、標本誤差の影響を受けてしまう。統計の推定値が異なれば、その特性も異なったものとなる。例えば、トラッキング・エラーの推定値がボラティリティの変化を迅速にとらえようとするものである場合、これは標本誤差の影響を大きく受けることになろう。したがって、バランスをとることが必要である。事後トラッキング・エラー（統計的な推定プロセスの結果である）は、真のトラッキング・エラー水準（これ自身は計測不能である）の周辺で変動するであろう。残念ながら、このような測定の問題があるために、リスク管理が適切

かどうかについての評価は困難であることが多い。また、リスクの定量的尺度に関するファンドマネジャーと顧客との間のコミュニケーションは、あいまいなものとなりがちである。最近の有名な事例のうち、ファンドマネジャーのリスク管理の失敗や損失への潜在的な責任追求が争点となった訴訟については、あいまいなコミュニケーションがその一因となっていることを疑う余地がない。

　前の段落で論じた測定の問題は重要ではあるが、このことがしっかり認識されたり、理解されていれば、適切なリスク管理を行ううえで大きな障害とはならない。飛行機の例えに戻ると、それはまるでレーダーを用いて飛行機の高度を測定するとき、ある程度の不確実性を伴うようなものである。不確実性が認識され、事前に同意された飛行機の高度範囲が十分に大きいかぎり、高度を測定するときの不確実性は対応可能な問題となるのである。

　資産運用において、目標トラッキング・エラーの範囲はある程度広さを有する必要がある。なぜなら、事後トラッキング・エラーは市場のボラティリティの変化に絶えず翻弄されるからである。測定の問題はこのトラッキング・エラーの範囲を考慮して理解する必要がある。問題は、私たちが正確にトラッキング・エラーを計測できるかどうかということではない（実際のところ、それは不可能である）。ファンドの全体のパフォーマンスに悪影響を及ぼす問題を認識し、対処することが可能な程度に十分な精度とタイミングをもってトラッキング・エラーを計測できるかどうかが問題なのである。日次のパフォーマンス・データを用いれば、真のトラッキング・エラーに関する多くの情報が得られることが分かるであろう。日次データによってボラティリティの短期の移動平均を求め、これをトラッキング・エラーの推定値とする場合、標本誤差の影響によって、この推定値には真のトラッキング・エラーからの誤差がある程度の範囲を伴って生じることになる。これは理想的とは言えないながらも、ファンド全体のリスク・バジェ

ットを配分するにあたって許容可能な目標トラッキング・エラーの幅というものを考慮した場合、モニタリングを行ううえでは十分利用可能なものであろう。

今この瞬間に何が起きているかを計測することが重要である

おもしろいことに、ほとんどのファンドマネジャーは、日次のパフォーマンス・データに基づいた、ボラティリティの短期の移動平均によるトラッキング・エラーの値には注目してこなかった。一般に、資産運用業界において、事後トラッキング・エラーは、比較的計測頻度の低いリターンに基づいた、長期の移動平均を利用して計測される。典型的なものは、月次リターンに基づいた3年間の移動平均をトラッキング・エラーとして利用するという方法である。残念ながら、このような方法はあまり正確とは言えない。また、観測されたときにはすでに過去のものとなっているのである。再び飛行機の例えに戻ると、この方法は、航空機の高度を推定するために時代遅れの技術を使うことと同じである。すなわち、飛行機の高度を推定するために、分度器を使って2地点と飛行機との角度を求め、三角測量を行うようなものである。この推定は非常に不確実であり、そもそも推定結果が出るのは飛行機が遠くに行ってしまった後である。このような方法で航空管制を行うことは不可能であり、同様に、資産運用におけるポートフォリオのリスク管理もこのような方法で行ってはならない。

私たちは、トラッキング・エラーの推定値として、日次リターンの2乗の20日および60日の移動平均を提案する。なぜならば、これらはファンドマネジャーにとってはレーダーに基づいた高度測定のごとく、今この瞬間に何が起きているか、比較的素早く正確に計測してくれるからである。ポートフォリオの対ベンチマークの相対リターンについて、そのボラティリティに異変が生じた場合、この方法を用いれば比較的迅速に察知することができるであろうし、おそらく状況の是正も

間に合うであろう。

　ここで、トラッキング・エラーの管理に関連する問題を、2つに分けて考えたい。まず、ボラティリティの推定値の不確実性である。次に、真のボラティリティそのものの時間的変化である。ボラティリティの推定値の統計上の不確実性は十分理解されており、また容易に説明することができる。図1は、真のトラッキング・エラーがある一定値として与えられているとき、20日および60日の移動平均によるトラッキング・エラーの推定値が、時系列で見るとどのような状況となるかを示す例である（本章の議論はトラッキング・エラーの絶対水準とは何の関係もない。私たちのアプローチは目標トラッキング・エラーが1％であっても、または5％であっても機能するものである。私たちの関心は、事後トラッキング・エラーの目標水準に対する比率であり、結果はすべてこの形式で表示している）。日次のパフォーマンス・データを用いると、週次や月次を用いる場合に比べ、短期間でより多くの情報を得ることができる。しかも、20日から60日まで移動平均期間を伸ばすだけで、推定誤差の大幅な減少が見受けられる。なお、図1の2つのグラフでは、真のトラッキング・エラーは一定で、その値は目標値に等しいと仮定している。

　図1のような時系列のシミュレーションを繰り返し、得られた事後トラッキング・エラーの目標値に対する比率を計算する。そして、これが特定の範囲に収まる頻度を数え上げる。こうすることで、20日および60日の2種類のトラッキング・エラーについて、その計測結果の分布を図示したヒストグラムを作ることができる（超過リターンが正規分布に従い、そのボラティリティは一定であるという単純かつ理想的な状況の場合、これらのトラッキング・エラー推定値を2乗した値の真の分布は、よく知られているとおり、観測したデータ数に等しい自由度を持つカイ2乗分布に従う）。この結果は図2に示されている。

　この分布から分かるとおり、60日という、より長期間のデータを用

図1

(a) 例：20日間トラッキング・エラー推定値（一定ボラティリティ）

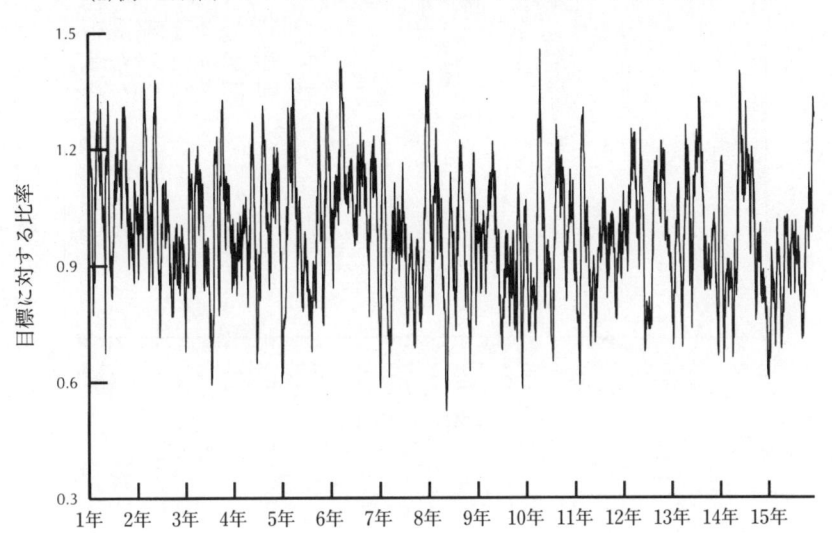

(b) 例：60日間トラッキング・エラー推定値（一定ボラティリティ）

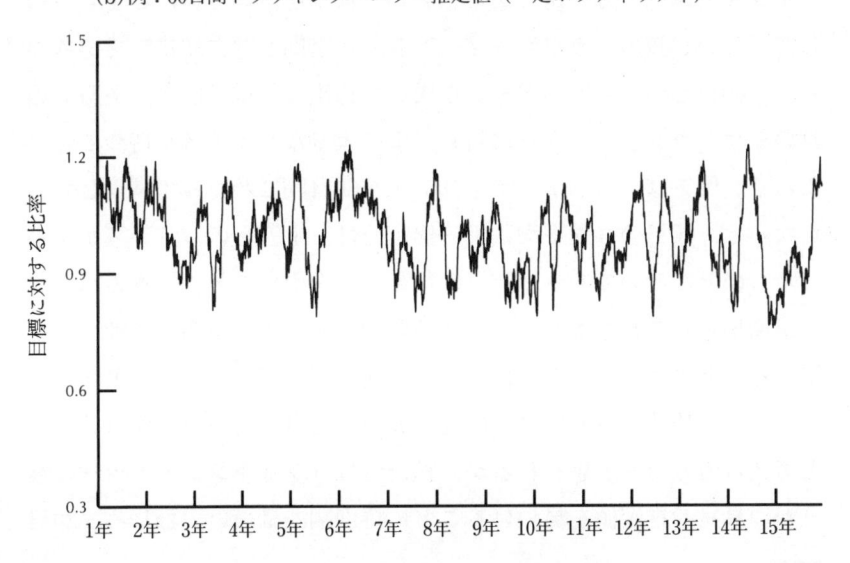

図2　トラッキング・エラー理論値の分布（一定ボラティリティ）

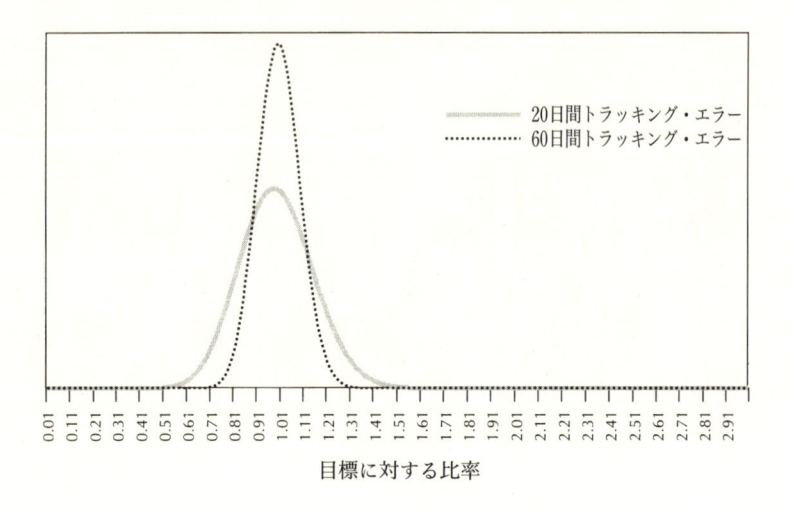

凡例：20日間トラッキング・エラー／60日間トラッキング・エラー

横軸：目標に対する比率

いて移動平均を算出することのメリットは、標本がばらつくことによって推定値が受ける影響を減少させることである。しかし、真のトラッキング・エラーは一定である、という仮定を置いていたことに注目してほしい。真のトラッキング・エラーが時間と共に変化しているならば、60日という長期のデータを用いて算出した推定値は、各時点の真のトラッキング・エラーに対してより大きなバイアスを持つことになろう。例えば、もしボラティリティが60日間にわたって減少し続けたならば、60日の移動平均による推定値は、上方へのバイアスがかかったものとなるのである。20日の移動平均を用いると、標本のバラツキが増加し、これもまたバイアスの要因となるが、長期の移動平均を用いることによるバイアスは、この短期のバイアスよりも、平均してより多くの誤差を生み出す可能性が高い。最良の推定値を探求したいと考える方もいると思われるが、私たちはトラッキング・エラーの唯一かつ最良の推定値を見つけることに特別関心はない。むしろ、20日

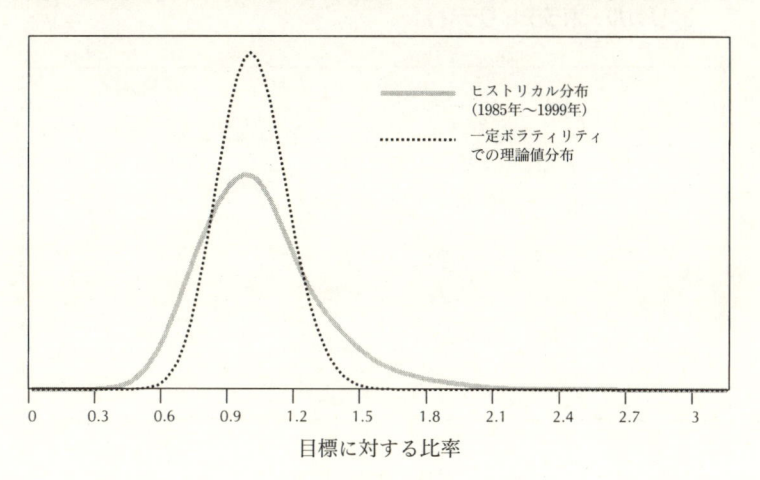

図3　20日間トラッキング・エラーの分布（一定ボラティリティ対ヒストリカル・ボラティリティ）

ヒストリカル分布
（1985年～1999年）

一定ボラティリティ
での理論値分布

目標に対する比率

と60日の両方の数字が明確かつ最新のリスク指標として適度に機能すること、すなわち、これらの数字をモニタリングすることによって、ポートフォリオにどの程度のリスクが各時点において内包されているのかについて、最新かつ適度に明瞭な情報の入手を望んでいるのである。私たちは主として60日の推定値を用いるが、ボラティリティの直近における変化の有無をとらえるため、20日の推定値も利用する。とはいえ、20日の推定値は標本の大きなバラツキを伴っており、20日と60日の推定値の差異が単に標本誤差によるものであるという可能性についても認識している。

これまでは、ボラティリティに変化がない理想的な世界における推定値の特性を見てきたが、ここでボラティリティが時間と共に変化する現実の世界のデータを利用し、この場合の推定値の特性に目を向けることにする。図3において、実際の過去データに基づいた20日のトラッキング・エラー推定値の分布（この分布は、補足にて詳述したシ

図4　60日間トラッキング・エラーの分布（一定ボラティリティ対ヒストリカル・ボラティリティ）

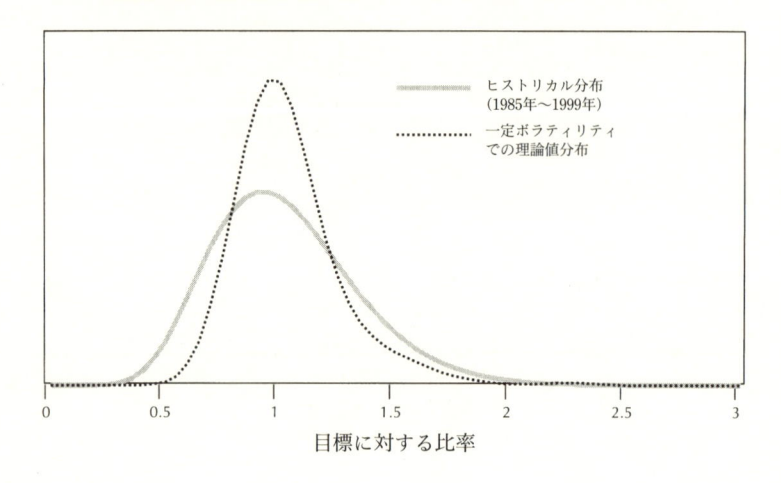

凡例：
ヒストリカル分布（1985年～1999年）
一定ボラティリティでの理論値分布

横軸：目標に対する比率

ミュレーション方法に基づいており、ランダムなエクスポージャを持つポートフォリオについて、過去データを用いて多数のシミュレーションを行って得られた結果の平均を表している）と、ボラティリティが一定である場合のそれとを比較した。これによると、ボラティリティが時間と共に変化することによる、過去データに基づいた推定結果のバラツキは、ボラティリティが一定である場合のそれと比較してかなり大きいことが分かる。この結果から、トラッキング・エラーが時間と共に変化していることに関する明白な証拠や、その重要性を認識することができる。図4において、60日のトラッキング・エラー推定値についても同じような比較を行ったが、先の20日のケースと同様に過去データに基づいた推定結果のバラツキが拡大する傾向が見られた。このように、市場におけるボラティリティはファンドマネジャーが対処しなければならない現実であり、顧客もこの現実に備えなければならない。

図5では、過去データを用いて500回行ったシミュレーションのうちのひとつを取り出し、その20日と60日のトラッキング・エラー推定値について、時系列の特性を比較している。これによると、60日のトラッキング・エラー推定値は、20日の推定値よりはるかに滑らかであることが分かる。このように期間を延ばすことで、推定誤差をある程度は取り除くことができるが、これは同時に、ポートフォリオに内在する真のトラッキング・エラーの変化に対する推定値の調整を遅らせることになる。この現象は、1987年における株式市場の大暴落後の数カ月を考えれば明らかである。しかし、これら2種類の推定値を継続的にモニタリングすれば、ポートフォリオのトラッキング・エラーの範囲、現在の水準、および最近の動向が比較的明らかなものとなる。

　結局のところ、対処しなければならない問題は2つ存在する。すなわち、どのようなトラッキング・エラーの推定値であれ、標本のバラツキは大きいということと、市場に内在するリスクは、時間と共に大きく変化するということである。日次のパフォーマンス・データを用いることで、トラッキング・エラーの測定に関するよい手掛かりが得られよう。しかし、これら2つの問題から、ファンドマネジャーが事後トラッキング・エラーを目標値周辺の狭い範囲内へ収めるのは困難であることが分かるであろう。

　それでは、ポートフォリオのリスク管理をモニタリングするためには、どのようにトラッキング・エラーを利用すればいいのだろうか？私たちは、先に言及したグリーン・ゾーン、イエロー・ゾーン、レッド・ゾーンに基づく単純な方法を提案する。これは何か異常が発生したときにシグナルを発するというものである。シグナルが発せられたとき、実際に問題が発生している場合もあれば、そうでない場合もあろう。しかし、このシグナルをとらえたとき、事態を検証し、問題の有無を判断するためのプロセスを策定しておくことができる。この考え方のポイントは、ファンドマネジャーが見込みどおりにポートフォ

図5

(a) 20日間ヒストリカル・トラッキング・エラーの推移

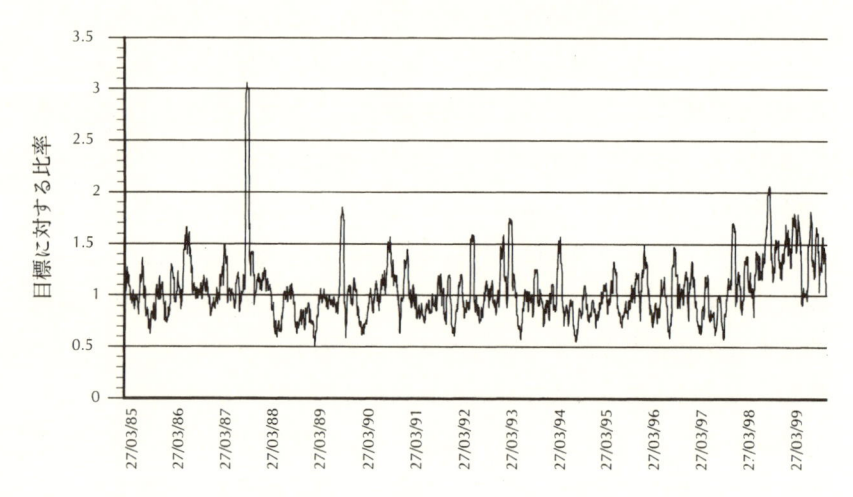

(b) 60日間ヒストリカル・トラッキング・エラーの推移

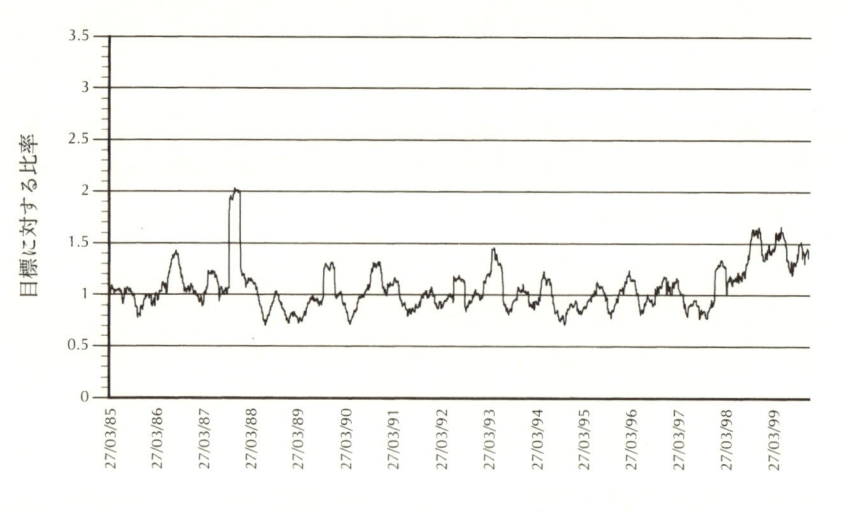

リオを管理できているときには、事後トラッキング・エラーは運用期間中ほとんどの期間においてグリーン・ゾーンに収まるように、リスクの許容範囲やモニタリングのプロセスを作ることにある。したがって、問題発生の可能性を示唆するシグナルは、理想的には、マーケットの状態が異常な場合にのみ発せられるということになる。

スリー・ゾーン・アプローチは、異常発生を知らせるシグナルを発する

いくぶん恣意的ではあるが、ここで「異常な出来事」を、年に2回を越えては起こらないと考えられる出来事と定義する。これは、問題の可能性を示唆するシグナルがごくまれにしか発せられないように、範囲を広めに設定することを目的としている。ここで、私たちはグリーン・ゾーンの設定方法として次のとおり提案する。すなわち、まず固定ウエートのポートフォリオを考える。このポートフォリオの事後トラッキング・エラーは不規則に変動するが、平均的には目標トラッキング・エラーに一致するように調整がなされている。そして、このようなポートフォリオの事後トラッキング・エラーが、年2回（上側と下側にそれぞれ一度ずつ）を上回る頻度で外れることのないような、十分に広い範囲をグリーン・ゾーンとして設定するのである（より正確には、細部について2、3点指摘しなければならないことがある。まず、事後トラッキング・エラーが一定の確率の下で収まるような範囲としては、さまざまなものが考えられる。例えば、範囲を目標値のまわりに設定することもできるし、分布の上端、または下端をすべて包み込むような範囲を設定することもできる。私たちが提示したのは、ポートフォリオのエクスポージャが一定に保たれた場合、トラッキング・エラーが上側と下側にそれぞれ年1回ずつ外れるような範囲をグリーン・ゾーンとして設定する、という方法である。次に、何を「シグナル」と考えるのかについて正確に定義する必要がある。トラッキ

ング・エラーが設定された範囲をたった1日だけ内から外に突き抜ける、といった場合をシグナルとして扱いたくはない。もしこれをシグナルとして扱うのであれば、トラッキング・エラーがグリーン・ゾーンとイエロー・ゾーンの境界線近くにある場合、数多くのシグナルが発生することになる。したがって、その代わりに、トラッキング・エラーの平均値が過去2週間連続してグリーン・ゾーンの内側にあり、その後平均値がグリーン・ゾーンの外側に2週間連続して位置する場合をシグナルと定義する。また、正確さを期すため、前月中に同じ境界線でシグナルが発生していた場合には、新たな「シグナル」としては認識しないことにする)。

当然ながら、ここで発せられるシグナルは、異常な出来事が起きているときでさえも、その大半の場合において問題の発生や何らかの措置を取るべき必要性を必ずしも示唆しているわけではない、ということを認識する必要がある。事後トラッキング・エラーがグリーン・ゾーンから外れたときに点灯するイエロー・シグナルは、たいていの場合、何か異常が発生してはいるものの、それほど重大ではない、という合図にすぎないであろう。設計上、たとえ真のトラッキング・エラーが目標トラッキング・エラーに等しい固定ウエートのポートフォリオでさえも、年に2回、そのようなシグナルを発するものと予想される。もちろん、実際には、ファンドマネジャーはエクスポージャを固定とせず変更している。これは、高いリターンを生み出すためばかりでなく、変動する市場のボラティリティを相殺するためのものである場合もあろう。市場の取引コストが低い場合、ファンドマネジャーは、トラッキング・エラーがグリーン・ゾーンの境界にまで達するような市場環境の変化にも容易に対応できる。したがって、この場合には、シグナルが検出される回数はもっと少なくなることが予想されよう。

一方、事後トラッキング・エラーが目標値からあまりに大きく外れ

てしまい、ポートフォリオが目標トラッキング・エラーに沿うことなく運用されているのでないかぎり、このような事態に陥ることはきわめてまれである、といったような場合には、改めて別のシグナルが検出されることが望ましい。先に、「異常な出来事」は年に2回を超えて発生しないと定義した。同様に、「きわめてまれな出来事」を、5年で2回を超えて発生しない出来事と定義する。つまり5年間で、上側に一度、下側に一度発生するだけである。

　ここでイエロー・ゾーンをグリーン・ゾーンと同様にして定義する。すなわち、目標トラッキング・エラーに合わせて構築された固定ウエートのポートフォリオについて、市場におけるボラティリティの変化やリスクのモニタリングに伴う統計的な誤差によって、事後トラッキング・エラーが大きく振れてレッド・シグナルが5年に一度点灯する状況を考える。そして、この事後トラッキング・エラーが、5年に一度を超えて上側に外れることはなく、下側についても同様であるような範囲としてイエロー・ゾーンを設定するのである。

事前にリスクの範囲を設定するというプロセスをとることで、顧客とファンドマネジャーはリスクについての見通しをうまく共有することができる

　ここでまず、確率的基準にしたがって範囲を設定することの難しさや、範囲の大きさはマーケットによって異なるという事実を受け入れる。そのうえで、米国株式の過去データを用いたシミュレーションと、20日および60日の移動平均に基づいた事後トラッキング・エラーから得られる指針を示すことにする。詳細については補足で述べるが、このシミュレーションによって、シミュレーションで利用した期間のマーケットにおいて、20日および60日の各推定値について疑似シグナルが検出される確率をそれぞれ必要な水準に設定するためには、範囲としてどの程度の幅を要したのかを知ることができる。なお、運用スタ

イルやマーケットが異なれば、この指針は修正を要するであろう。

　図6と図7はトラッキング・エラー推定値の分布を示している。これは米国株式の過去15年間の日次リターンを用いたシミュレーションの結果である。ポートフォリオのウエートは各シミュレーションごとにランダムに決定されたが、そのウエートは各シミュレーションにおいては常に一定に保たれた。すなわち、各シミュレーションは固定ウエートの異なるポートフォリオに基づいてそれぞれ行われたものである。図のヒストグラムは、500回以上繰り返したシミュレーション結果の平均を表している。このシミュレーション結果を基に、グリーン、イエロー、レッドの各ゾーンを設定した。注で定義しているとおり、トラッキング・エラーがイエロー、レッドの各ゾーンに入り込んだ場合、それぞれ「異常な出来事」と「きわめてまれな出来事」を示すシグナルが点灯する。なお、各ゾーンは、これらのシグナルが決められた確率（先に定義した各「出来事」の発生確率）で点灯するように考慮したうえで設定された。図8は、20日および60日のトラッキング・エラー推定値に対する各ゾーンを色分けし、それぞれのシミュレーションから抽出したトラッキング・エラーの時系列サンプルと共に表示したものである。

　図8（b）から、このポートフォリオのトラッキング・エラーは、直近2年間において、ほとんどイエロー・ゾーンにとどまっているということが分かる。もちろんこれは、ウエートがランダムに決められた特定のポートフォリオの一例にすぎないものであるが、実際のところ、ほかのポートフォリオもほぼ同様の動きを示している。多くの方々がすでにお気づきのように、この2年間におけるリターンのボラティリティは市場横断的に尋常ではなく、これがトラッキング・エラーの上昇を招いたのである。このような状況においては、エクスポージャを落とすことがファンドマネジャーとして賢明な行動と言えよう。なお、このシミュレーションではエクスポージャの調整を行っていな

図6　20日間トラッキング・エラーの分布

グリーン
イエロー
レッド

72%
61%
137%
183%

0.0 0.2 0.3 0.5 0.6 0.8 0.9 1.1 1.2 1.4 1.5 1.7 1.8 2.0 2.1 2.3 2.4 2.6 2.7 2.9 3.0 3.1

目標に対する比率

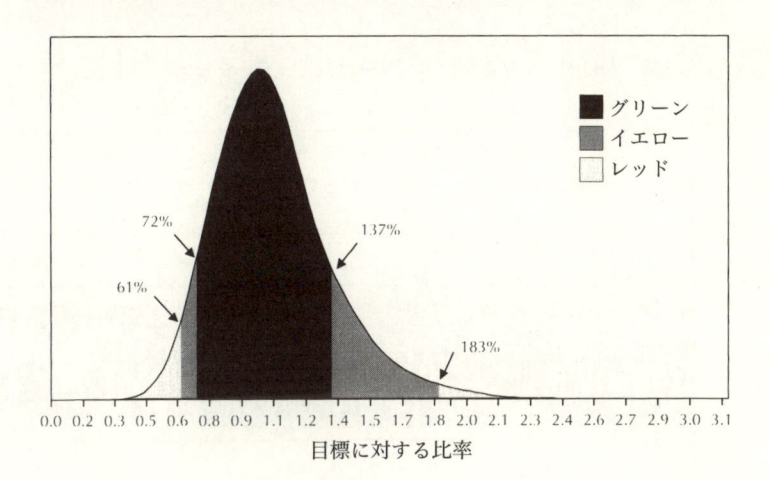

図7　60日間トラッキング・エラーの分布

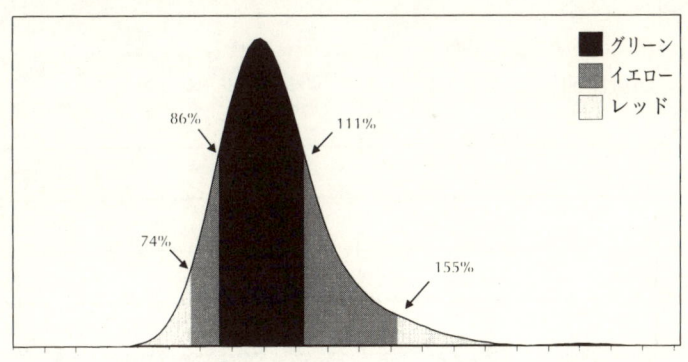

グリーン
イエロー
レッド

86%
74%
111%
155%

0.0 0.1 0.3 0.4 0.5 0.6 0.8 0.9 1.0 1.1 1.3 1.4 1.5 1.6 1.8 1.9 2.0 2.1 2.3 2.4 2.5 2.6

目標に対する比率

図8

(a)例：20日間トラッキング・エラーのシミュレーション

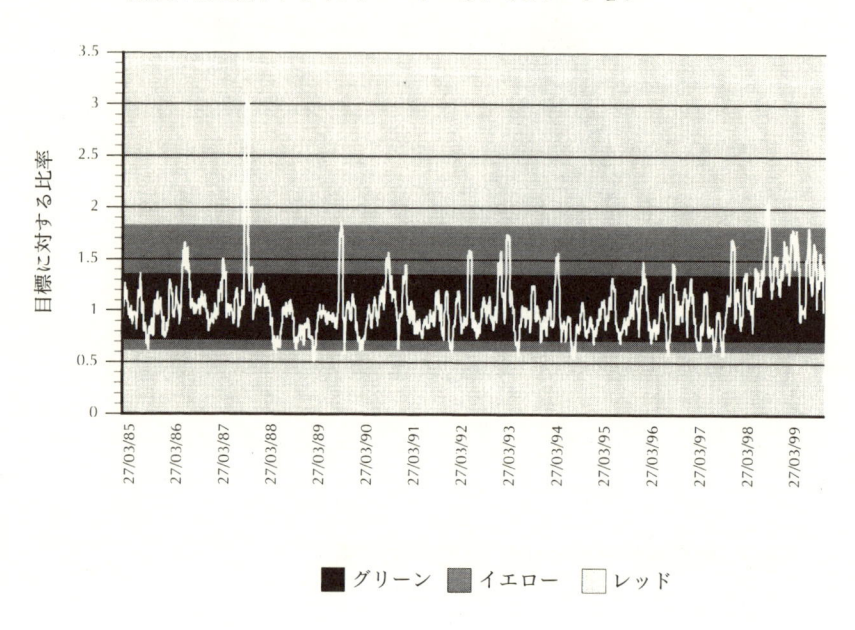

■グリーン ■イエロー □レッド

(b)例：60日間トラッキング・エラーのシミュレーション

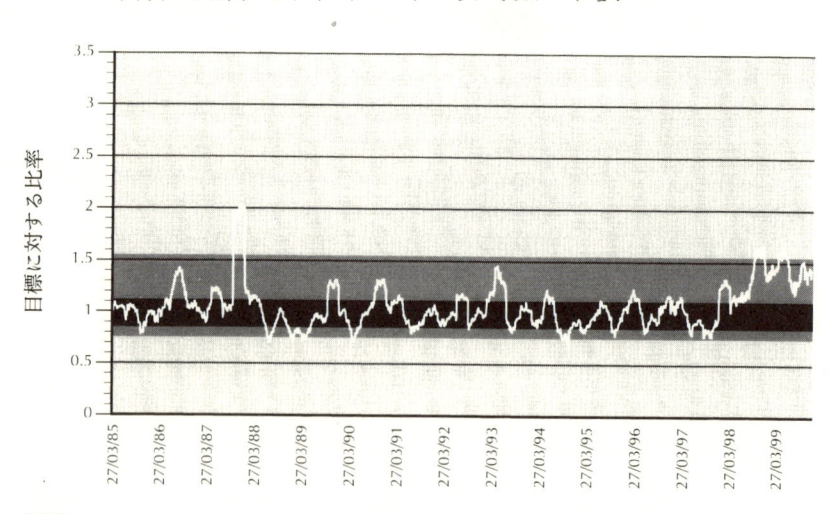

い。しかし、補足で示すとおり、このようなアクティブリスクの管理を行うことで、イエロー・ゾーンやレッド・ゾーンに陥る確率を著しく低下させることができるかもしれない。

このように各ゾーンに分類するという考え方について、昨年多くのファンドマネジャーと議論を重ね、シミュレーションに基づいて何らかの指針を与えようと試みてきた。そして、グリーン、イエロー、レッドの各ゾーンについて、適切な境界線を特定することはかなり難しいということに気がついた。次節では、この方法に付随する明らかな問題点について議論する。

それでもなお、私たちはこの方法の有効性を確信している。この章の重要なポイントは、あらゆる状況において範囲を正確に設定できるということではなく、むしろファンドマネジャーと顧客が、トラッキング・エラーとは変動するものであるという認識を事前に共有し、事後トラッキング・エラーの範囲として妥当な水準について合意すべきということである。この範囲は正確な確率に基づいて設定することができない、という事実は特に重要ではない。重要なのは、この範囲を事前に設定しようと試みるプロセスであり、このプロセスに従うことで、適切な見通しを立てることができる。

グリーン・ゾーンの適用における諸問題

トラッキング・エラーの目標を定めない場合

トラッキング・エラーについて一定の値を目標とするのは、運用プロセスにおいて必ずしも望ましくない、という主張もあろう。この主張を支持しないまでも、ファンドマネジャーにはさまざまなタイプがあり、彼らが従う運用プロセスもまたさまざまであること、そして投資機会への対応方法もまちまちであることを私たちは認識している。特に、大きな収益機会を見つける能力に長けていると自称するファン

ドマネジャーであれば、そんなときにはトラッキング・エラーを高めたいと主張するであろう。彼らは、リスクを抑えた期間とリスクを高めた期間とを、意図的に作り出すのである。このようなファンドマネジャーは、トラッキング・エラーについて一定の値、または範囲を目標とするのは効率的ではないとか、運用プロセスと相いれないと主張するであろう。

トラッキング・エラーの利用については現実的な問題が存在するが、グリーン・ゾーン・アプローチを実行可能にする解決方法がある

トラッキング・エラーを変動させながら運用するという方法を好む投資家もたしかに存在する。しかし、このような場合においても、グリーン・ゾーン・アプローチの示唆するところは、トラッキング・エラーに目標値を設定することが無意味であるとか、もしくは不可能であるということではなく、トラッキング・エラーの目標範囲を広げる必要があるということである。このような場合において投資家は、トラッキング・エラーについて設定される範囲が相当に広いが無制限ではないというものであれば、快く受け入れるであろう。この場合における議論のポイントは、ポートフォリオのトラッキング・エラーが、運用期間中どの程度の割合でそれぞれのゾーンの範囲内に位置すると見込まれるかということになろう。

ベンチマークが存在しない場合

ベンチマークが存在しないポートフォリオも多いが、これは大した問題ではなく、単に物差しが異なるだけである。ベンチマークに対するトラッキング・エラーの代わりに、リスクフリー・レートに対する超過リターンのボラティリティについて目標水準を設定すればよい。

ベンチマークの問題点

　透明性があり、一般に認められたベンチマークが存在する投資対象もあるが、既存のインデックスを用いて表すのが難しい投資対象もある。私たちはたいていの場合、投資家に認知されているベンチマークを使うように努めているので、そのインデックスが本当にファンドマネジャーの運用哲学に合致しているかどうかについては妥協してしまうこともある。この点を修正するために、私たちはトラッキング・エラーの許容範囲を広げることが多い。この場合、決められたベンチマークからポートフォリオが大きく乖離することも多く、その結果、推定トラッキング・エラーはより不正確となるかもしれない。また、事後トラッキング・エラーについても変動性が高まり、管理が難しくなるかもしれない。

取引コスト

　流動性の高い市場で運用しているため、比較的低コストでエクスポージャの調整が可能なファンドマネジャーがいる。一方で、流動性の低い市場で運用しているため、市場の変化に合わせてエクスポージャの調整をしようしたとき、高い取引コストを支払わなければならないファンドマネジャーもいる。こう考えると、ファンドマネジャーに対して望まれる、トラッキング・エラーをコントロールするための唯一の基準というものは存在しないことになる。しかし、トラッキング・エラーの範囲を目標にする方法は、依然として有効であると言える。重要な違いは、流動性の低い市場で運用するファンドマネジャーのほうが範囲を広く設定され、また結果の解釈や取るべき適切な行動も異なるということである。エクスポージャ調整のために高い取引コストを支払わなければならないようなファンドマネジャーに対しては、市場のボラティリティの変化に迅速に対応することを期待すべきではないのである。とはいえ、トラッキング・エラーの範囲は、範囲を超過

する確率を考慮して設定されたのであるが、これは固定ウエートのポートフォリオに対し設定されたものであることに注目してほしい。したがって、効率的に売買できないことを理由に合意された範囲を頻繁に超過する、という言い訳は自動的に許容されるべきではないのである。

価格形成の透明性の問題

　価格形成の透明性が低く、日次のパフォーマンスを正確に測定することが困難な市場がある。そのような状況においては、ポートフォリオのパフォーマンスは月次、あるいはさらに低頻度で評価されてきた。当然ながら、このような場合、トラッキング・エラーをモニタリングするために日次のパフォーマンスを用いる私たちの方法を利用することは不可能である。しかし、グローバルな資本市場においては、流動性や価格形成の透明性は急速に改善している。例えば、投資銀行のトレーディング・デスクでは、保有ポジションを日々市場価格で洗い替えることが一般的となっている。

日次のパフォーマンス・データを求められたことがないファンドマネジャーもいるかもしれないが、日次データの入手はますます容易になりつつある

　ポジションの評価を日次で行っているポートフォリオは多いが、この日次評価はベンチマークのリターンと比較して（理由は何であれ）かなりの誤差を伴っている。この場合、日次の超過リターンを2乗し、この移動平均を求めることで算出した年率換算のトラッキング・エラーは過大評価されたものとなってしまうであろう。なぜなら、誤差が日々のボラティリティに影響を及ぼすからである。ただし、時間と共にその影響は消えていくであろう。トラッキング・エラーの推定におけるそのような誤差の影響は、ボラティリティを上昇させる方向への

バイアスを持つが、例えば、週次のリターンを利用するなど、日次のリターンを平均することで著しく軽減されるであろう。もちろん、このように平均を利用する方法は万能ではなく、推定方法としてはやや不正確な部分が残ってしまう。とはいえ、この方法を用いることで、誤差が及ぼす影響を大幅に打ち消すことができよう。

グリーン・ゾーンを使った例

本節では2つの例を用い、グリーン・ゾーンの概念の有効性を示す。この2つの例は、ゴールドマン・サックスの資産運用部門における実例に基づいている。

事例1　ファンドマネジャー間におけるアクティブ・リスクの配分

なぜ投資家はトラッキング・エラーの結果を気にするべきなのか。この質問に対する基本的な答えは、トラッキング・エラーは貴重な資源であり、投資家は効率的な配分を行わなければならないから、ということになる。ちょうど消費者が収入という予算の範囲内で生活しなければならず、購買価格を気にするように、投資家は必然的にリスク・バジェットの範囲内で運用しなければならないので、ファンドマネジャーのトラッキング・エラーを気にせざるを得ないのだ（カート・ウィンクルマンによる本書第3章「リスク・バジェッティング──ファンド全体でのアクティブリスク管理」を参照のこと）。

投資家のリスク・バジェットのうち、トラッキング・エラー部分には注意を払わないファンドマネジャーがいるかもしれない。これは残念なことかもしれないが、理解はできる。というのも、ほとんどの投資家にとって、リスクの大部分は市場リスクであり、トラッキング・エラーではないからである。このように市場リスクが大きなウエートを占めており、かつトラッキング・エラーと市場リスクの相関関係が

低いときには、事後トラッキング・エラーの小さな変化はポートフォリオ全体のリスクに対して大きな影響を与えないであろう。それでもなお、合理的な投資家は、期待リターンを最大にするために、まず市場リスクとアクティブリスクとにリスクを配分し、次にファンドマネジャー間でアクティブリスクを配分するであろう。したがって投資家は、ファンドマネジャーがこの貴重な資源をどう利用しているかについて、無関心であってはならないのである。

投資家のポートフォリオにおいて、すべてのファンドマネジャーのトラッキング・エラーの合計は、アセット・アロケーションにおいて配分した全体のリスク・バジェットの一部と見なすことができる

　投資家のポートフォリオにおいて、すべてのファンドマネジャーのトラッキング・エラーの合計は、アセット・アロケーションにおいて配分した全体のリスク・バジェットの一部と見なすことができる。ほとんどの投資家にとって、ポートフォリオの主要なリスクは株式にかかわるリスクである。このため、便利なことに、トラッキング・エラーへのリスク配分は、株式市場と相関のない資産に配分されたリスク全体の一部を構成していると見なすことができる。このような相関のないリスクへの配分が期待リターンを生み出すかぎり、これはポートフォリオの構成要素として非常に有益なものとなる。株式との相関が低い場合、こうしたリスク配分はポートフォリオ全体のリスクをあまり増大させない。もちろん、相関のない資産へのリスク配分にも限度がある。その配分があまりにも大きくなれば、それ自体が主要なリスクの源泉になってしまうからである。ファンドマネジャーを選ぶとき、投資家はそれを意識しているか否かにかかわらず、トラッキング・エラーにリスク配分を行っていることになる。このため、ファンドマネジャーがトラッキング・エラーの期待水準からはずれている分だけ、このマネジャーは投資家が意図したポートフォリオのリスク配分を変

えてしまっていることになる。

　投資家の期待に反して、ファンドマネジャーがトラッキング・エラーをほとんどとらないという場合もある。この場合も問題で、次の2つの懸念がある。まず、超過リターンを獲得するための努力が不十分であるのに、運用報酬を支払わなければならないことである。そして、もうひとつは機会コストである。あるファンドマネジャーにリスクの配分がなされても、十分に活用されなければ、ほかのファンドマネジャーにリスク配分を行うべきであったということになる。

　以下では、私たちが受託したある年金基金において、ファンドマネジャーをモニタリングするのに用いたレポートを例として示している（図9）。ここでは、通常のパフォーマンス・データと共に「ノーマライズド・リターン（normalized return）」を掲載している。このノーマライズド・リターンは、各分析期間における対ベンチマークの超過リターンを、目標トラッキング・エラーで除した数字である。このように、ノーマライズド・リターンの単位は標準偏差である。したがって、ポートフォリオのトラッキング・エラーが目標レベルにあるのであれば、どのような期間であろうとも、プラスであれマイナスであれ、絶対値で2を超えるようなノーマライズド・リターンは異常と言える。このように、異常な出来事が起こっていれば、ノーマライズド・リターンは迅速にシグナルを発してくれる。

　加えて、この週次のリスク・レポートは、各ファンドマネジャーのトラッキング・エラーについて合意されたグリーン、イエロー、そしてレッドの各ゾーンをも掲載している。これらの範囲は運用開始時点において協議のうえ決定されるが、各マネジャーに与えられる範囲は、必ずしも同じ幅であるとはかぎらない。事後トラッキング・エラーは、ファンドマネジャーが提出する日次のパフォーマンス・データに基づき、20日および60日のベースでモニタリングされる。私たちは、事後トラッキング・エラーが長期間にわたりグリーン・ゾーンから外れた

図9 ABC年金基金のリスク・パフォーマンス・レポート

ポートフォリオ	ベンチマーク	ノーマライズド・リターン			年率トラッキング・エラー			年間目標			イエロー ゾーン TE (bps)	レッド ゾーン TE (bps)	前週			過去1カ月		
		週	過去1カ月	3カ月	直近20日 (bps)	直近20日 (bps)	直近20日 目標/目標	収益 (bps)	TE (bps)	IR			ポートフォリオ (%)	ベンチマーク (%)	差 (%)	ポートフォリオ (%)	ベンチマーク (%)	差 (%)
米国株アクティブ―																		
大型株	S&P500																	
マネジャーA	S&P/Barra バリュー	0.43	1.38	(2.36)	518	544	1.23	300	442	0.50	517	628	3.30	1.65	1.65	1.44	(0.24)	1.68
マネジャーB	S&P/Barra グロース	2.49	1.60	3.02	>16511 <=16539	>16455 <=16539	1.36	450	600	0.50	700	900	2.36	1.94	0.43	2.73	0.96	1.77
マネジャーC	S&P/Barra グロース	2.23	0.46	1.02	1,215	1,184	1.35	450	900	0.50	1,000	1,100	4.64	1.40	3.25	1.74	1.30	3.04
					365	592	1.33	300	700	0.50	850	1,000	3.67	1.40	2.27	(0.52)	1.30	0.78
米国株アクティブ―																		
小型株総合	ラッセル2000				529	546			397		542	605	5.56	3.96	1.59	1.02	0.61	0.41
米国株アクティブ―																		
小型株グロース	ラッセル2000 グロース	1.65	0.68		945	992	1.57	450	601	0.45	806	920	7.18	5.38	1.81	0.57	0.49	0.09
マネジャーD	ラッセル2000 グロース	1.31	(0.84)		1,365	1,335	1.46	300	1,000	0.46	1,200	1,500 (2)	7.79	5.38	2.42	2.02	0.49	1.53
マネジャーE	ラッセル2000 グロース	1.62	0.13		1,343	1,243	1.22	300	650	0.59	900	900	6.63	5.38	1.26	(0.48)	0.49	(0.97)
マネジャーF					1,000	940	1.18	500	850		1,150	1,400	7.42	5.38	2.04	0.91	0.49	0.42
米国株アクティブ―																		
小型株バリュー	ラッセル2000 バリュー	1.19	0.49		623	529	1.46	200	452	0.40	648	705	3.38	1.92	1.46	1.64	0.78	0.85
マネジャーG	ラッセル2000 バリュー	3.00	1.09		746		1.09		500	0.48	600	600 (2)	2.80	1.92	0.88	1.35	0.78	0.56
マネジャーH					1,000	880	1.76	300	625		1,150	1,350	4.62	1.92	2.70	2.26	0.78	1.48
非米国株アクティブ―																		
先進国	FT/S&P EuroPac	1.79	(1.44)	2.79	667	511	1.37	325	556	0.50	748	837	2.97	1.93	1.04	(2.87)	(2.60)	(0.26)
マネジャーI	FT/S&P EuroPac	(2.11)	(0.43)	(1.67)	1,207	689	1.86	650	1.70	0.50	750	1,000	3.64	1.93	1.70	(4.34)	(2.60)	(1.73)
マネジャーJ	FT/S&P EuroPac	0.49			690	364	1.38	250	500	0.50	700	800	0.50	1.93	(1.44)	(2.93)	(2.60)	(0.33)
マネジャーK	FT/S&P EuroPac	2.64	0.49	5.51	318	876	1.25	350	700	0.50	1,000	1,000 (2)	4.61	1.93	2.67	1.78	(2.60)	0.83

(1) 20日間移動TEに基づく
(2) 120日間移動TEに基づく

■ グリーン　▨ イエロー　□ レッド

場合、何が起こっているのかについてファンドマネジャーと話し合う機会を持つようにしている。

事例2　ゴールドマン・サックス・アセット・マネジメント（GSAM）資産運用部門でのリスク・モニタリング

　ファンドマネジャーのパフォーマンスをモニタリングするには数種類の異なる測定方法が必要である。例えば、トータル・リターン、対ベンチマークのリターン、同一グループ内でのランキング、そしてリスク調整後のリターンである。また、トラッキング・エラーの目標を持つファンドマネジャーについて、目標がどの程度達成されているかをモニタリングする必要がある。このことから私たちは、20日ないし60日の事後トラッキング・エラーの目標トラッキング・エラーに対する比率をモニタリングする、独自の方法を開発した。さらに、目標からの乖離に対し、いつ、どのように対処すべきであるかを模索する過程において、私たちは事後トラッキング・エラーが事前に定められた範囲から外れたときにシグナルを発する仕掛けの必要性を認識したのである。

「グリーン・シート」は、目標を設定し、そして、より優れた品質管理を促進するうえで必要なフィードバックを提供するという点において、GSAMにとって有益であることが証明された

　図10は、私たちが利用している週次のパフォーマンス・レポートについて、その一部を例示するものである。なお、ここでは架空の数値例を用いている。私たちはこのレポートを「グリーン・シート」と呼んでいるが、ここにはトラッキング・エラーに関するシグナルを容易に認識するための項目がある。例えば、ここでは架空の米国株式ポートフォリオについて、20日の事後トラッキング・エラーの目標トラッキング・エラーに対する比率が、0.7と1.4の間にある場合をグリーン

図10　ゴールドマン・サックス・アセット・マネジメントにおけるグリーンシート

■ グリーン　■ イエロー

ネット・パフォーマンス		対ベンチマークでのノーマライズド・リターン				年率トラッキング・エラー				前週			過去1ヵ月		
ポートフォリオ	ベンチマーク	週	過去1ヵ月	過去1年間	3ヵ月	12ヵ月	直近20日(bps)	直近60日(bps)	直近20日/目標	直近60日/目標	目標TE	ポートフォリオ	ベンチマーク	差	ポートフォリオ	ベンチマーク	差
米国株ファンド																	
ファンド1	S&P500	-1.21	-0.22	-0.16	-0.19	0.45	263	260	1.05	1.04	250	0.76	1.18	-0.42	-1.02	-0.91	-0.11
ファンド2	ラッセル1000グロース	0.37	0.91	1.70	2.14	0.91		390		1.30	300	2.13	1.98	0.15	0.62	0.06	0.56
ファンド3	ラッセル1000バリュー	0.26	0.85	1.44	1.22	1.36	226	240	0.90	0.96	250	1.32	1.23	0.09	-0.39	-0.83	0.44
ファンド4	ラッセル2000グロース	0.28	-0.12	0.37	-0.07	-0.68	300	288	0.86	0.82	350	4.39	4.25	0.14	1.68	1.76	-0.08

・ゾーンと定義し、0.6未満か、2.0を越える範囲をレッド・ゾーンと定義している。同様に60日の事後トラッキング・エラーについては、グリーン・ゾーンを0.8と1.3の間の範囲と定義し、レッド・ゾーンを0.7未満か、1.8を越える範囲と定義している。

　ご覧のとおり、この社内のモニタリング・レポートは、社外のファンドマネジャーをモニタリングするレポートと非常に類似したデータを含んでいる。グリーン、イエロー、およびレッドの各ゾーンを事前に設定することで、資産運用部門のファンドマネジャーに明瞭な目標を与えることができる。ポートフォリオがイエロー・ゾーンまたはレッド・ゾーンに入るというのはよく起こることではあろうが、このときには何が起こっているかについて話し合うべきであろう。私たちは資産運用やリスク・モニタリング手法を型にはめ込もうとは思っていないが、こうした定量的なツールは、予想を行ったり、運用プロセスに対してより優れた品質管理を促進するために有効なフィードバックを提供するという点で役に立つことが証明されたのである。

結論

　本章では、ポートフォリオの事後トラッキング・エラーをモニタリ

ングする、単純ながら強力な方法を紹介してきた。ファンドマネジャーは、運用開始時点において目標トラッキング・エラーを設定するものと仮定し、日次のパフォーマンスを用いて2つの統計値、つまり20日と60日の移動平均によって事後トラッキング・エラーを測定した。そして、事後トラッキング・エラーを解釈するための適切な範囲、すなわちグリーン・ゾーン、イエロー・ゾーン、レッド・ゾーンを設定し、顧客と議論するようにファンドマネジャーに提案した。

資産運用に内在する複雑さのため、特に短期においては、トラッキング・エラーを適切に管理することができたかどうかを判断する唯一絶対の評価基準はない、ということは私たちも認識している。異なる運用プロセス、マーケットごとに異なる特性、さまざまな取引コストなどの問題は、ポートフォリオごとに結果の解釈が異なる要因となるであろう。さらに、ボラティリティの源泉、高いボラティリティがどの程度続くのかという相場観、ポートフォリオのエクスポージャ調整のために必要なコストについてのファンドマネジャーの理解や判断は、いずれもマネジャーが取るべき適切な行動方針に影響を与えるであろう。

ファンドマネジャーにはトラッキング・エラーの目標範囲を顧客に提示する責任があり、顧客はその結果をモニタリングするべきである

それでもなお、ファンドマネジャーは顧客に対し、自らがとろうとするトラッキング・エラーの目標範囲について説明し理解してもらう責任がある。また顧客はトラッキング・エラーが合意した範囲のなかに収まっていることを確認するため、結果のバラツキをモニタリングするべきである。ファンドマネジャーは顧客に対し、自身が考えるグリーン、イエロー、およびレッドの各ゾーンの範囲を伝えるべきである。こうすれば、事後トラッキング・エラーがグリーン・ゾーンを逸脱したとき、顧客は状況について議論するように求めるであろう。ま

た、このとき何らかの処置が必要かどうかは、乖離発生の原因となった状況によって異なるだろう。

　私たちの見解では、トラッキング・エラーの目標を定義し明瞭に述べる能力、ある程度長期にわたってトラッキング・エラーをモニタリングし管理する能力、そして、トラッキング・エラーを目標範囲内に管理するために、いつ、どの程度の取引コストを負担してリバランスを行うべきかを判断する能力、これらのすべてが優れた運用力を支える技術の一部となっていると考えられる。色によって分類した3つのゾーンを利用することが、運用プロセスの向上に資することを期待したい。

補足――シミュレーションの方法と結果

　私たちは過去15年間の米国株式のリターンを利用し、S&P500指数をベンチマークとする米国株式ポートフォリオについて、トラッキング・エラーの統計値の分布を調べるためのシミュレーションを行った。サンプルは、500回のシミュレーション結果から抽出した。なお、各シミュレーションにおいては、S&P500指数に対しオーバーウエートおよびアンダーウエートとなる銘柄をそれぞれ100銘柄ずつ保有する、ランダムなポートフォリオを利用した。各ポートフォリオ中の銘柄は、現在のS&P500指数の構成銘柄のうち、データが過去15年間にわたって存在する385銘柄から無作為に抽出した。これらの銘柄のアクティブ・エクスポージャは、一様分布を用いてランダムに決定した。すなわち、一様分布からランダムに抽出した値が0.5から1の範囲にある場合はオーバーウエート、−1.0から−0.5の範囲にある場合はアンダーウエートとした。また、アクティブ・ウエートはポートフォリオの

ベータがベンチマークに対して1となるように調節した。最後に、全期間におけるトラッキング・エラーの中央値が目標トラッキング・エラーに等しくなるように、すべてのアクティブ・エクスポージャについて調整を行った。

各シミュレーションにおいて、ベンチマークに対する超過リターンの2乗の移動平均を取り、20日と60日のトラッキング・エラーを計算した。各ポートフォリオのトラッキング・エラーの推移に対してグリーン、イエロー、およびレッドの各ゾーンを適用することで、イエロー・シグナル、レッド・シグナルを検出した。20日のトラッキング・エラーについて、グリーン・ゾーンの範囲を、下限を目標値の72%、上限を目標値の137%と設定した。これは、トラッキング・エラーが上方および下方のイエロー・ゾーンにそれぞれ年に一度ずつ入るように考慮したものである。またイエロー・ゾーンの範囲は、下側については61%から72%に、上側については137%から184%に設定し、上下それぞれで5年に一度ずつレッド・シグナルが検出されるようにした。

同様に、60日のトラッキング・エラーについては、グリーン・ゾーンの範囲を目標値の86%から111%までと設定し、イエロー・ゾーンの範囲は、下側については74%から86%に、上側については111%から155%に設定した。ここでもイエロー・シグナルが上側、下側それぞれについて年に一度ずつ、またレッド・シグナルはそれぞれ5年に一度の頻度で検出されるように考慮されている。

この基本となるケースについての結果に加え、この結果がどの程度変動するのかを調べるために2通りの実験を行った。ひとつはポートフォリオにおけるアクティブ・エクスポージャの数を変更するというものであり、もうひとつはポートフォリオが保守的に運用されたと仮定するものである。

最初の実験はアクティブ・エクスポージャの数を10から100の間で任意に設定するというものである。予想どおりであるが、エクスポー

ジャの数が減少した場合、ポートフォリオのリスク分散が不十分となるため、トラッキング・エラーの変動性が高まり、範囲の上下限は拡大した。しかし、範囲拡大の程度は比較的小さなものであり、私たちの結果はほかの米国株式ポートフォリオについても一般的に適用可能であると推察される。例えば、イエロー・ゾーンの上限は、オーバーウエートおよびアンダーウエートのエクスポージャをそれぞれ100銘柄ずつ持つポートフォリオの場合の184%から、わずか10銘柄ずつのポートフォリオの場合は197%へと上昇した。しかし、イエロー・ゾーンの下限はほとんど影響を受けず、エクスポージャの総数が200から20に減ったとき、61%から59%へ低下しただけであった。

　次の実験は、市場のボラティリティの変動の兆候をとらえて、ポートフォリオのエクスポージャを積極的に調整することで、どの程度の効果があるのかを調べるために行った。ボラティリティの変動の兆候について調べるうちに、市場横断的な株式リターンのボラティリティの直近値、すなわちある時点における株式リターンの分布の標準偏差が、数カ月後におけるトラッキング・エラー上昇の予測に役立つことが分かった。具体的には、市場横断的なボラティリティの指数加重移動平均が、自身の中央値を上回る（下回る）場合、その差の75%だけエクスポージャを減らす（増やす）という単純な手順を繰り返した。もちろん、このような日々の調整が、コストに見合うとか現実的であると言うつもりはないが、この結果は、アクティブリスクを管理することで、トラッキング・エラーの変動範囲を縮小させることがどの程度可能であるかを示唆してくれる、という点で有益であろう。この単純な手順に従うと、20日のトラッキング・エラーについては、イエロー・ゾーンの上限が目標値の184%から148%に低下した。また60日のトラッキング・エラーの場合はさらに劇的であり、イエロー・ゾーンの上限は目標値の155%から124%まで減少した。

追記

一般的事項について

本章で示した見解は、あくまでも作成時点におけるものである。分析結果は多くの仮定に基づくものであり、その仮定が崩れた場合には、本章で示したものとは大きく異なる可能性がある。こうした例は説明目的に限って使用しているものであり、実際の結果を示すことを意図したものではない。

目標トラッキング・エラーとリスク水準については、そうした目標値が達成される保証はない。

シミュレーション、モデルおよび仮定に基づく結果について

シミュレーションに基づくパフォーマンス結果にはおのずと限界がある。これらは仮想のものであり、実際の取引を表したものではない。したがって、流動性の制約などのように、現実の意思決定に影響を与える可能性のある重要な経済、市場要因を必ずしも反映したものではない。また、シミュレーション結果は、過去の事象を分析するためにモデルを事後的に当てはめて得られたものである。その結果には、配当金やほかの収益金などの再投資は反映されているが、投資顧問報酬や取引コスト、その他顧客が支払うであろう経費といった、収益率を低下させるものは反映されていない。また、顧客がシミュレーションどおりの結果を得られると主張するものではない。

リスク管理について

ポートフォリオのリスク管理プロセスは、リスクを監視し管理する作業を含んでいるが、だからといってローリスクであると混同されるべきではないし、またローリスクとなることを意味するものでもない。

第8章
リスクへのこだわり

エミー・B・ハーシュ
パラダイム・コンサルティング・サービス

　本章では、投資家がポートフォリオのリスクを定義、計測するために用いると同時に、リスクに対する「こだわり」を示す対象にもなっている、さまざまな手法について深く掘り下げる。ここで取り上げる話題はリスク管理全般に当てはまるものであるが、今回はオルタナティブ投資、そのなかでも特に最近、機関投資家の注目を大いに集めているヘッジファンドに焦点を当てたい。

　リスクへのこだわりは、ほとんどの投資家がそうであるように、ダウンサイド・リスクや損失を回避しつつ確実なリターンを得たいという、単純な認識から始まる。投資家は、ローリスク、ハイリターンという、最善の結果を生み出すポートフォリオを構築しようと試みるのである。ここで、この目標が合理的かつ実用的なものとなるか否かは、投資家がリスクとリターンの水準をどう定義するかにかかってくる。

　投資家にリスク・リターンのターゲットを決めるように言うと、その多くはすぐに何らかの目標リターンを設定することができる。一方、リターンの対局となるリスク許容度のほうも明確にするように促すと、投資家は、ろくに考えもせずに「なるべく小さなリスクで」などと返答しがちである。このように、投資家の多くは、自身のリスク許容度を定義することが残念ながらできないのである。反対に、リスクを許

容できると考える投資家もなかにはいる。しかし、ポートフォリオに損失が生じるという事態に直面すると、このような投資家はたちまちパニックに陥ってしまうのである。いずれの場合にしても、投資家はしばしばリスクとリスク尺度にこだわる結果、これらをポートフォリオにとって最大の敵とみなすことになる。この章ではリスクに対してこだわることの意味を検討し、なぜ投資家がリスクに対してより一層こだわるようになったかについて簡単な概略を述べた後、投資家に利用されているリスク計測手法に関する迷信と現実について論じていく。

わずかひとつの章に、リスクへのこだわりに関する統計的、経済的、心理的側面のすべてを詰め込むことは不可能である。そのため、ここではリスク指標に強くこだわることなく、さまざまな角度からポートフォリオのリスクを見る方法を読者に提供することを目指す。また、堅実なポートフォリオを構築するために、さまざまな運用戦略やリスクを理解していく上では、単なる統計値以上のものが必要であることを示していく。

オルタナティブ投資を専門とするコンサルタント会社、パラダイム・コンサルティング・サービス社では、顧客の株式、債券ポートフォリオを補完する投資対象を見つけることを業務として行っている。私は、コンサルタントとして従事していた8年間も含め、過去20年間にわたってオルタナティブ投資の世界に身を置いてきたが、その間において、非常に洗練されたリスク管理者から、リスクにこだわり翻弄される投資家まで、いろいろな人々と出会ってきた。この章では、投資家がよく陥る間違いや迷信について取り上げるとともに、これらの間違いを避けるのに役立つと思われる幾つかのアプローチについて述べる。ここで取り上げる話は、私たちが機関投資家やファミリー・オフィス（富裕層向けの資産管理組織形態の一種）ならびに個人投資家との取引を通じて培った実体験に主として基づいている。

まずは、基本的な前提を以下に挙げる。すなわち、株や債券価格の

上昇に依存せずに、つまり保有する株や債券と無相関で、リターンを積み上げるためには、オルタナティブ投資（具体的にはヘッジファンドやマネージド・フューチャーズなど）を含む資産配分が適切であるということである。また、オルタナティブ投資は、しばしば株や債券といった伝統的資産への投資よりも優れたリスク調整後リターンをもたらすということである。

　しかし、リスク調整後リターンを追求するうちに、投資家はリスク削減やリスク尺度の概念に必要以上にこだわるようになる。過去20年間にわたって、私はポートフォリオが誤った形で組成されていく様子を見てきた。最もひどいのは、オルタナティブ投資ポートフォリオを「最適化」したり、「モニター」するために、さまざまな統計手法が乱用されていることである。この点に関しては、学者や実務のプロにも非はあるが、最大の原因は、投資家が「究極のリスク尺度」を待ち望んできたことにある。「究極のリスク尺度」があれば、投資家が最適なポートフォリオを生み出すためには、決め手となる統計手法がひとつか2つあるだけでよいことになる。それは、1錠飲みさえすれば、好きなだけ食べられるし、運動しなくても痩せます、といった人気の高い減量方法のようなものである。ポートフォリオ運用の世界で例えるならば、優れたトラック・レコードを持つファンドを集めて、そのなかから50人のファンドマネジャーに分散投資すれば、まったくデュー・ディリジェンスを行う必要はありませんということになろう。あるいは、ポートフォリオについてVaR（バリュー・アット・リスク）の計算を何回か行い、そのポートフォリオの標準偏差を事後的に検証しさえすれば、あとは放り出して遊びに行ってしまっても構いませんということでもある。

　このように、単純化を求めるという人間の基本的欠点が（同じく欠点を持つ定量的ツールと相まって）、投資家に予期せざるさまざまな結果をもたらすことになるのである。例えば、あるリスク管理方針に

こだわり続ければ、リスクは回避できるかもしれないが、パフォーマンスも低調に終わり、ローリスク・ローリターンの結果となる。また、別の方針に従うと、逆に不用意にリスクをとってポートフォリオをめちゃくちゃにした結果、標準偏差が高いにもかかわらず負のリターンとなることもあるのである。これらは、どちらの場合も、ポートフォリオの全体像を見失ってしまった結果であると言えよう。本章では、リスク管理について採り得るこれらのさまざまな方針に従った結果として現れる、ポートフォリオのパフォーマンスに対する影響について考えてみることにしたい。ただし、場合によっては、異なるリスク管理方針に従っても結局、リスクが高い割にはリターンが低いという結果を、同様に受け入れなければならなくなるようなケースもある。

なぜこういうことが起こってしまうのかを理解するために、投資家が入手し得る一般的なリスク尺度を用いて検証を行う。そして、これらの尺度を実際の場面に適用し、リスクにこだわるあまりに犯しがちな間違いを、教訓とするように試みることとしたい。

リスクへのこだわりとは何か

ポートフォリオ運用の世界におけるリスクへのこだわりは、日常生活におけるリスクへのこだわりとは大きく異なる。日常生活では、ロッククライミングやスカイダイビングのような肉体的なリスクにあえて身をさらす人もいるが、投資家はポートフォリオについてリスクを回避することにこだわっている。投資家は、高い標準偏差の数値から過大なリスクを連想するのが一般的であり、リスクに対するリターンの比率が低いファンドへの投資は避けるように教えられてきた。極端に言えば、投資家というものは、「デリバティブ」や「先物」と聞くだけで高いボラティリティと過大なリスクを連想してしまい、失神してしまうような存在として考えられてきたのである。

過去10年の間において、株式に対する投資家は、アメリカ株式市場のまれにみる上昇相場のなかに安住し、偽りの安心感を持つようになった。その結果、株式資産をほかの資産に分散投資する必要性について何も感じなくなってしまったのである。自分の資産価値が下がるというような考えを抱く人はほとんどいなかったし、機関投資家でさえも、上昇相場が続くという熱狂的誇大妄想のとりこになってしまったのである。

こうした状況の下、1998年夏に多くの投資家が目を覚ます出来事が初めて起こった。そのショックの発端は、LTCM（ロング・ターム・キャピタル・マネジメント）が破綻し、世界市場への連鎖を避けるためにFRB（連邦準備制度理事会）の支援を必要としたことである。また、これとほぼ同時にロシア政府が外国人投資家に対する国債の償還拒否を発表した。これらの影響を受け、S&P500指数は1998年8月の1ヵ月間に14.44％下落し、これに動揺した人々は、リスクについて強く意識し始めることとなったのである。

このように、ポートフォリオの保全策が求められるなか、結果的にヘッジファンドやマネージド・フューチャーズに注目が集まった。投資家は、ポートフォリオの損失発生の可能性を減らすとともに、株式市場や債券市場の混乱期を乗り切るために、この2つの資産に最近ますます注目し始めている。しかし、問題は、多くの投資家がかぎられた手段や少ない経験に頼ってリスク管理を行おうとしている点にある。そのため、彼らはリスク管理手法のごく一部分にすぎない特定の計量的な概念にのみ注目し、それに必要以上にこだわりを持つことになってしまうのである。私が焦点を当てるのはこうしたたぐいの執着であるが、併せて次のようなリスク管理に関する誤解にも焦点を当てたい。

- ●標準偏差
- ●シャープレシオ
- ●標準偏差の高い投資の回避

- ●トラック・レコードへのこだわり
- ●デュー・ディリジェンスを行わず、代わりに統計手法に頼ること

リスクの尺度──迷信と事実

　悪い話は最初にしておくが、リターンを得るためにはどうしてもリスクをとる必要がある。リスクは目に見えるものではなく、またポートフォリオに害をもたらすとはかぎらないが、たしかにリスクは存在する。洗練された富裕投資家は、市場の混乱期におけるポートフォリオのダウンサイド・リスクを軽減させるべく、上昇、下落相場のいずれにおいても「絶対」リターンを上げてくれることを期待しつつ、ヘッジファンドやマネージド・フューチャーズに投資してきた。また、オルタナティブ投資が一般に受け入れられるにつれ、ヘッジファンドやマネージド・フューチャーズにおける機関投資家の存在感が増してきている。歴史的に、富裕投資家の投資決定は、ほかの投資家の口コミ情報に大きく影響を受けてきた。彼らは、自分が採用しているファンドマネジャーやトラック・レコードの検証さえも十分に行っていないことがある。しかし、これらの富裕投資家とは異なり、機関投資家は定量分析やベンチマーク対比分析、標準的なリスク尺度を多用している。

　ポートフォリオ構築やファンドマネジャー評価に最も幅広く使われているツールは、シャープレシオと標準偏差である。標準偏差とは、観測値がその平均値に対してどの程度散らばっているかを表す統計的な尺度である。ポートフォリオ分析またはファンドマネジャー評価においては、年率の投資リターンの標準偏差を用いて、投資対象資産のボラティリティないし「リスク」は計測される。

　一般には、標準偏差は以下のように定式化される。

$$標準偏差 = \left[\sum \frac{1}{n}(r_i - r_{ave})^2 \right]^{\frac{1}{2}}$$

ファンドマネジャーのパフォーマンスの場合には、
r_i ：ファンドのリターン（年率換算）
n ：r_iのサンプル数
r_{ave}：r_iの平均値
である。

リターンの分布のすそ野が広がっている場合、言い換えると標準偏差が過大な場合には、リスク調整後の年率パフォーマンスを明らかに悪化させる。逆に、リターンの分布の平均値に対する下方乖離が少ないポートフォリオは、リスク調整後のパフォーマンスが優れたものとなる。なぜなら、ここではリターンの正規分布を前提にしており、平均リターンを中心に、リターンの下方と上方への散らばり具合が等しいと考えているからである。

シャープレシオは、あるリターンを達成するためにとったリスクの尺度である。一般には以下のように定式化される。

シャープレシオ＝$(r(x) - r\$)/StdDev(x)$

ファンドマネジャーのパフォーマンスにおいては、
x ：ファンドのリターン
$r(x)$ ：ファンドxの平均リターン（年率換算）
r$ ：キャッシュなどの無リスク資産のリターン
$StdDev(x)$：xの標準偏差
である。

実際に用いている戦略や、損益発生の背景に対するデュー・ディリジェンスがほとんど行われることなく、シャープレシオを用いてポートフォリオ構築が行われることが多い。しかし、シャープレシオに基づくポートフォリオの構築は、投資家にとってかえってコストが高くつく場合もある。特にヘッジファンドにおいては、シャープレシオが将来のパフォーマンスを予想してくれるなどと考えるよりも、リターンの「アルファ」部分と、それが生み出された環境を峻別することのほうが重要である。

　ここで、これらの統計値に対するこだわりについてはっきりさせておきたいのは、標準偏差やそれを使って計算されるシャープレシオでは、リターンの分布の平均リターンに対する下方乖離と上方乖離について区別がついていないということである。つまり、その算式からも分かるように、標準偏差は、平均値からの乖離が正のリターンであろうと負のリターンであろうとも、乖離幅が同じでありさえすれば同じ値となるのである。マネージド・フューチャーズ（ボラティリティを基本的にロングのポジションとすることによってポートフォリオ全体のヘッジとして機能するもの）においては、平均リターンに対するリターンの分布の上方乖離の程度が大きくなりがちで、標準偏差が高まることが不利に作用する結果、そのシャープレシオは低い、あるいは「ひどい」値となる。このように、シャープレシオが低いとの理由で投資対象から除外していては、投資家は「最適な」ポートフォリオを構築することはできないのである。

　これらの統計値の使用例とそれらを誤用した結果、何が起きるかを見るために、パラダイム・コンサルティング・サービスのデータベースから実際のマネジャーのデータを抽出して構築した架空のポートフォリオについて見てみることにしよう。ただし、守秘義務の観点によって実名は伏せてある。

標準偏差およびシャープレシオへのこだわりがもたらすもの

　標準偏差へのこだわりのすさまじさには驚かされる。もしかすると、投資家が犯す最も致命的な間違いは、標準偏差とリスクを混同していることにあるかもしれない。標準偏差はたしかにリスクを測るひとつの尺度ではあるかもしれないが、それによって投資におけるリスクのすべてを説明し尽くせるわけではない。実際、リターンの上振れが大きい分なら構わないという投資家にとっては、標準偏差はリスクの尺度としての用をまったくなさないかもしれないのである。

　本当に自分のポートフォリオを守りたいのなら、標準偏差に関する理解が非常に重要である。最も重要なことは、戦略によって標準偏差の意義が異なるということに注意しなければならないことである。例えば、買収・合併アービトラージや破綻先証券投資のように、イベントによって収益を得る機会が発生する戦略は、そのイベントが不定期にしか発生しないため、おそらくリターンの分布は非常に歪んだものになろう。ファンドマネジャーは、企業乗っ取りや、スピンオフ、リストラなどの事象が将来起きることを期待してポートフォリオを設定している。このため、これらの事象がファンドマネジャーの予想どおり起きるとなると、その会社の株式や債券への投資から得られるリターンは非常に大きいものとなろう。一方、これがファンドマネジャーのパフォーマンスにとっては高い標準偏差を生み出すことになるのである。それに加えて、株式交換ではなく現金による買収取引が行われると、ヘッジは困難ないし不可能となり、リターンの標準偏差はますます上昇することとなる。しかし、この場合、標準偏差はポートフォリオの真のリスクを示すものとはならないのである。

　一方、マーケットニュートラル戦略は、安定したリターンで、かつ標準偏差が低いという特性を持つべきものである。この戦略は、広範

囲の株式市場や債券市場における収益率の変動に対してできるかぎり中立性を維持させようというもので、通常、徹底したヘッジが行われている。その中立性を維持するためのヘッジは、売買金額を一致させたり、セクター構成比をインデックスに合わせるなど、さまざまな形をとる。このように、マーケットニュートラル戦略においても、リターンを得るためにある種のリスクをとるということには変わりないのであるが、そのリターンの平均値に対する上振れ、下振れの程度が小さくなる結果、標準偏差は低くなるのである。

　いずれにせよ、投資家は標準偏差に対するこだわりをやめ、むしろ投資対象商品の採用する戦略に注目し、その妥当性を検証するべきである。次節では、極端な例を示し、標準偏差に対するこだわりが行きすぎたとき、どのような影響が起こり得るか調べることにする。

ケーススタディ

　1998年7月1日時点において、現在保有している株式と債券のポートフォリオを補完するため、これらの資産と相関のないヘッジファンドのポートフォリオを構築しようとしている投資家がいるとしよう。彼は、表1に示されたグループのうち、果たしてどちらに投資するだろうか。

　一見して、彼はグループBのファンドマネジャーとは一切かかわりたくないと思うであろう。なぜなら、シャープレシオは散々（すべて1.0未満である）であるし、最大ドローダウンは基金の理事に心臓発作を起こさせるに十分な値だからである。このため、彼は何の迷いもなくグループAへの投資を決定するだろうが、これがそもそもの問題の始まりである。

　ここでは、投資戦略やスタイル、リスクについては、何の議論も検証もなされていないのである。彼は、ファンドマネジャーの投資スタ

表1　オルタナティブ投資マネジャーのパフォーマンス分析（1995/1～1998/6）

	シャープ レシオ	リスク （年率換算,%）	リターン （年率換算,%）	最大ドロー ダウン (%)
グループA				
マネジャー1	2.84	3.18	14.89	−2.69
マネジャー2	0.38	9.65	9.32	−14.80
マネジャー3	2.66	3.02	13.86	−2.84
マネジャー4	2.48	3.57	14.71	−1.86
マネジャー5	5.37	3.21	23.53	None
グループB				
マネジャー1	0.52	15.47	13.90	−7.88
マネジャー2	0.67	12.71	14.39	−14.00
マネジャー3	0.52	20.45	16.51	−17.54
マネジャー4	0.94	18.01	23.23	−10.40
マネジャー5	0.23	27.94	12.09	−28.93

イルの説明を何の疑いも持たず受け入れ、トラック・レコードについてきわめて大まかな分析を行ったにすぎない。ファンドマネジャーに対して、訪問・電話調査によるデュー・ディリジェンスを十分に行うことなしに運用を委託するという投資家の話を聞く度に、私はいつも驚かされてしまう。彼らは単に、ファンドマネジャーの「トラック・レコードを気に入っている」にすぎないのである。しかし、当面はこのままもう少し議論を続け、統計的なバイアスが生み出す純粋な経済的効果について見てみることにする。

次に、等ウエート・ポートフォリオを作成し、投資家のグループBを避けるという直観が正しかったかどうか見てみよう。つまり、各ファンドマネジャーに均等に資金配分した場合の結果について観察しようということである。もし、表2の2つのポートフォリオから選べるとしたら、どちらを選ぶだろうか。

この投資家に標準偏差を嫌う傾向があるとすると、グループAのマネジャーで構成されるポートフォリオAにおそらく投資するだろう。

**表2 等ウエート・ポートフォリオの
パフォーマンス分析（1995/1〜1998/6）**

	ポートフォリオA	ポートフォリオB
リターン(年率換算,%)	15.29	16.86
リスク(年率換算,%)	2.92	14.71
シャープレシオ	3.22	0.74
最大ドローダウン(%)	(−2.54)	(−7.61)

　ポートフォリオAの平均年率リターンは若干Bより劣るが（Aの15.29％に対してBは16.86％）、最大ドローダウンはかなり低い（それぞれ−2.54％、−7.61％）。さらに、リスク調整後のリターンに着目した場合、投資家はシャープレシオが3.22とBの0.74に対して高くなっているAのほうを選ぶのは間違いない。結局のところ、過去のリターンの標準偏差を見れば、グループBは再考に値しないということになる。だが、果たして本当にそうなのだろうか。

　低い標準偏差を達成しようと過度にこだわると、かえってポートフォリオを傷つける結果となる。この投資家は、統計的により健全に見えるグループAのほうに当然魅力を感じていた。実際、このグループのなかで、運用開始以来、1998年6月までの全期間において、その運用について潜在的な危険性を疑われていたのは、ひとりのマネジャーだけだった。その他のファンドマネジャーは、3.6％以下の標準偏差で年率13％を超すリターンを上げていたし、そのうちの2人は、10年もの期間にわたって優れた成績を残していたのである。投資家が見損なったのは、これらの数字の奥に隠されていた幾つかのリスクである。こうしたリスクを検証していたならば、そのそれぞれについて、これらのファンドマネジャーに投資すべきでない理由が見つかったはずなのである。すなわち、デュー・ディリジェンスとリファレンス・チェックを実施していたならば、これらのファンドマネジャーのうち3人

については採用することを回避できたかもしれないのである。ただし、例えそうしていたとしても、残る2人については、問題の起きる可能性を見抜けなかった可能性も否定できない。こうした定性的なリスク検証に関する話は後に回して、統計値を用いた考え方に話を戻し、時計の針を先に進めてみることにしよう。

時は1998年12月へと移り、先の投資家が年間のポートフォリオの振り返りを行っている。シャープレシオと標準偏差をもとにポートフォリオを構築したことは正しかったのだろうか。各ファンドマネジャーは、過去のトラック・レコードから期待されたとおりのパフォーマンスを上げたのだろうか。表3においては、始期を前表と同様に1995年1月とする一方、終期を1998年12月まで延長して、ファンドマネジャーのパフォーマンスを載せている。

表3からは、この投資家が一見有害な標準偏差を恐れてリスクにこだわるあまりに、考え得る最悪のシナリオに至ってしまったことが分かる。最も優れた成績を記録していたグループAのファンドマネジャー5（1998年7月以前においては年率23.53％のリターン）の通期の

表3　オルタナティブ投資マネジャーのパフォーマンス分析（1995/1～1998/12）

	シャープレシオ	リスク（年率換算,％）	リターン（年率換算,％）	最大ドローダウン（％）
グループA				
マネジャー1	0.90	52.12	−43.67	−93.57
マネジャー2	0.55	17.59	−4.84	−43.72
マネジャー3	0.44	7.27	8.74	−10.10
マネジャー4	0.03	9.16	5.67	−24.52
マネジャー5	0.35	32.23	−6.29	−66.26
グループB				
マネジャー1	0.54	15.07	13.82	−7.88
マネジャー2	0.84	13.89	17.60	−16.51
マネジャー3	0.70	22.80	22.06	−18.30
マネジャー4	0.84	17.72	21.00	−10.40
マネジャー5	0.65	32.05	27.29	−28.93

**表4　等ウエート・ポートフォリオの
　　　パフォーマンス分析(1995/1～1998/12)**

	ポートフォリオA	ポートフォリオB
リターン(年率換算,%)	−5.42	21.36
リスク(年率換算,%)	20.01	16.05
シャープレシオ	0.51	0.95
最大ドローダウン(%)	−52.67	−7.61

表5　1998/6以降のパフォーマンス分析

	ポートフォリオA	ポートフォリオB
リターン(年率換算,%)	−20.71	4.50
リスク(年率換算,%)	17.09	1.34
シャープレシオ	−2.71	0.21
最大ドローダウン(%)	−50.13	0.00

年率パフォーマンスは、大幅に悪化（−29.82％）して、最終的にマイナス（−6.29％）に陥る結果となった。このファンドマネジャーは、それ以前には一度もパフォーマンスがマイナスとなる月がなかったにもかかわらず、−66.26％という最大ドローダウンをこの年に記録してしまったのである。ほかのファンドマネジャーについても、同様に惨たんたる結果となった。

　もし投資家が1998年の終わりまでポートフォリオAを保有し続けていたら、そのポートフォリオはどのようになったのであろうか。計測期間を1998年の12月まで延ばして、A、B2つのポートフォリオにおける統計値の変化を再び見比べてみよう（表4、5参照）。

　表4と5に示したとおり、この投資家はポートフォリオAを選ぶことによって、平均年率リターンをマイナスとしたほか、最大ドローダウンを50.13％増やし、標準偏差を17.09％増加させ、シャープレシオ

も2.71悪化させるという結果をわざわざ招いてしまった。1998年6月から12月までの6カ月間で、平均年率リターンが実に−20.71％もの低下を見せるほど、ポートフォリオAのパフォーマンスは悪化してしまったのである（よくぞここまでやったものだ！）。一方、ポートフォリオBの平均年率リターンは4.5％の上昇、シャープレシオは0.21の改善、そして標準偏差の増加はわずか1.34％であった。

これまでの議論は、やや公平さを欠いていたかもしれない。実は、これらはまったく異なった戦略をとったポートフォリオだったのだ。一方の戦略は安定的なアービトラージ・ヘッジファンド戦略であったのに対し、もう一方は非常にボラタイルなマネージド・フューチャーズであった。残念なことに、どんなVaR分析でも、これら2つの戦略の相対的安全性に対する判断について間違いを犯すのを防ぐことはできなかっただろう。実際、私たちがロシアの債務不履行とLTCMの破綻に端を発する世界的な流動性危機を経験した1998年8月以前においては、VaRでさえも合理的なリスク尺度だと考えられていた。しかし、残念ながらVaRが役に立つのは、せいぜいその計算の前提として想定される破壊的事象の数ぐらいなのである。

この投資家が1998年12月に初めてパフォーマンス結果を見たとしても、ポートフォリオAがアービトラージ戦略を、ポートフォリオBがマネージド・フューチャーズ戦略をとっていたということは知る由もなかっただろう。もし彼が、もう一度統計量のみを用いて1998年12月にポートフォリオ構築を行ったとすると、ポートフォリオBを選んだであろう。ところが、このポートフォリオはその後2年間で過去のパフォーマンスとはまったく逆の結果となる。なぜならその期間は、マネージド・フューチャーズ戦略にとって非常に厳しい時期となったからである。

しかし、低い標準偏差、高いシャープレシオを達成するためにマネージド・フューチャーズを除外することは、犯しがちな間違いである。

表6 マネージド・フューチャーズの
　　　組み合わせ結果（1995/1～1998/12）

	①ポートフォリオA	②ポートフォリオA80% ポートフォリオB20%	②－①
リターン（年率換算,%）	−5.42	5.10	10.52
リスク（年率換算,%）	20.01	11.89	−8.12
最大ドローダウン（%）	−52.67	−29.80	22.87
シャープレシオ	0.51	0.02	(0.49)

　リスク尺度へのこだわりがポートフォリオにとってどれだけマイナスになるかを見るために、1998年8月の事件を念頭に置いて、ポートフォリオBのマネージド・フューチャーズに20%の資産配分を行った場合の効果を観察してみる。マネージド・フューチャーズは、ヘッジファンド・ポートフォリオの保護に重要な役割を果たすことができたのだろうか。結果は表6のとおりである。

　シャープレシオは悪化したが、実際には投資家はリスクを回避することができた。年率リターンは10.52%増加し、標準偏差は8.12%減少し、最大ドローダウンは22.87%改善することができたはずなのである。なお、好奇心がきわめて旺盛な方々のために付け加えると、1998年8月において、ポートフォリオAは−21.60%の下落となり、ポートフォリオBは14.73%の上昇、そしてAとBをそれぞれ80対20の割合で合成したポートフォリオは−8.16%の下落であった。けっして輝かしいパフォーマンス結果ではないが、この違いは大きい。また、当時の金融、政治状況を考えれば、多くの投資家が納得するような結果であると言えよう。

　私たちが行うべきは、ポートフォリオ全体のレベルでのリスクをとらえることであるが、これにはポートフォリオに組み入れられているすべての投資戦略について、それにかかわるあらゆるリスクを検証する作業をおのずと含むものである。ポートフォリオのリターン目標と

実際のリスク許容度を評価するときに、投資家は、従来の殻を破った形でリスクについて考え始める必要がある。シャープレシオや標準偏差を当てにしても何の役にも立たないのは明白だからである。

分散投資についてはどうだろうか。すなわち、シャープレシオや標準偏差のみに頼ってポートフォリオを構築することができないとなった場合に、単純にファンドマネジャーを分散することでリスクを軽減することが果たして可能であろうか。

分散投資──すべての道は相関＝１に通ず

ここでは、リスクに執着した投資家に共通する間違いについて、もうひとつ取り上げる。すなわち、分散投資は市場が混乱に陥ったときにも効果があるというものである。そう、効果はあるかもしれないが、必ずしもそう言い切れない。たしかに、リスク要因について分散を行うだけでなく、収益の源泉についても分散しておけば、分散投資は効果があるだろう。しかし、最も犯しやすい間違いは、採用ファンドマネジャー数を増やすだけの分散を行い、運用スタイルや投資戦略については分散を行わないということである。大規模な分散投資を行えば、投資家はデュー・ディリジェンスを行う必要がなくなるのだろうか。分散投資によってリスク低減が図られているのだろうか。分散投資理論について最初の検証を行うために、一般的なヘッジファンド・インデックスを調べてみよう。

ヘッジファンドで最もよく知られている（かつ、ヘッジファンド・ユニバースに占める割合が最大の）投資戦略は、株式ヘッジや株式ロング・ショートである。株式ヘッジ・ユニバース内のファンドマネジャーに資金を分散させることで、投資家は何らかの効果を得ることはできるのだろうか。これに答えるため、株式ヘッジについてのHFRIインデックスを用いて検証を行う。

表7　HFRI株式ヘッジ・インデックスの統計データ

年	ファンド数	平均資産規模（米ドル）	リターン(%)	最低月次パフォーマンス(%)
1995	90	41,000,000	31.04	−1.44
1996	102	70,000,000	21.75	−2.87
1997	133	76,000,000	23.75	−0.93
1998/6	227	100,000,000	9.30	−1.27

1995年1月から1998年6月までの期間において、HFRI株式ヘッジ・インデックスのトータル・リターンは115.20%、年率リターンは24.48%、リスク（標準偏差）は年率で7.11%であった。インデックスを構成するファンドの数や平均規模などを表7に示している。

再度、1998年7月時点でポートフォリオの分散を図ろうとしている投資家にご登場願おう。表7の数値を見るかぎり、彼はダーツを投げてランダムにファンドマネジャーを選んでも大した失敗はないと考えるかもしれない。実際のところ、投資家はたぶんインデックス以上の成績を収めることができないとも考えるだろう。しかし、私は、デュー・ディリジェンスの結果に基づき、わずか5人のファンドマネジャーから成るポートフォリオを作成してみた。このポートフォリオのパフォーマンスをインデックスと対比するために作成したのが表8である。

表8を見るかぎりでは、このポートフォリオはインデックスをアウトパフォームしている。しかしもっと重要なのは、このポートフォリオが極端なリスクシナリオにも耐えられるものかということであろう。

1998年8月になり、金融市場のメルトダウンが起きた。S&P500指数は−14.44%、ラッセル2000は−19.42%、MSCI‐EM（エマージング市場）インデックスは−28.03%、そしてナスダックは−19.93%と株式指数は軒並み下落したのである。幸運にも、我らが投資家は多

表8　デュー・ディリジェンス・ポートフォリオの統計データ

年	ファンド数	平均資産規模(米ドル)	リターン(%)	最低月次パフォーマンス(%)
1995	5	na	31.30	–0.78
1996	5	na	28.78	–1.43
1997	5	na	35.15	0.09
1998/6	5	na	10.47	–0.07

くのマネジャーに分散投資していた。しかし、本当に幸運だったのであろうか。分散投資したポートフォリオは、わずか5人のファンドマネジャーのみに投資した私のポートフォリオなどよりも、投資家の資産を守ってくれるようにたしかに思えるのだが。

　ここで、1998年8月のパフォーマンス結果を振り返ってみよう。HFRI株式ヘッジ・インデックスは−7.65%の下落となったが、私のポートフォリオは−4.11%の下落にとどまった。どうしてこのようなことが起こったのだろうか。うがった見方をすれば、私の職業柄、私のファンドマネジャー選定が少しだけ良かっただけかもしれない。しかし、それだけではアルファが生じた理由までは説明できないのである。

　まれに見る上昇相場のなかでは、多くの株式ヘッジのファンドマネジャーはショートを行わなくなってしまうというのが真実である。成功報酬を得たいと考えて、ロング・ポジションに大きくバイアスをかけたファンドマネジャーもいる。これではポートフォリオレベルでの分散が図れないのも無理はない。実際、株式ヘッジ・インデックスにおけるシステマティック・リスクは、5人のマネジャーのみで構成した私のポートフォリオよりもはるかに高いのである。それを私が知っているのは、5人のマネジャーについてデュー・ディリジェンスを行ったからである。彼らの投資対象銘柄は規模（時価総額）やセクター

表9　ヘッジファンドとインデックスの相関行列（1995/1～1998/6）

	マネジャー1	マネジャー2	マネジャー3	マネジャー4	マネジャー5	LB債券	MSCI EM	S&P500
マネジャー1	1.00							
マネジャー2	0.36	1.00						
マネジャー3	0.31	0.13	1.00					
マネジャー4	0.42	0.07	0.58	1.00				
マネジャー5	0.08	0.05	0.22	0.26	1.00			
LB債券	−0.41	−0.24	0.00	−0.15	−0.10	1.00		
MSCI EM	0.37	0.49	0.28	0.42	0.20	−0.07	1.00	
S&P500	−0.05	0.23	0.05	0.02	−0.03	0.42	0.57	1.00

という点でそれぞれ異なっていたため、全体として分散されており、ポートフォリオもきちんとヘッジされていた。

　一方、我らが投資家が、株式ヘッジ・インデックスを構成するマネジャーのなかから、間違った選択を行っていたとしたら、結果は惨たんたるものだったに違いない。平均の裏には極端なケースが常に隠れているものである。結局、真の意味で分散投資を行うためには、運用マネジャーの投資手法や発生した損益の要因について知っておく必要があるということが重要である。

　投資戦略やスタイルにおける分散の必要性の例として、先に挙げた5人のヘッジファンド・マネジャーのポートフォリオの話に戻り、1998年8月の前後で相関関係がどう変化したかを検証する。

　1995年1月から1998年6月までの期間、各ファンドマネジャーと主要指数間の相関係数は表9のとおりであった。

　表9の相関係数マトリックスから分かるように、さまざまな種類のファンドマネジャーを選ぶことができたようであり、各マネジャーと主要指数との相関は、マネジャー同士のそれと同様に低くなっている。今回は、リスクに執着したことで良い結果が得られそうである。この見方は果たして正しいだろうか。いや、残念ながらそれが間違ってい

表10　ヘッジファンドとインデックスの相関行列（1995/1～1998/12）

	マネジャー1	マネジャー2	マネジャー3	マネジャー4	マネジャー5	LB債券	MSCI EM	S&P500
マネジャー1	1.00							
マネジャー2	0.75	1.00						
マネジャー3	0.86	0.55	1.00					
マネジャー4	0.93	0.72	0.86	1.00				
マネジャー5	0.44	0.59	0.16	0.50	1.00			
LB債券	−0.10	−0.31	0.01	−0.13	−0.22	1.00		
MSCI EM	−0.09	0.27	−0.11	0.10	0.51	−0.15	1.00	
S&P500	−0.08	0.18	−0.16	0.02	0.51	0.20	0.73	1.00

るのだ。

　表9に見られるように、1998年8月の事件以前において、ファンドマネジャー間の相関で最も低かったのはマネジャー5とマネジャー2の間における0.05であった。しかし、1998年12月まで測定期間を延ばした場合における両マネジャー間の相関は、表10に示すように0.59に急上昇した。その結果、ファンドマネジャーを分散しても、期待した効果は得られなかったのである。これには原因が幾つもあるが、1998年のケースでは、一連の事件が原因で相関が一気に高まることになったと思われる。相関係数上昇の原因のうち、幾つかのものを挙げると以下のとおりである。

- 多くのファンドマネジャーは同方向の取引を行っていた。
- 流動性が急激に低下していくなかで、多くのポートフォリオは損失覚悟の売りを強いられた。
- 多くのポートフォリオは、実際は、そもそも無相関ではなかった。
- すべてのポートフォリオの評価額が下落した結果、高い相関を持つことになった。

　このうち、最後の原因について説明しよう。

運用成績が良好なときには、追加証拠金払い込みに備える必要性が低いこともあり、ファンドマネジャーはポートフォリオの評価を甘めに行うことができる。しかし運用成績が悪化すると、すべてのマネジャーは一斉にポートフォリオの評価を保守的に行うようになるのである。なかには、証拠金を捻出しなければならないマネジャーも出てこよう。このように、全マネジャーのパフォーマンスは一様に悪化し、そのためにファンド間の相関が高まるのである。運用成績が良い時期と悪い時期とでは、ファンドの評価の厳格さが大きく異なるということは明らかである。そのために、両方の時期でファンド間の相関はまったく異なるように感じられる。したがって、ポートフォリオを構築するときには、投資家は常に異常時の相関に注意を向ける必要があるのである。それはすなわち、通常の環境とはまったく異なった、極端な相場におけるファンドマネジャー間の相関について見極めるべきだということである。「平時」では何の相関も見られないファンドマネジャー間でも、極端なイベントが発生したときに相関が非常に高くなるということはよくある。

トラック・レコードの実績蓄積を「待つ」ことによってリスク低減を図る試み

　リスクを回避する、あるいは低減させるため、投資家はファンドマネジャーのトラック・レコードが2〜5年蓄積されるまで待つことが多い。これは、投資を正当化するためには、一般に、2〜5年間のトラック・レコードを見ることが必要十分条件だとされていることによる。この論理は次のとおりである。「ファンドマネジャーが良いパフォーマンス実績を上げているということは、彼らが継続的に儲けることができ、自己のファンド会社運営も良好であり、投資戦略においても真に優れていることを示している」。しかしこの論理の根本的な欠陥は、投資家がファンドマネジャーの過去の能力と将来の実現可能性

とを混同しているということである。この能力に対する、例えば監査済みの財務諸表のような経験に基づいた証明がないならば、投資家はファンドマネジャーの主張をなおさらうのみにすべきではない。

　さらに問題を複雑にしているのは、現状がオルタナティブ投資「業界」にとっての興味深い転換期であるということである。ヘッジファンドがすぐに新規投資募集を「クローズ」してしまう傾向が強まっているため、投資家は非常に素早く投資決定を行うことが要求されるのである。しかし、多くの場合、ヘッジファンドは募集を再開するまでクローズしているだけである。再び新規資金の募集を再開するまでの期間は、数カ月から数年ということもあるが、永遠にクローズということはまずない。クローズによってファンドに資金を投入できなくなることを恐れるあまり、投資家はもはや投資をする前にファンドマネジャーの成長を傍観しているというような贅沢は許されないと感じるようになる。これがポートフォリオ構築にあたって問題の種となる。というのは、新しいファンドマネジャーはトラック・レコードを持たないからである。さらに、これまで株のショートなど行ったことがないミューチュアルファンドのファンドマネジャーが、続々とヘッジファンドの世界に入ってきている。投資家は、こうしたマネジャーがロング・ショートのポートフォリオを実際に運用できるということを、事実を確かめられる前に思い切って信じるように要請されているのである。

　反対に、ファンドマネジャーが成長する過程を見守り、ある程度の期間に良好な成績を上げたファンドのみに投資する投資家も多くいる。この場合、ファンドに関する情報が不足していたり、投資戦略の理解が不十分であったり、ファンドマネジャーに対して不安を覚えたとしても、投資が実行されるケースが多い。投資家は、（リスクに対するこだわりのあまりに）過去に優れた実績を残しているファンドマネジャーに投資すればリスクを低減、あるいは回避できると信じており、

その結果、全能のトラック・レコードにだまされ続けるのである。残念なことに、この種の投資家は投資戦略や、パフォーマンスの背後にある情報の重要性には無関心であることが多い。したがって、いつも以下のことを念頭に置いておくべきである。「だれもあなたに悪いトラック・レコードを持つファンドを売り込みに来ることはない。提案当初はすべてが良く見えるものである」

1998年の初めに、当社の顧客のひとりが、突出した素晴らしいパフォーマンスを記録しているファンドマネジャーについて、デュー・ディリジェンスを行うように依頼してきたことがあった。このとき、私たちはすぐに彼に次のようなアドバイスを行った。「もしパフォーマンスが信じられないほど良く見えるなら、たぶん信じないほうがよいだろう」。たしかに、そのトラック・レコードは思わず引き込まれてしまうほどあまりに魅力的であった。そして、その顧客は株式のシステマティック・リスク回避に対してこだわりを持っていたため、そのように完全に「マーケットニュートラル」な戦略を探していたのである。これこそが、過去5年の運用実績蓄積を待ち続け、統計量からファンドマネジャーは「良いに違いない」と思いこんでしまった投資家の実例である。

表11に示したトラック・レコードを見れば、これらの数字のみで判断し、このファンドに投資したいという誘惑にかられる人は多いだろう。このトラック・レコードは一見すると、たしかに素晴らしい。パフォーマンスがマイナスとなった月は一度もないので、標準偏差も大きくなく、シャープレシオで評価しても優れている。

ここで再び、我らが投資家が、1998年7月の時点において、株式市場や債券市場とは完全に無相関で、安定した絶対リターンを上げているファンドを探しているとしよう。表11に表示されている期間において、このファンドの平均年率リターンは24.97％、標準偏差は3.06％、シャープレシオは6.20である。投資家は、その数値に基づき、このフ

表11　グローバル債券投資マネジャーのパフォーマンス

年/月	リターン (%)	年/月	リターン (%)	年/月	リターン (%)
1993/11	1.41	1995/09	1.62	1997/07	2.27
1993/12	2.36	1995/10	1.47	1997/08	1.99
1994/01	2.12	1995/11	1.20	1997/09	1.02
1994/02	2.25	1995/12	1.20	1997/10	2.08
1994/03	2.90	1996/01	0.65	1997/11	1.04
1994/04	3.87	1996/02	1.60	1997/12	0.40
1994/05	1.30	1996/03	1.61	1998/01	1.17
1994/06	2.37	1996/04	1.01	1998/02	3.69
1994/07	2.28	1996/05	3.01	1998/03	2.78
1994/08	2.46	1996/06	4.73	1998/04	3.61
1994/09	1.95	1996/07	1.65	1998/05	0.76
1994/10	2.02	1996/08	2.47	1998/06	0.50
1994/11	1.97	1996/09	2.93	1998/07	
1994/12	1.18	1996/10	2.50	1998/08	
1995/01	1.26	1996/11	1.04	1998/09	
1995/02	1.27	1996/12	2.28	1998/10	
1995/03	1.60	1997/01	1.75	1998/11	
1995/04	1.60	1997/02	2.64	1998/12	
1995/05	1.60	1997/03	2.29	1999/01	
1995/06	1.60	1997/04	2.43	1999/02	
1995/07	0.55	1997/05	1.35		
1995/08	0.84	1997/06	1.72		

ァンドが優れたものであるに違いないと主張するだろう。しかし、私たちは次の3つの基本的な理由によって、このファンドへの投資を勧めない。

- ●ファンドマネジャーはポートフォリオの情報開示を拒み、また投資戦略をはっきりと説明することができなかった。
- ●ファンドで用いられている会計手法に不安があった。
- ●私たちは、そのファンドマネジャーを信用できなかった。

残念ながら、過去のパフォーマンスは将来のパフォーマンスを保証するものではない。1999年には、このファンドは閉鎖に追い込まれた。

そして、ファンドが閉鎖されるときには平均年率リターンと標準偏差は逆転し、新しい平均年率リターンは1.09％、そして標準偏差は28.01％となっていたのである。また、1993年11月から1999年2月までの期間におけるシャープレシオは、0.14にまで低下した。

　一体なぜ投資家はリスクにこだわり、その結果このようなことを引き起こしてしまうのだろうか。これでは、完全なマーケットニュートラル戦略を探しているつもりだったのが、実は沈み行くタイタニック号の上でデッキチェアを並べ替えていたというようなものである。リスクを回避したいと思うあまり、投資家はしばしばリスク嫌いになる。これが投資対象に対する視野を狭める結果、投資家は自らの本能を無視して、統計値にすがるようになる。繰り返しになるが、もし何かあまりに素晴らしくて信じがたいものがあるとすれば、それはたぶん信ずるべきではないのだ。そのようなファンドへ投資しても、それはただポートフォリオのリスクを高め、リターンを脅かす結果を招くだけである。

　投資家は、リターンの上昇を求めるあまりに、運用資産額が増加するとリスクも一般に増加するという事実を見逃してしまう。もし、ファンドマネジャーのパフォーマンスが良ければ、新規資金が流入し、すぐに運用資産額も膨らむだろう。運用資産を増やしたいというファンドマネジャーの欲求と資産運用戦略がうまくいくこととは、両立しないことがしばしばである。資金の流入と運用収益の増大によって資産が増加すると、ポートフォリオのリスクも増加するが、これは幾つかの要因によって引き起こされる。第一に、ファンドマネジャーは資産規模の増大に合わせて、リスク・ポジションを増加させるかもしれないということである。第二に、ファンドマネジャーは、増加した資産を配分するために別の戦略を求め、自分の専門外の分野に投資するかもしれないということである。このなかには、今まではアメリカのみに投資を行っていたのに、エマージング市場投資を突然加えるとい

うような、ポートフォリオの投資対象地域の変更を伴う場合もあろう。これは、一見ポートフォリオにはまったく無害に見えるかもしれないが、1998年にロシア市場が暴落したとき、壊滅的な被害を受けたファンドマネジャーがいるという例もある。最後に、ごく単純な数学ではあるが、一定の投資収益額に対して収益率を計算するときに分母となる資産を増加させると、パフォーマンスは当然ながら希薄化されるということである。

投資家はリスクを避けようとして、折り紙つきのトラック・レコードを待ち続けているが、それは実際には資産を失う確率を増大させているだけである。私たちは、常に素晴らしい成績を上げていたスタインハート、ロバートソン、それからソロスといった有力ヘッジファンド・マネジャーが運用生活の最期を迎えるのを、今まさに目にしているのである。これらのマネジャーに共通して言えることは、破綻したときにはファンドが大きくなりすぎていて、優れたリスク調整後リターンを維持するために本来必要な、機動的な資産配分が不可能になってしまっていたということである。

結論

最後になるが、私たちはポートフォリオのリスクを認識している必要があり、ファンドマネジャーおよびポートフォリオのレベルにおける統計値の変化を注視する必要がある。さらにそれだけにとどまらず、より深いデュー・ディリジェンスを通して、隠れたリスクを探し出すことに細心の注意を払わなければならない。投資家は、ポートフォリオの損益がどのようにもたらされるかについて、また良いレバレッジと悪いレバレッジの違いについて理解しなければならず、過去のパフォーマンスが将来自動的に繰り返されるとけっして期待してはならない。

本章における最も重要な教訓は、以下に集約される。
- 統計値は単なる道具であり、リスクの絶対的な尺度ではない。
- 投資の背景にあるものを理解することが、ポートフォリオの分散を図り、リスクを軽減させる唯一の方法である。
- マネージド・フューチャーズのような事例では、標準偏差が大きいことは有益であって、有害なものではない。
- 投資を行うということは、変動金利でかつ何の保証もなしに自分のお金を貸し付けているようなものである。このことから、投資家は自己のポートフォリオの投資先についての情報を得る権利がある。もしも、投資先について十分に理解することなしに投資を行えば、リスク統計値にこだわらざるを得ないことになるだろう。逆に、もしこの理解が十分であれば、リスクに対して思慮深く柔軟に対処できるようになれる。枕を高くして寝たいなら、後者を選択するべきである。

　オルタナティブ投資は、株式や債券ポートフォリオを補完する意味で優れたものであることには変わりはない。ヘッジファンドは、ポートフォリオ全体の分散を図るうえで、引き続き適切な投資手法であると言える。ただし、ヘッジファンド・ポートフォリオの構築には、徹底したデュー・ディリジェンスと背景にある投資手法の分析が必要である。もし自分自身で調査をやり遂げるには経験が足りないというのなら、私たちはファンド・オブ・ファンズ（これによって、異なったタイプのファンドマネジャーに対して幅広く投資することが可能となるだろう）に投資するか、さまざまな投資戦略やスタイルが錯綜する迷宮を進むうえでのガイドとして、コンサルタントをつけることを強くお勧めする。

第9章
マーケットニュートラル投資戦略

ジョセフ・G・ニコラス
HFR

　マーケットニュートラル投資とは、マーケット・リスクを中立化する一連の投資戦略のことであり、実質的あるいは理論的に相関関係を有する複数の投資対象についてロング（買い）とショート（空売り）のポジションを持つことである。この投資アプローチの目的は、マクロ経済指標や市場のセンチメントの変化による運用対象資産のシスマティックな価格変動へのエクスポージャを限定化することにある。

　本書では、転換社債アービトラージ、債券アービトラージ、モーゲージバック・セキュリティーズ・アービトラージ、買収合併アービトラージ、株式マーケットニュートラル、スタティスティカル・アービトラージ、レラティブバリュー・アービトラージおよび株式ヘッジといった代表的なマーケットニュートラルおよびヘッジ戦略について解説する。これらの戦略が対象とする投資資産は実に多様で、株式から米国債、オプション、モーゲージバック・セキュリティーズにまで及ぶ。この投資対象資産の多様性は、同時に、投資対象資産の種類ごとに投資戦略にかかわる分析を試みる従来のようなやり方では、投資戦略上の類似性・共通性を見いだすことができないことを意味する。転換社債アービトラージでは転換社債をロングし、株式をショートする。債券アービトラージでは異なる種類の債券についてロングとショート

のポジションを組み合わせて保有する。買収合併アービトラージの場合は、買収合併にかかわる一方の企業の株式をロングし、もう一方の企業の株式をショートする、という具合である。これらの戦略すべてがマーケットニュートラルと呼ばれている。これらの投資戦略は本質的に別物であるにもかかわらず、なぜマーケットニュートラルというひとつのグループに分類することができるのだろうか。その答えは「マーケットニュートラル戦略はすべて、そのポートフォリオを構成しているロング・ポジションとショート・ポジションの間の相関からリターンを得るものであり、この相関は、個別投資対象商品のレベルであっても、ポートフォリオのレベルであっても構わない」ということになるだろう。

　マーケットニュートラル戦略は、マーケット・リスクをロング・ポジションとショート・ポジションによって相殺し、ポートフォリオの「市場に対する」エクスポージャを「ロング・ポジションとショート・ポジションの間の相関に対する」エクスポージャへと変換することを目的としている。

　図1のように、マーケットニュートラル戦略のパフォーマンスは魅力あるものとなっている。このリスク・リターン特性は、ロングのみの投資戦略をしのいでいる。マーケットニュートラル関連のインデックスの大半が、リスクフリーの国債の切片からスタンダード・アンド・プアーズ（S&P）500のリスク・リターン特性をプロットした点までの間を結んだ直線よりも上側を占めていることが分かる。

相関関係に着目した投資

　「マーケットニュートラル投資」という用語に関しては実に多くの定義がなされているが、一般的には、本章のはじめに記したように、ひとつまたは複数の市場におけるエクスポージャを消し去るようなポ

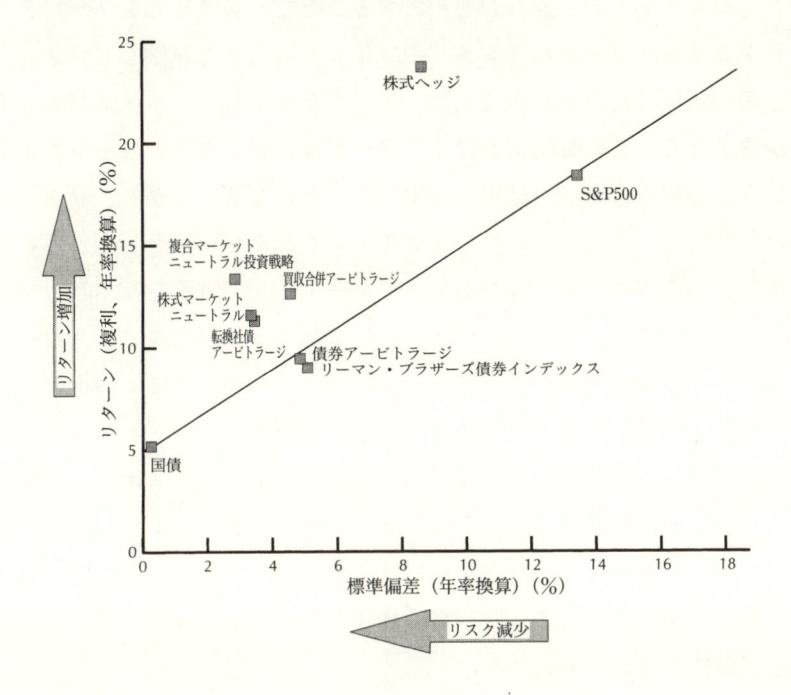

図1　リスク・リターン特性（1990/1～1999/12）

縦軸: リターン（複利、年率換算）（%）
横軸: 標準偏差（年率換算）（%）

プロット:
- 国債
- 株式マーケットニュートラル
- 転換社債アービトラージ
- 複合マーケットニュートラル投資戦略
- 債券アービトラージ
- リーマン・ブラザーズ債券インデックス
- 買収合併アービトラージ
- 株式ヘッジ
- S&P500

←リターン増加　　←リスク減少

ートフォリオを構築するアプローチを指す。市場のエクスポージャの幾つかはショート・セリングを行うか、ロング・ポジションを相殺するような新たなエクスポージャを設定することで中立化できる。これは、金利に対するヘッジのように投資資産全体について行うことも、また、テクノロジー株などの特定セクターについてそのエクスポージャを中立化するというように、部分的に行うこともあり得る。最も一般的なテクニックは、ロングのエクスポージャを有している投資対象と関連性の強い投資対象でショート・ポジションを持ち、双方のポジションが同じように影響を受ける「マーケット・リスク」へのエクス

ポージャをヘッジすることだ。マーケットニュートラル戦略は、ロングとショートのポジションを相殺することで、こうしたシステマティックなマーケット・リスクを「中立化」することを意図している。

相関関係に着目した投資には、ノンディレクショナル・アプローチが含まれる。この戦略におけるリターンは、ロングとショートのポジションを組み合わせた結果から生じることになる。しかし、リターンは必ずしも、ノンディレクショナル・エクスポージャからのみ得られるとはかぎらない。明確なペア・トレーディング戦略を採用したファンドにおいては、ロングとショートのポジションの合成によるポートフォリオの価格変動からリターンが生じる。しかし、多くの場合は、ロング・ポジションのエクスポージャの一部分のみをショート・ポジションでヘッジする。つまりディレクショナル・エクスポージャがヘッジされずに残される。マーケットニュートラルのアプローチは、必ずしもリスクを完全に排除するわけではない。むしろ、避けたいリスクをヘッジする一方で、残したいリスクはそのままエクスポージャとして維持するのである。

マーケットニュートラルにおけるアプローチ

マーケットニュートラル戦略を理解するためのカギとなるのは、異なるロングとショートのエクスポージャを見極め、どちらをヘッジし、どちらをヘッジしないのか、あるいは、両方の組み合わせを用いるのかを決定するまでのアプローチを理解することである。

マーケットニュートラル戦略においてレバレッジがリスク・エクスポージャに対して及ぼす影響について理解するには、ロング・ポジションのショート・ポジションに対する相関関係を理解する必要がある。レバレッジを用いることによって、ヘッジされずに残ったディレクショナル・エクスポージャのリスクは増幅することになる。理論上は、

完全にヘッジされたポジションであれば、レバレッジを利かせた場合もリスクが増幅することはない。しかし、完全なヘッジが常に成立するものではなく、またそれが望ましいともかぎらない。対象となる銘柄が何千もの数になれば、ポートフォリオレベルでの銘柄選択がどれほど困難なことか、想像してみてほしい。

リターンの線形分析

　過去のリターンを検証する場合、一般的にはベンチマーク・リターンとの比較を行うことになる。最もよく行われるのは、S&P500指数のような株式市場全体を代表する指標との比較である。伝統的な線形回帰分析を用いることで、投資戦略によって生み出されたファンドのリターン（従属変数）と市場全体の動きから得られたリターン（独立変数）との相関を測定することができる。この2つのリターン系列を回帰分析して得られる線形方程式は、$y=\alpha+\beta x$という形となる。すなわち、ファンドのリターンは、ファンド独自の戦略によって生み出された部分（α）と市場全体のリターンに応じて生じた部分（βx）に分解できる。ここでのファンドや市場全体のリターンというのは、厳密には株式投資やマーケットニュートラル投資のリスクをとることによって得られるリターンであることから、キャッシュ運用などの無リスク運用によって得られるリスクフリー・レートを差し引いたものである。

　線形回帰分析では、次の3つの重要な指標を得ることができる。まず最初は、相関係数である。これは、2つのリターンの間に存在する相関関係の方向と強弱の度合いを表す。つまり、相関係数が「1」だとすれば、市場全体のリターンが1％増加すると、それに比例して投資戦略によるリターンも1％増加することになる。次は、ベータ（β）である。これは市場とファンドの連動性の強さを示し、通常は

株式市場のシステマティック・リスクの指標として使われる。例えば、ベータが2.0だとすると、株式マーケットのリターンが1％増加した場合、それに連動する投資戦略のリターンが2％増加することになる。最後はアルファ（α）である。これは、株式マーケットのリターンからは説明のつかないファンドのリターン部分を示す。この指標は、アクティブ運用の成果を計るものとして広く使われている。

　表1から分かるように、マーケットニュートラル戦略は株式市場との相関も、ベータも低い。このため、マーケットニュートラル戦略を採用するファンドのリターンは株式市場の動向にほとんど左右されない。ここで注目すべきなのが、株式市場の変動からは説明のつかないリターン部分、つまりアルファである。一般にアルファは運用マネジャーのスキルとしてとらえられることが多いが、投資戦略自体によって生み出される部分もあることは強調しておいてもいいだろう。マーケットニュートラルは金融市場の価格の歪みを利用する手法であり、アルファ志向の戦略と言える。

　次のセクションで説明するが、伝統的資産のポートフォリオにマー

表1　統計的プロファイル——1990/1～1999/12（リスクフリー・レート控除後）

戦略	平均リターン（月次）	標準偏差（月次）	相関係数（対S&P500)	ベータ（対S&P500)	アルファ
S&P500	0.8620	3.870	1	1	0
転換社債アービトラージ	0.5159	1.019	0.4027	0.401	0.425
債券アービトラージ	0.3609	1.429	−0.0956	−0.100	0.393
MBSアービトラージ＊	0.4838	1.337	−0.0310	0.040	0.499
株式ヘッジ	1.4256	2.527	0.6453	0.645	1.063
株式マーケットニュートラル	0.5178	0.973	0.2548	0.253	0.463
スタティスティカル・アービトラージ	0.5273	1.088	0.4735	0.472	0.413
買収合併アービトラージ	0.6054	1.339	0.5040	0.502	0.456
レラティブバリュー・アービトラージ	0.7213	1.191	0.3477	0.346	0.630

＊＝(1993/1月から1999/12月のデータを使用)

ケットニュートラル戦略を加えることで、ポートフォリオ全体のリターンを維持したまま、ボラティリティ（標準偏差）やシステマティック・リスク（ベータ）を低減することができる。一見矛盾しているように思えるが、この喜ばしい結果から言えることは、金融市場は非効率であり、その機会を生かす投資戦略を活用するマネジャーが、市場を上回るリスク調整後リターンを上げる可能性があるということを意味する。市場を上回るリターンを得られたときは、各マーケットニュートラル戦略によって生み出されたアルファのおかげと言ってほぼ間違いない。

伝統的資産のポートフォリオにマーケットニュートラル戦略を加えるということ

　マーケットニュートラル戦略は、株式や債券をロングするだけという伝統的資産運用における投資手法よりも低いボラティリティで、高いリターンを実現することができる。さらに、全体としては伝統的資産運用における株式・債券投資との相関も低い。この2つの特性によって、投資家は、株式・債券によって構成した伝統的資産ポートフォリオの一部に、低相関のマーケットニュートラルを組み入れることで、リスク調整後リターンをより高めることができる。

　ポートフォリオのリスク（リターンの分散）は、個々の保有資産における分散の平均ではなく、保有資産間の相関によって左右される。つまり、現時点で保有するポートフォリオとの相関が高い投資対象を加えても、ポートフォリオ全体のボラティリティが低くなることはない。一方、ポートフォリオとの相関が低い投資対象、特にその投資対象自体のボラティリティが低いものを加えた場合、ポートフォリオ全体のボラティリティをより引き下げることができる。異なる市場環境下で良好なパフォーマンスを得られるような投資戦略をアロケーションに加える、と考えておけばよい。表2は、マーケットニュートラル

戦略およびヘッジ戦略と、リーマン・ブラザーズ債券インデックスやS&P500指数との相関、ならびに、各戦略間の相関を示している。

注意してほしいのは、マーケットニュートラル戦略同士もマーケットニュートラル戦略と株式・債券指数間の相関も、それほど高くないということだ（ただし、株式マーケットニュートラルとスタティスティカル・アービトラージのように、それぞれの戦略に重複部分のあるものは別である）。つまり、マーケットニュートラル戦略のポートフォリオは、伝統的資産運用における投資よりもリスクを低く抑えながら、リターンを確保できるということになる。マーケットニュートラル戦略を伝統的資産運用における株式・債券ポートフォリオと組み合わせることで、リターンを減少させずにリスクを減らすことができることが、平均・分散法（M-V法）による最適化によって確認できる。

M-V法による最適化手法は、定量分析モデルを用いて、許容し得る一定のリスクを前提とした場合のポートフォリオの期待リターンを最大化したり、または、一定の期待リターンを前提とした場合のポートフォリオのリスクを最小化するための手法である。このモデルが導くのは「有効フロンティア」と呼ばれるもので、一定の分散（リス

表2　マーケットニュートラルとヘッジ戦略の相関行列（1990～1999）

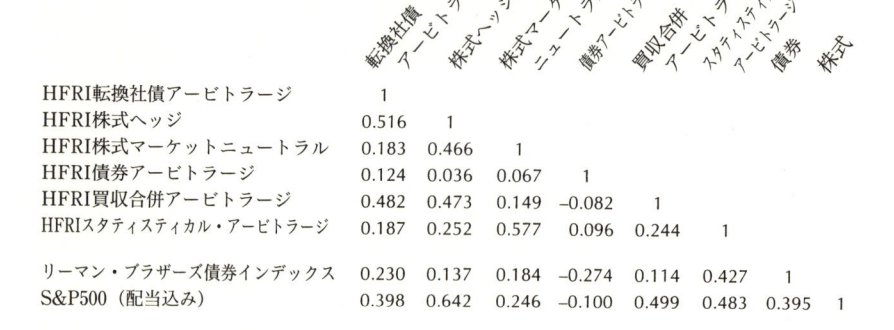

	転換社債アービトラージ	株式ヘッジ	株式マーケットニュートラル	債券アービトラージ	買収合併アービトラージ	スタティスティカル・アービトラージ	債券	株式
HFRI転換社債アービトラージ	1							
HFRI株式ヘッジ	0.516	1						
HFRI株式マーケットニュートラル	0.183	0.466	1					
HFRI債券アービトラージ	0.124	0.036	0.067	1				
HFRI買収合併アービトラージ	0.482	0.473	0.149	–0.082	1			
HFRIスタティスティカル・アービトラージ	0.187	0.252	0.577	0.096	0.244	1		
リーマン・ブラザーズ債券インデックス	0.230	0.137	0.184	–0.274	0.114	0.427	1	
S&P500（配当込み）	0.398	0.642	0.246	–0.100	0.499	0.483	0.395	1

第9章●マーケットニュートラル投資戦略

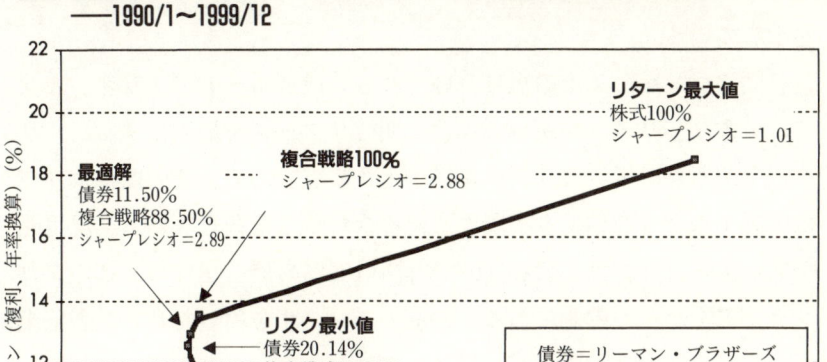

図2　有効フロンティア（マーケットニュートラル戦略を組み入れた場合）
——1990/1～1999/12

（グラフ内テキスト）

- リターン最大値　株式100％　シャープレシオ＝1.01
- 複合戦略100％　シャープレシオ＝2.88
- 最適解　債券11.50％　複合戦略88.50％　シャープレシオ＝2.89
- リスク最小値　債券20.14％　複合戦略79.86％　シャープレシオ＝2.79
- 債券100％　シャープレシオ＝0.81
- 債券＝リーマン・ブラザーズ債券インデックス
- 株式＝S&P500（配当込み）
- 複合戦略＝複合マーケットニュートラル戦略

縦軸：リターン（複利、年率換算）（％）
横軸：リスク（年率換算・標準偏差）（％）

ク）を前提として期待リターンを最大化するか、一定のリターンを前提として分散（リスク）を最小化するために選択が可能なアロケーションの組み合わせを示している。このモデルは、統計的にも分散投資が望ましいことを示している。M-V法による最適化手法によって、株式、債券、マーケットニュートラル戦略を含むアセット・アロケーションに関する興味深い事実を知ることができる。

マーケットニュートラルのリターンは、伝統的資産運用における株式・債券投資のように市場の方向性にベットすることによって得られるものではなく、証券間の相関関係によって得られるものである。マーケットニュートラル全体で見ると、リターンの変動は免れないが、過去10年間に得られたリターンは総じて、伝統的資産運用での株式・債券運用よりも安定し、また伝統的資産運用との相関関係も低かった。このことをM-V法による最適化を行って図示したのが図2である。有効フロンティアは、各リスク（標準偏差）水準での、（マーケット

ニュートラル、株式、債券の）ヒストリカル・リターンによる最適解を示している。

　有効フロンティア上の点は、いずれも「最適ポートフォリオ」となる。つまり、リスクが所与の場合に期待リターンを最大化するか、リターンが所与の場合にリスクを最小化する点である。この曲線より左に位置するような結果を実現する組み合わせは存在しない。実現可能なアロケーションは、債券100％や株式100％の場合を含め、このフロンティア上かその内側にある。シャープレシオを用いたリスク調整後リターンが最大になる点が、最適なアロケーションとなる。

　このケースでは、株式100％と債券100％の場合のアロケーションが、フロンティアの上限と下限に位置しており、最適なアロケーションは、複合マーケットニュートラル・インデックス88％強、債券インデックス12％弱の組み合わせとなった。この結果は、マーケットニュートラル・インデックスが、広範囲に相関性の低い運用手法を組み合わせた投資戦略の複合体であることを思えば、当然予想されたことであるとも言える。しかし、このグラフがポートフォリオの88％を実際にマーケットニュートラルに配分することを推奨しているわけではないにしても、マーケットニュートラルをアロケーションに加えたことによるリスク調整後リターンの改善効果には着目する必要があるだろう。マーケットニュートラルのアロケーション比重を増すことで、リスクを抑制しつつ、債券投資よりも高いリターンを実現できる。図3は、伝統的資産の運用ポートフォリオに組み入れるマーケットニュートラル戦略の割合を10％ずつ増やしていった場合、ポートフォリオ全体のボラティリティが、リターンが低減することなくどれだけ減少していくかを示したものである。なお、伝統的資産の運用ポートフォリオでは株式と債券の比率を6対4としている（例えば、マーケットニュートラル戦略を20％組み入れた場合は、株式が48％、債券が32％のアロケーションとなる）。

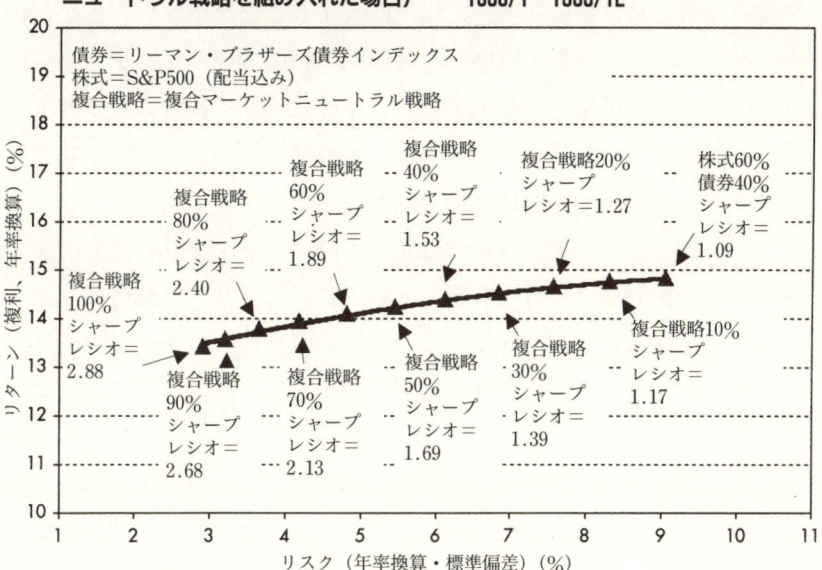

図3 シャープレシオの改善（株式60％債券40％のポートフォリオにマーケットニュートラル戦略を組み入れた場合）——1990/1〜1999/12

債券＝リーマン・ブラザーズ債券インデックス
株式＝S&P500（配当込み）
複合戦略＝複合マーケットニュートラル戦略

（グラフ上の各点のラベル）
- 複合戦略100％　シャープレシオ＝2.88
- 複合戦略90％　シャープレシオ＝2.68
- 複合戦略80％　シャープレシオ＝2.40
- 複合戦略70％　シャープレシオ＝2.13
- 複合戦略60％　シャープレシオ＝1.89
- 複合戦略50％　シャープレシオ＝1.69
- 複合戦略40％　シャープレシオ＝1.53
- 複合戦略30％　シャープレシオ＝1.39
- 複合戦略20％　シャープレシオ＝1.27
- 複合戦略10％　シャープレシオ＝1.17
- 株式60％債券40％　シャープレシオ＝1.09

縦軸：リターン（複利、年率換算）（％）
横軸：リスク（年率換算・標準偏差）（％）

　株式・債券といった伝統的資産にマーケットニュートラルを加えていくと、リスクが低下するほどに、リターンが低下することはない。マーケットニュートラル100％のポートフォリオの場合、リスクは伝統的資産運用のわずか3分の1まで低下するが、リターンは10分の1程度減少したにすぎない。

システマティック・リスク・エクスポージャの低減

　マーケットニュートラルを伝統的資産運用のポートフォリオ（株式60％、債券40％と仮定）と組み合わせることで、市場のシステマティック・リスクへのエクスポージャを低減することができる。このシステマティック・リスクはマーケット・リスクとも呼ばれ、ベータによって表されるが、すべての証券に共通して存在するリスクである。システマティック・リスクは、マクロ経済や投資家サイドの要因によっ

て生じる。そのため、銘柄や業種、規模、スタイルの分散という伝統的資産運用における投資手法では、回避することが難しい。しかし、マーケットニュートラル戦略は、証券間の相関関係からリターンを得るものであり、伝統的資産運用における株式・債券投資のようにマーケットの方向性からリターンを得るのものではないため、そのリスク・リターン特性は市場全体との相関関係が低い。

すでに述べたように、伝統的資産運用のポートフォリオに、一部マーケットニュートラル戦略を組み入れることで、リスク調整後リターンを引き上げることができる。また、その場合にアロケーションは、ベータで表されるような、株式市場に対するリスクのエクスポージャをも低減できる。

伝統的資産運用におけるポートフォリオ、すなわち、S&P500指数を運用指標とするような株式60%、リーマン・ブラザーズ債券インデックスを指標とするような債券40%で構成されるポートフォリオでは、過去10年間のリターンは、14.73%（ベータは0.66）だった。この株式60%債券40%の伝統的資産運用型ポートフォリオにマーケットニュートラルを組み込み、その割合を10%単位で高めていく（例えば、マーケットニュートラル20%、株式48%、債券32%）と、ベータで表されるマーケット・リスクを低減しつつ、リターン水準を維持することができる（図4）。

またシステマティック・リスクのすべてのレベルにおいて、マーケットニュートラルを組み込んだポートフォリオは、伝統的資産（株式と債券）のみで構成されたポートフォリオに対して、より高いリターンを示している。図4で分かるように、債券のアロケーションを高めることでシステマティック・リスクを軽減することができるが、その場合、株式60%債券40%の割合を維持しつつマーケットニュートラル戦略を組み入れていく場合に比べて、リターンをより大きく損なうことになってしまう。伝統的資産運用型のポートフォリオのグラフを左

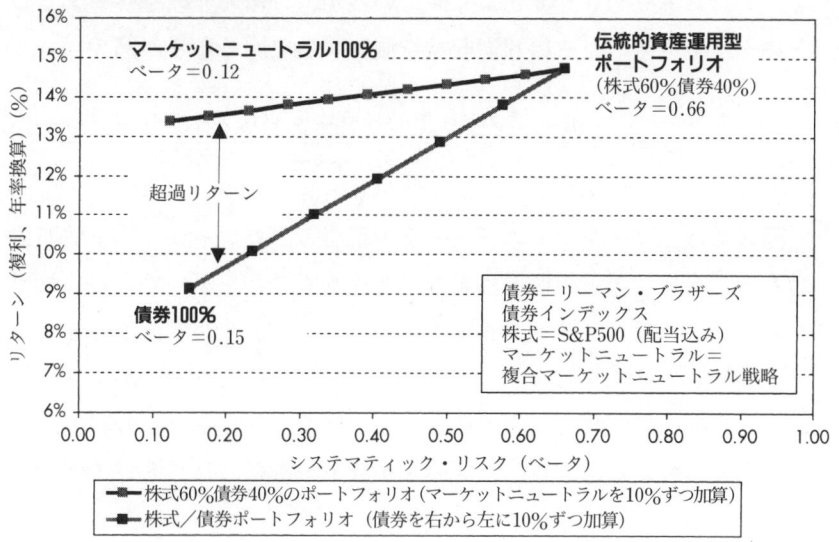

図4 債券代替としてのマーケットニュートラル戦略
(1990/1〜1999/12)

グラフ内凡例:
- マーケットニュートラル100%　ベータ＝0.12
- 伝統的資産運用型ポートフォリオ（株式60%債券40%）　ベータ＝0.66
- 債券100%　ベータ＝0.15
- 超過リターン
- 債券＝リーマン・ブラザーズ債券インデックス
- 株式＝S&P500（配当込み）
- マーケットニュートラル＝複合マーケットニュートラル戦略
- 縦軸：リターン（複利、年率換算）（%）
- 横軸：システマティック・リスク（ベータ）
- 株式60%債券40%のポートフォリオ（マーケットニュートラルを10%ずつ加算）
- 株式／債券ポートフォリオ（債券を右から左に10%ずつ加算）

にたどっていくと、どの地点で見てもマーケットニュートラル戦略を組み入れたポートフォリオのほうが、同じリスクで高いリターンを示していることが分かる。この理由は、システマティック・リスクの低減にある。株式60%、債券40%で構成されるポートフォリオに徐々にマーケットニュートラル戦略を組み入れていくと、マーケットニュートラル戦略の組み入れ割合が0％の場合と100%の場合で、ポートフォリオのリターンは、わずか9％強（14.73%から13.38%に）低下したにすぎないが、ベータで計測したシステマティック・リスクは、80％超（0.66から0.12に）も低下している。これは、マーケットニュートラル戦略が市場における非効率性ゆえのミスプライシングによってさらに大きな利益を生み出しているからこそ可能になっている。

もちろん、伝統的資産とマーケットニュートラル戦略を組み合わせたポートフォリオのリスク・リターン特性は、伝統的資産運用のそれ

よりも優れている。トレイナーの測度は、この要因を計測するためのもので、シャープレシオとよく似ているが、分母の分散をベータで置き換え、1単位当たりの超過収益を測定する尺度である（図5）。

$$トレイナーの測度 = \frac{ポートフォリオのリターン - リスクフリー・レート}{ベータ}$$

図5では、マーケットニュートラル戦略のアロケーションを増加させると、トレイナーの測度は大きく上昇することを示している。なぜならマーケットニュートラル戦略のアロケーションが増えることで、マーケット・リスクのエクスポージャが低減され、ベータがリターン以上の速さで低減するからである。この結果、トレイナーの測度は大きく上昇している。さらに、ベータが低下するにつれてトレイナーの

図5 トレイナー測度の改善（マーケットニュートラル戦略で債券の代替をした場合）——1990/1～1999/12

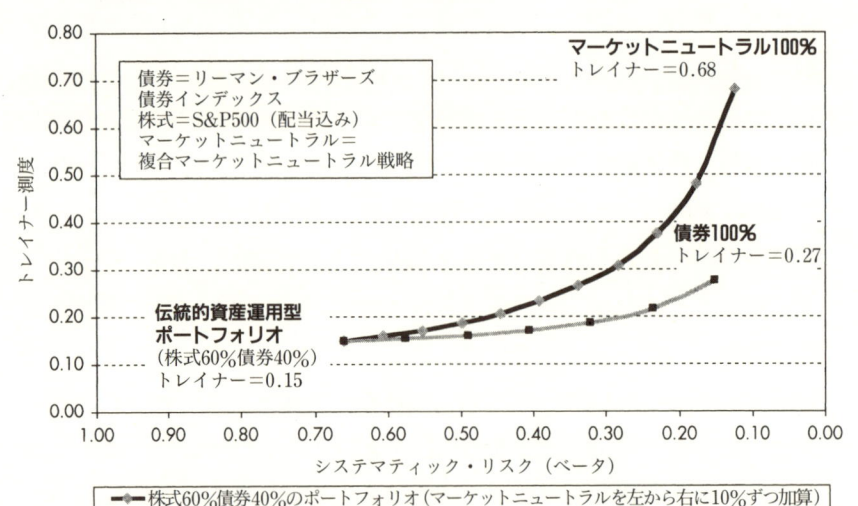

（凡例）
- 債券＝リーマン・ブラザーズ債券インデックス
- 株式＝S&P500（配当込み）
- マーケットニュートラル＝複合マーケットニュートラル戦略

- マーケットニュートラル100％　トレイナー＝0.68
- 債券100％　トレイナー＝0.27
- 伝統的資産運用型ポートフォリオ（株式60％債券40％）　トレイナー＝0.15

- 株式60％債券40％のポートフォリオ（マーケットニュートラルを左から右に10％ずつ加算）
- 株式/債券ポートフォリオ（債券を左から右に10％ずつ加算）

測度が上昇する割合は、債券のアロケーションを増加させる場合よりマーケットニュートラル戦略の組み入れを増加させるほうがかなり大きい。伝統的資産からなるポートフォリオに、マーケットニュートラル戦略を組み込むことで、株式60％、債券40％という伝統的資産からなるポートフォリオと同等のリターンを確保しつつ、システマティックなマーケット・リスクのエクスポージャを低減することが可能となる。

株式と債券を組み合わせたポートフォリオと株式とマーケットニュートラル戦略を組み合わせたポートフォリオを比較した場合も、同様の結果が得られる。ここでも、株式のインデックスとしてS&P500指数、債券のインデックスとしてリーマン・ブラザーズ債券インデックスを用いることにする。過去10年間のS&P500指数の年平均リターンは18.45％、当然ながらベータは1である。リーマン・ブラザーズ債券インデックスのほうは9.14％でS&P500指数に対するベータは0.1506であった。

これまでは、株式市場のエクスポージャを低減させ、リターンの分散（リスク）を低下させるには、ポートフォリオに債券を加えることが一般的であった。しかし、債券の代わりにマーケットニュートラルを加えることで、一定のマーケット・リスクのもとでより高いリターンを生み出すことができる可能性が出てくる。

図6では、2組のポートフォリオについてシステマティック・リスク（ベータ）とリターンの推移がグラフ化されている。下のラインは株式と債券による伝統的な組み合わせで、上のラインは債券をマーケットニュートラル戦略で置き換えたものである。グラフは左から右に、株式のアロケーションがゼロから100％まで10％単位で増加（マーケここで示されているように、S&P500指数を100％保有し、マーケット・リスクのすべてを負う場合を除けば、マーケット・リスクがどの水準であっても、株式とマーケットニュートラル戦略を組み合わせた

**図6 債券代替としてのマーケットニュートラル戦略
（1990/1～1999/12）**

- 100%マーケットニュートラル　ベータ＝0.12　リターン＝13.38%
- 100%株式　ベータ＝1.00　リターン＝18.45%
- 100%債券　ベータ＝0.15　リターン＝9.14%
- 超過リターン

債券＝リーマン・ブラザーズ債券インデックス
株式＝S&P500（配当込み）
マーケットニュートラル＝複合マーケットニュートラル戦略

横軸：システマティック・リスク（ベータ）
縦軸：リターン（複利、年率換算）（%）

凡例：株式/債券ポートフォリオ、株式/マーケットニュートラル・ポートフォリオ

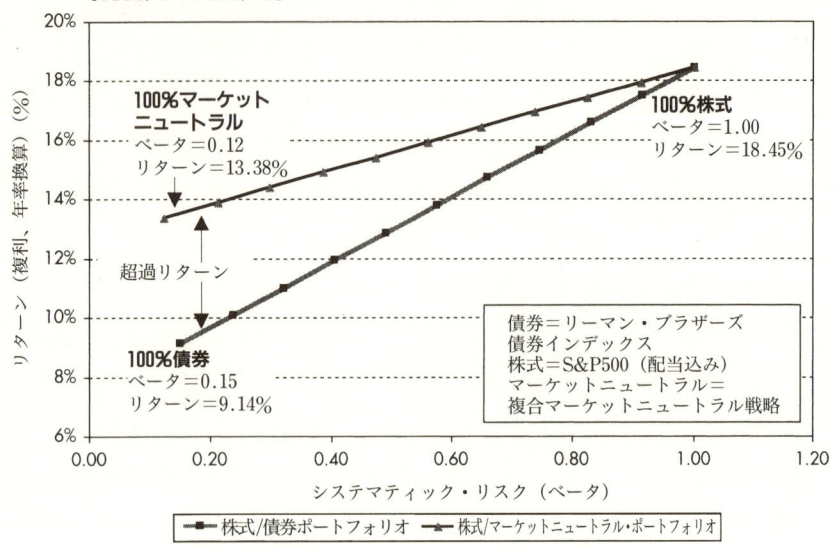

**図7 トレイナー測度の改善（マーケットニュートラル戦略で
債券の代替をした場合）――1990/1～1999/12**

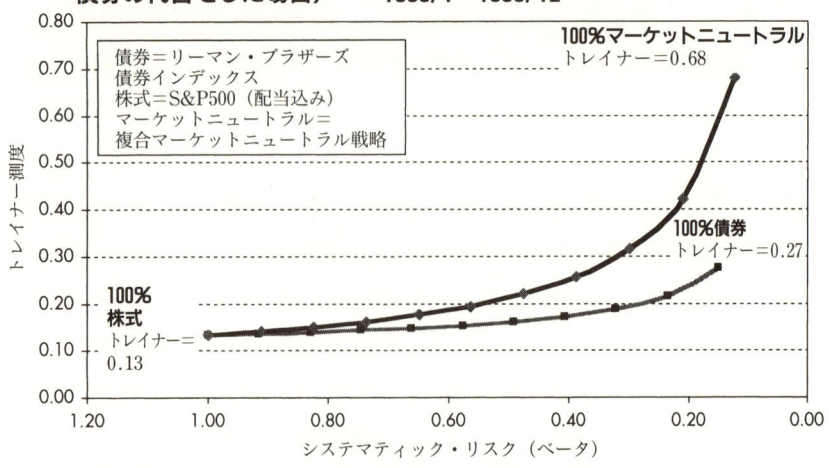

- 100%マーケットニュートラル　トレイナー＝0.68
- 100%債券　トレイナー＝0.27
- 100%株式　トレイナー＝0.13

債券＝リーマン・ブラザーズ債券インデックス
株式＝S&P500（配当込み）
マーケットニュートラル＝複合マーケットニュートラル戦略

横軸：システマティック・リスク（ベータ）
縦軸：トレイナー測度

凡例：
- 株式/債券ポートフォリオ（債券を左から右に10%ずつ加算）
- 株式/マーケットニュートラル・ポートフォリオ（マーケットニュートラルを左から右に10%ずつ加算）

ポートフォリオのほうが、株式と債券を組み合わせたポートフォリオよりも高いリスク・リターン特性を示している。

ここで再び、トレイナーの測度を計算すると図7のようになり、株式とマーケットニュートラル戦略からなるポートフォリオは一定のシステマティック・リスクを前提とすると、株式と債券の組み合わせよりも大きなリターンを生み出していることが分かる。図中で、グラフを右に移動するにつれ（マーケット・リスクの減少を招く）株式のアロケーションが100％からゼロへと減少している。

株式とマーケットニュートラル戦略の組み合わせで、マーケットニュートラル戦略のウエートが大きくなるにつれ、トレイナー測度の傾きは急になる。株式と他資産（債券またはマーケットニュートラル戦略）を70％対30％の組み合わせから始め、他資産のアロケーションを増加（グラフ上では左から右へと移動）していくと、（リスクが一定のときの）限界リターンは、株式とマーケットニュートラル戦略の組み合わせのほうが株式と債券の組み合わせによるポートフォリオよりも大きくなる。つまり、ポートフォリオ中の債券のアロケーションをマーケットニュートラル戦略に置き換えることで、一定のリスクのもとでより高いリターンを生み出すことが可能になる。

さまざまな種類のマーケットニュートラル戦略およびヘッジ戦略が、リターンで債券を上回る一方、リスクでは株式を下回っている。さらに、どのような市場環境下であっても、これらの戦略は株式インデックス、債券インデックスと低相関である。「マーケット・リスクに対するヘッジ」というこれらの戦略の特徴から言えば、特に重要なのは、株式市場が下落している期間のパフォーマンスである。1990年代、S&P500指数の月次パフォーマンスがマイナスとなったのは、37カ月あり、その平均月次リターンは－3.01％だった。それに対し、マーケットニュートラル戦略が下落したのは、そのうちわずか8カ月（全体の22％）にとどまり、この37カ月の平均月次リターンは0.47％だった。

次に、主要な5種類のマーケットニュートラル戦略とヘッジ戦略、つまり転換社債アービトラージ、株式マーケットニュートラル、スタティスティカル・アービトラージ、株式ヘッジ、債券アービトラージと買収合併アービトラージを詳細に解説する。

転換社債アービトラージ

転換社債アービトラージは転換証券をロングする一方で、この証券が転換対象とする株式をショートすることでヘッジを行うものである。対象としては転換社債、転換優先株、ワラントが含まれる。ここでは、転換社債に絞って話を進めるが、考え方はすべての転換証券に共通している。転換社債とは、一定量の株式に転換できる権利（転換権）が与えられた社債である。つまり、転換社債は債券と株式、双方の特性を備えたハイブリッド証券であるため、その価格も両方の特徴を反映したものとなる。一般的傾向として、転換社債の価格は同銘柄の株式が下落してもこれより緩やかに下げる一方、上昇局面ではこれによく追随する。通常、転換社債アービトラージのマネジャーは、転換社債をロングし、同銘柄の株式をショートすることで、これらの複雑な価格関係から利益を得る。

転換社債の評価

マネジャーの取引手法について掘り下げていく前に、まずは転換社債のさまざまな価格決定要因や、複雑な価格評価モデルについて理解することが重要である。

スタティスティカル・アドバンテージ

マネジャーは、優れたトータル・リターン特性を備える転換社債を

表3　リターン特性

転換対象株式の価格変化	10％下落	変化なし	10％上昇
株式（％）	−10	0	+10
転換社債（％、配当込み）	−2	+5	+8

見極め、その転換社債をロングし、同銘柄の株式をショートする裁定取引を行うことで利益を得ることになる。優れたリターン特性を備える転換社債の価格は、同銘柄の株式が下げた場合も、株価の値下がりよりも緩やかに下落する傾向がある。一方、株の上昇局面ではこれによく追随する。表3に掲げたリターンの比較表は、この関係を示している。

　転換社債は、同銘柄の株式の上昇局面ではこれによく連動するのに対し、下落局面ではあまり影響を受けないため、トータル・リターン特性は優れたものになる。話を簡単にするため、転換社債と同銘柄の株式はゼロ配当で、価格変動によってのみリターンが生ずることにする。一方、転換社債は5％のクーポン収入があることにする。加えて、株式と転換社債は、株式の値動きに対して反応が異なる。この2つの特性から、転換社債にはスタティスティカル・アドバンテージが発生する。

　数学的には、リスクと期待リターンのバランスから見てゼロ配当の株式に投資するメリットはない。これは別に、優良な株式に投資しても利益につながらないと言っているのではなく、ほかの要因をまったく同じにすれば、統計的にはある株式が下落する可能性は上昇する可能性とまったく同じになると言っているにすぎない。株式の場合は、上下いずれかの方向に10％値動きがあれば、同じだけ利益か損失が発生するということであり、リスクに対する期待リターンの割合は1対1ということになる。この例にある転換社債の場合、10％の価格変動

で出る利益の可能性が、損失可能性に対して4倍なので、リスクに対する期待リターンの割合は4対1となる。

転換社債の価格決定要因

インベストメント・バリュー

　転換社債は株式と債券双方の特徴を併せ持っているため、その評価も双方を反映したハイブリッドなものとなる。このうち、債券部分の価値は、インベストメント・バリューと呼ばれている。この名称に惑わされて、これを転換社債全体の市場価格と混同してはいけない。この場合のインベストメント・バリューとは単に転換社債の債券部分の価値を指すにすぎず、言い換えれば株式転換権を除いた債券部分の価値のみを意味している。

　インベストメント・バリューは、転換社債に投資している投資家にとっての投資対象の下限価値を意味している。転換社債の価格は、株式部分の価値が急落した場合でも、債券としての価値が残るため、このインベストメント・バリューを割り込むことはない。唯一の例外は、証券の発行企業がファンダメンタルズ面での問題を抱えることで株価が急落し、これを受けて債券としての信用力に問題が生じる場合である。この種の証券はバスティッド・コンバーティブルと呼ばれるが、これについては、この章の後半で解説する。転換社債アービトラージ戦略ではインベストメント・バリューを評価するために、発行企業のファンダメンタルズ分析、クーポンと償還期間、信用力、最終利回りなど、従来からある債券投資分析のツールが利用される。

　理論的には金利が一定であるかぎり、転換社債のインベストメント・バリューは、株価の変動に対しても安定的に推移する。ただし株価が急落するような局面では、インベストメント・バリューもこれに追随する。なぜなら、株価の下落は当該企業に財務上の問題がある兆し

であり、破産や債務不履行になる可能性もあるからである。一方、株価の値上がりに際しては、転換社債全体の価格への影響はあるが、インベストメント・バリューはこれに影響されない。これは、インベストメント・バリューの主要な決定要因である発行企業の信用力や財務状況は緩やかに変動するものであり、この信用力が維持されているかぎりインベストメント・バリューも現状を維持するからである。実際にはこのようなケースが一般的であるが、企業のファンダメンタルズが激変することもある。企業格付けの社債に与える影響と同様に、予想外の収益悪化のニュースによってインベストメント・バリューが下落することがある。企業のファンダメンタルズの急激な悪化は、企業がクーポンあるいは元本を支払えなくなるリスクが増大する予兆でもある。

　金利の変動は、同様の信用力を持つ一般の社債と同じように、転換社債のインベストメント・バリューにも影響を与える。金利とは、資金を借りるときの価格を表している。金利が上昇した場合、資金の貸し手は高金利を歓迎するため、低金利で発行された債券の価格は下落する。このため、金利の上昇は転換社債のインベストメント・バリューの下落を招く。金利の下落は、これと逆の効果をもたらすことになる。

　ここで再度、注意を促しておきたいのだが、転換社債の価格はダイナミックに変動するものであり、ある一定の環境のもとでは、ある価格の決定要因がほかよりも大きく影響することもある。つまり、金利が上昇してインベストメント・バリューが下落している状況でも、同銘柄の株式の価格が上昇することで、転換社債全体の価格で見るとインベストメント・バリューの下落が相殺される可能性もある。一般的に、インベストメント・バリューと同等もしくはこれに近い水準で転換社債の価格が推移する場合、これを上回る水準での価格よりも金利の影響を受けやすい（なお、インベストメント・バリューを上回る水

準に価格がある場合は、株式の値動きからの影響を受けやすい)。

インベストメント・プレミアム

転換社債のインベストメント・プレミアムとは、転換社債の市場価格とインベストメント・バリューとの差のことであり、インベストメント・バリューに対する割合として表される。また転換社債のうち債券部分を取り出して、インベストメント・バリューを上回る価値を算出することで示される。これは、投資家がこのハイブリッド証券を取得するために支払わなければならない代価を示している。例えば、額面1000ドルの転換社債で、インベストメント・バリュー800ドルの場合、インベストメント・プレミアムは (1000−800)／800＝25％となる。これは、価格やほかの変数などとともに、下落リスクを計測するための重要な指標となる。インベストメント・プレミアムの算出式は以下のとおりである。

$$\text{インベストメント・プレミアム} = \frac{\text{市場価格} - \text{インベストメント・バリュー}}{\text{インベストメント・バリュー}}$$

通常、インベストメント・プレミアムが大きいということは、同銘柄の株価の変動に対して、転換社債が非常に敏感であることを意味する。インベストメント・プレミアムの大きさは、(株価が高いことによる) 市場価格とインベストメント・バリューの差を反映しているからである。本章の後半で詳述するが、株価が上昇する場合、転換社債は債券よりも株式に近い動きをするようになる。また、株価が下落し始めると、転換社債はインベストメント・バリューに近い水準になるまでこの株価の動きを反映して推移し、その後は株式よりも債券としての特性を表すようになる。同じ理屈で、インベストメント・プレミアムが小さい転換社債の場合は、より債券に近い特性を示し、金利の変動などといった債券価格の変動要因から影響を受けやすい。

転換価格

転換価格は、投資家が転換社債から株式に転換することのできる価格である。転換社債は発行された時点で、その額面に相当する株数が決められている。これを、「転換比率」という。転換価格は、額面で交換可能な株式数量(転換比率)を決定する要素となる。しかし、転換社債が額面で売買されることはまずないうえ、転換する株式の価格も変動するのが常である。

転換比率

転換比率は、転換社債の保有者が、転換社債を株式に転換した場合に、社債の額面当たり受け取る普通株の数量のことである。上述のように、これは転換社債の発行時において決められるもので、株式への転換時に債券の保有者が受け取る株式数である。コンバージョン・レシオは、債券の残存期間に応じて設定される。

$$転換比率 = \frac{額面価格}{転換価格}$$

コンバージョン・バリュー

コンバージョン・バリューは、転換社債の株式としての性格の部分の価値を表す。これは株式に転換された場合の株式の時価にほかならない。これは、転換社債が転換可能な株式数(発行時に決められた)に、その時点での株式の時価を掛けたものに等しい。コンバージョン・バリューは、インベストメント・バリューと同様、転換社債の下限価値を示している。すなわち、転換社債がこの価格を下回って売買されることはない。

$$コンバージョン・バリュー = 転換比率 \times 株式の時価$$

コンバージョン・プレミアム

　投資家は一般に、転換社債のコンバージョン・バリューを上回るプレミアムを支払うことをいとわない。なぜなら、転換社債は債券としての特性によって下値をプロテクトされているうえ、利息の形で株式の配当より高い収入をもたらすからである。プレミアムは、転換社債の市場価格とそのコンバージョン・バリューの差を、コンバージョン・バリューで割ることで求められる。

$$コンバージョン・プレミアム = \frac{転換社債価格 - コンバージョン・バリュー}{コンバージョン・バリュー}$$

　転換社債のコンバージョン・プレミアムは、転換社債が株式に転換された場合に、投資家が株式として受け取る価値以上に支払うことになる金額のことである。これは、転換社債の株式への転換権の価値を表している。例えば、ある転換社債が1000ドル（額面価格　パー）で取引されており、14ドルの株式50株に転換可能であるとすると、この場合、コンバージョン・バリューは700ドルになる。プレミアムは、買った時点での転換社債価格とコンバージョン・バリューの差なので、300ドル（1000ドル－700ドル）になる。通常、プレミアムはコンバージョン・バリューとの比で示されることから、例示した転換社債の場合、コンバージョン・プレミアムは42.9%（300ドル÷700ドル）となる。

　一般に、コンバージョン・プレミアムが上昇するにつれて、転換社債価格は、同銘柄の株式の価格との相関関係が低下し、逆にインベストメント・バリューとの相関関係が高まっていく。この論理に従えば、株価が上昇し、転換社債の価格も株式に近い動きをしている場合、転換社債から株式への転換権の価値は低下し、その転換権に対して支払われるプレミアムも低下するということになる。また、転換社債の価格がインベストメント・バリューに接近するのに伴い、転換社債の株

式部分の価値は低下する。ただし、転換社債のコンバージョン・プレミアムに影響する要因は多岐にわたることを念頭に置くことが重要である。例えば、企業が一般の社債を発行しているのと同程度の金利水準であれば、転換社債が債券に近い動きをすることから、利回りの高い転換社債は、コンバージョン・プレミアムも高くなる。このような場合、投資家は、株価の水準にかかわらず、金利収入の部分に対し、株式部分よりも高い価値を認めることになる。

構成要因間の相関関係

前のセクションで説明したインベストメント・バリュー、インベストメント・プレミアム、転換価格、転換比率、コンバージョン・バリューといった構成要因は、転換社債の市場価格の構成要因となる。転換社債はハイブリッド証券であるため、株式とは異なる市場要因よって価格が左右される。事実、転換社債の価格と同銘柄の株式の価格が、1対1に対応することなどけっしてないと言っていい。例えば、転換社債の価格は、その債券的な特性から金利と逆の方向に動く傾向があるが、株式のほうはマクロ経済の状況と金利動向の影響に反応する。

転換社債と同銘柄株式との値動きを、関数として表す単一の計算式など存在しない。むしろ、さまざまな要因が転換社債の価格形成に影響している。転換社債の専門家は、転換社債と株式の価格の歪みを見つけ出し、そこからのアービトラージ取引によってリターンを得る。そして、その相関関係に変化を与える要因についてモニターするのである。

図8は、転換社債の価格曲線を例示したものである。転換社債と同銘柄の株式の価格を横軸に、転換社債の価格を縦軸においている。これは転換社債アービトラージ・マネジャーが投資のときに活用する代表的な価格曲線を表しているが、これらの曲線の形状は常に固定され

たものではない。本章で後ほど触れるが、転換社債の価格に影響を与える同銘柄の株価に変化があった場合、曲線の形状も変化する。また、同じ転換社債を運用している場合であってもマネジャーが異なれば、同銘柄の株価評価の違いから、できる曲線の形状も変わってくる。

転換社債アービトラージのアプローチ

定量分析に基づくスクリーニング

転換社債アービトラージのマネジャーは、転換社債のユニバースに対して定量分析に基づくスクリーニングを行い、投資機会を見極めようとする。そのとき、多くのマネジャーが、バリューラインからの情報や、内部データベースのデータを利用している。スクリーニングの基準は、価格、クーポン、現在の最終利回り、配当利回り、プレミアム、発行規模、デュレーション、格付けなどであり、マネジャーによって異なることもある。これらの各種データを前提としつつ、「理論的に割安」となっている転換社債を選定する評価モデルを利用して、アービトラージの機会を見極める。理論的に割安な証券を見極めるために、マネジャーは転換社債の市場価格を、同銘柄株式の時価や金利、信用力、インプライド・ボラティリティ、期前償還の可能性といった変数などに基づく理論値と比較するのである。

ヘッジの種類

マネジャーは、アービトラージの投資機会を見極めた後、どのヘッジが適しているかを判断する。標準的な転換社債アービトラージのポジションでは、計算されたデルタに基づき市場リスクの中立化（マーケットニュートラル）が図られる。デルタとは、同銘柄の株式に対する転換社債の値動きである。この値は、現時点の株価水準における転換社債の価格曲線に対する接線の傾きとして求められる。前述のよう

図8 転換社債の価格曲線

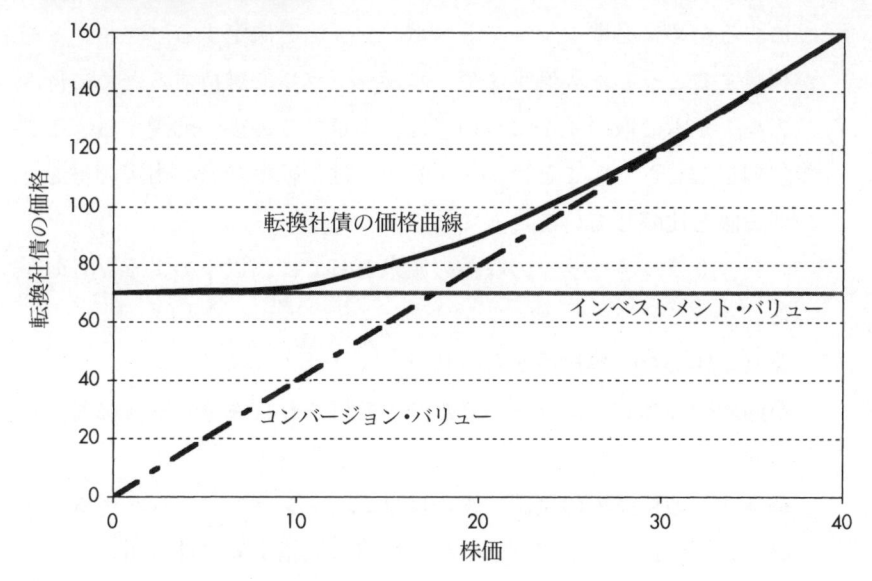

(縦軸：転換社債の価格 0〜160、横軸：株価 0〜40)

転換社債の価格曲線
インベストメント・バリュー
コンバージョン・バリュー

に、同一の転換社債であってもマネジャーによって価格曲線が異なるため、ニュートラルを維持するための適切なデルタも違ってくることになる。強気相場でも弱気相場でも、ヘッジは基本的に同様の手法で行われるが、デルタをニュートラルにする水準よりも多めに売り建てたり、あるいは少なめに売り建てたりすることがある。これは、マネジャーが企業のファンダメンタルズ分析によって、転換社債の発行企業の業績が市場の予想を上回るかあるいは下回るかの確信を得た場合、デルタをニュートラルにする水準よりも多く、あるいは少なく株が売られることを意味する。

マーケットニュートラル・ヘッジの設定

転換社債アービトラージにおいて、ニュートラル・ヘッジとは通常、株式をショートし、株価がどちらの方向に振れても損失が生じないようにすることを言う。転換社債アービトラージのマネジャーは、高度

な評価モデルや、起こり得るさまざまなシナリオをたて、ニュートラルにするために必要なショート・ポジションを決定する。マネジャーが利用するこうした評価手法や、ニュートラルを維持するために行うリアルタイムの取引手法については、本章でこの後、解説する。ここで強調しておきたいことは、マネジャーは、転換社債の市場価格をその理論値と比較していることである。

ニュートラル・ヘッジの収益の源泉としては、以下のようなものがある。

- 買い建てた転換社債からの利子
- 同銘柄の株式をショートしたことで得られたキャッシュに対する利子
- 株式への転換権の価値、またはコンバージョン・プレミアム
- 同銘柄の株式の価格下落や転換社債の価格上昇に伴うポジションの組み換えによる利益

ブリッシュ・ヘッジの設定

ブリッシュ・ヘッジ（ロングバイアス・ヘッジとも言う）は、同銘柄の株式の価格変動に対して、ニュートラルを維持するのに必要な量より少なく株式のショートを行うヘッジである。これによって、下落リスクは増加するものの、同銘柄の株式の上昇を受けた転換社債の価格上昇から、より恩恵を受けることになる。マネジャーが企業のファンダメンタルズ調査を進めるなかで、株価の支援材料となりそうな情報を見いだすことがある。こうした情報は、一般に増益の見通しやキャッシュフローの増加など、経営の堅実さを示すようなものである。ただ気を付けなければならないのは、ブリッシュ・ヘッジを仕掛けるのが合理的な場合は、このように株価に対する強気材料が明らかだったり、転換社債と同銘柄の株式の間にミスプライシングがある場合にかぎられるということである。

ブリッシュ・ヘッジの収益の源泉はニュートラル・ヘッジと同じだが、このヘッジ・ポジションの場合、株式の下落による利益も、株式の上昇による損失も不均衡なものになる。

ベアリッシュ・ヘッジの設定

ベアリッシュ・ヘッジ（ショートバイアス・ヘッジとも言う）は、同銘柄の株式の価格変動に対してニュートラルを維持するのに必要な量以上に株式のショートを行うヘッジである。これによって、同銘柄の株式の上昇による転換社債の価格上昇から受ける恩恵は減ってしまう。一方で株価の下落からはより大きな利益を生み出す。基本的には、このヘッジは転換社債の上昇によるメリットが減少する代わりに、株式の下落からリターンを得られるショート・エクスポージャを受け入れるものである。ブリッシュ・ヘッジのところで述べたように、マネジャーがファンダメンタルズ調査を進めるなかで、株価の変動要因（この場合は弱気材料）となるような情報を見いだすことがある。これには、経営の問題点や財務上問題、競争の激化などがある。

このヘッジの収益の源泉はニュートラル・ヘッジと同じだが、このヘッジ・ポジションの場合、株価の下落による利益も、株価上昇による損失も不均衡なものになる。

リスクとリスク管理

ファンダメンタルズ分析

アービトラージ・マネジャーにとってファンダメンタルズ分析は投資スタイルを決めるうえでのひとつの要素になっている。特定の転換社債市場（例えば、いわゆる「バスティッド・コンバーティブル」）やヘッジ・スタイル（ブリッシュ・ヘッジやベアリッシュ・ヘッジ）

によっては、発行企業に関する従来型の徹底的なファンダメンタルズ分析が必要な場合がある。一般に、企業の信用力に疑念があれば従来型の信用分析が必要であり、急成長を遂げている企業なら、従来型のファンダメンタルズ分析が必要となる。自分のポートフォリオに含まれるすべての企業に関して、ファンダメンタルズ分析を行うマネジャーもいる。多くの場合、ファンダメンタルズ分析は投資の意思決定プロセスの一部となっている。一般に、どれだけの数の企業に対してファンダメンタルズ分析を行えるのかは、ポートフォリオで保有する証券数とファンドマネジャーが自由に使えるリソース量に左右される。

転換社債アービトラージに適用される従来型クレジット分析

　転換社債アービトラージのマネジャーのなかには、投資対象として検討している発行企業に関し、従来型のクレジット分析を行う者もいる。通常、この種の分析は、検討対象企業の信用力について調査し、利息と元本の支払いの確実性や、これらの支払い可能性が転換社債の価格にきちんと反映されているかどうかを確かめるために行われる。企業のキャッシュフローと金利負担能力が安定もしくは改善されていることが、企業の負債に対する支払い能力を見るうえでの指標となる。これらの指標は、競合他社や同一産業の平均値とも比較され、現在の状況が今後も継続するかどうかの判断材料となる。先見性のあるマネジャーたちは、起こり得るさまざまな事態のシナリオを使って、指標の変化が企業の信用力に与える影響について予測をしている。

　もしも、あるマネジャーが現在、高利回り、高コンバージョン・プレミアム、つまり、インベストメント・バリュー付近で推移し、高いインカム収入がある転換社債（バスティッド・コンバーティブルとして知られる）に投資しているなら、発行企業の支払い能力を調査することで、インカム収入を確実にしたいと考えるのは当然のことであろう。転換社債がより債券に近い値動きをする場合、従来型の債券

における信用分析がより重要になってくる。

転換社債アービトラージに適用される従来型のファンダメンタルズ分析

マネジャーのなかには、投資対象として検討している発行企業に関し、従来型の定性的・定量的分析を行う者もいる。通常、マネジャーは株価評価の支援材料になるような産業や企業活動についての調査を行う。また、場合によってはマイナス要因となる可能性のある材料についても調べることがある。こういった従来型のファンダメンタルズ分析は、転換社債が株式に近い値動きをしている（もしくは、マネジャーがそれを予想している）場合において、特に重要である。分析内容として共通しているのは、収益の増加傾向、収益見通しの上方修正、資本金に対するキャッシュフロー・リターンの割合、株価収益率、株価純資産倍率、産業内での力関係の変化、新製品開発、そして、スピンオフ、リストラクチャリング、買収合併の可能性のような企業の動向などである。

株式に近い値動きをする（つまり、低コンバージョン・プレミアムと高インベストメント・プレミアムを持った）転換社債に投資するマネジャーには、ファンダメンタルズ分析が不可欠だろう。また、ブリッシュ・ヘッジやベアリッシュ・ヘッジを行うマネジャーも、相場の方向性にベットするため、一般には企業に対するファンダメンタルズ調査を試みるものである。

ヘッジ分析

適切なヘッジの判断

転換社債アービトラージのマネジャーはアービトラージの機会を見極め、リスクに対するリターンの比率を最大化するために最も適した

ショート株数を決定しなければならない。デルタ・ニュートラル・ヘッジを行うマネジャーが多い。すでに詳述したが、デルタとは、同銘柄の株式の値動きに対する転換社債の価格が変動する割合のことである。デルタ・ニュートラルの場合、同銘柄の株式の価格が上下いずれに動いても、損失を出さないポジションとなる。

正確なヘッジ率を決定するためには、そのときの転換社債の価格と理論値を比較することになるが、理論値は独自の評価モデルや二項モデルによって計算される。また、ブラックショールズモデルを利用するマネジャーもいる。こうした幾つかのモデルによって計算された理論値が検証に用いられる。これらの評価モデルは、転換社債の価格に影響を与えるさまざまな変数を考慮に入れているが、最も一般的で影響力の大きい変数として、株価、金利、ボラティリティ、残存期間などが挙げられる。一般にマネジャーは、起こり得るさまざまな事態のシナリオを用意することで、こうした主要変数が変動した場合の転換社債価格への影響やヘッジに与える影響などを事前に検証しておく。そして、その分析結果は転換社債価格の目標値を求めるために使用される。

最適ヘッジの維持

最適なヘッジを維持するためには、常に注意を怠らないことが必要である。最初のポジションを設定した後、さまざまな変数の変化によって転換社債価格が影響を受けることから、マネジャーはデルタ・ニュートラルを保つため、ヘッジの状況を調整しなければならない。ショート・ポジションを増加したり、買い戻したりすることが必要になる。ヘッジの選択は、転換社債の価格曲線の傾きと、現在の価格水準における最適デルタ（つまり、接線の傾き）によって決定される。何が最適ヘッジなのかは、転換社債が価格曲線上のどの部分で取引されているのか、将来の価格見通しのヘッジへの反映のさせ方などによっ

てマネジャーごとに千差万別だろう。

ポートフォリオの構築

全体のリスク・リターン

さらに、マネジャーは通常、各ポジションのリスク・リターンの見通しに加えて、ポートフォリオ全体としてのリスク・リターンも見定める必要がある。よりリスクの高いポジションは、よりリスクの低いポジションによって相殺されることが多い。例えば、ブリッシュ・ヘッジはベアリッシュ・ヘッジによって、投資対象として投資適格グレードのものは、そうでない投資対象との組み合わせで投資が行われる。

分散

転換社債のマネジャーは、リスクの分散に努める場合が多い。リスク要因に対するエクスポージャを拡散させることで、保有するポジションのすべてが一様に下落するのを避けようとする。例えば、テクノロジーセクターの企業とエネルギーセクターの企業が、石油価格の下落によってまったく同様の影響を受けるとは考え難い。このため、マネジャーはリスク・エクスポージャを制限するため次のような要因について注意深く検討を加えることになる。

- 産業
- セクター
- 発行企業の時価総額（流動性）
- 債券的な動きをする転換社債（金利に対するリスク）
- 株式的な動きをする転換社債（株式市場に対するリスク）
- 信用力（破産への懸念）
- インプライド・ボラティリティ
- イベント・リスク

売りの原理

ポジションの「手仕舞い」は、転換社債を売り、ショートしていた株式を買い戻すことで行われる。手仕舞いの理由としては、以下のようなことが考えられる。

- 理論上、割安になったり、割安であったポジションがそうでなくなった場合。
- マネジャーが予想しないような形で、2種類の証券価格に影響を与えるようなイベント（例えばスピンオフ）が起きた場合。
- 新たな弱気材料が明らかにされ、マネジャーの予想が覆された場合。
- 予想外の解約や流動性の枯渇によって、売り圧力が生じた場合。
- 発行企業の要求によって転換せざるを得なくなった場合。

流動性

　国際金融システムが崩壊の危機に瀕し、株価が急落し、「質への逃避」が起こった場合、転換社債市場のパフォーマンスは低下する傾向にある。運用資金が株式や転換社債、ハイイールド債、社債などから引き上げられ、国債などの安全性の高い資産に向かい始めると、こういった安全性の高い資産とのイールド・スプレッドが拡大する。こうした状況は、転換社債取引の流動性の低下を招き、ひいては転換社債価格の下落につながる可能性がある。1998年第3四半期がそのよい例である。8月下旬から9月上旬にかけて、買い手が非常に少なくなったため、ビッド（買い気配）とアスク（売り気配）とのスプレッドが異常な水準に拡大してしまった。そこでは、投資家のパニック売り、解約要請やブローカーから追加証拠金の積み増し要請を受けて手仕舞いを強いられたファンドマネジャーなどが売りを出すのみであった。ディーラーのなかには、それまで活発な取引を続けてきた証券市場で

のマーケット・メーキングから手を引くところすら現れた。ここから得られる教訓は、理論的にはどんなに魅力的なはずの投資対象でも、常に最悪の相場展開というものを予想しておかなければならないということである。つまり、現在のポジションを手仕舞うことができるか、できるとすればいくらのコストがかかるか、これを常に考えるべきなのである。

レバレッジ

上手にレバレッジを利用できれば、転換社債と株式の価格の歪みを利用してリターンを大幅に拡大することができる。これは、一種の金利アービトラージと考えることが可能で、転換社債の利回りと空売りした株式から得られるキャッシュの利回りを足したものから借株への配当を引いた利回りよりも、低い金利で資金調達を行う。ただし、レバレッジはボラティリティやポートフォリオ全体のリスクを拡大することになる。どのようなポジションを取る場合も、レバレッジに要する資金量はコンバージョン・プレミアムによって決定されることから、高いヘッジ・レシオが必要な、高デルタなポジションを組んでいるマネジャーは小さなレバレッジしか設定することができない。たいていの場合、レバレッジを活用することで、ローリスクのポジションからリターンを拡大することができる。1998年第3四半期のように、転換社債の価格がインベストメント・バリュー近くまで下落するといった異常事態になれば、そのポジションのリスクも、レバレッジのコストも増大することになる。相場が極端な動きをした場合、マネジャーは、レバレッジに伴う追加証拠金の支払いのために、不本意なタイミングで証券を売らなくてはならなくなることもあり得る。

収益の源泉

金融市場で発生するすべてのリスクを回避できる、単一の資産クラスなど存在しない。だが、特定の戦略に基づき関連する証券の間でショートとロングを均衡させることで、特定のリスクを回避し、リターンのボラティリティや株式市場全体との相関を低下させることができる。通常の状態で同銘柄の株式の価格変動が一定の範囲内であれば、デルタをニュートラルにすることで損失をゼロにすることができる。

通常の市場環境のもとでは、転換社債アービトラージのリターンは転換社債と同銘柄の株式の価格の歪みに基づいている。これは、転換社債をロングする一方で同銘柄の株式をショートするという売買を、2つの証券のシナリオやリターン特性の違いを利用して行うことで得られるリターンである。したがって、転換社債アービトラージのリターンは、たいていの場合、株式市場全体の動きと高い相関を持ってはいない。しかし、株式市場が極端な動きを見せた場合は、そうも言い切れなくなってくる。また株式市場全体の動きとは無関係に、転換社債価格が独自の価格サイクルを持っており、このサイクルは転換社債の需給関係に左右される。だがそれでも、転換社債アービトラージのマネジャーは、割安になっている転換社債を見つけ出し、同銘柄の株式でヘッジする手法によって、安定した高リターンを継続して得ることができる。これは、多くの方向性にベットする投資戦略に見られる非常にランダムな特性とは正反対のものである。

最近の成長と発展

投資戦略としての転換社債アービトラージがヘッジファンド戦略全体に占める割合は、1990年の0.5%から1999年には2.0%へと4倍になっている。しかし、注意しなければならないのは、現在の転換社債市場が、株式・債券市場全体を構成する資産に対応できるだけの規模を持っているとは言い難い点である。

転換社債市場は、株式市場や債券市場よりも規模がかなり小さいため、特有の特性を持っている。株式と債券のハイブリッドな性質を持ち、これら2つの市場に比較すると規模が小さい市場であるため、この両方の市場に影響するような先行き警戒感や不安感といった要因に対してより敏感に反応する。転換社債は、さまざまな投資参加者が入り混じる株式市場とは対照的に、ほとんどが専門的に特化した投資家によって占められている。その結果、転換社債アービトラージのマネジャーが売りを出そうとした場合、ほかのマネジャーも同様に売りたがっているという可能性が高い。

　また、転換社債市場におけるこのようなプロ指向の特性とは異なり、株式市場においては、一般投資家の割合が多く、専門的な投資家の割合が少ない。この2つの市場は、これまでに連動性が低下した時期があり、今後もこういったことは起こり得ると考えられる。1998年9月は、この象徴的な事例と言える。この年の8月、株式市場はその直前の急落から反発して値を戻していた。しかし、転換社債市場は同様の急落を経た後、ほぼ横ばいで推移していた。この原因は、リスクを減らし、かつレバレッジ水準を維持するために、転換社債市場への売り圧力が高まったことである。

　1999年第1四半期には、高格付けの転換社債のスプレッドが通常の水準に戻り、転換社債アービトラージのパフォーマンスも回復に転じた。どんな下落相場でも同様であるが、逆風のなか痛手を受けなかったマネジャーにとっては、格好の投資機会であったと言える。表4は、転換社債アービトラージ・ファンドの過去の実績である。また、図9は、1990年代の市場で、転換社債アービトラージに1000ドルを投資した場合の累積リターンの実績（HFRI転換社債アービトラージ・インデックスで計測）を示したものである。

表4 転換社債アービトラージ投資のリターン（1990～1999）

ファンド数	平均規模 (単位:100万 米ドル)	年	1月	2月	3月	4月	5月	6月	7月	8月	9月	10月	11月	12月	年間
4	5	1990	−1.47	−0.92	1.26	1.48	1.75	1.72	1.15	−0.18	−0.47	−1.56	−0.05	−0.49	2.16
7	6	1991	0.44	1.61	1.39	1.49	0.94	0.98	1.57	2.09	1.31	1.22	1.66	1.63	17.60
11	7	1992	2.12	0.94	0.99	0.80	1.70	0.71	1.85	1.65	1.46	1.24	0.70	1.09	16.35
22	14	1993	0.93	0.86	2.19	1.50	1.24	1.04	1.41	1.40	1.03	1.29	0.60	0.77	15.22
27	20	1994	0.66	0.24	−2.11	−2.79	0.03	0.15	1.55	0.80	0.12	−0.09	−0.79	−1.48	−3.73
32	21	1995	0.55	0.98	1.83	1.90	1.88	2.32	2.13	0.96	1.55	1.25	1.58	1.33	19.85
33	28	1996	1.82	1.06	1.17	1.88	1.73	0.44	−0.37	1.40	1.23	1.27	1.40	0.66	14.56
35	60	1997	1.01	1.11	0.59	0.68	1.40	1.71	1.61	1.14	1.11	1.19	0.09	0.41	12.47
52	67	1998	1.91	1.52	1.58	1.35	0.40	0.22	0.49	−3.19	−1.07	−0.48	3.33	1.60	7.77
55	83	1999	2.11	0.25	1.53	2.66	1.40	1.09	1.05	0.42	0.93	0.90	1.80	0.64	15.80

注＝年間は複利、年率換算

買収合併アービトラージ

　一般に、買収合併アービトラージでは、買収される側の企業（被買収企業）の株式を買う一方、買収を仕掛ける側の企業（買収企業）の株式を空売りする。マネジャーによっては、取引コストを低く抑えるために、現物株でなく株式のオプション取引を利用する場合がある。

　通常、被買収企業の株式は、買収予定価格より割安な水準で取引されている。この理由としては、以下2点が挙げられる。

- ●企業買収は、発表前に付けている被買収企業の株価よりも高値で行われることが一般的である
- ●すべての企業合併にはイベント・リスク、つまり発表どおりに合併計画が実現しないリスクが伴う

　買収合併が実現しなかった場合、被買収企業の株価は下落、ときと

図9　転換社債アービトラージの増加（1000ドルを起点）
――1990/1～1999/12

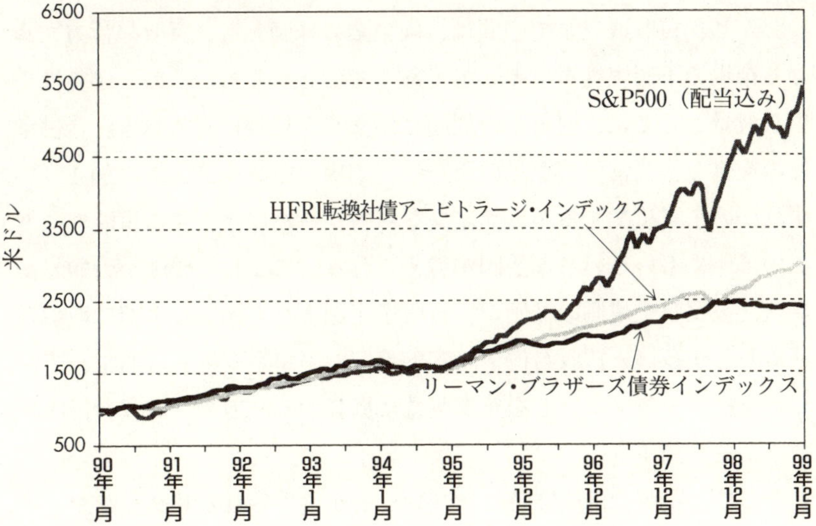
6500
5500
4500
3500
2500
1500
500
米ドル
S&P500（配当込み）
HFRI転換社債アービトラージ・インデックス
リーマン・ブラザーズ債券インデックス
90年1月
91年1月
92年1月
93年1月
94年1月
95年1月
95年12月
96年12月
97年12月
98年12月
99年12月

して急落することもある。買収合併アービトラージのマネジャーは、合併計画の実現可能性を正確に予測し、被買収企業の現在の株価と買収企業が提示する買収予定金額の差額を将来的に得られるであろう利益として固定化する。

買収合併においては、買収予定価格と被買収企業の株価に格差が生じるが、この価格差は、買収合併アービトラージ・スプレッドと呼ばれる。繰り返しになるが、企業買収は買収発表前の被買収企業の株価よりも高い水準で行われることが多い。買収企業が被買収企業の株価にどの程度の上乗せをした買収金額を提示することになるかは、本章でこの後、幾つか事例を見ていくことになるが、常識的に言っても、たいていの企業は現在の株価を下回る水準での買収などを受け入れるはずもなく、買収企業は時価以上の買収額を提示せざるを得ない。買収が予定どおり実現すれば、被買収企業の株式は買収企業の所有とな

る。つまり、買収によって、両企業とも買収企業の株主が所有権を有することになる。

　しかし、買収成立までの間は、両企業の株価とも、買収の行方をめぐる市場の不確実性を反映して推移することになる。この不確実性を生む背景としては、財務上の問題に始まり、規制による障害、合併条件の複雑さ、経営陣の意見の不一致、市場のセンチメントに加え、いずれかの企業に関するネガティブな材料が新たに浮上する可能性など、このほかにもいろいろな要因が考えられる。こうした要因が台頭した場合、被買収企業側の株価が、買収予定額よりも割安な水準で取引されることが多い。買収合併アービトラージのマネジャーは通常、アービトラージ・スプレッドを年率収益に換算する一方で、買収合併成功の確率を予測する。

　そして、買収合併成立時にスプレッドから得られるリターンが、不成立時に生じる損失リスクに見合う水準であるか否かを判断する。一般的に、大企業による友好的買収のケースだと、スプレッドは小幅でリターンは限定的なものとなる。買収合併に至るプロセスが複雑で、小規模な企業が当事者のケースでは、リスクが高い分、スプレッドもリターンも大きくなる。

　アービトラージ取引において、今後買収計画の発表が予想される企業に対して投資を行うということは、うわさに基づいて投資を行うことである。マネジャーはこうした投資行為を回避し、不確実性を軽減するため、すでに発表されている買収合併計画についての調査を行う。彼らはポジションを取る前に、両社の公開文書や過去の財務諸表、SEC（証券取引委員会）の企業電子ファイルサービス（EDGAR）、各種アナリストレポート、有力メディアの報道、企業説明会、経営陣や業界関係者への取材などに基づいて詳細な検討を行う。その結果、期待される投資収益率が、合併不成立の場合のリスクを大幅に上回ると判断した場合に初めて投資を行うことになる。その後さらに買収合

併の成立を後押しするような材料が出たり、市場のセンチメントが買収合併成立の確率が高いとの判断に傾き、不確実性が後退するようなら、さらにポジションを積み増すことになる。逆に、不安材料が現れたり、期待される利益が、ポジションを維持するリスクに見合わない水準まで下がった場合、そのポジションは閉じられる。しかし、すべてが計画どおりに進んでいるかぎり、ポジションは買収合併の成立まで解消されることはない。

買収合併アービトラージのアプローチ

現金による買収または株式公開買い付け

　買収合併アービトラージのうち最もシンプルなものは、現金による買収が行われる場合である。一般に、被買収企業株は買収企業が提示する買収予定金額をやや下回る水準で取引されていることが多い。被買収企業株への投資を行った投資家は、買収合併成立の時点でこの差額を手に入れることができる。投資家は、買収合意が決裂するリスクを受け入れる代償として「保険料」を受け取ることになる。現金による買収の場合、事前に発表された買収予定価格によって買収合併が成立することになり、投資家の収益は投資時の株価と買収企業が発表した買収予定価格の差額すなわちプレミアムのみとなる。買収合併アービトラージでは、このプレミアムを確保するために、被買収企業の株式またはそのオプションを購入する。

　マネジャーは、両企業のバランスシートを詳細に調べ上げ、買収企業の資産状況が買収成立後の新企業を支えられるものかどうかを調査する必要がある。この場合の投資家のリスクは、イベント・リスクに限定され、両企業の株価水準とは無関係である。考えられる障害として、法律や規制の問題、マーケットのセンチメントのほかに、買収プロセスを維持できるだけのキャッシュフローが買収企業にあるかとい

う問題が挙げられる。

株式交換による買収合併

　株式交換による買収合併の場合、被買収企業の株主は、合併後に買収企業の株式を受け取ることになる。過去数年間においては、買収合併の大多数がこの方式によるものであった。買収合併アービトラージを行う場合、買収企業株式の空売りと被買収企業株式の買いを、株式の交換比率によって行う（例えば、買収企業が、自社の株式0.5株に対して、被買収企業の株式1株の割合での株式交換を提示した場合、購入する被買収企業の株式の半数だけ買収企業の株式を空売りすることになる）。この比率によってロング・ポジションとショート・ポジションを持つことで、株式交換時における両ポジションの株数が等しくなる。買収合併成立後、ショート・ポジションを解消し、確保していたスプレッドを実現する。

　ほかの買収合併アービトラージの場合と同様に、株式交換による買収合併もイベント・リスクを伴う。どのような要因で買収合併が決裂するかはだれにも予測できない。また、通常のイベント・リスクに加え、両企業の株価の変動によるリスクも存在する。株式交換を買収合併の条件としているうえ、買収合併発表時点における双方の株価水準が交換の基準となっているため、一方または双方の株価が大きく動いた場合、買収合併の実現そのものが見直しを迫られることになる。マネジャーが、買収合併が不成立に終わるリスクに見合ったスプレッドや期待リターンが確保できると判断した場合のみ、株式交換による買収合併のアービトラージが実施されることになる。

株式交換による条件付き買収合併

　株式交換による買収合併には、買収企業と被買収企業の株式の交換比率を買収完了時点での買収企業の株価に基づいて算定するようなケ

ース、特にそのなかでも特異な手法として、買収企業の株価が「カラー」と呼ばれる下限水準を割り込んだら、被買収企業が合併を中止できるというようなものもあり、さらに複雑なものとなっている。この場合、買収合併を実現できるか否かは、買収企業の株価次第ということになり、ほかの買収合併アービトラージよりも株式市場の価格変動に対して敏感になる。

　買収企業の株価がカラーを割り込むと買収合併が中止される可能性があるということは、マーケット・リスクがイベント・リスクになり得るということである。株価水準が変動すると、新たな交換比率を反映できるようなヘッジ率の調整が必要になるほか、買収企業の株価水準が合併基準を満たさなくなった場合には、ポジションの解消を迫られる可能性も生じる。一方で、このカラーの存在によって、被買収企業が受け取る金額は適正な水準を確保できることから、株価変動以外の要因で買収合併が取りやめになるリスクを軽減しているとも言える。一般に、買収合併の形態が複雑なほど、買収合併成立までの不確定要因が増加するため、スプレッドは拡大する傾向にある。

　買収合併アービトラージのマネジャーはカラーが設定された株式交換による買収合併案件への投資を行うとき、通常次の２つのアプローチを行う。

- 想定されるシナリオごとの発生確率を推定し、交換比率とその発生確率に基づいて期待収益率を計算する。例えば、ひとつのカラーに対して、交換比率が異なる３つのシナリオが考えられるとしたら、各シナリオの収益率ににそれぞれの発生確率を掛け合わせて全体の期待収益率を計算する。
- カラーをひとつのオプションとしてとらえる。買収企業の株価がカラーを割り込んだ場合、マネジャーのオプションの行使権はなくなり、そのポジションはディレクショナルなものとなる。つまり、マネジャーは、被買収企業のヘッジしていないロング・ポジ

ションを持っているのと同様の状態となる。

レバレッジド・バイアウトと敵対的買収

　レバレッジド・バイアウト（LBO）とは、主に1980年代に行われた買収手法である。マイケル・ミルケンは、ジャンク債（高イールド低クレジット）の発行を通じて企業買収を資金調達面で支えた人物であり、1980年代最も成功した金融界のカリスマ的な存在であった。ロン・パールマン、ブーン・ピケンズ、ネルソン・ペルツ、サー・ジェームズ・ゴールドスミスといった著名な企業乗っ取り屋は、ミルケンのドレクセル・バーナム・ランバートを通じてジャンク債を売り、レブロン、TWA、ディズニー、ユニオン・カーバイドなどの企業買収の資金調達を行った。エドワード・チャンセラーが指摘したように「LBOの目的は、可能なかぎり巨額の資金調達を行って企業を買収し、買収した企業が生み出すキャッシュフローによって即座に債務を返済し利益を得ること」である。新たなオーナーはバランスシートの「スリム化」を図ると同時に、しばしば経営陣の刷新も行う。

　LBOにおいては、従来の企業評価手法ではなく、買収企業がどれだけキャッシュフローを生み出し、そのキャッシュフローによって資金調達時に負った債務を返済できるか否かが重要になる。買収企業が債務返済のための十分なキャッシュフローを生み出せるなら、買収する側は借り入れによる資金調達によって、買収を効率的に実施できる。1980年代、アイバン・ボウスキーのような、いわゆる「アービトラージ・マネジャー」として名をはせた人物は、LBOの対象になりそうな企業を探し出し、企業乗っ取り屋が買収成功によって得るはずのプレミアムを狙って、被買収企業の株式を購入していた。今から思えば、彼らを「アービトラージ・マネジャー」と呼ぶのは的外れであった。彼らは、あまりにも投機的すぎたからである。

　1990年代初めに入ると、LBOと企業乗っ取り家の時代は終りを告

げた。それまで繁栄を誇っていた彼らの失敗が目に付き始めたのである。そして、ついにはミルケンが懲役10年の刑に服するに至った。ミルケンは、企業乗っ取り屋の買収資金調達のために、数多くのジャンク債を発行してきたが、そのような抜け穴は、封じられてしまった。しかし、LBOがあまり一般的なものでなくなったとはいえ、まったく行われなくなったわけではない。ただ、経験豊かな買収合併アービトラージ・マネジャーであれば、すでに計画が発表された買収合併案件しか投資の対象にせず、ボースキーなど、いわゆる80年代の「アービトラージ・マネジャー」が行ったような投機的な投資は行っていない。

　LBOの場合、依然として買収企業は資金の調達のためにレバレッジ（資金の借り入れ）を利用している。買収資金を集めるために、買収企業がジャンク債を発行する場合もある。一般にLBOは友好的な買収形態ではないため、被買収企業はこれに対抗しようと、より高いプレミアムを要求する場合が多い。このタイプの買収合併には、キャッシュや株式交換による買収合併とはまったく異なったリスクが存在する。買収企業側にとっては高金利のもとでの資金調達には限度があり、また被買収企業の経営陣にとっては、この種の買収が、不本意なものである場合が多い。

　LBOの資金はたいてい、新たな資金調達による負債の増加によっているため、買収合併アービトラージ・マネジャーは、負債の状況が買収の実行を脅かすようなものとなっていないかどうか、買収企業の財務面における信用分析を行う必要がある。一般にLBOや敵対的買収の場合、スプレッドが大きくなる傾向があるが、このことは、通常の買収合併アービトラージより大きなリターンが約束される一方で、買収合併アービトラージ・マネジャーにとって分析しづらいリスクも多く内包していることを意味する。

リスクとリスク管理

リスク

イベント・リスク
　すべての買収合併アービトラージ・マネジャーにとってまず問題となるリスクが、イベント・リスクである。買収合併が実現しなかった場合、保有していた被買収企業の株価は通常急落し、期待プレミアムも消え去ってしまう。1998年6月3日に発表され、同年9月14日に破棄されたシエナとテラブスの買収合併計画は、買収合併アービトラージのマネジャーの期待を集めつつも計画が頓挫したケースである。

ディール・フロー
　発表される買収合併の件数には周期的な増減があり、それは景気によって左右される。例えば、1998年秋にはほとんど買収合併の案件について発表が行われなかった。これは買収計画中の企業が、世界経済や政治の不安定さに対する懸念が後退するまで、買収や合併の発表を控えたためである。このような場合、買収合併アービトラージ・マネジャーは、発表される買収合併の質と量の双方に影響を受けることになる。

流動性
　買収合併アービトラージにおける投資対象は公開株式のみであり、通常は流動性が問題になることはない。しかし、小規模の企業を対象にする場合には、ある程度流動性リスクが問題となる可能性がある。

リスク管理

分散投資

　買収合併アービトラージ・マネジャーがイベント・リスクを回避するひとつの方法として、分散投資がある。買収合併取引の複数の案件を分散させてポートフォリオを組成していれば、どれかひとつの取引に問題が生じても、ポートフォリオ全体では大きな悪影響を受けることにはならない。また、投資額の上限を管理するために、ポートフォリオにおけるポジションの制限を設けるマネジャーも多い。分散ができるかどうかは、発表された買収合併案件の質と量にある程度左右されることになる。

レバレッジ

　多くのマネジャーが一定程度のレバレッジを利用している。レバレッジも慎重に利用すれば、リスクの増加はレバレッジの増加分だけにとどまる。しかし、1998年第3四半期に見られたように、買収合併アービトラージのポートフォリオが、ほぼ全額調達資金で維持されていたような場合には、きわめて危険な状態になり得る。LTCM（ロング・ターム・キャピタル・マネジメント）の買収合併アービトラージ・ポートフォリオがどれだけのポジションを保有していたかは、だれにも分からないが、確かなことは非常に大きなポジションで、そのほとんどが調達資金によって維持されていたということである。LTCMはポジションの手仕舞いを強いられ（そのほとんどが損失を出していたが）、その結果、ほかのポートフォリオで必要な流動性をようやく確保した。

収益の源泉

アービトラージのリターンは（マーケット・ドリブンというよりは）イベント・ドリブン、すなわち買収・合併といったイベントによって生じるものである。なぜなら、買収合併アービトラージは通常のマーケットにおいて、被買収企業をロングし、買収企業をショートするものだからである。買収合併時の株式交換比率によって、将来ひとつの新会社となる2社の間の株価スプレッドが確定することから、マネジャーは買収合併が不成立となるリスクを受け入れる一方で、買収企業が支払うプレミアムを受け取ることになる。このため、買収合併アービトラージのリターンは、ほとんどの場合、マーケット全体の動きとさほど大きな相関関係を持っていない。なぜなら、両社の株価の相関関係からリターンが得られるからである。

しかし、収益の源泉に関するこの一般論は、いつでも適用できるわけではない。買収合併アービトラージのリターンは、ディール・スプレッドとディール・フローの量によって決定されるが、そのいずれもがマーケット全体の方向性に関連している。下落相場では、ディール・フローが、減少、あるいは消滅することがある。同様に、上昇相場においては、株価の上昇によって買収資金が潤沢になれば、買収企業がより高いプレミアムを支払う可能性も出てくる。

戦略に独自のリスクはつきものである。一般的に言ってこれらのリスクは、株式市場全体の方向性にかかわるディレクショナル・リスクでなく、被買収企業と買収企業の間の相関関係にかかわるイベント・リスクである。だが、買収合併アービトラージでは、市場の方向性にベットするタイプの投資戦略とは異なり、ある特定の取引結果を予想する能力によって、安定した高いリターンを継続的に獲得することが可能となる。

買収合併アービトラージ・マネジャーが、投資の可否を判断するた

めに用いる調査プロセスは、どのような場合も同じである。合併によるシナジー効果を評価するために、買収企業と被買収企業の公開文書を検討し、買収合併の実現可能性を検証した後、障害となり得る法的規制を調査し、そして両社の株価を評価する。

最近の成長と発展

買収合併アービトラージがヘッジファンド資産全体に占める割合は、1990年の1％から1999年の2％超へと、2倍以上の伸びを見せた。買収合併の案件数や法的規制による限界があってもなお、これだけの成長が見られたのである。

ディール・フローへの株価などの影響

買収合併アービトラージのリターンは、株式市場の動きに対して相関が高くはないが、買収合併の発生件数やその内容は影響を受ける。世界の金融や政治情勢に対する不安が高まった1998年第3四半期のように、ディール・フローが大きく低下した場合、買収合併アービトラージ・マネジャーにとっては、ポートフォリオの分散を図ることが非常に難しくなる。1998年第4四半期から1999年末までの株式交換による買収合併を見れば分かるように、株価が上昇すれば、企業がその上昇を活用して、買収合併を行う機会が生じる。

インターネット関連株の状況は、まさに株価の上昇で企業買収が活性化したケースである。インターネット関連株への需要はきわめて高く、まだ利益を出していない無名のネット企業に対する投資意欲は非常におう盛だった。アメリカン・オンライン（AOL）やヤフー！といった、このセクターの有名企業はすでに収益率が比較的低く、株価は高めであるが、それでもその株価の高さによって、ネットスケープやブロードキャスト・ドットコムなどほかの大手企業を買収すること

ができた。

　また、足下の上昇相場は、ディール・フローの種類にも変化をもたらした。買収合併の件数は1990年代に爆発的に増加したが、ジャンク債を利用したLBOや敵対的買収は激減した。現在の買収合併の大半が戦略的かつ非競争的なもので、買収企業はビジネス上の理由に基づいて買収を行なおうとしているのである。

　こうした買収合併が増加している背景として2つの理由が考えられる。

- 株式の上昇相場によって、株式交換による買収が容易になったこと。
- 規模拡大を画策する企業は、すでに1990年代初頭に効率性をアップさせており、その結果として収益性が上昇し、キャッシュフローが増加した。こうした企業が、関連分野への多角化をもくろむ場合、既存の企業と競争するよりも買収してしまうほうが安くつくことが分かったこと。

　また、国際競争に対応するための企業統合の動きも見られる。国内市場の活況を維持するためにも、海外市場の重要性は高まっている。また、法的規制の変更も買収合併の促進要因となっている。銀行業界がよい例で、州ごとの境界が取り払われ、統合の動きが続いている。主だったところでは、ファースト・シカゴとバンク・ワン、ドイツ銀行とバンカーズ・トラスト、バンク・オブ・アメリカとネーションズ・バンク・モンゴメリーなどが挙げられる。

　また、買収合併の件数やそのタイプに影響するもうひとつの要因として、経営陣の報酬政策に対する変化が挙げられる。ストックオプションはすでに当たり前になりつつあり、経営陣の報酬に占めるストックオプションの割合が高まったことから、当然と、経営陣と株主の関心がこれまで以上に近いものとなった。経営陣は（事業売却や買収合

併も含めて)、株主価値を創造するように行動し、さらなる事業展開を積極的に考えるようになり、この過程で、役員個人の資産も増加することになった。

こうしたことは、買収合併アービトラージのマネジャーにとっては良しあしである。投資機会が増加する一方、株価の高い企業はそれを資金として利用するため、比較的高いプレミアムを払うことに積極的なのにもかかわらず、非競争的な買収合併はスプレッドの縮小を招いてしまう。一方、敵対的買収や、買収企業が複数いる場合には、買い手がそれほど経験を積んでいないことが多く、買収に関してプレミアムを過剰に支払ってしまう傾向がある。

リターン

1998年第4四半期には、買収合併アービトラージャーのパフォーマンスも回復し、1999年も引き続き好調なパフォーマンスを示した。1999年にはディール・フローが過去最高となり、買収合併アービトラージにとっては投資機会が多く存在するようになった。さらに、ディールが不成立となる割合も、ほぼ平年並みに低下した。買収合併アービトラージの1990年代の時系列リターンを示したのが表5で、1990年に買収合併アービトラージに1000ドル投じた場合の累積収益(HFRI買収合併アービトラージ・インデックスで計測)を示したのが図10である。

債券アービトラージ

債券アービトラージは、ある債券に投資すると同時に別の債券にも投資をし、マーケット・リスクをヘッジしようとする。これは、金利をはじめとする各種のシステマティック・リスクに対するエクスポージャを最小限に抑える一方で、(通常は小幅の)アノマリーを巧みに

表5　買収合併アービトラージのリターン（1990〜1999）

ファンド数	平均規模(単位:100万米ドル)	年	1月	2月	3月	4月	5月	6月	7月	8月	9月	10月	11月	12月	年間
7	5	1990	-6.46	1.71	2.90	0.98	2.28	0.73	0.02	-0.82	-4.58	0.73	2.19	1.21	0.44
8	5	1991	0.01	1.59	2.30	2.83	1.55	1.12	1.44	0.64	1.10	1.41	1.38	1.20	17.86
8	5	1992	1.96	0.96	1.34	0.14	0.00	0.30	1.45	0.12	1.34	0.40	-2.22	1.91	7.90
10	5	1993	2.12	1.64	0.49	1.30	1.17	2.25	1.54	1.67	1.85	2.05	0.86	1.65	20.24
11	11	1994	1.50	-0.41	1.37	-0.25	1.22	0.89	0.68	1.99	0.59	-0.26	-0.22	1.48	8.88
17	30	1995	0.86	1.45	1.49	0.35	1.26	2.47	1.35	1.35	1.63	0.91	2.13	1.31	17.86
20	41	1996	1.57	1.29	1.51	1.62	1.46	0.78	0.81	1.64	0.81	1.23	1.38	1.37	16.61
19	55	1997	1.04	0.39	1.05	-0.70	1.92	2.13	1.60	1.04	2.13	0.84	2.02	1.90	15.79
28	61	1998	0.96	1.89	1.05	1.59	-0.60	0.50	-0.57	-5.69	1.74	2.14	2.33	1.94	7.23
40	72	1999	0.71	0.25	1.05	1.31	2.04	1.61	1.38	0.52	1.28	0.93	2.37	1.08	15.52

注＝年間は複利、年率換算

図10　買収合併アービトラージの増加（1000ドルを起点）
　　　──1990/1〜1999/12

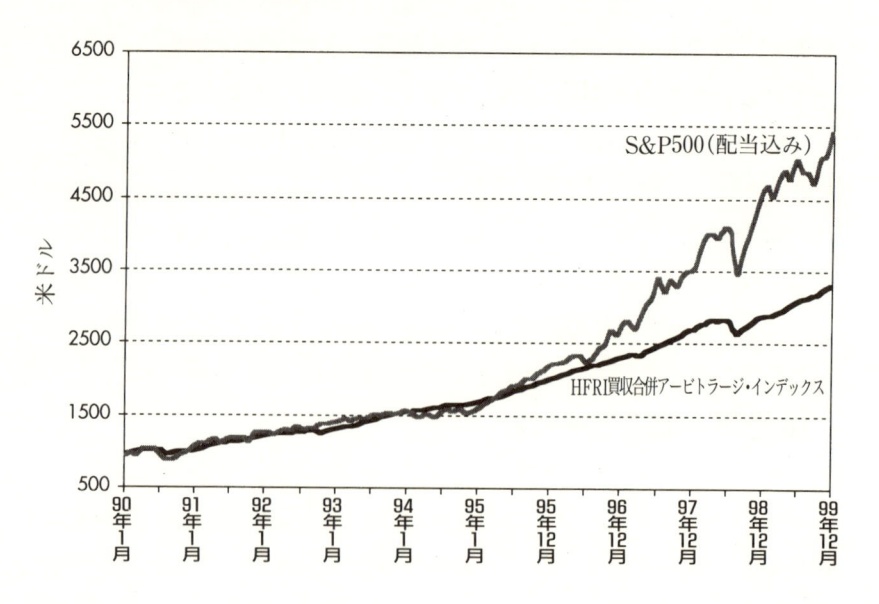

とらえて利益を得ようとするものである。マネジャーは、安定的な相関関係を示していた同種債券の関係が一時的に歪められた機会をとらえ、互いに相殺し合うようなロング・ポジションとショート・ポジションを建てる。マーケットイベントや投資家の選好、外生的要因による需給変動、債券市場の構造的特性などがその原因となる。この取引は、国債、社債、政府機関債、ソブリン債、地方債、エマージング債などを用いて行い、またスワップや先物取引を用いることもある。

　この戦略では、割安になっている債券を買う一方、割高な債券を空売りすることで、債券市場全体としての金利変動の影響を受けないようにする。選択した債券が金利の動きに対して同じだけ動くとすると、金利上昇はロング・ポジションにとってマイナス要因となるが、逆にショート・ポジションに対してはプラス材料となって、互いの変動を相殺することができる。債券アービトラージでは、相場の方向性にベットするような投資は行わない。債券間の相関関係に歪みが生じた後、それが通常の関係に戻る過程が収益獲得の機会となる。相場の方向性を予測しようとするのではなく、金利変動の影響を相殺したうえで、債券間で一時的に生じた価格形成上の歪みが通常の状態に戻る力を利用して利益を生み出す。

　債券価格はイールドカーブ、ボラティリティ曲線、期待キャッシュフロー、格付け、その債券固有の条件によって決定されるため、ファンドマネジャーは価格不均衡を見極めるため、洗練された分析モデルを駆使する必要がある。債券価格決定の複雑さは、債券アービトラージを行う者にとって、避けることのできない部分である。債券アービトラージ・マネジャーは、市場でのさまざまな出来事に加え、異なるインセンティブや制約を持った投資家や、異なる分析方法を使う投資家、未熟な投資家たちが、債券価格を過大にあるいは過小に評価するときに、収益機会を得ることになるからである。

債券アービトラージのアプローチ

　ほとんどの債券アービトラージは、ベーシス取引、アセット・スワップ、TEDスプレッド、イールドカーブ・アービトラージ、レラティブバリューのいずれかに分類される。以下、それぞれを詳しく見ていくことにする。

ベーシス取引
　ベーシス取引とは、国債を買う一方で、これに対応する先物を売る取引である。国債先物の場合、決済時の受け渡し銘柄に選択の余地がある。満期日には「最割安受渡適格銘柄」の価格が先物価格と一致するが、どの債券が満期日に最割安となるかは分からないため、需給の推移とともにこの不確実性が利益機会を生み出すことになる。
　ベーシス取引では、調達コストが運用益より安くなれば利益が生じる。債券アービトラージを利用するときは通常、現物が先物より割安になっている債券を探す。そして、ポジションを建てたうえで、最割安受渡適格銘柄の値動きを見ることになる。ただ、最悪の場合、現在保有している債券を先物の決済において受け渡さなければならない可能性もある。債券アービトラージのマネジャーにとって利益につながるのは、①ネット・ベーシスがプラスの状況（すなわち先物に対して現物が割安な状態）で、第2、第3の最割安受渡適格銘柄を空売りする、②その後、最割安受渡適格銘柄の供給不足で、決済日には空売りした銘柄のネット・ベーシスがゼロになる——場合である。この例では、最割安受渡適格銘柄の供給不足によって、第2、第3の最割安受渡適格銘柄価格が先物と一致する。つまり、受け渡し時点では、購入時よりも高い価格でデリバリー・オプションを売却できることになるのである。

アセット・スワップ

　アセット・スワップは、2つの資産間でキャッシュフローの交換を行うものである。一般的には、債券を買うと同時にこの債券の固定金利キャッシュフローと他証券(通常、より流動性の低いもの)の変動金利キャッシュフローをスワップする。この2つの金利の差が、収益機会となる。リスクとしては、金利がスプレッド以上に変動し調達金利と運用金利が逆転する可能性が挙げられる。この取引は、変動金利が調達コストを上回る場合にのみ有効となる。そのため、ベーシス取引と同様、調達と運用を伴い、利益を出すには、調達コストが運用収益よりも低いことが条件となる。

　国債のような基本的に債務不履行の恐れがないローリスク債券によって取引が行われる場合、債券とスワップの相関関係は安定したものとなる可能性が高い。しかし、国家レベルでの税制改正や財政的、政治的混乱などによって、この関係にも変化が起きることも考えられる。信用力の低い債券でスワップを行うと、そのリスクがさらに高まる。一般に、最もリスクの低いスワップは、非常に流動性の高い債券とこれより流動性の低い証券の間のものであり、この場合、マネジャーは、プレミアムを受け取って、流動性の低い証券を保有することになる。保有する証券の需要が高まれば、マネジャーはポジションを手仕舞うことで予想を上回るリターンを得ることができる。そうならない場合でも、この証券を償還日まで保有し、調達費用を上回るスプレッドからリターンを得る。多くの場合このスプレッドは非常に小幅であるため、アセット・スワップを用いて望ましいリターンを獲得するためには、大きくレバレッジを利かせることが必要となる。

TEDスプレッド

　「TED」とはもともと、米国債(Treasury)とユーロダラー

(Euro Dollar)の間の取引を指すものだったが、最近では、各国の国債と同一通貨の変動金利との取引を指す場合にも使われる。インターナショナル・クレジット・スプレッドとも呼ばれるこの取引では、年限が似通った国債とLIBOR（ロンドン銀行間金利）の金利差からリターンを得る。

　米国債とユーロダラーの場合、国債をロングし、同じ年限のユーロダラーをショートする。両者の金利スプレッドは国際金融市場の混乱や先行き懸念に伴い変動する。一般的には、このスプレッドが小幅なときにポジションを建てる。

　例えば、3年後に償還を迎える債券のスプレッドが10bpsの時点でポジションを建てたとすると、最悪の場合、マネジャーは3年間にわたり年率10bpsの損失を出すことになる。しかしこの取引は、償還日までの間にスプレッドが拡大することで利益を出すことを狙ったものである。このため、マネジャーは、10bpsの「オプション」を購入し、特に「質への逃避」が見られる場合など、スプレッドが拡大することによる収益獲得を狙う。「質への逃避」は、多くの投資家たちが国際的な株式・債券市場の混乱を嫌い、国債の安全性や安定性を求める場合に起こる。この結果、国債の買い圧力が高まって、スプレッドは拡大する。ロシアが債務不履行に陥った1998年が、この代表例である。

イールドカーブ・アービトラージ

　イールドカーブ・アービトラージとは、国債のイールドカーブ上の異なる点で、ロングとショートを建て、両者の相関関係の歪みからリターンを得ようとするものである。国債の需給関係は、中央銀行の政策や政府による発行量、流動性の選好、先物によるヘッジなどの外部要因と同様に、イールドカーブの形状や傾きに影響を与える。こうした要因のため、イールドカーブにアノマリー的な崖やスプレッドの開きが形成され、収益獲得の機会が提供される。

この取引は、ロング・ポジションとショート・ポジションの残存期間で分類することができる。一般に、残存期間が非常に近い債券の場合、債券の構造や発行量などの要因によって価格変動する。イシュードリブン・イールドカーブ・アービトラージ取引では、かぎられた年限レンジにある3つ（この場合、バタフライと呼ばれる）あるいはそれ以上の証券を使って取引を行う。この戦略では、イールドカーブの傾きではなく、その「崖の部分」からリターンを得ようとする。複数の証券を利用することで、イールドカーブの傾きの変化による影響を、最小化することができる。イシュードリブン取引の典型例は、新発国債と既発国債を取引するというものである。新発の30年国債は、流動性がより高く、価格にプレミアムがつくことが多いため、通常は既発の30年債よりも利回りが低い。マネジャーは、最終的に両者の利回りが収斂することを期待して、既発債を買って、新発債を売る。予測どおりに収斂が見られたら、割安な調達コストで、当初のスプレッド水準に応じたリターンを得ることができる。リスクとしては、当初の想定と状況が大きく変化する場合（例えば、連邦政府の債務状況にファンダメンタルズの大きな変化が生じるなど）が考えられる。アノマリーや流動性の変化、2つの証券が金融市場で置かれている状況などによっては、ロング／ショートを逆方向に行うこともある。

　イールドカーブ・アービトラージでは、これまで説明した方法とまったく異なる手法もある。それは、年限の違いがより大きい2つの証券を対象とする場合である。これによって、相関関係は、単に定量的な散らばりだけでなく、市場のより広範囲な要因（マクロ経済動向など）による影響を受けることになる。この典型的な例としては、2年債と10年債のアービトラージが挙げられる。ここで紹介する取引は、イールドカーブ・アービトラージというよりも、レラティブバリュー・アービトラージとして見られることも多い。だが、イールドカーブ・アービトラージ取引にも幅広くさまざまなものがあることを強調し

たい。

レラティブバリュー取引

債券のレラティブバリュー取引は、イールドカーブの異なる部分や、異なるセクターの債券でありながら、その価格が一定の相関性を持っているものにロング・ポジションとショート・ポジションを建てる。ほとんどの場合、債券価格の収斂が債券市場の構造的あるいはテクニカルな要因によってもたらされることはない。収益機会は、相関関係を持った価格の歪みから生まれる。よく取引が行われるのは、そのポジションから得られる利息収入がプラスで、かつ期待リターンが「プラスの方向に歪んだ」形になっているような相関関係についてである。「プラスの方向に歪んだ」とは、期待リターンが平均値付近で左右均等に得られる（すなわちベル・カーブ）わけではなく、平均値よりも高いリターンを得るケースが多いことを意味する。

レラティブバリュー取引の収益機会は、一時的なクレジット・アノマリーの結果得られることが多く、リターンは有利なファイナンスを行ってこのクレジット・アノマリーを活用することで獲得される。イールドカーブのある1点で債券をロングしてスワップをショートする一方で、別の1点でこの反対を行う場合がある。投資家の選好によって、債券というものへの評価が年限によって異なることがあり得るのである。このようなアノマリーが生じた例としては、1998年のLTCM破綻によるポジション整理の結果、英国債の4年物と5年物のスプレッドが40bpsに達した（歴史的にはゼロから10bpsで推移）というケースがある。この種の取引を行うマネジャーは、クレジット・アノマリーが見られたときに利益を得るのである。

ほかのケースの場合、証券間の相関関係はかなり主観的な要素になる。例えば、ある企業の社債と国債のスプレッドが縮小すると予想した場合、社債をロングして国債をショートする。ここでの相関関係は

やや主観的な見方に基づいていることが多いため、こうしたレラティブバリュー取引の多くは必ずしも価格が収斂するとはかぎらないのである。

リスクとリスク管理

リスク

金利リスクあるいはマーケット・リスク
　債券価格はたいてい金利の影響を受ける（金利は資金貸借の対価と考えることができる）。金利が低下すると、既発債のクーポンは不変のため、債券価格は上昇する。この場合の債券価格の変動は、市場金利が以前よりも低い水準になるなかで、債券のキャッシュフローの価値が増加したことを反映している。金利の変動は、それが中央銀行によってもたらされたものであれ、ほかの要因によるものであれ、債券市場全体の価格に影響を及ぼすのである。

　アメリカの金融政策（特に金利政策）は、実体経済との関連で行われている。中央銀行は、2つの主要短期金利（フェデラル・ファンド金利と公定歩合）について目標値を設定し、金利政策を通じて経済成長の促進やインフレ抑制を行っている。FRB（連邦準備制度理事会）はインフレ懸念が生じたと判断すれば金利を引き上げようとするし、景気を刺激する必要のある場合は利下げを行う。このため、債券市場の投資家は、消費者物価指数や卸売物価指数、時間当たり賃金、失業率、国内総生産や小売売上高といった実体経済の指標に注目し、賃金や労働力、生産高、物価などの変動が将来の金利に与える影響を見極めるように努力する。

　金利を動かすのは中央銀行の政策ばかりではない。実体経済の見通しを行ううえでは、将来の中央銀行の政策期待と同様、ファンダメン

タルズ（中央銀行の政策期待ほど重要とは言えないかもしれないが）も重要である。FRBが金利を変更する前に、その動きは市場価格に織り込まれていることが多い。注意すべきなのは、中央銀行のみが金利変化に関して力を持っているわけではないということである。中央銀行の金利政策は、国内経済動向に加え、今後ますます、世界経済の先行きによって左右されることが多くなってくるだろう。1998年秋に行われた2回の利下げ（本章でこの後扱う）は、アメリカの実体経済外の要因が、アメリカの金融市場で流動性危機や実体経済停滞の恐れを引き起こし、これを受けてFRBが金融システムに流動性供給を行わざるを得なくなった好例である。

信用リスク

　債券価格は債券発行者の信用力、つまり、金利と元本を支払い続けることのできる能力に依存している。債務不履行に陥った企業の債券は、紙くず同然になってしまう。

　アメリカでは、スタンダード・アンド・プアーズとムーディーズという二大格付け会社によって、債券の格付けが行われている。この2社による格付けが、債券発行主体の信用力の目安となっている。この格付けによって、ある発行主体の信用力を他社のそれと比較することも可能になる。例えば、格付けBのエネルギー企業の債券は、格付けBBB−（トリプルBマイナス）の同業他社よりもクーポンが高くなる。業態は似ているが、格付けBの企業のほうがより高いクーポンが支払われるため、リスクもあるが投資妙味もあると言える。マネジャーは、同じ信用力の債券を同数ロングとショートすることで、信用力に関するエクスポージャを回避しようとする場合もある。

通貨エクスポージャ

　外貨建て債券の取引では債券自体の価格変動に加え、為替レートの

変動リスクを避けるため、通貨のヘッジが必要となる。このヘッジは、通貨先物の市場を利用して行われる。実際には、通貨リスクを常に100パーセントヘッジできるとはかぎらないので、通貨エクスポージャがリスクとして残ることになる。

カウンターパーティー・リスク

債券アービトラージではほとんどの場合、調達と運用（ロングとショート）の両方を行うため、マネジャーは買い手と売り手の両方の立場に立つことになる。買い手と売り手の違いを問わず、ほかの売買主体との関係をカウンターパーティー・リレーションシップと呼ぶ。マネジャーは取引を行うのに伴い、これらのカウンターパーティーが債務不履行となるリスクを負うことになる。このため、マネジャーは取引を行う前に、カウンターパーティーの信用力を調査することが必要になる。一般にカウンターパーティー・リスクは、1998年秋がそうだったように、危機的状況で表面化することが多い。これ以降、ディーラーもマネジャーも一様に、カウンターパーティーの信用力に多大な注意を払うようになった。

モデル・リスク

多くの債券アービトラージのマネジャーは、債券市場における価格アノマリーを見極めるため、定量分析モデルを利用している。こうしたやり方で成功を収めるには、モデルによって正確に価格間の関係を予想できなければならない。しかし、将来において必ずしもモデルが予測したとおりにならないリスクもある。このため、定量分析モデルを使用する場合、常に注意を怠らず、モデルの予測能力の再評価をしていく必要がある。

テイル・リスク

定量分析モデルを使っても、それが予測する事象の発生確率はせいぜい95％であり、マネジャーは残り5％の可能性についても注意を払わねばならない。発生確率が95％ということは、予測しない事象が起こる可能性は人生のなかで1度くらいである、ということだが、その発生時期については予測することができない。こうした通常では起き得ない事象の発生によって、LTCMの破綻は引き起こされたのである（これについては本章で後述する）。

政策リスク

すでに述べたように、金利政策における中央銀行の動向（金利を変更するにせよ、しないにせよ）も、リスク要因となる。また、税制改正や国債の増発など、中央銀行以外の政府機関による政策も、債券相場に対して同様に重要な影響を与える。これらのリスクを管理するために、運用マネジャーは金融と同様に政治にも注意を払う必要がある。

流動性リスク

どのような資産クラスでも同じことだが、流動性の高い債券を購入するにはプレミアムを支払う必要がある。流動性の低い債券を保有すれば、流動性の高い債券より高い利回りを得られるが、売りたいときに売れないかもしれない債券をポートフォリオに組み込むリスクを抱えることになる。通常、流動性プレミアムは、債券の売り指値と買い指値のスプレッドによって表される。質への逃避が起こるような危機的な市場環境においては流動性の低い債券価格は下落する可能性が高い。

このため、1998年8月と9月に見られた流動性危機のときは、普通なら非常に流動性が高いとされる社債でも、国債と比べて、大幅に流動性を低下させた。マネジャーは、普段は気にも掛けない通常のスプ

レッド取引が抱えている流動性リスクについて注意を払い、管理することが必要である。

金利リスクの計測と管理

デュレーション

　債券アービトラージのマネジャーは、経験的または統計的に相関関係にある類似した証券に、ロングとショートのポジションを建てることで、マーケット・リスクを相殺する。「統計的に相関関係がある」というのは通常、デュレーションの比較を踏まえて言うことが多い。
　デュレーションは、債券価格が金利の変動に対してどれだけ反応するのかを示す尺度である。例えば、ある債券のデュレーションが2年だった場合、その債券価格は金利が1％上昇するごとに、約2％下落し、金利が1％低下するごとに約2％上昇することになる。この債券は、信用力の同じデュレーションが5年の債券（金利1％上昇に対して約5％下落し、金利1％低下に対して約5％上昇する）よりも金利に対する感応度は低いことになる。デュレーションはおおむね以下のように表すことができる。

$$\text{デュレーション} = \frac{\text{債券の価格変動／債券価格}}{\text{金利の変動幅}}$$

　デュレーションは、債券価格と利回りの関係が安定している条件下での債券の平均残存期間に等しい。長期債券はそれだけ長期にわたって金利変動にさらされるため、金利の影響をより強く受ける。例えば、ある投資家がクーポン6％の5年債と、やはり6％で信用力も同等な10年債を購入した。その後、金利が1％上昇したために同じクーポンの債券を以前よりも安く購入することができるようになったため、いずれの債券も以前より妙味が薄れた。だが、5年債の価格は、今後5

年間だけのクーポン（現在は魅力が薄れてしまったが）の現在価格を示しているのに対し、10年債の価格は今後10年間のキャッシュフローの現在価格を示している。したがって、長期の債券の価格は、短期のものに比べて金利変動によってより大きな影響を受けるのである。

債券アービトラージ・マネジャーは、同じデュレーションの2つの債券を一方で買い、もう一方で売る。金利変動による影響は、両方の債券とも金利に対して同じだけ反応するため、ロング・ポジションの価格変化はショート・ポジションの価格変化によって相殺される。ポートフォリオのロング側のデュレーションが、ショート側のそれと同じ場合、このポートフォリオを「ゼロ・デュレーション」であると言う。債券アービトラージのマネジャーは、取引やポートフォリオの構造を「ゼロ・デュレーション」かそれに近い状態にして、マーケット・リスクを回避しようとする。通貨リスクについては、通貨先物を利用することで同様にヘッジする。

イールドカーブの平行移動と形状変化

債券アービトラージのマネジャーは、イールドカーブの平行移動や形状の変化からポートフォリオを守ろうとする。平行移動に関するデュレーションを計算することで、イールドカーブがいくら平行移動したらポートフォリオの価値がどれだけ変動するかが推定できる。また、形状（傾き）に関するデュレーションを計算することで、さまざまな大きさのイールドカーブ・ピボットに対するポートフォリオの価値変化が推定できる（ピボットはカーブ上の1点を固定し、もう1点を変化させることで得られる）。ピボット・ポイントは通常、先行性のある3カ月物金利や10年物金利を用いる。

収益の源泉

　債券アービトラージは、市場の方向性にベットするものではないため、マーケットニュートラル戦略のひとつに数えられる。債券アービトラージのマネジャーは、市場の方向性にではなく「２つ以上の証券の間に存在する相関関係」にベットする。この戦略では、一時的にこの相関関係に歪みが生じたところで取引を行う。場合によっては（ベーシス取引のように）「シンセティック・オプション」によって、最悪シナリオの場合に発生するコストを明確に限定しつつ、相場の上昇に備えて買いを入れることもある。

　通常の市場環境であれば、債券アービトラージは市場全体の動きを表すインデックスとの相関はほとんどなく、収益の源泉は別のところにあることが分かる。しかし過去に見られたように、多くの投資戦略と同様、市場が急落する局面では債券アービトラージ・マネジャーもまたかく乱される可能性もある。証券の相関関係は、市場の方向性にベットする場合と比べて必ずしも安定的な収益の源泉となるわけではないが、それでも、市場の方向性にベットする場合と違い、その方向性と無関係であることは確かである。

　通常の市場環境であれば、リターンは債券市場の方向でなく２つ以上の証券の相関関係に基づいている。したがって、ほとんどの状況において、債券アービトラージのリターンは、債券市場全体の動きにあまり高い相関を示していない。本章で後述するように、市場が極端な動きをした場合は、そうならない場合もある。一般に、債券アービトラージのマネジャーは、ランダムな市場の動きにベットする投資戦略とは反対に、過小評価されている債券を探し出し、それを相関性の高い証券でヘッジすることで、安定したリターンを積み上げる。

　ここでは、特定の債券アービトラージ取引の収益の源泉にしか触れなかったが、すべての取引について当てはまるものでもある。

資金調達

大半の債券アービトラージでは、一度の取引によって得られるスプレッドの幅が小さいため、実際の取引においては、収益を大きくするためにレバレッジを利かせることが多い。このため、マネジャーにとって資金調達能力が不可欠となる。債券アービトラージに必要とされるクレジット・ラインを確保し、カウンターパーティー・リレーションシップを構築するため、比較的大規模な資金調達金額（一般的には最低2500〜5000万ドル）を行うことが求められる。

レポ取引

レポ取引とは、ある特定の債券をロングあるいはショートするための資金調達を指す。ある債券の需給が増減すると、その債券の調達環境が大きく変動する。供給がタイトな債券は「スペシャル」と呼ばれる。こうした債券を空売りした場合、通常の売りよりも少ない利益しか得られず、このような債券を含んだアービトラージは収益が低下してしまう。レポ取引をうまく行うことが、アービトラージ戦略にとってきわめて重要となる。

テクノロジー

債券アービトラージ・マネジャーは「コンプレクシティ・プレミアム（複雑さに対するプレミアム）」について話すことがある。これは、債券分析のために複雑な定量分析モデルや大規模なコンピューターを駆使したモデルを利用するのに必要なコストである。

多くのマネジャーは、他人が理解できないことを理解するために給料をもらっていると感じているが、この水準の理解のなかにはむしろ機械に任せたほうがいいものもある。マネジャーのなかには、債券ポートフォリオを分析、管理するためのコンピューター・システムにけた外れの大金をつぎ込む者もいる。リターンがテクノロジーへの投資

によって得られる場合もあるからである。テクノロジーは必要なものではるが、成功を確約してくれるものではない。テクノロジーのおかげで、マネジャーはより良質のデータを素早く入手し、容易に分析できるようになったが、分析自体は依然としてマネジャー自身の仕事なのである。

流動性

流動性が高い債券は、類似した債券で流動性がこれより低いものに対してプレミアムが付いている。このため、流動性が低い債券を保有しようとするマネジャーは、流動性プレミアムをうまく「捕まえる」ことで利益を得ることができる。流動性の低い債券を保有すると同時に流動性の高い債券を空売りするが、このことは同時に買い手が見つからないというリスクを受け入れることにもなる。マネジャーは自身のポートフォリオ全体の流動性に対するエクスポージャに注意する必要がある。例えば、あらゆる面で分散されたポートフォリオであっても、ショート・ポジションについては流動性の低い債券で組成することもある。流動性の欠如が起きると、このエクスポージャがほかのすべての要因を上回るような決定的な要因となる。

イベント

債券アービトラージは、きわめて意外性の高いイベントや今後そのようなイベントが起きる可能性を利用して行われることがある。この場合、債券アービトラージのマネジャーは、ヘッジをうまく利用しながら、イベントから生じる可能性のある、もしくは実際に生じたクレジット・アノマリーからリターンを得るために取引を行う。例としては、税制改正が予想される場合が考えられる。

マネジャーのスキルと努力

債券アービトラージを行う場合、アービトラージやそれに類似した手法での投資機会があるかどうか見極めるため、大量のデータにあたることになる。債券市場がより効率的になるとそのような機会はより少なく、見つけ難くなっていく。さらに、このアービトラージを仕掛けようとしているマネジャーの数によっては、スプレッドが縮小してしまう可能性もある。LTCMが破綻し、それに伴って大口参加者の取引が縮小した1998年第3および第4四半期には、このアービトラージの取引数も減少した。今日まで生き残ることができたマネジャーは、優れたスキルを持ち、努力を惜しまなかった者たちである。

最近の成長と発展

ヘッジファンドの戦略のなかで債券アービトラージが占める割合は、1990年には0.6%にすぎなかったが、1999年には約1.8%と3倍にまで伸びている。この増加によって、1998年後半のリターンのマイナスや

表6　債券アービトラージのリターン（1990〜1999）

ファンド数	平均規模(単位:100万米ドル)	年	1月	2月	3月	4月	5月	6月	7月	8月	9月	10月	11月	12月	年間
4	35	1990	2.25	2.10	−0.21	2.23	0.32	0.15	0.68	0.03	0.49	1.22	0.55	0.57	10.84
4	37	1991	4.00	2.42	1.52	1.88	2.34	1.39	1.96	−0.82	−2.58	−0.03	−1.17	1.46	12.89
5	43	1992	4.70	2.53	2.53	2.26	0.62	−0.45	−0.08	0.84	−0.79	3.33	2.18	2.62	22.11
9	56	1993	0.25	0.89	1.47	1.45	1.94	0.37	1.99	1.50	0.70	0.96	2.12	1.87	16.64
13	97	1994	2.32	1.63	0.93	0.98	0.75	1.32	0.36	0.71	0.88	0.65	0.76	0.06	11.94
21	99	1995	0.64	0.34	1.79	0.64	−0.54	−1.18	2.49	0.92	−1.89	1.58	−0.01	1.22	6.08
24	115	1996	0.95	0.69	0.58	1.39	1.15	1.35	1.30	0.63	0.52	1.18	−0.37	1.94	11.89
23	130	1997	1.43	1.17	0.54	0.98	0.34	0.67	0.58	0.40	0.51	−0.37	−0.14	0.71	6.87
25	203	1998	0.39	1.28	1.34	1.03	0.19	−1.31	1.69	−1.18	−6.45	−6.09	−1.42	0.15	−10.29
23	103	1999	1.17	1.09	1.31	0.11	−0.03	1.32	0.65	−0.34	0.39	0.51	1.18	1.19	8.87

注＝年間は複利、年率換算

図11　債券アービトラージの増加（1000ドルを起点）
——1990/1～1999/12

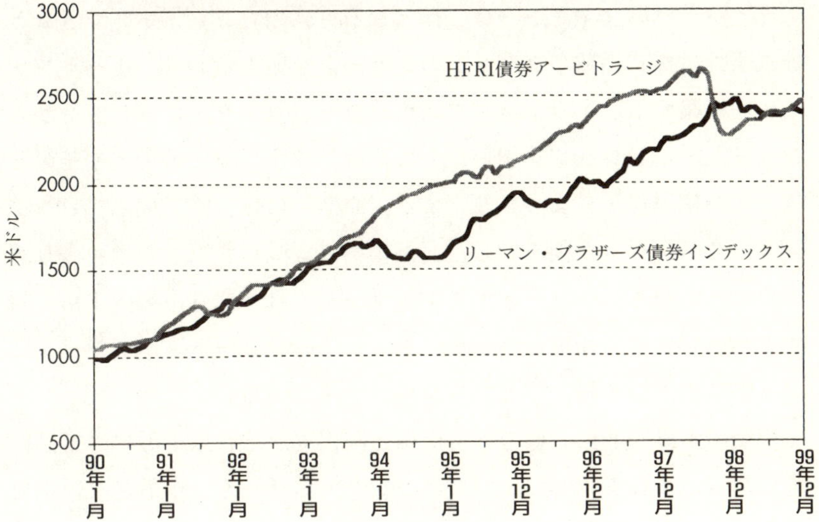
3000
2500
2000
1500
1000
500
米ドル
HFRI債券アービトラージ
リーマン・ブラザーズ債券インデックス
90年1月
91年1月
92年1月
93年1月
94年1月
95年1月
95年12月
96年12月
97年12月
98年12月
99年12月

減少がカバーされている。また、レラティブバリュー・アービトラージやMBSアービトラージの多くも、債券アービトラージの形をとっている。このため、上記の数値は、実際の額よりも低めに見積もっている可能性がある。

債券市場のパフォーマンスが低迷していたにもかかわらず、HFRI債券アービトラージ・インデックスに含まれるマネジャーの1999年のリターンは、過去の平均値と比べても遜色のないものだった。過去の実績は表6に示したとおりである。債券アービトラージに1000ドル投資した場合の累積リターン（HFRI債券アービトラージ・インデックスで計測）が図11に示されている。

株式ヘッジ

　株式ヘッジのマネジャーは、核となる株式のロング・ポジションと株式または株式指数オプションのショートを組み合わせ、ポートフォリオを構築する。ネット・エクスポージャ（ロング・ポジションからショート・ポジションを引いたもの）は、マネジャーの考えやそのときどきの相場状況によって変化する。原則的には、強気相場でロング・エクスポージャを積み増し、弱気相場では減らす（または、売り越す）ことになる。ショート・エクスポージャは、株式市場の下落に対するヘッジとして利用されるが、さらにこのショート・ポジションによってリターンを得ようとするマネジャーもいる。

　相場の上昇局面においては、市場と同程度かそれ以上の早さで価格上昇が見込まれる銘柄についてはロング・ポジションが最適な選択である一方、市場の価格上昇よりも緩やかな上昇か、価格が下落することが見込まれる銘柄についてはショート・ポジションが最適な選択になる。同様に、相場の下落局面においては、市場の値下がり以上に急落することが見込まれる銘柄についてはショートを選ぶ一方、市場の価格低下よりも緩やかな低下か、あるいは上昇すること見込まれる銘柄についてはロングを選ぶことが最適な選択になる。相場上昇時においてパフォーマンスの劣るショートを抱えることは、リターンが低下する要因となるが、これは下落時にこのショートによって得られるプロテクション効果との引き換えとして位置づけられる。

　株式ヘッジ戦略におけるロング・ポジションの収益の源泉は、通常の株式取引と変わらないものの、相場の下落局面において空売りやヘッジを用いることで、市場のリターン以上にパフォーマンスを上げようとする点が通常の株式取引と異なっている。このため株式ヘッジ戦略の場合、強気相場では利益を上げつつも、ロングのみの運用よりリターンが低くなる。他方、弱気相場では損失を生じることもあるが、

ロングのみの運用に比べて損失は小さくてすむ。したがって、株式ヘッジ戦略においては、長期的にもロングのみで運用する場合に比べ、低いボラティリティで同程度のリターンを期待することができる。

投資テーマとファンダメンタルズ分析

株式ヘッジ戦略では、主に次の2つの分析手法が利用されている。
- ●投資テーマ　将来的に株価を左右するマクロ経済トレンドに関する見方
- ●ファンダメンタルズ分析　各企業の財務状況と今後の見通しの判断。これはさらに定量分析と定性分析に分けることができる。

投資テーマ

　株式ヘッジ戦略のマネジャーは、市場に大きな影響を与える経済のトレンド(「投資テーマ」とも呼ばれる)を早いうちに見いだそうとする。どの産業やテクノロジーに需要が起こりつつあり、今後もその需要が継続するか否かを見極めることは、ロングすべき株式を特定するための重要なプロセスである。
　市場の動きのどこに注目すべきかを見極めたら、次はその動きにかかわるどの企業が予想される経済状況や技術発展をうまく利用できるポジションにあるかを探ることになる。産業によって、影響する要因もさまざまに異なってくる。例えば、デルコンピュータは顧客への直接販売戦略、BTO(注文生産)戦略によってパソコン業界の先端に躍り出た。この革新的なセールス戦略の優位性を早くから見抜いていたマネジャーであれば、デル株をロングし、その後の株価上昇によって利益を得ていたことだろう。
　また、別の例としては、インターネットにおける音声、データ、画

像等の伝達手段の将来像に関する議論が挙げられる。候補としては、ケーブルモデムや光ファイバー、衛星通信などがある。ケーブルモデムに分があると判断したマネジャーなら、AT&Tのような通信大手の株をロングするであろう。AT&Tは大手ケーブルテレビ4社のうち2社を買収し、すでにケーブルモデム業界での支配的な地位を確立しているからである。

　以上は、株式ヘッジのマネジャーがマクロ経済の状況に応じてロングを行う対象銘柄を選ぶ例として、2つのケースを挙げたにすぎない。賢明なマネジャーであれば、ロングの対象を見いだすために、市場の関心事になりそうなテーマを探そうとする。例えば、市場予想を上回る企業収益や、ポジティブな新聞発表などのようなものである。

　ショートについて言えば、マネジャーはロングと逆のことを考える。マネジャーがロングで投資しようと、ロングの対象を探しているときにショートの材料が出てくることもよくある。競争力のある企業を探すなかで、経営陣の無能さや会計上の問題、キャッシュフロー不足、過剰債務など競争面でのマイナス要因を抱えている企業が見つかることも少なくない。マネジャーはロング・ポジションをとる場合以上に、好ましくない報道や業績悪化の発表など、市場センチメントをさらに悪化させるような材料に対して神経質になる。

　投資テーマは、「グロース」投資における投資判断基準の一部のように思えるかもしれないが、実際には多くの「バリュー」マネジャーたちもマクロ経済動向に関する見通しを利用している（2つの主な投資スタイル、「グロース」と「バリュー」については、この後、本章で扱う）。バリュー・マネジャーは、マクロ経済に影響を受ける各企業の評価ばかりでなく、マクロ経済トレンドそのものも重視している。バリュー・マネジャーたちがロングの候補として理想的と考えるのは、今は人気薄だが、今後生じることになるであろう経済トレンドに乗ることのできる可能性が高い企業である。

ファンダメンタルズ分析

投資の世界でファンダメンタルズ分析と言えば株価に影響を与えることになる企業の事業内容や財務状況のような基本的、本質的な部分の分析である。一般にファンダメンタルズ分析は、定量分析と定性分析の2つのカテゴリーに分けられる。

定量分析

定量的なファンダメンタルズ分析においては、財務内容の健全性を示す数値が分析対象となる。典型的な例としては、PER（株価収益率）、PBR（株価純資産倍率）などがある。これらの分析指標は、すべての産業において一様に算出することができるため、異なる業種の企業同士の比較も容易に行うことができる。株式ヘッジのマネジャーは、各企業の公開財務諸表の調査分析によって定量分析を行う。

定性分析

定性分析は、定量分析と比較するとかなり主観的な要素が多い。例えば、ある企業の事業計画の評価において、客観的な基準を適用することは困難である。しかし、事業計画は事業の成功と失敗を左右する本質的な要因であり、着目すべきものである。定性分析は、数値化はできないが将来の企業の成長に不可欠な要因を分析することである。こうした要因の例としては、事業計画、経営陣の質、競争力、当該企業に対する外部の見方などが含まれる。また、定性分析はその企業の将来見通しに関するものも多い。

株式ヘッジ戦略のアプローチ

株式ヘッジ戦略は幾つかの主要な要素に分けることができ、株式ヘ

ッジ・マネジャー間の差別化は、これらの要素の違いによって生じる。最も重要な要素は次の7つである。①定量分析と定性分析の比率、②投資銘柄の範囲（株式ユニバース）、③投資スタイル、④流動性、⑤ネット・エクスポージャ、⑥リサーチ、⑦レバレッジ。以下にそれぞれの簡単な定義を、そして、投資スタイル、ネット・エクスポージャ、リサーチについては詳細な説明を記す。

定量分析と定性分析の比率

　定量分析ならびに定性分析に対するファンドマネジャーの評価はさまざまである。極端な例として、定量分析だけに大きく依存しているマネジャーがいる。彼らは株式マーケットニュートラルやスタティスティカル・アービトラージのマネジャーとよく似通っており、モデル化された統計指標のみを頼りに投資判断を下しているマネジャーである。そして、もう一方の極端な例として、定性分析だけを信頼するマネジャーがいる。彼らはアナリスト・ミーティングやカンファレンスコール（電話による企業説明会）、企業訪問などによって考えをまとめている。数字を参考にするのは、自分たちが「フィールドワークで」発見した事実を確認するときだけである。どのファンドマネジャーも、分析手法の選択上、この極端な2つの例の間のどこかに位置づけられる。

株式ユニバース

　ファンダメンタルズ分析（企業分析）のリサーチ対象数には限界があるため、マネジャーは株式市場の特定の部分だけにリサーチ対象を絞り込む必要がある。この場合の絞り込みは、銘柄の時価総額、マネジャーの専門分野、あるいは特定の投資テーマなどによって行われる。比較的少数の企業群やアイデアを追いかけつつ、より大きなグループについても目配りを忘れずにいるというパターンが多い。

投資スタイル

2つの主要な株式投資スタイルとして「バリュー」と「グロース」がある。極端なケースではこのうちのどちらか一方だけを採用し、もうひとつには見向きもしないというマネジャーもあるが、実際には両方の要素を取り込み、さまざまな割合でこの2つを組み合わせたスタイルも存在する。また最近では、この2つのスタイルを隔てる境界線も、徐々にあいまいになりつつある。「バリュー」と「グロース」は、単に投資スタイルというよりは、個別銘柄に対する考え方の違いを指す場合が多い。

バリュー

バリュー投資家は、企業の収益力や資産価値から見た株価の水準が割安のまま放置されている銘柄に投資する。このタイプのマネジャーは、こうした銘柄が将来好パフォーマンスをもたらすと信じているため、本来その銘柄が持っているはずの潜在力が株価を期待レベルまで押し上げてくれるまで、このポジションを維持する。逆にショートする場合は、現在の株価が企業のファンダメンタルズから見て不当に割高な銘柄を見つけ、これを空売りするのである。

マネジャーはまず、企業の現在の株価がその企業の将来の収益性に見合うものなのか判断する。次に、その企業の将来の収益性に見合う株価の現在価値について評価する。これらの指標の多くは「買い得さ指標」的なものが多く、次のように現在の株価水準の相対的な価値を示したものである。

- ●株価収益率
- ●株価純資産倍率
- ●株価売上率
- ●総資産売上率
- ●ディスカウント・キャッシュフロー

- 配当割引モデル
- オペレーティング・マージンの変化
- 自己資本利益率
- 超過キャッシュフロー
- 配当利回り

　割安あるいは割高とは何だろうか。従来の銘柄選択においては、例えば株価収益率は12倍以下などというように、株価収益率や株価純資産倍率についての具体的な数値基準を持つマネジャーが多かった。しかし1990年代を通じての一貫した強気相場によって、マネジャーたちはこの基準の見直しを迫られることになった。株価評価の議論が活発に行われたが、結局のところセクターや産業ごとで適正な株価の判断基準が異なるということになった。自動車産業のように、企業の収益基盤が確立され、歴史もあり安定した産業は、一般に従来型の評価基準に基づく株価評価が適している。一方、インターネット関連企業のように、その歴史が新しく、市場での事業基盤の確立に取り組んでいる最中の産業では、従来の評価方法はあまり通用しない。ただ、どんな株価水準であっても買われてしまうような一時的な熱狂によって株価が上昇し、事業内容からは到底説明できないような水準に至った場合には、従来型の株価評価基準も重要な視点となる。強気相場の行き過ぎでよく見られるように（1980年代後半の日本の株式市場が良い例である）、急激な上昇相場で大きなリターンを得た投資家は、企業の将来性や業績の可能性のみを考えて投資する傾向がある。だが、上昇傾向が衰えるか基調が反転した後は、市場参加者の注目は今現在の株価水準や現状の収益力に移る。

グロース

　グロース投資家は、成長性が高く、事業基盤が強固であり、どの水

準の株価であってもそれが企業価値としてふさわしいと判断できるような銘柄に投資する。本書執筆時点における典型的なグロース投資の対象銘柄としてはアマゾン・ドットコムなどが挙げられる。同社はまだ利益こそ計上していないものの、革新的なネット小売ビジネスモデルの確立と高い認知度から、同社の株価は収益や純利益の水準からは到底説明できないような高水準にある。一方、特定の銘柄をショートする場合は、企業のファンダメンタルズに問題があり、このために、将来的に株価が下落すると見られるような企業を探すことになる。

定量的に企業の将来的な成長力を測るには、一般には企業の潜在成長性を尺度とするが、これは将来の企業の収益見込みや投資家の期待感の変化によって影響される。通常、株価はアナリストの業績予想に基づく投資家の期待感の変化によって変動する。このため、上方修正であれ下方修正であれ業績予想の変更はその企業の成長トレンドの変化を示す指標となる。通常用いられるグロース投資の判断要素には次のようなものがある。

- 収益成長性
- 株価収益率に対する将来の収益成長性
- 収益予想修正
    アナリストのコンセンサス
    株価に対する見通しの変化
    予想値修正の規模と方向
    予想の修正可能性
- 収益サプライズ

グロース投資にとって、成長性に対する定性的判断は定量的判断より重要と言っていい。グロース投資家にとって大切なことは、その企業が将来成功を収めるかどうかなのである。したがって、この投資スタイルはバリュー投資と比べ、より主観的、質的な偏りを持つものと

考えられる。事業計画やマネジメント力、競争力などといった定性的な要素が、グロース重視のマネジャーにとっての評価材料となるのである。

バリューの場合と同様、グロースを構成する要素も産業によって異なる。伝統的な循環株に最近のIT銘柄のような急成長を望むのは論理的なスタンスではない。多くのマネジャーは、同一業種のなかである企業の株を他社と比較して、その成長可能性を判断する。

流動性

株式ヘッジ戦略において、流動性は、各銘柄の株式時価総額と、マネジャーがファンドで保有する残高によって決まる。売買が活発で時価総額が大きい企業の株式（大型株）は、流動性が高い。また、大型株の保有残高と時価総額の小さな企業の株式（小型株）保有残高が金額的に同額であっても、大型株のほうがより流動性が高い。なぜなら、大型株のほうが、マネジャーの保有残高がその企業の発行済株式数全体に占める割合がより小さくなるからである。したがって、株式ヘッジ戦略のポートフォリオの平均株式時価総額は、流動性の指標として機能することになる。

ネット・エクスポージャ

ネット・エクスポージャは、株式市場全体のシステマティックな上昇や下落に対してマネジャーがとっているエクスポージャを示している。マネジャーは、弱気相場に比べて強気相場でより多くのエクスポージャを持つことになる。以下に示したのは、通常使われるネット・エクスポージャの簡易計算式である。

$$\text{ネット・エクスポージャ} = \frac{\text{ロング・エクスポージャ} - \text{ショート・エクスポージャ}}{\text{投資元本}}$$

例えば、あるファンドマネジャーが100万ドルの投資元本を持ち、さらに40万ドルを借り入れていたとする。その後、このマネジャーはロングを80万ドル、ショートを60万ドル建てる。この場合のネット・エクスポージャは20％のネット・ロング（20万ドル÷100万ドル）ということになる。保守的なマネジャーの場合、ネット・エクスポージャを０％から100％の範囲に収めるようにし、場合によってはネット・ショートすることもある。一方、積極的なマネジャーのなかには、レバレッジを利かせてネット・エクスポージャが100％を超えるようなリスクをとるものもいる。市場全体の方向性に対するマクロ的な見通しからネット・エクスポージャを調整するマネジャーがいる一方、ロングとショートのどちらにより優れた投資機会があるかという点からネット・エクスポージャが決定されると考えるマネジャーもいる。後者のマネジャーの場合は、同じショート・ポジションを建てるにしても、市場全体の下落に対するヘッジというより、ショートするという行為自体を単独でリターンを生み出す投資機会としてとらえている（このショート・ポジションはヘッジとしても機能はするが、それはあくまでも副産物である）。このタイプのショート・ポジションは、ポートフォリオ全体のヘッジとして建てるショート・ポジションと区別するために「トレーディング・ポジション」と呼ばれる。一般に、ネット・エクスポージャは、そのファンドマネジャーがより積極的か慎重かを示す指標としてとらえられる。大切なのは実際のポジションの内容を見極め、その時点のエクスポージャがヘッジのためなのか、それともトレーディング・ポジションとして建てられているのかを見極めることである。

リサーチ

　ファンドマネジャーが投資判断を下す場合、企業に関する情報分析に基づいて判断することが必要である。この情報は正確かつタイムリ

ーであることが要求され、ある程度将来を見通すうえでの手がかりとなることが望ましい。しかし、入手可能な企業情報は大量に存在するうえ、その質や視点が一様でないため、マネジャーがどこから情報を得ているかを確かめることは重要である。重要な情報ソースとして、以下のようなものが挙げられる。

- **業界誌や新聞** マネジャーのほとんどが、投資アイデアのヒントになるようなニュースや出来事に即座に対処できるように『ウォールストリートジャーナル』、『フィナンシャルタイムズ』あるいはより専門的な出版物を購読している。
- **データの入手** 電子媒体を使って入手できる金融関連情報としてブルームバーグ、ロイター通信、EDGARオンラインなどが挙げられ、このほかにもより特定分野に特化した情報ソースがある。
- **業界内のコネクション** マネジャー（アナリストも）は、金融業界をはじめ、それぞれが関心を持つさまざまな関係業界内にネットワークを築いている。アナリストのなかには、過去において特定の業界で働いた経験を持ち、その専門知識を生かしてその業界を分析しているものも多い。
- **カンファレンスコール（電話による企業説明会）** 企業のなかには、多くの投資家と一度に交流することができるため、カンファレンスを開催するところが多い。こうした説明会に参加することで、企業を訪問しなくても経営陣に接触する機会を持てるほか、企業との距離感をより近いものとすることができる。
- **企業訪問** 多くのマネジャーが企業を直接訪問し、その企業の顧客や取引先あるいはライバル会社の関係者などと接するようにしている。そうすることで、企業が公開している文書や報道などからはうかがい知れない詳細な情報を得ることもある。また、訪問先の企業が日々の業務をどのように運営しているのか「肌で感じる」こともできる。

●**アナリストの意見**　投資候補企業を評価する場合に、マネジャーによってはウォール街の大手ブローカーのアナリストに頼ることもある。マネジャーは、アナリストの多くが、担当企業を限定したうえで特定の業界に特化した分析を行っているために、その分野に関しては高水準の専門知識を持っていると考えている。しかし、こうした方法には注意が必要である。アナリストの意見は、企業を客観的に描き出すというより、ブローカー会社の手数料稼ぎという意図による場合も多い。アナリストによるレーティングは水増しされており、売りが推奨されることはほとんどない。

●**ニュースレター**　現在、入手可能な業界ニュースレターの数は急速に増えている。

●**インターネット・サイト**　今やインターネットは、情報の宝庫になっている。企業ホームページやニュース検索サイト、ニュース配信サービスなどは重要なデータソースとなっている。株式の電子取引が出現したことで、さらにその重要性は増している。また、金融関連出版物の多くがネット上にあり、かつ内容の検索が可能になっている。

レバレッジ

　株式ヘッジマネジャーの大半は、レバレッジを利かせている。すなわちマネジャーは資金を借り受けることで、元金よりも大きな投資を行うことが可能になっている。レバレッジはリスクを増加させるが、新たにポートフォリオに組み入れたい株式について、保有している株式を売ることなく取得することができる。積極的にリスクをとる運用を行うタイプのマネジャーは、レバレッジを利用して、投資機会を逃さないように素早い売買を行っている。保守的な運用マネジャーの場合、レバレッジの利用を比較的控えるものの、株式ヘッジファンドにおいてある程度のレバレッジを利かせることは、もはや当たり前のこ

とになっている。

リスクとリスク管理

銘柄選択リスク

　ロングであれショートであれ、ポートフォリオに組み入れる銘柄を選択するとき、マネジャーは選んだ企業に対してのリスクを背負うことになる。そのリスクには（これですべてではないが）、規制面の問題、市場でのシェアや企業の地位が脅かされる可能性、利益率の低下やその他業界のトレンド、経営陣の安定性、規模拡大の推進よる企業価値の希薄化、新技術の台頭、買収ターゲットとなる可能性などが含まれる。企業固有のリスクは避けられるものではないが、株価上昇の潜在的可能性（ロング・ポジションの場合）や下落の潜在的可能性（ショート・ポジションの場合）を考えれば、マネジャーは、そのリスクを受け入れることに確信を持っているはずである。この種のリスクに対応するには、入手可能なすべての情報に基づいて詳細なファンダメンタルズ調査・分析を行い、将来を予測することが本質的な対策となる。

　また、ある種のリスクを相殺するために、特定のショート・ポジションをとることがある。例えば、あるマネジャーが特定の業種へのリスクをペア・トレーディングによってヘッジしたとする。ペア・トレーディングとは、ある業種において将来有望な見通しの銘柄をロングする一方、同じ業種内の別銘柄（ライバル企業であることが多い）をショートすることである。その業種の銘柄全体がシステマティックな下落を強いられる（業界の大手企業の悪材料が、その業界全体の悪材料として見なされる）場合でも、個別銘柄におけるロング・ポジションとショート・ポジションが互いに相殺し合ってくれるのである。

マーケット・リスク

金融市場や経済全体の状況変化は各企業に影響を与え、株式市場全体にも影響を与えることになる。そのため、市場全体の株価の方向性が変化する場合がある。その代表例が、金利である。金融緩和政策（金利低下）が取られると、資金流通量が増加することで、株価は一般に上昇する。逆に、通常、インフレ対策として導入される金融引き締め政策（金利上昇）のもとでは、資金調達コストが上昇するため資金流通量は低下する。投資家にとっては、高いリターンが期待できることになった債券市場の妙味が増すこととなり、株式市場から債券市場へと資金が流れ、株価は下落する。

株式ヘッジ戦略のマネジャーは、株価に影響を与えるようなマクロ経済の動きをモニタリングし、株式市場の動きに合わせてロングとショートのエクスポージャを慎重に調整することで、市場のシステマティックな変動リスクを軽減している。このプロセスはその性質上不完全ではあるが、多くのマネジャーは下落相場でのロング・ポジションや上昇相場でのショート・ポジションが過剰にならないように注意を払っている。株式ヘッジ戦略のポートフォリオのうち「ヘッジ目的」の部分については、ほぼ市場に対して中立の状態にある場合もあるが、多くの場合、ロングとショートの両方のポジションを建てていたとしても、マネジャーが損失を出す可能性というのは避けられるものではない。もちろん、ヘッジされていない部分は急変する相場の動きに対して無防備である。

株式ユニバース

広く知られていることだが、企業規模が大きく売買が容易に成立する株式と、小規模で流動性の低い株式とでは取引の仕方に違いがある。一般的には大企業や大型株のほうが、中小企業や小型株より多くの情報が手に入る。入手できる情報が多く、より多くの大手ブローカーの

アナリストが調査している銘柄ほど、情報面でほかの投資家よりも優位に立つ可能性は低くなる。このため、大型株のマーケットは小型株よりも効率的だと言われる。ファンドマネジャーは、大型株を扱う場合、高い流動性によるメリットがある反面、情報面での優位性は得にくいことを考慮すべきだろう。また、ファンドで保有しているポジションがその銘柄の時価総額に占める割合によってもリスクは異なる。すでに述べたように、大型株のポジションは同額の小型株ポジションと比べ、その銘柄の発行済株式数全体に占める割合が小さいため、流動性がより大きい。株式ヘッジ・ポートフォリオの平均株式時価総額は、流動性を見る場合の指標となる。

　未発掘のこれから伸びそうな株式を物色するマネジャーたちは、中型・小型株に目を向ける。一般的な傾向としては、時価総額が小さければ、それだけその銘柄のリスクは大きくなる。小型株は、多くは無名で、収益基盤が確立していない無配当の企業である。1998年秋の例でも、流動性の低下に対して小型株が大型株よりも不利であることが証明されている。ラッセル2000小型株インデックスは、1998年7月の天井から同年10月の底値まで33％超も下落した。1999年には19.62％上昇したが、同インデックスは依然として1998年の底からわずか9.76％しか戻していない。一方、天井から底値まで19％下げたS&P500指数は、1998年7月の底値から1999年末にかけて27.92％も上昇しているのである。

分散

　現代ポートフォリオ理論（MPT）によれば、ほかの条件が一定であるとき、銘柄分散したポートフォリオは、銘柄集中したものよりもボラティリティが小さい。これは「すべての卵をひとつのかごに入れるな」という古い格言を言い換えたものだとも言える。論理的には、相関関係の低い株式で構成されたポートフォリオであるなら、ある株

式が下落しても別の株式が上昇することによって、全体のボラティリティは軽減されるはずである。株式ヘッジ戦略のマネジャーの多くも、ポートフォリオの内容を業種やセクターを超えて分散させ、どの業種やセクターで何が起きても、それがポートフォリオ全体に大きな影響を及ぼさないようにしている。また、自主的にポジション制限を設定し、特定銘柄のポジションがポートフォリオ全体に与えるインパクトを抑制し、ポートフォリオを常に一定程度分散させている株式ヘッジ戦略のマネジャーも多い。この場合、ある株式のポジションが株価上昇によって想定以上のウエートになると、マネジャーはその超過分のポジションを売却することになる。

売却ルール

マネジャーの多くは将来の目標株価を設定し、現在の株価が買うのにふさわしい水準だと判断した場合、株式を購入する。株価が目標に達した場合は、これを売却するかあるいは目標値の再検討を行う。また、新たな情報によって企業の潜在的成長性や割安感など買いの理由となっていた材料についての確信が揺らいだ場合は、目標価格に達する前に売却することもあり得る。また株価が見通しどおりにならない場合、マネジャーはそのポジションを見直すことになる。一般に株式ヘッジ戦略のマネジャーは、長期保有を目的とするコア部分の銘柄が予想外の動きをしても、トレーディング・ポジション、すなわち比較的短期間でリターンを実現させることを目的として保有したポジションの場合よりもポジションを売却しないで持ち続けることが多い。

レバレッジ

株式ヘッジマネジャーの大半は、レバレッジを利かせている。レバレッジを行うことによって、新たにポートフォリオに組み入れたい株式について、保有している株式を売ることなく取得することができる。

あるいは、うまくいっているポジションを積み増すためにレバレッジを利用することもある。積極的にリスクをとる運用を行うタイプのマネジャーは、レバレッジを利用して、投資機会を逃さないように素早い売買を行っている。保守的な運用マネジャーの場合、レバレッジの利用を比較的控えるものの、株式ヘッジファンドにおいてある程度のレバレッジを利かせることは、もはや当たり前のことになっている。

収益の源泉

個別銘柄の株価は株式市場全体のマクロな動きとは無関係に、各企業個別の要因によって上下することがあり得るし、また実際にそうなることも多い。このため、運用マネジャーのパフォーマンスは、市場全体を上回るパフォーマンスを上げる銘柄あるいは下回る銘柄を選択する能力によっていると言える。ロングの場合には、伝統的なロングのみの戦略を取るマネジャーと何ら変わるところはない。異なるのは、ショート・ポジションを利用してリターンを得る場合である。この場合、企業のファンダメンタルズ面での問題や株価が割高な水準にあるなどの理由から、今後下落が予想される銘柄をいかに選択することができるかが問われる。

株式ヘッジ戦略の場合、ポジションをロング、ショートのいずれにも傾けられる柔軟性があるため、相場の上昇と下落の双方からリターンを得ることができる。ただ実際には、ショート・ポジションが上昇相場でリターンを低下させることになるケースが多い。上昇相場においては、株式ヘッジ戦略は伝統的なロングのみの戦略をパフォーマンスで上回れないこともあるが、相場が下落あるいは横ばいの状況においては、ショート・ポジションがあることによって市場を上回るパフォーマンスを示すこともあるため、ある程度長い期間で見るとリスク調整後リターンベースで市場リターンを上回ることが可能になる。

株式ヘッジ戦略において銘柄選択は重要な収益の源泉ではあるが、これが唯一のものということではない。もうひとつの重要な収益の源泉は、ポートフォリオの銘柄間の相関関係であり、特にロング・ポジションとショート・ポジションの間の相関が重要になる。相関関係の大きな銘柄でポートフォリオを構築すると、ボラティリティを抑えた安定的なリターンの確保という分散によって得られる効果が減少してしまう。これと同様に、ヘッジのためのヘッジを行ってしまうと、株式ヘッジの投資手法としての有効性が減少してしまい、最終的には単にリターンを減少させるだけに終わりかねない。ある特定のリスクを回避するためにヘッジを行う場合、ポートフォリオの銘柄構成とのその相関関係には十分な注意を払う必要がある。ポートフォリオ全体としては、株式ヘッジのマネジャーは、ネット・エクスポージャを調整することによってマーケット・リスクを低減し、下落局面であっても利益を確保することが可能になる。個別のポジションについて見ると、同業種内のほかの銘柄をショートすることによって、その業種のリスクをヘッジすることが可能になる。言うまでもないが、特定の企業あるいは業種を目的としたヘッジをポートフォリオ全体としてうまくバランスさせる手腕は、サイエンスというより芸術的な領域のものである。

最近の成長と発展

株式ヘッジ戦略がヘッジファンド運用全体に占める割合は、1990年には5％だったものが1999年には11％以上にまで増加した。株式市場の記録的な伸びに加え、株式ヘッジ戦略のパフォーマンスが目を見張るものであったことが、この時期の急成長に拍車をかけた。HFRI株式ヘッジ・インデックスによると、株式ヘッジ戦略のマネジャーはS&P500指数に比べてはるかに低いボラティリティでこれと同水準の

表7　株式ヘッジファンドのリターン（1990〜1999）

ファンド数	平均規模(単位:100万米ドル)	年	1月	2月	3月	4月	5月	6月	7月	8月	9月	10月	11月	12月	年間
12	44	1990	−3.34	2.85	5.67	−0.87	5.92	2.52	2.00	−1.88	1.65	0.77	−2.29	1.02	14.43
26	48	1991	4.90	5.20	7.22	0.47	3.20	0.59	1.41	2.17	4.30	1.16	−1.08	5.02	40.15
37	33	1992	2.49	2.90	−0.28	0.27	0.85	−0.92	2.76	−0.85	2.51	2.03	4.51	3.38	21.32
59	29	1993	2.09	−0.57	3.26	1.30	2.72	3.01	2.12	3.84	2.52	3.11	−1.93	3.59	27.94
78	42	1994	2.35	−0.40	−2.08	−0.37	0.41	−0.41	0.91	1.27	1.32	0.40	−1.48	0.74	2.61
90	41	1995	0.30	1.68	2.09	2.64	1.22	4.73	4.46	2.93	2.90	−1.44	3.43	2.56	31.04
102	70	1996	1.06	2.82	1.90	5.34	3.70	−0.73	−2.87	2.63	2.18	1.56	1.66	0.83	21.75
133	76	1997	2.78	−0.24	−0.73	−0.27	5.04	1.97	5.05	1.35	5.69	0.39	−0.93	1.42	23.05
210	100	1998	−0.16	4.09	4.54	1.39	−1.27	0.50	−0.67	−7.65	3.16	2.47	3.84	5.39	15.98
226	122	1999	4.98	−2.41	4.05	5.25	1.22	3.80	0.61	0.04	0.45	2.74	7.23	11.30	46.14

注＝年間は複利、年率換算

リターンを達成している。この戦略は、現在の株価水準の維持に不安を感じ、株式ポートフォリオに対するヘッジ手段を求めている投資家を引き付けている。

　1999年、米株式市場は再び上昇基調に転じた。すでに述べたように、ナスダック指数はこの年84％上昇し、その他のインデックスもかなりの上げ幅を記録した。株式ヘッジ戦略のマネジャーもこの上昇相場のかなりの部分を享受でき、HFRIインデックスは46.14％のリターンを示した。この年の好調なパフォーマンスによって、表7と図12に示されるように、株式ヘッジ戦略は90年代を通じて高いリターンを上げ続けることになった。

株式マーケットニュートラルとスタティスティカル・アービトラージ

　株式マーケットニュートラル・マネジャーの目標は、適切にポジシ

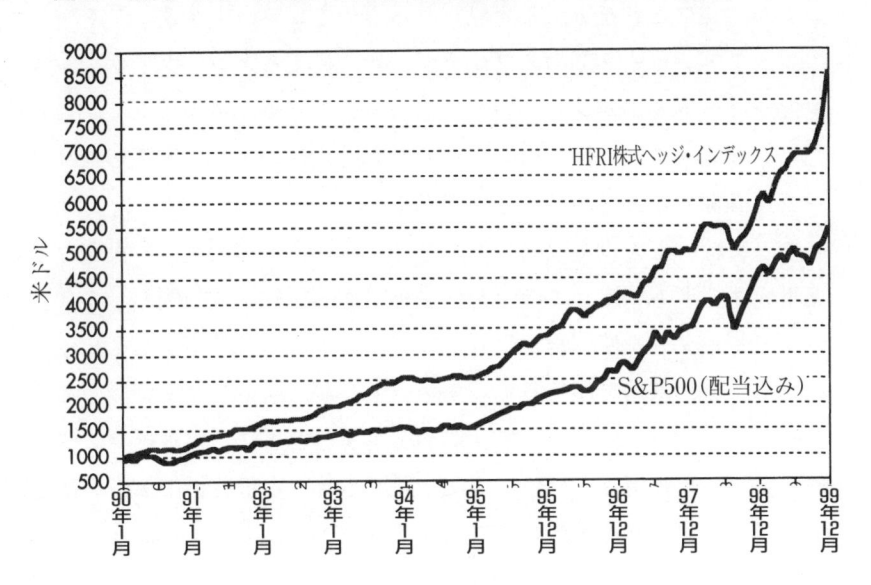

図12 株式ヘッジの増加（1000ドルを起点）──1990/1～1999/12

ョンを選定し、ネット・エクスポージャをゼロにとどめつつ、上昇・下落いずれの相場でも着実にリターンを得ることである。彼らは、株式ロングのポジションを大量に持つ一方、同額かほぼ同水準のショート・ポジションでこれを相殺し、全体のネット・エクスポージャをゼロに近づける。このようにネット・エクスポージャをゼロの状態（ドル・ニュートラリティと言う）にすることが、株式マーケットニュートラル・マネジャーに共通する特徴である。彼らは、同額のロングとショートのポジションを持つことで、市場全体のシステマティックな価格変動の影響を中立化しようとする。

また、マネジャーのなかには、中立化する対象にリスク要因やその他の特性、例えば、ベータ、産業、セクター、投資スタイルや時価総額規模などを加えている者もいる。株式マーケットニュートラルのポ

ートフォリオでは、市場を上回るパフォーマンスが見込まれる株をロングし、逆にこれを下回ると見られるものをショートする。リターンはロング・ショート間のスプレッド、言い換えるとロング・ポジションとショート・ポジションのパフォーマンス格差から得られる。このため、理論的には、株式市場全体の方向性にかかわらず安定したリターンを確保することができるのである。

なかには、この投資戦略のことを「ブラック・ボックス」投資などと批判する者もいる。この場合のブラック・ボックスの例としては、コンピューターを使った定量分析モデルによる投資戦略がよく知られている。この戦略を使う多くのマネジャーが、期待リターンやリスク・エクスポージャに基づいて、銘柄選定するときに、マルチファクター・モデルを利用している。適切に設計された定量分析モデルを使えば、膨大なデータを駆使して対象企業をランキング化することによって、多くの銘柄の比較が可能になるからである。一方、こうしたモデルの助けを借りずにポートフォリオを構築する場合には、時間的・資源的な制約から、十分な証券分析をすることも、株価の推移を把握することもできないのである。

株式マーケットニュートラル戦略が1990年代に有力な投資戦略として登場したのは、けっして偶然ではない。この戦略の考え方は少なくとも50年前から知られていたが、この10年間にIT技術が急速に発展し、金融関連データを利用しやすくなったことによって実用可能となった。何千もの株式を分析し、何百ものポジションをモニターするためのインフラ構築のコストが大幅に削減されたおかげで、小規模なブティック運用機関でも、この戦略を実施することができるようになったのである。

この戦略では、定量分析モデルに依存しているマネジャーがほとんどではあるが、実際にはその他のさまざまなアプローチが利用されていることも見逃してはならない。ファンダメンタルズの定性分析を利

用した銘柄選択など、ほとんど株式ヘッジと変わらないような手法もあれば、人の手をほとんど介さないスタティスティカル・アービトラージ手法が利用される場合もある。株式スタティスティカル・アービトラージは、株式マーケットニュートラル戦略のひとつと考えられる。スタティスティカル・アービトラージのマネジャーも、株式マーケットニュートラルと同様に、ロングとショートで同額のポジションを持つポートフォリオを構築する。しかし、この２つの戦略にははっきりした相違点がある。マネジャーの裁量が入り込む余地が、スタティスティカル・アービトラージの場合は株式マーケットニュートラルよりも極端に少ないのである。

マネジャーごとに裁量は異なるが、定量分析を重視するタイプのマネジャーでさえ、モデルを実際に繰り返し活用するなかで、人の手によるある種の「芸術」的な側面をモデルのなかに組み込んでいる。この戦略のアプローチは、ロングとショートに同額のポジションを建てることで、市場のシステマティックな動きから守るという意味では共通している。しかし、各マネジャーがこの目標を達成する方法には、さまざまなものがある。

株式マーケットニュートラルのアプローチ

この戦略の投資プロセスには、大きく分けて、①銘柄スクリーニング、②銘柄選択、③ポートフォリオ構築——の３つのステップがある。ポートフォリオ構築については、本章の「リスクとリスク管理」で論じるが、このステップが単なる銘柄選択の結果を受けて見直されるようなものでないことに留意すべきである。ポートフォリオの構築と銘柄選択作業は、期待リターンを最大化し、リスク・エクスポージャを最適化するために、一連の流れのなかで行われる。

銘柄スクリーニング──投資対象銘柄ユニバースの作成

まず、マネジャーは各種モデルを使用して、大量売買が困難な銘柄を除外する。一定の基準を用い、アメリカ国内で上場されている約8000の銘柄から、管理可能な銘柄数（400～1200）に絞り込む。最も一般的な選択基準としては、流動性、空売りの容易性、自己の取引が市場価格に与えるインパクト、買収合併に関する情報、そして対象外セクター・産業などが挙げられる。

流動性
対象となる銘柄は（例外はあるものの）一般的に、大型株で非常に流動性の高いものにかぎられる。規模が小さく流動性が低い銘柄の場合、空売りを行うための借り受けが常にできるとはかぎらないからである。マーケットニュートラルのポートフォリオの場合、回転率が高いことが多く、このため、借り受け・空売りが容易にできる銘柄を用いて取引する必要に迫られる。小型株や中型株で構成される株式マーケットニュートラルのポートフォリオを構築するマネジャーもいるにはいるが、そのようなポートフォリオの規模には限界がある。1000～2000の最も流動性が高い国内銘柄だけを選んでいるマネジャーがほとんどである。

また、銘柄の時価総額規模は、その銘柄をカバーしているウォール街のアナリストの数とも関連している。一般に、企業の規模が大きいほど、より多くのアナリストがカバーしている。アナリストのカバレッジが増えると、そうした大型株の価格形成がより効率的になることは、多くのマネジャーが認めているところである。一部には、スクリーニングの段階で大型株を除外したり、あるいは大型株については別のファクターを用いたモデルを利用したり、といった方法で、価格の非効率性を望みにくい銘柄を避けるマネジャーもいる。

空売りの容易性

株式マーケットニュートラルのマネジャーにとって、空売りができることは必須である。株式ブローカーが「借り受け困難銘柄」としてリストアップしている銘柄を、初めから対象として考えないマネジャーも多い。また、株の空売りがアップティック・ルールのために実務上の難しさを抱えていることも事実である。アップティック・ルールとは、直近の価格より下値で空売り取引を行ってはいけないというものである。このため、ロングを建てる前にまずショート・ポジションを建てるケースが多い。こうすれば、ロングは建てたがそれに対応するショートが建てられないという事態を防ぐことができるからである。

マーケット・インパクト

運用サイズの大きなマネジャーは、自分自身の売買が市場全体に与えるマーケット・インパクトについても考慮したいと考えている。その銘柄を大量に買うことが市場価格に悪影響を与えてしまうようなケースでは、そのような銘柄を投資対象ユニバースから外すこともある。1日当たりの平均出来高に占める割合を、市場へのインパクトの指標としているマネジャーもいれば、また、一定のサイズのポジションを手仕舞うまでに必要な期間を指標として利用するマネジャーも見られる。

買収合併案件に関連した銘柄

買収合併に関係している銘柄を売買対象リストから外すマネジャーも多い。その理由は、買収計画には不確実性が付き物なので、株価の動きが当初のモデルでは想定していないものになることがあるからである。本来なら高水準で推移するはずの銘柄が、買収計画の先行き不透明さによって低迷する可能性がある。マネジャーは、自分たちのモデルを用いてポートフォリオを構築する場合、そのモデルの効きやす

い銘柄を選びがちになるので、買収関連銘柄は除外されることになる。

対象外セクター・産業

　一部のマネジャーは、動き方がほかと異なるとか、モデルがあまり有効に働かないとの理由で、ある特定の産業やセクターを投資対象から除外することがある。例えば、従来型の評価基準を重視したモデルを作り上げているマネジャーは、そのモデルの有効性がほとんどあるいはまったくないとして、ネット関連株を投資対象に入れないことがある。同様に、特定の銘柄の動きをよく予想できるような、セクター特定型のモデルを使用しているマネジャーもいる。

銘柄選択

　投資対象銘柄ユニバースが限定されてしまえば、ポートフォリオに組み入れる個別銘柄の選定作業に入ることができる。この第2ステップにおいて、マネジャーは銘柄選択モデルの構築に手腕を発揮する。マネジャーは、投資家の行動を示唆するような定量的な指標を探し求める。その帰結としてマネジャーが得るのは、期待リターンをベースに銘柄間の相対ランクを付けるマルチファクター・モデルであることが多い。効率的なモデルを構築するには、あらゆる分野の銘柄の予測に対応できる要因を選ぶこと、さらにはその後で各要因を総合し、有効性の高いランキングに結び付けることが必要になる。

テクニカルと相場のモメンタム要因

　株価のモメンタムは投資家の反応と関連が高いため、テクニカル要因分析ではそのようなモメンタムを分析するのが一般的である。投資家の反応は、上昇要因にも下落要因に対しても過剰になりがちなものである。株価モメンタムという要因の存在は、直近の値動きを見れば

その後の展開が予想できる（「今動いているものは今後も動き続けるに違いない」という見方は誤っている可能性もあるが）、という見方をする投資家がいることを反映している。テクニカル要因と相場のモメンタム要因の例としては、次のようなものが挙げられる。

- 上昇時の出来高と下落時の出来高
- DAISスタティック・レラティブ・ストレングス——市場全体の動きと株価の関連性
- 1カ月レラティブ・ストレングス——4週間の値動きの市場全体との関連性
- 6カ月レラティブ・ストレングス
- 移動平均価格

ファンダメンタルズ要因——定量面

バリュー要因——バリュー要因は、ファンダメンタルズ的な要素を重視する投資家たちの動きを表している。当該企業の現在の資本価値や過去の収益の状況、将来の収益見通しなどを評価し、この「バリュー」を達成するために投資家が払える価値を測定するのである。多くは「買い得さ指標」的なものが多く、次のように現在の株価水準の相対的な価値を示したものである。

- 株価収益率
- 株価純資産倍率
- 株価キャッシュフロー倍率
- 割引キャッシュフロー
- 配当割引モデル
- 株価売上率
- 総資産売上比率
- オペレーティング・マージンの変化
- 業界内相対収益と株価の関係

- 自己資本利益率
- 超過キャッシュフロー
- 配当利回り

グロース要因

グロース要因は、企業の潜在成長性を計るもので、将来の利益予想や投資家の期待感の変化に表れる。通常、株価はアナリストの業績予想に基づく投資家の期待感の変化によって変動する。このため、上方修正であれ下方修正であれ業績予想の変更はその企業の成長トレンドの変化を示す指標となる。通常用いられるグロースの判断要素には以下のようなものがある。

- 利益成長
- 株価収益率と利益成長予想
- 利益予想修正
    アナリストのコンセンサス
    予想の変化と株価の関係
    予測修正の規模と方向
    予想の修正可能性
- アーニングス・サプライズ
- 現在のROE（株主資本利益率）と過去5年間の実績との比較

ファンダメンタルズ要因——定性分析

多くの株式マーケットニュートラルのマネジャーは、そのモデルに定性分析の要素を取り入れていないが、マネジャーによっては定量的データのほかに定性的な要素を加味している場合もある。定性的なデータには、企業経営者との接触や取材で得られたものが含まれる。一般にこの種の情報は、モデルによって得られた結果をさらにチェックするために利用される。スタティスティカル・アービトラージと一般

的な株式マーケットニュートラルを分けるのは、この定性的なデータを利用するかどうかである。スタティスティカル・アービトラージのマネジャーは、定量モデル以外には頼らず、定性判断の要素を排除しようとする。

企業内部の動きから得られるシグナル

ある企業の従業員株主が、突然自社株の買い戻しなどの取引を始めた場合、株式マーケットニュートラルのマネジャーは、これを懸念材料にする。こういった行為が、何か重要な発表が近いことを示唆していることもあるが、こうした情報をモデルに組み入れることは困難である。

相対ランキングの設定

一般的なマルチファクター銘柄選択モデルの一次方程式は以下のようになる。

$$r = B_1 f_1 + B_2 f_2 + \cdots + B_n f_n$$

ここで、rはある銘柄の期待リターンを指し、β（ベータ）は対応するファクターfの変化に対する感応度を表す。伝統的なマルチファクター・モデルでは、各銘柄ごとのファクターとその期待リターンの関係式を構築するのに回帰分析を利用する。このため、方程式の各ファクターのウエートは、その決定力に基づいて決められる。通常は各独立変数の回帰係数が、各ファクターのウエートとなる。

図13にあるような、以下のウエートを持つ4ファクター・モデルを仮に考えてみる。

$B_a = 0.4$　$B_b = 0.3$　$B_c = 0.2$　と　$B_d = 0.1$

図13　マルチファクター・モデル

$$r = B_1 f_1 + B_2 f_2 + \ldots + B_k f_k$$

- ●ステップ1　ファクターfによるランキング（1〜10）
  ——例　XYZ社の場合
  ——A=1、B=6、C=2、D=10

- ●ステップ2　ファクター・ウエートの決定
  ——$(0.4 \times 1) + (0.3 \times 6) + (0.2 \times 2) + (0.1 \times 10) = 3.6$

- ●ステップ3　銘柄をランキング
  ——1＝最も魅力的
  ——10＝最も魅力がない

ウエートの仮定

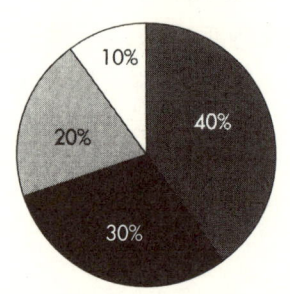

- ファクターA：40%
- ファクターB：30%
- ファクターC：20%
- ファクターD：10%

　最初に、全銘柄を各要因について分析し、要因に1（最高）から10（最低）までランキングを付ける。例えば、XYZ社の各ファクターのランキングが、ファクターAは1、Bは6、Cは2、Dは10であれば、マルチファクター・モデルによるXYZ社のスコアは、$(0.4 \times 1) + (0.3 \times 6) + (0.2 \times 2) + (0.1 \times 10) = 3.6$となる。同様のプロセスをすべての銘柄に対して行えば、計算されたスコアを使って全銘柄を、十分位数（全体の10%）ランキングに従って1（最も魅力的）から10（最も魅力がない）までランク付けすることができる。

　図14は、銘柄のランキング手順をまとめたものである。

売買のルール

　売買は、相対ランキングシステムの結果によって決定されるのが一般的である。ロングされる銘柄は、銘柄選択モデルのランキングが一定以上で、かつポートフォリオ全体のリスク管理面からも問題ない場

図14　ランキング手順

```
┌─────────────────────────────────┐
│     全上場銘柄：8000銘柄以上      │
└─────────────────────────────────┘
                 ▼
┌─────────────────────────────────┐
│   スクリーニング：1000～2000銘柄   │
└─────────────────────────────────┘
                 ▼
┌─────────────────────────────────┐
│  マルチファクター・モデルによるランキング  │
└─────────────────────────────────┘
                 ▼
┌─────────────────────────────────┐
│ 結果：期待リターン（予想アルファ）によるランキング │
└─────────────────────────────────┘
```

合にポートフォリオに加えられるのが通常である。反対に、ランキングが一定水準以下になった場合には売却されることになる。ショート銘柄について言えば、一定ランクを下回る銘柄が空売りされ、これを上回った場合には買い戻される。より絶対的な目標水準を設定するマネジャーもいる。売買のルールは、リスク最適化の枠組みのなかで運営されるのが普通で、ポートフォリオの適切なバランスを維持するために、ルールが厳格に適用されないこともある。株式マーケットニュートラル戦略の3番目の鍵となる要素が、この適正なポートフォリオ構築なのである。

ミーン・リバージョン（平均回帰）に基づくアプローチ

　スタティスティカル・アービトラージのマネジャーのなかには、平均回帰（統計的アノマリー）に基づいて銘柄選択を行う者もいる。この手法を使うマネジャーは、短期的な株価形成においてはアノマリーが発生するが、長期的にはマーケットが情報を織り込んでいくにつれて自律的に修正されると考えている。つまり、過去に同じような推移をしてきた銘柄群については、短期的なイベントや意外性のある材料に対する投資家の過剰な反応によって、価格形成に一時的な歪みが生ずる可能性がある（つまり、ほかの銘柄に比べて割高、または割安になる銘柄が存在することがある）が、それも長期的には続かないという考え方である。ある銘柄の統計的価格アノマリーが平均値に回帰した場合、このような動きを平均回帰と呼ぶ。これが、スタティスティカル・アービトラージが収益機会としている動きである。相関関係が高い銘柄の株価が過去とはかけ離れた動きをしたときが、この戦略にとっての大きなチャンスである。

　平均回帰を利用するマネジャーは、長期的に見て正の相関関係が見られるような銘柄群を探す。通常は、共通する何らかのテーマがそのグループ内の銘柄を結び付けるカギとなっている。それは、セクターや産業という要素の場合もあれば、その他のリスク・ファクターの場合もある。また、ほかのグループとの相関関係が負である銘柄群も、マネジャーの物色の対象となる。

　図15に示したように、グループの長期トレンドラインは滑らかだが、短期的な銘柄の動きは、まさに山あり谷ありである。平均回帰性を利用するマネジャーは、天井で売りを出し、底で買いを入れようとすることになる。

　平均回帰戦略のマネジャーの多くは、売買判断にレラティブバリュー・システムを利用している。ポートフォリオのなかでショートされ

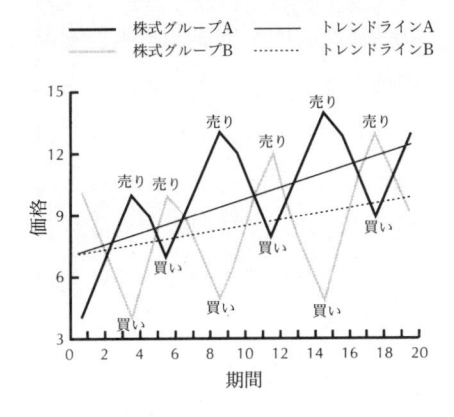

図15　グループでみた平均回帰の例

　るのは、グループ内のほかの銘柄よりも一定以上割高になっているものである。このショート・ポジションは割安感がなくなるにつれ買い戻される。ロング銘柄について言えば、価格に割安感があるうちは、ロングのままで維持される。なかには絶対的な目標価格を定めているマネジャーもいる。各マネジャーの売買ルールの決め方によって、売買規模やそのポートフォリオの回転率、取引コストなども異なってくる。平均回帰モデルには、取引コストや売買による値動きへのインパクトなども組み込まれており、その取引によって得られる利益よりもコストのほうが高いことが明らかな場合、取引を見送ることになっている。

　売買ルールは、リスク・リターン最適化の枠組みのなかで運営されるのが通常である。その銘柄が買収合併計画にかかわっている場合など、例外とされる場合もある。

　市場は非常に変化が激しいため、その銘柄群を特徴づけていた要因が今後もそのまま機能するとはかぎらない。スタティスティカル・ア

ービトラージのマネジャーは、グループからどの株を外し、あるいは新たに組み入れるのかについて、その時期や是非を判断していく必要がある。例えば、1998年第3四半期の「質への逃避」が起きた場面では、銘柄時価総額規模とクレジット・クオリティが非常に強力なファクターとして浮上したため、それまで用いられていた投資テーマの有効性が低下した。同じような動きをする銘柄群を探してモデルを構築し、その有効性を維持するには、状況変化に注意を怠らないようにしなければならない。マネジャーに求められているのは、それぞれの銘柄グループが、どんな要因によって動かされているのかを判断する能力であり、それこそがモデル構築の本質である。

　グループ内で相対的に割安になっている銘柄を買い、逆に同じグループで割高になっている銘柄を売るということは、マネジャーが、テーマを共有している銘柄群のネット・エクスポージャを最小化しつつ、値上がり期待の最も高い株を買い、最も低い株を売るということを意味する。銘柄グループにおけるテーマの例としては、以下のようなものが考えられる。

- ●**セクター**　同一セクターの銘柄は同じような動きをする場合が多い。ひとつの銘柄の値動きは、セクター全体の動向にも影響を与える。これに対し、スタティスティカル・アービトラージにおいては、同一セクター内で個別銘柄の値動きに着目し、同量のロングとショートを建てることによって、そのセクター全体の動きによる損失を回避する。
- ●**産業**　同一産業内の銘柄も同じように動くことが多い。ひとつの銘柄の値動きは、グループ全体の動向にも影響を与える（例えば、コンパックの収益が悪化したとの発表があった場合、デルやゲートウェイの値動きにも同様の影響が出る）。これに対し、スタティスティカル・アービトラージにおいては、同一産業内で個別銘柄の値動きに着目し、同量のロングとショートを建てることによ

って、産業全体の動きによる損失を回避する。このため、その産業の銘柄群が全体としてどう動くかではなく、ロングした銘柄がショートした銘柄よりも良い結果を残すかどうか、のほうが重要になる。

- **時価総額規模** 流動性がテーマとして着目されている相場では、流動性が高い大型株のほうが小型株よりも有利である。ただし、相場のサイクルのなかでは、大型株が小型株よりも過大評価され、大型株がさほど上がらない場合でも小型株だけが上昇するということもある。いずれにせよ、時価総額規模が同じ銘柄は、同じ方向に動く傾向がある。
- **金利** 多額の借り入れをしている企業や、多額の融資を行っている企業は、金利変動に大きく左右される。これらの企業の株価は、金利の動きと相関を示すことがある。
- **石油価格** 石油資源に依存している企業（例えば航空会社）は、石油価格の変動に影響を受ける。これらの企業の株価は、石油価格の変動との相関を示すことがある。
- **労使関係** 多くの従業員、特に大きな労組を抱えている企業は、ストライキによって悪影響を被る可能性がある。これに対し、スタティスティカル・アービトラージにおいては、労使関係に着目した銘柄選択を行い、これらの銘柄間で同量のロングとショートを建てることによって、この動きによる損失を回避する。

リスクとリスク管理

ポートフォリオ構築と最適化

ポートフォリオを構築する最終目的は、リターンとリスクのバランスを図ることにある。マネジャーは、個別銘柄についてそれぞれの期

待リターンとリスクの評価を行った後、着目するテーマにおけるネット・エクスポージャをできるかぎりゼロに近づけるため、魅力度の高い銘柄（ロング・ポジション）と魅力度の低い銘柄（ショート・ポジション）の最適な組み合わせを選定する。この過程で多くのマネジャーが利用するのが、クワドラティック・オプティマイザーと呼ばれるモデルである。このなかにはAPTやBARRAなどが含まれるが、独自に開発したオプティマイザーを持つマネジャーも多い。システマティック・リスクを中立化する過程で得られるリスク低減効果は、これに伴って生ずるリターンの減少と合わせて考える必要がある。期待リターンとリスクのバランス次第では、マネジャー自身の判断によって、①あらかじめ定めた売買ルールを逸脱することで適正なポートフォリオのバランスを維持するか、②特定のリスク・ファクターについてネット・エクスポージャの中立性を放棄することもある。

リスク要因

　一般的には、株式マーケットニュートラルのマネジャーは、ロングとショートに同額のポジションを持つことで、株式相場全体の予期せぬ動きからポートフォリオを守るようにする。このロジックの適用対象を個別のリスク・ファクターにまで拡大するマネジャーもいる。この場合でも、ロジック自体は何も変わらない。つまり、リスク要因を相殺するようなロングとショートを持つことによって、そのリスク・ファクターは理論的には中立化されるのである。最適化のプロセスは、中立化したいリスク要因のネット・エクスポージャを最小化しつつ、値上がり期待の最も高い株を買い、最も低い株を売るというものである。一般的にリスク・ファクターとしては以下のようなものが挙げられる。

●ベータ　特定の銘柄あるいはポートフォリオの、市場全体（例えば、S&P500指数）に対する感応度。ベータがゼロ近辺のポート

フォリオであれば、市場全体の値動きに対する感応度が低いことになる。

- **セクター**　ひとつの銘柄の値動きは、セクター全体の動向にも影響を与える。これに対し、株式マーケットニュートラルにおいては、同一セクター内で個別銘柄の値動きに着目し、同量のロングとショートを建てることによって、そのセクター全体の動きによる損失を回避する。
- **産業**　ひとつの銘柄の値動きは、グループ全体の動向にも影響を与える（例えば、コンパックの収益が悪化したとの発表があった場合、デルやゲートウェイの値動きにも同様の影響が出る）。これに対し、株式マーケットニュートラルにおいては、同一産業内で個別銘柄の値動きに着目し、同量のロングとショートを建てることによって、産業全体の動きによる損失を回避する。このため、その産業の銘柄群が全体としてどう動くかではなく、ロングした銘柄がショートした銘柄よりも良い結果を残すかどうか、のほうが重要になる。
- **時価総額規模**　流動性がテーマとして着目されている相場では、流動性が高い大型株のほうが小型株よりも有利である。ただし、相場のサイクルのなかでは、大型株が小型株よりも過大評価され、大型株がさほど上がらない場合でも小型株だけが上昇するということもある。いずれにせよ、時価総額が同規模の銘柄は、同一の方向に動く傾向があることから、株式マーケットニュートラルのマネジャーは、銘柄規模によるバイアスを排除しようとするのである。
- **金利**　多額の借り入れをしている企業や、多額の融資を行っている企業は、金利変動に大きく左右される。これらの企業の株価は、金利の動きと相関を示すことがある。このため、株式マーケットニュートラルのマネジャーは、金利によるバイアスを排除しよう

とする。

- **商品価格** 石油資源に依存している企業（例えば航空会社）は、石油価格の変動に影響を受けることがある。これらの企業の株価は、石油価格の変動との相関を示すことがある。このため、株式マーケットニュートラルのマネジャーは、商品価格によるバイアスを排除しようとする。
- **労使関係** 多くの従業員、特に大きな労組を抱えている企業は、ストライキによって悪影響を被る可能性がある。これに対し、株式マーケットニュートラルにおいては、労使関係に着目した銘柄選択を行い、これらの銘柄間で同量のロングとショートを建てることによって、この動きによる損失を回避する。
- **取引コスト** 最適化プロセスにおいては、その取引執行に伴う売買コストを考慮する場合が多い。
- **マーケット・インパクト** 最適化プロセスにおいては、売買執行時に生ずる株価への影響を考慮する場合が多い。
- **株価収益率** 株式マーケットニュートラルのマネジャーは、ポートフォリオのPERを中立化する場合がある。
- **株価純資産倍率** 株式マーケットニュートラルのマネジャーは、ポートフォリオのPBRを中立化する場合がある。

最適化

株式マーケットニュートラルのマネジャーは、各銘柄ごとの期待リターン（予想アルファとも言う）を推定した後、オプティマイザーを用いて魅力度の高い銘柄と低い銘柄を組み合わせる。これによって、中立化しようとするリスク・ファクターのネット・エクスポージャを可能なかぎりゼロに近づけつつ、期待リターンを最大化しようとするのである。すでに述べたように、よく用いられるオプティマイザーとしてはAPTやBARRAなどがあるが、独自に開発したオプティマイ

ザーを持つマネジャーも多い。多くのマネジャーはポートフォリオの最適化シミュレーションを日々行い、リスク・エクスポージャをモニターしているが、ポートフォリオのリバランスを日々行うと取引コストがかさむため、週または月に一度程度のリバランスの実施がほとんどである。

取引執行とトレーディング

モデルによってポートフォリオの売買リストが作成されたら、後は取引を執行するのみである。マネジャーは、トレーダーたちが正確にしかも最低のコストで取引を執行できるように、システムに工夫を凝らしている。トレーディングにおいては、以下の3種のコストを考慮する必要がある。

- ●**機会コスト** 最良のアイデアをタイミングよく実行できなかった場合のコスト（逸失利益）
- ●**マーケット・インパクト** あるポジションを取るべく取引を行った場合に、その取引が当該銘柄の市場価格に与えてしまうインパクト
- ●**手数料** 取引にかかる経費

マネジャーの投資スタイル

株式マーケットニュートラルやスタティスティカル・アービトラージのマネジャーの投資スタイルは、株式マーケットニュートラル戦略の異なる要素をいかに融合させていくかによっている。すなわち、マネジャー自身がどんなファクターを選ぶかという点だけではなく、ファクターの数（ファクターが多ければそれだけ好ましいと思っている者がいる一方で、モデルの実効性の希薄化、つまり「オーバーフィッティング」を警戒する者もいる）や、要因の組み合わせ方、どのリス

クを中立化するかなどの点を考える必要がある。結局のところ、株式マーケットニュートラル戦略のスタイルとは、バランスの取り方の問題になる。マネジャーは定量分析モデルを駆使しつつもそれに依存しすぎない必要があり、また、モデルが最適なリスク・リターンの組み合わせを選び出しているかどうかを定期的にチェックしなければならない。

さらには、スクリーニング、銘柄選択、ポートフォリオ構築の手法のほかにも、この戦略を取っているマネジャー間でそれぞれの特徴が出るポイントが幾つかある。

ポートフォリオ・リバランスの手法とその頻度がそのひとつである。すでに述べたとおり、売買ルールは、期待リターンのマルチファクター・モデルによって得られた相対ランキングに基づいているのが普通である。あるマネジャーがルールをどのように設定するか（例えば、ロング・ポジションの手仕舞い売りは、その銘柄がランク2に落ちたところで行うのか、あるいはランク3まで待つのか）ということによって、そのマネジャーの取引量や、そのポートフォリオの回転率、取引コストの水準が決まってくるのである。

こうしたルールはまた、ポジションのタイム・ホライゾン（想定投資期間）も反映することになる。あるマネジャーが短期的な値動きから利益を得ようとしているのであれば、そのことは、使用しているファクターから分かるだけでなく、長期的な動きを狙っているマネジャーよりも回転率が高くなることからも判明する。

取引コストとマーケット・インパクトは、最適化プロセスのなかに組み込まれている。生ずるコストと比較してその期待リターンが見合わない場合は、取引が見送られることもある。売買ルールは通常、リスク・リターン最適化の枠組み内で運営される。その銘柄が買収合併計画にかかわっている場合など、例外とされる場合もある。

株式マーケットニュートラルと、より定量分析志向のスタティステ

ィカル・アービトラージを分けるもうひとつの重要なポイントは、マネジャーが投資プロセスにおいてどこまで定性的な裁量を容認するかという点である。一例としては、定量分析モデルのほかにどれだけ定性分析を取り入れるのかといったことが挙げられる。定性的判断の例としては、売買リストの見直しを定量的分析ではカバーできないアノマリーの観点から行うことなどがある。そのような見直しのときに着目されるポイントとしては、買収案件への関与、市場のうわさ、データの信頼性などがある。

マーケットは常に動いており、株価を動かす要因も一様ではないため、過去に有効だった材料が今後は有効でなくなることもあり得る。株式マーケットニュートラル・マネジャーもスタティスティカル・アービトラージ・マネジャーも、モデルのファクターの除外や追加について、その時期や是非を判断していかなければならない。投資家の行動をとらえるモデルの構築が目標なのであれば、モデルの有効性を維持するためには、状況変化に注意を怠らないようにしなければならない。どのファクターを採用し、どうウエート付けをするかというのは、株式マーケットニュートラルにもスタティスティカル・アービトラージのマネジャーにとっても、重要なことである。

収益の源泉

株式マーケットニュートラルのマネジャーは、ロングのポートフォリオとショートのポートフォリオの相対的なパフォーマンスから、言い換えればロング・ショート・スプレッドからリターンを得ている。この銘柄間の相対的な関係は、ここ数年の間、株式市場全体に比べてボラティリティが低いように思われてきたが、実際にはそうではない。重要なことは、株式マーケットニュートラルのマネジャーは株式に投資しているのだが、その収益の源泉が伝統的なロングのみのマネジャ

ーとはまったく異なっているということなのである。株式マーケットニュートラル戦略におけるリスクは「相対的な」銘柄選択リスクであり、「絶対的な」銘柄選択リスクではない。この戦略においては、すべてのロング銘柄が上昇し、ショート銘柄がすべて下落する必要はない。ロングのパフォーマンスがショートのそれを上回りさえすれば十分なのである。株式マーケットニュートラル・マネジャーの考え方は、ある特定の銘柄や市場全体の動向を予測するよりも、精度の高い定量分析モデルを活用して銘柄間の相関関係をコントロールするほうがより容易であるというものである。

多くのマネジャーが、株式マーケットニュートラルは感情的な判断とは縁遠い投資法だと指摘している。ポートフォリオ判断モデルがあることによって、その日そのマネジャーが個人的に問題を抱えていようが、彼にとってたまたまその日が不快な日であろうが関係なく判断を下すことができる。株式マーケットニュートラルのマネジャーは、人間的な感情や直観による投資よりも、説明力を持つことが明らかなファクターに基づく手法のほうが、長期的にはより有利であると信じている。こうしたマネジャーのなかには、市場のシステマティックなリスクを取り除き、使っているモデルを市場全体の動きからは一切影響を受けないようにしようとする者さえいる。そうした場合、彼らがとっているリスクは、モデル・リスク、つまり彼らの定量モデルが欠陥品であったり、思ったほど説明力がなかったりするリスクということになる。

株式市場は常に変化しており、他方、定量モデルとそれを作ったマネジャーが市場の動きに反応するには時間が必要である。この2つの事実から分かるように、定量分析モデルに組み込まれている静的なファクターは、素早くダイナミックな市場の動きを勘案して定期的に見直す必要がある。マネジャーは、例えば、伝統的なファクターは現在のインターネット株に対して有効なのだろうかといったように、それ

表8　HFRI株式マーケットニュートラルのリターン（1990〜1999）

ファンド数	平均規模(単位:100万米ドル)	年	1月	2月	3月	4月	5月	6月	7月	8月	9月	10月	11月	12月	年間
8	14	1990	1.23	1.23	0.82	0.73	0.50	1.37	0.77	1.80	1.81	1.37	0.83	2.01	15.45
10	19	1991	2.51	0.04	2.70	-0.01	-0.02	0.56	2.50	0.28	1.92	0.97	1.17	2.07	15.65
15	22	1992	0.36	0.96	0.58	-0.03	0.11	0.62	1.24	-0.35	1.17	1.04	1.18	1.54	8.73
19	22	1993	1.91	1.06	1.67	-0.14	0.58	2.37	0.63	0.91	2.44	-0.10	-1.45	0.77	11.11
25	89	1994	0.78	0.58	0.44	0.92	-0.95	0.58	0.37	-0.35	0.02	-0.12	-0.45	0.82	2.65
31	75	1995	0.22	1.42	1.77	1.86	0.60	0.92	2.23	0.98	1.85	1.58	0.78	1.03	16.33
34	70	1996	2.18	0.95	0.86	0.35	1.39	1.37	1.62	0.78	0.66	2.10	0.16	0.95	14.20
38	133	1997	1.20	0.12	0.43	0.96	1.49	1.54	2.17	0.21	2.18	1.36	0.53	0.67	13.66
78	136	1998	0.54	0.76	1.26	0.66	0.48	1.69	-0.27	-1.67	0.81	-0.61	0.85	3.59	8.30
48	185	1999	0.15	-1.33	-0.76	-0.65	0.17	2.02	1.91	0.70	0.89	1.00	1.10	5.26	10.80

注＝年間は複利、年率換算

表9　HFRIスタティスティカル・アービトラージのリターン　1990〜1999

ファンド数	平均規模(単位:100万米ドル)	年	1月	2月	3月	4月	5月	6月	7月	8月	9月	10月	11月	12月	年間
		1990	0.83	1.02	0.48	-0.18	1.72	1.61	0.98	-0.31	-0.33	0.81	2.18	1.88	11.19
		1991	4.46	1.81	1.21	1.06	1.79	-0.50	2.39	0.44	1.01	0.30	-0.19	2.85	17.84
		1992	0.16	1.84	1.68	0.85	-0.07	0.51	1.53	-0.38	0.55	-0.17	0.96	2.86	10.77
		1993	2.24	1.47	1.97	-0.38	0.62	2.85	0.86	1.15	2.08	-0.89	-0.98	1.04	12.62
		1994	1.52	-0.19	-0.40	1.08	-0.70	0.21	0.87	0.86	-0.75	0.55	-0.03	1.59	4.67
		1995	0.33	1.99	1.16	1.59	1.58	1.08	2.01	0.59	1.80	0.87	0.63	-0.21	14.25
		1996	2.42	1.32	1.30	-0.08	1.11	1.96	1.20	0.45	1.42	3.44	2.28	1.28	19.63
		1997	1.04	0.91	0.49	2.23	1.21	2.16	3.60	-0.25	2.21	1.31	1.44	1.53	19.36
		1998	-0.05	1.47	1.85	0.52	1.11	1.90	-0.39	-1.03	0.15	0.60	1.38	2.24	10.14
27	45	1999	-0.98	-1.14	-2.00	-0.23	0.49	1.98	1.23	0.02	0.12	0.46	-0.45	-0.76	-1.32

注＝年間は複利、年率換算

それのモデルごとにチェックを行う必要がある。

**図16 株式マーケットニュートラルの増加（1000ドルを起点）
　　　——1990/1〜1999/12**

（グラフ：縦軸 米ドル 500〜6500、横軸 90年1月〜99年12月。S&P500（配当込み）とHFRI株式マーケットニュートラル・インデックスの推移）

最近の成長と発展

　株式マーケットニュートラル戦略とスタティスティカル・アービトラージ戦略は、1990年にはヘッジファンド全体の資産に占める割合が2％にすぎなかったのに、1999年には10％を超えている。この劇的な増加は、株式市場の記録的な伸びや安定したリスク調整後パフォーマンス、それに、完全にヘッジされ下値がプロテクトされた株式ポートフォリオに対する投資家の選好による結果である。また、定量分析モデルの改良や技術革新によってインフラ・コストが低下したことで、比較的資金力に乏しいマネジャーにも株式マーケットニュートラル戦略が選択肢のひとつになったという事情もある。

**図17 スタティスティカル・アービトラージの増加（1000ドルを起点）
　　　——1990/1〜1999/12**

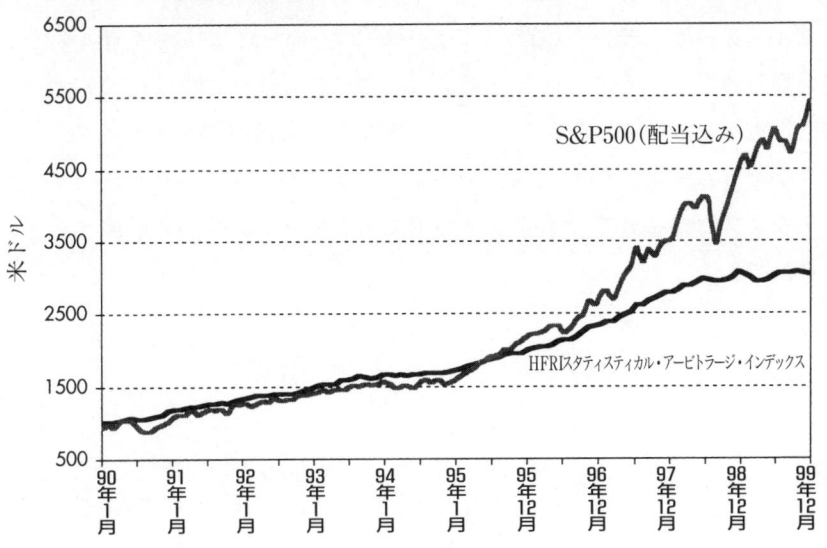

株式マーケットニュートラルとスタティスティカル・アービトラージ戦略にとっては、1999年は受難の年だった。うわさでは、一部のマネジャーはモデルを調整しモメンタムのウエートを高めているようだ（その証拠に、同年後半には定量分析志向の低い株式マーケットニュートラル・インデックスが反発している）。一方で、株価は従来の常識と異なる動きを続け、結果的にはスタティスティカル・アービトラージのパフォーマンスは低迷が続いた。今後、より合理的な価格形成が再度行われるようになれば、スタティスティカル・アービトラージのパフォーマンスは回復するだろう。表8と表9は、HFRIの株式マーケットニュートラル・インデックスと同スタティスティカル・アービトラージ・インデックスのリターンを示している。図16と図17は、

1990年にこの２つの戦略にそれぞれ1000ドル投資した場合のリターンを図示したものである。注意してほしいのは、1999年にスタティスティカル・アービトラージ戦略のほうが株式マーケットニュートラル戦略と異なる動きをしていることである。このことは、この戦略の定量的な性質をより明確に反映している。1990年から1998年までのスタティスティカル・アービトラージ・インデックスのリターンは、このインデックスに含まれるマネジャーの過去の実績リターンから計算されたものである。

(本章は、『マーケットニュートラル投資の世界』(パンローリング刊)から一部を抜粋し編集したものである)

第10章
システムインフラの課題──
情報技術とデータベースの効果的な利用法

ガブリエル・ボウスビブ
ロイター・フィナンシャル

　この章では、運用の関係者に、迅速にリスク情報を伝達するための情報技術の使い方について述べる。ここでは、個人顧客および年金基金にサービスを提供している運用会社の視点から見てみることにしたい。最初に、運用会社とその関係者に対して、広くリスク・バジェッティング・プロセスを提供しサポートするのに必要な、システム・フレームワークについて考えたい。そこでは、運用会社でこれまで使われてきたシステムインフラを分析するとともに、急速に発展した新技術を使って、どうしたら企業は直線的な（ホスト・コンピューターによる）処理形態から「網目状（ハブ＆スポーク型）」の処理形態に移行できるようになるかを考える。次に、取引データやマーケットデータが組織内をどう流れるか概観し、取引データやリアルタイムな市場データ、ヒストリカルデータの精度を保証するために重要な、運営上の課題について検討していく。最後に、将来の技術進歩が私たちにもたらす可能性について展望することにしたい。アメリカの企業は、この10年間に2兆ドルもの情報投資を行ってきた。これは、全設備投資額の40％以上に相当する。2000年初めの時点で振り返ってみると、アメリカが1991年3月以来、驚くほど持続的な経済成長を続けてこられたのは、この技術投資のおかげであるとみなされている。この投資水

準の伸びは鈍化の兆しを見せず、1999年だけでも20％以上増加した。20世紀最後の10年間に、目を見張るような技術進歩や通信のワイヤレス化、接続エリアの拡大が起こり、そのおかげで関係者間を結び情報を伝達することが可能になった。業界は、これからリアルタイムに情報を伝達できるようになっていくであろう。そうなるとリスク・バジェッティングは、さらにその重要性を増すことになる。投資家は、投資・年金商品のリスク・リターン特性をさまざまな媒体を通じてリアルタイムに評価でき、効率的なアセット・アロケーションを決定できるようになるからである。そして、これがきっかけとなって、資本市場業界のサプライチェーン全体の透明性も増し、効率化を求める声が高まっていくことになるだろう。

リスク・バジェッティングの利害関係者

関係者のニーズ

　ファンド運営や市場動向から発生するさまざまなリスクを管理することや、投資判断を行うための手法・道具を提供することが、資産運用では重要となる。内部・外部に関係なく、運用会社の関係者は、情報の内容と速報性について、さまざまなニーズを持っている。まず、リスク・バジェッティングに関するニーズを簡単に整理し、その後、このニーズを実現するシステム・フレームワークについて考えていきたい。

個人顧客（外部関係者として）
　基金加入者、あるいは投資信託や個別証券への投資家のいずれであろうと、個人顧客は、自分の保有資産が経済や政治の動向、市場の動

きや産業セクター、地域などの動向に対してどの程度感応するかを知りたいというニーズを持っている。そのような切り口でのパフォーマンス寄与度分析の結果と、全体としてのパフォーマンス情報も知りたいと思っている。また、ほかの投資商品の情報も必要としている。これらの情報があってこそ個人顧客は、将来予想される資金計画（大学教育、持ち家購入など）と人生の目標（退職予定年齢、ライフスタイルなど）に基づいて、さまざまな投資商品が自分の資産・負債全体にどのような影響を与えるかを評価することができるようになるのである。

企業顧客（外部関係者として）

企業顧客の代表が、確定拠出型や確定給付型の年金基金である。年金基金は、運用を委託している運用会社が、あらかじめ定めた投資ガイドラインや投資方針に違反していないかどうか、そのパフォーマンスをモニタリングしなければならない。年金基金の投資哲学が変わっていくにつれ、リスク情報はますます重要になってきている。近年、インデックス運用が年金基金の投資戦略において大きな割合を占めるようになってきている（特に公的ファンドの戦略において顕著である）。しかし一方で、アクティブ・マネジャーは、マーケットリスクより低いリスク水準で高いリターンを上げることができるとの研究結果がある。1996年、公的ファンドは資金の59.2%をインデックス・ファンドに投資していたが、1997年には、この比率は30.1%まで低下した。その一方で、レバレッジを使った投資商品への資金配分は劇的に増加したのである。企業顧客は、リスクやパフォーマンス情報、代替投資商品の情報に加えて、コンプライアンス・データを必要としている。運用会社が投資ガイドライン（証券の種別、セクター、国など）のどれにも違反していないことを確認しなければならないからである。

ファンドマネジャー（内部関係者として）

　ファンドマネジャーは、企業顧客や個人顧客のために、適切に投資判断を行わなければならない。ファンドマネジャーも、彼らの顧客と同じようにリスクやパフォーマンス、リサーチ用ツールを必要としている。しかし、それはさらに洗練され、さまざまな種類の証券を取り扱うことができるものでなければならない。それだけでなく、ファンドマネジャーは、ポートフォリオ構築ツール（つまり、コンプライアンス上の制約や、リスク・リターン目標を制約条件として既存ポートフォリオのリバランスを行う機能）を必要としている。さらに、執行コスト分析モデルへのニーズがますます高まってきている。それは、ある取引が市場価格に与えるマーケット・インパクト、およびそのインパクトがポートフォリオのパフォーマンスに与える影響を評価するものである。実際に大規模な運用会社では、執行コストは、トレーダーだけの問題ではなく、取引を決めたファンドマネジャーの問題でもあると考えられている。ファンドマネジャーは、リスクやリターン、投資目的、コンプライアンスだけでなく、執行コスト予想をも考慮して売買の判断をしなければならないのである。

リサーチ・アナリスト（内部関係者として）

　リサーチ・アナリストはファンドマネジャー向けに定性分析情報と定量分析情報を提供するため、ファンドマネジャーと同じようなツールを必要とする。

トレーダー（内部関係者として）

　運用会社にいるトレーダーは、ファンドマネジャーが決定した取引を、執行コストを考慮し、最良執行する責任がある。そのためトレーダーは、注文の執行と約定内容の確認のために流通玉の情報を即座に入手する必要がある。発注や約定連絡、約定内容確認を自動化するこ

とでペーパーレス化され、データ入力ミスのないトレーディング環境ができあがる。その結果、トレーディング・スタッフは、最適な取引先を探し出すこと、マーケット・インパクトを判断することに集中できるようになる。

リスク管理者（内部関係者として）

リスク管理者は、市場ファクターへのエクスポージャや経済および政治の動向へのエクスポージャ、カウンターパーティーのデフォルトの可能性といった観点から、モニタリングを行っている。また、市場リスクや信用リスクのエクスポージャが、内部規定や顧客要請事項のいずれにも違反していないことも確認する。リスク管理者が必要とする分析ツールは、ファンドマネジャーのものとほとんど同じである。残された課題は、運用会社のポジション全体についての視点や、マーケット、セクター、個別企業、資産クラス、顧客などといった切り口でデータを分析する道具をリスク管理者に提供することである。

事務職およびバックオフィス（内部関係者として）

事務やバックオフィスのスタッフは、取引の清算や決済、その他の事務について責任を持っている。DTCC（デポジトリー・トラスト＆クリアリング）などのおかげで米国証券の決済は、かなり効率的になっているが、海外市場については、とても効率的だとは言えない。世界各地で急速に民営化が進んだため、国境を越えた取引は急激に増大し、1990年から1999年の間に250億米ドルから2000億米ドルへと達した。既存の取引執行システムは、もっと少ない海外取引量を前提に構築されており、海外市場の急速な成長に耐えきれなくなってきている。今日では、国境を越えた取引の20％が合意内容どおりに決済できず、追加コストが発生している。この追加コストは事務コストの40％を占めるに至っている。この10年間、事務リスクは、金融機関、特に

運用会社にとって重要な課題となっていた。事務リスクは、効率的な取引データの伝達・確認を可能にするシステム基盤の構築や事務管理方針の策定、事務処理プロセスの変更を組み合わせて実施することで低減できるのである。

顧客担当者（内部関係者として）

顧客担当者は、個人および企業からの問い合わせや取引要請、口座変更などに対応する。リスク・バジェッティングという課題については、事務やバックオフィス部門と非常によく似たニーズを持っている。それに加えて、顧客と直接相対し、対応が対外的な評価を大きく左右する立場にいるため、重要な手続きや方針を遅滞なく知り得る必要がある。一方で、顧客のポートフォリオに影響するような出来事が発生した場合、自動的に顧客に対し注意を喚起するような仕組み作りも重要である。

経営者（内部関係者として）

経営者は、自社の資産を増加させる競争力に関する情報や、内部規定および顧客要請事項に関するコンプライアンス情報を必要としている。妥当な報酬と手数料の水準を決定するために、経営者は自社の事務処理のコストパフォーマンスを競合相手と比較した情報や、ファンドマネジャーのパフォーマンスを競合相手と比較した情報を入手しておく必要がある。

取引のライフサイクル

これらの利害関係者が、運用会社の一連の活動にかかわっている（図1を参照）。システム基盤の役割は、図1で表現されている一連の活動に携わる関係者の情報処理能力を高めるとともに、実行にあたっ

図1　資産運用会社の一連の企業活動

営業とマーケティング/商品企画 → リサーチとコンテンツ/分析 → トレーディング・システムとポートフォリオ・マネジメント → 発注管理と執行 → リスク管理、コンプライアンスとレポーティング → 事務とバック・オフィス → 決済とカストディー

ての総費用を減らすことである。ここでは、運用会社内で行われているさまざまな業務を概観し、適切なシステム基盤が欠けているために生じる業務上の制約要因について概説することにする。

営業とマーケティング／商品企画

　この部門はさまざまな顧客層向けに投資商品を開発している。それを直接チャネルと間接チャネル（多くの場合、証券会社）を使って販売している。運用資産が急激に増加したのは、アメリカ経済の10年にわたる成長や、401K退職プランの急成長によるところが大きい。同時に、これは運用会社にとって、最大の課題にもなった。彼らのシステム基盤は、運用資産の急激な増加に対処する能力がなく、しかも、投資家の投資対象と投資ニーズは急速に変化していたからである。今日、ほとんどの投資商品は、定性的尺度（例えば、バリュー、グロース）を用いて資産クラス（例えば、株式、債券）別に設計されている。将来、運用会社には、投資家それぞれの希望に合わせて、定量的にはっきりとしたリスク・リターン特性を持ち、複数の資産クラスを組み合わせた商品を設計する能力が必要となるだろう。現在このような商品の設計が難しいのは、資産クラス別でしか利用できない縦割り設計のシステム基盤が障害になっているからである。

リサーチとコンテンツ／分析

　この業務では、調査対象の企業やセクター、地域の成長率を予想し、

将来の株価、つまり資産価値を算出する。また、見込まれる収益率のマーケット変数に対する感応度を算出する。従来、運用会社はファンドマネジャーに証券や企業に関する上質なリサーチと情報を提供することを重要視してきた。これは、おそらく多くのアクティブ・マネジャーが伝統的なボトムアップの投資アプローチを取っていたためである。個別銘柄バイアスが原因で、ポートフォリオ・マネジメント／執行管理システムの採用が遅れていると思われる。それは、翌日や即日、ほぼリアルタイムに証券の決済と処理を行うには、なくてはならないものである。

トレーディング・システムとポートフォリオ・マネジメント

　ここでの機能（役割）は、個別の証券分析から統合的な証券分析への移行や、顧客の投資目的に沿ったポートフォリオの構築、ポートフォリオの現在のポジションや予想ポジションのモニタリングである。ポートフォリオ・マネジメント分野での自動化については、取引前にコンプライアンス・チェックを実施することと、執行コスト分析が重要な課題である。2000年後半の段階で、運用会社などのバイサイド企業の大半は、取引前に自動的にコンプライアンス・チェックを実施する機能を備えていなかった。コンプライアンス・チェック機能とは、発注を出したり取引を実行する前に、それが社内ルール（例えば、顧客要請事項）あるいは外部規定（例えば、SEC［証券取引委員会］が定める５％超の公表ルール）に違反していないかを確認する機能を言う。たとえ、それらを備えていたとしても、通常のポートフォリオ管理システムは資産クラス別となっているために、ファンドマネジャーは、システムを使って複数資産から最適な証券を選択することはできないのである。

発注管理と執行

運用会社では、人件費を除けば、委託手数料と直接執行コストがコストの大半を占めている。直接執行コストの年間費用は、運用資産の平均12ベーシス・ポイント（bps）に相当し、株式をアクティブ運用している運用会社では25bpsにまで高まることもある（運用報酬は約95bps）。運用資産が、一定額（例えば、50億米ドル）を超えると、ポートフォリオ・マネジメント機能とトレーディング・執行機能を分離するケースが多い。そのため、多くの企業が二重の課題に直面している。つまりトレーダーと外部執行市場（すなわち、ブローカー業者、ECNのような代替証券市場など）の間と同様に、ファンドマネジャーとトレーダーとの間でも発注や執行の連絡を自動化しなければならないからである。

主に外部のサード・パーティー（ソフトウエア・ベンダー）の協力を得て、企業はファンドマネジャーとトレーディング・スタッフ間の発注管理と執行プロセスを自動化することができた。しかし残念なことに、これらのソフトウエアには、単一の資産クラスしか扱えないものが多い。そのため、運用会社が、単一資産クラスにこだわらない商品を開発する妨げになる可能性がある。トレーダーと執行市場間の接続の問題に目を向けてみると、少なくともアメリカの株式マーケットにおいては、FIXプロトコル（FIXは運用会社および証券会社によって利用されている、IOI［株式売買の意思表示］、発注、そして取引執行を電子的に行うための取引プロトコルである）の採用が執行後のプロセスを自動化することに役立ったことは明らかである。一方、執行市場への発注連絡に関しては、まだ何も変わってはいない。運用会社が「マーケット・インパクト」に起因する取引コストを正確かつリアルタイムに計測することができないのも、トレーダーが執行市場への電子発注に二の足を踏んでいることが原因である。マーケット・インパクトは、流動性や取引成立価格に強い影響を及ぼすような執行を

行う場合に発生するコストのことである。代わって、トレーダーは自分の判断とマーケット・タイミング（つまり、執行市場に注文を送るタイミングの決定）で大量発注するための最適プロセスを決定している。このマーケット・タイミングとマーケット・インパクトの2つが、主な「間接」執行コストである。ある業界の推定では、この「間接」執行コストが運用会社の執行コスト全体の80％以上を占める場合もあるという。

　多くの研究者と実務家の研究のおかげで、執行コストを測定し分解するための分析の枠組みは明確になっている。しかし、このコストを測定し、推奨トレーディング戦略を提示するシステム基盤については、まだ開発に至っておらず、今後の課題となっている。運用業界における統合・再編の流れが進めば、執行コストの問題は、その重要性を増すことになるだろう。しかし、一部の運用会社が取った、ファンドをクローズし新規資金を受け入れないという解決策は、その場しのぎのものでしかない。株式（例えば、ECN）や債券の両分野において、ATS（代替的取引システム）が急成長したことで、執行市場の選択肢が広がり、多量の注文も執行しやすくなることが想定される。

　しかし、すべての市場を網羅する統一のオーダーブック（現在のマーケットすべてのビッドとオファーの一覧情報）が実現しないかぎり、トレーディング市場の多様化は流動性を低下させ、最良執行を行うために必要な分析的・技術的フレームワークをさらに複雑化させることになる。また、トレーディング市場の急速な変革の裏で、運用会社は、社内でのクロス取引や一括発注など、内部的な注文フローを最適化しなければならないという課題に直面しているのである。まとめると、正確なトレーディング戦略の決定や取引市場の選択、「間接」執行コストの測定などすべてを満たす形で注文執行プロセスを自動化することは、運用会社にとって最も重要なテクノロジーおよび分析上の課題のひとつである。

リスク管理、コンプライアンスとレポーティング

　原則として運用会社は借り入れを起こさず、証券会社のようなセルサイドとはかなり異なるリスク管理目標を持っている。基本的に、セルサイド企業は販売用証券を在庫として保有するにあたって短期資金調達に依存している。突然の市況変化や自社の信用評価の低下、市場で予期せぬ損失が発生した場合など、カウンターパーティーから短期融資が止められてしまう可能性がある。そうなると資金ショートを回避するために保有資産をたたき売りせざるを得なくなる。

　VaR（バリュー・アット・リスク）の概念は、世界各国の銀行当局はもちろん、セルサイド企業にもその重要性が認められたことから、1990年代半ばには一般的に普及した。VaRは、一定の期間と信頼区間のなかで、経済変数の変動によって起こると想定されるポートフォリオ時価の最大損失額（率）を測定するものである。この概念の理論的前提が成立しないケースがあること（ファット・テイルの存在や、正規分布していないケース、ヒストリカルデータ系列の有効性に疑問が生ずるケースなど）を無視すれば、VaRはレバレッジを活用するセルサイドの金融機関には、非常に有効なツールである。

　一方、運用会社（ヘッジファンドは別として）はレバレッジを利用しておらず、日々値洗いをする世界で活動しているわけではない。むしろ、ベンチマークとの乖離を重視した相対的な世界で活動している。さらに、セルサイドが、ある現時点の市場価格を重視するのに対し、バイサイドは過去および将来のキャッシュフローを反映させた1年もしくは数年間のパフォーマンスの測定を重視している。以上のことから、VaRは大規模なバイサイド企業では、主要なリスク指標にはなり得ないことが分かる。バイサイド企業の場合は、まず第一にスプレッド・アット・リスク、つまりファンドのパフォーマンスが、ベンチマークをある一定限度よりも下回るリスクを測定することが必要である。また、そのようなリスクを引き起こす可能性があるマーケットの

435

変動要因や個別証券の寄与度を測定することも必要である。運用会社にとっては、相対パフォーマンスが第一の測定手段とはいえ、絶対エクスポージャも無視してはならない。そのため、第二のリスク尺度としてVaRを用い、各種のマーケットの変動要因や地域、セクターなどへのエクスポージャ水準が許容レベルを超えないようにしなければならない。これらのエクスポージャ水準によっては、一部の顧客に影響が出たり、運用会社の投資商品全般にわたってパフォーマンスに影響が出たり、ひいては運用資産の拡大にも影響がでることもあり得る。リスク管理について言えば、すでにセルサイド企業がサード・パーティーのリスク管理ツールに対して多大な投資を行っており、バイサイド業界としては、この成果をうまく活用できると思われる。しかし、一般的にこれらのアプリケーションは、必要となる基本的分析ツールを提供するものであり、運用会社が求める相対パフォーマンスという視点が抜けていることが多い。取引後のコンプライアンスという点については、当たり前のことだが、バイサイド企業はこれまでも強力なコンプライアンス機能の必要性を常に認識していた。多くの企業で稼動しているバッチ処理環境は、満足できるシステム基盤を提供していると言ってよいだろう。一方で、より複雑なコンプライアンス・ルールや新しい資産クラスの登場によって、新たな課題が生まれつつある。

事務とバックオフィス

運用会社は、執行後の取引処理業務と一体の強力な事務およびバックオフィス基盤を作り上げてきた。事務分野では、持続的に増大する管理資産や新しい資産クラスの出現にどう対応するかが課題となる。既存のバックオフィス基盤は、いまだに手作業に大きく依存しているため、新商品に対応しようとすれば機能停止に陥りかねない。このように非効率な手作業が発生しているのは、社内や企業間のシステム接続がうまくいっていないことに原因がある。事務およびバックオフィ

ス業務は、運用会社の戦略的強みとはならないという認識が強まっており、この機能を外部のサード・パーティー・プロバイダーへアウトソーシングする動きが見られる。このように事務部門を効率化する流れに伴って、システム間の連結性が高まっていくだろう。安全性の高いIPネットワークがもたらした単位情報量当り通信コストの急激な削減など、テクノロジーが進歩していくにつれ、バックオフィス・アプリケーションを提供するサービス・プロバイダーは、今後成長していくだろう。これらのプロバイダーの登場で、運用会社は事務およびバックオフィス部門を完全にアウトソーシングできるようになり、その結果、情報の重複は回避され、今日のバックオフィス部門に蔓延する非効率的なプロセスは削減されることになる。このことはまた、これまで固定費となっていた取引の事務処理費用を、取引ごとの変動費へと変容させることにもなる。

決済とカストディー

　非効率的で知られる決済プロセス、特に海外市場の決済プロセスを改善しようと、多くの提案・提言がされてきた。アメリカの運用会社の運用資産に占める海外投資の割合は、2000年の8％に対して2007年までに15％になると予測されている。海外マーケットは、この膨大な取引量の増大に対処するだけの適切なインフラ設備を整えてはいない。外国証券のトレーディングには、最大10社ほどの関係者が必要となる。2つの運用会社、2つのブローカー・ディーラー、グローバル・カストディアンとサブ・カストディアンの計4社、2つの代理銀行などである。これらの企業は決済と支払いを遂行するために、テレックス、SWIFTやさまざまな電子通信手段の組み合わせという思いがけない対応を行っており、かなりの量の間違いが起きている。海外決済の20％以上に何らかの手修正が必要となっており、関係者には相当な負担になっているのである。新規参入企業はもちろん、業界の多くの主要

企業も、この決済プロセスを改善するための、特にフェイル発生の割合を減らすための解決策を模索している。これらの主導的な企業の多くは、最近利用可能となったミドルウエアを有効活用し、決済に必要な情報をリアルタイムに付加・比較するなど、取引の精度を高めるのに役立てている。

フレームワークの提案

前の2節では運用会社内のさまざまな関係者のニーズを定義し、執行サイクルのさまざまな段階での、システム技術上の課題について幾つか見てきた。この節では、これらのニーズと制約に対処するのに必要で重要な技術要素であるアプリケーション技術とインフラ技術を提案していきたい。

執行サイクルのなかでは、さまざまな利害関係者がさまざまな役割を担い、異なるニーズを持っているが、必要なアプリケーションとインフラ技術という観点からは、重要な共通性を見いだすことができる。それは、およそ次の5つの要素で表現することができる。

- ●**情報**　マーケットデータ（リアルタイム、スナップショットそしてヒストリカル）、静的なデータ（ファンダメンタルズ情報、カウンターパーティー情報、契約条件）、トレードやポジション／ポートフォリオに関するデータ
- ●**分析**　バリュエーション、エクスポージャの算出、パフォーマンスと寄与度分析、コンプライアンス・チェック、制約条件チェックなど
- ●**事務処理**　口座の開設、コーポレート・アクションや利息、配当の発生などに基づく支払いや決済の入力などによる顧客口座情報の更新
- ●**取引**　例えば、顧客の退職金ファンドのアセットミックス変更か

ら始まって、ファンドマネジャーが市場の動きに応じてポートフォリオをリバランスし、最後にトレーダーが執行確認書を受け取るに至るまでの、運用会社の業務フロー全体を統括することができる執行機能の提供

● **イベント** 市場のイベント（例えば、株価が事前に設定されたターゲットに達したり、エクスポージャ合計が所定の限界値を超えたりすること）に基づく警告の表示と対応策の実行。イベント駆動型の管理システムと、分散システム環境内の全アプリケーションをモニタリングするシステムは、上に述べた情報、分析、事務処理そして取引の各階層をひとつにまとめるという重要な役割を担っている

このようなフレームワークを適切に導入できれば、すべての情報を重複なく格納し、それをシームレスにほかの環境で利用可能とし、手作業の介在を最小化し、分析および処理用のエンジンを使って、さまざまな関係者が必要としている新しいデータを提供することが可能になるだろう。また、このようなフレームワークは、イベント駆動の機能を備え導入されるものであり、マーケットイベントやフェイルに結びつくような異常なパターン（例えば、決済プロセスにおいて）を検知した場合、関係者に警告を発することができるようになる。

企業全体のレベルで言えば、これまでに述べた5つの要素が、会社全体にとっての問題解決の基本要素となる。そして、次に述べる属性が、リアルタイムに提供可能となる。

● マーケットデータとニュース
● ファンダメンタルズと個別証券データ
● バリュエーション、リスク・エクスポージャ、パフォーマンスと寄与度
● ポートフォリオ構築と最適化

- 制約事項のモニタリングとアロケーション
- 取引前および取引後のコンプライアンス・チェック
- 通知と更新
- 発注、取引、IOIと受渡確認
- バックオフィス、決済と経理入力

　そのようなフレームワークを支えるのは、あらゆる種類のデータ（マーケット、取引、勘定、カウンターパーティー、証券、あるいは前述のような各種イベント）を企業のいたるところに「伝達」あるいはアクセス可能にするシステム機能である。これがあれば、データは速やかに会社内部の関係者や外部顧客に提供されることになる。このように速やかにデータを提供することは、マーケットが即日決済および24時間グローバル・トレーディングの方向へと進んでいくに伴って、非常に重要になってきている。1日の終わりに一括して処理を行う伝統的なバッチ処理の世界は、無停止のリアルタイムな環境へと急速にとって変わりつつある。アメリカでのトレーディング時間の延長と、急速に進む伝統的な立会場の廃止は氷山の一角であり、資産運用業界、ひいては金融サービス業界全体がこの先の10年で経験するであろう全面的な変革を象徴するものである。

　さらに重要なことは、接続性向上が必要だというのは、とりもなおさず企業全体がリアルタイム企業に変化する必要があるということである。リアルタイム企業とは、あらゆるイベントをリアルタイムで管理し、エクスポージャをリアルタイムで評価し、その結果、資本の使用状況とその最適配分をリアルタイムで管理できるような企業である。さまざまな方法で、金融サービス業界は、経済上および規制上必要となる資本の一本化にむけて努力してきた。そのため、今後金融サービス業界は、どのように資本を割り当て、活用するかをリアルタイムで管理できるようになる必要がある。航空業界を例に取って見よう。10

年前、航空会社はエコノミークラスの座席数を増やしたり、ビジネスクラスでは2つ付けるオリーブをエコノミークラスではひとつしか付けないことで利益を改善できると考えた。今日の航空会社は、システムのおかげで便数と席数の最適管理を実現し、利益を上げている。あらゆる出発便のチケットの種類と座席数を利用率などに応じてリアルタイムで変更することができ、その結果、そのままでは売れ残ってしまうチケットから最大の収入を得られるようにしているのである。私たちの業界は現在同じような課題、つまりリアルタイムに資本を管理できるような「接続性の高い」環境への移行に直面している。私たちの在庫（商品）は、航空機のチケットのようにすぐに無駄になってしまうようなものではないため、航空業界に比べはるかに楽に移行できるはずである。このことで投資パターンがより変動的になるわけではない。また、ファンドマネジャーやそのファンドへの投資顧客が、新しく入手できるようになった情報に基づいて頻繁に資産をシフトする傾向が強まっていくわけでもない。それは、ファンドマネジャーとファンド受託者の両者が、新たな投資の規律と説明責任を負わなければならなくなることを意味しているのである。

　洗練されたミドルウエアと、広く受け入れられているデータ・プロトコル（データ通信を行うために決められた規約）を併せて適用することで、接続性の課題への取り組みが進むことになるだろう。そのようなプロトコルの初期の実例がFIXである。XMLと、そのさまざまな発展型は、データを共通参照言語で「タグ付け」するメリットの実例である。タグ付けされたデータを用いることで、ソフトウエア・アプリケーションは、企業内や企業間のデータ変換を容易に行うことができるようになり、イベント駆動型のメッセージ（指示命令やデータなどの情報）を使ってスマートに通信することができるようになる。そのため東京証券取引所で行われた取引は、共通の取引プロトコルを経由してアメリカにあるバックオフィスや経理システム、リスク管理

システムに伝送され、対応するイベント（例えば、約定内容確認と支払指図の作成、VaRの再計算など）が処理されることになるだろう。

金融取引プロトコル自体は新しいものではなく、25年ほど前に登場し、今では数百存在している。これらのプロトコルの大半は、オブジェクト指向プログラミングが登場する前に開発されたものである。しかし、最近になってオブジェクト指向プログラミングが発達したことによって、今ではプロトコルに高度な機能を持たせ、プロトコルのオブジェクト（プログラムを構成する基本的なモジュール）をプロトコル仕様として利用することが可能となっている。2000年になって、高度な機能を持つプロトコルの開発が、さらに加速することになるだろう。過去100年間、互いに競争し、手を組むことなど考えもしなかった産業界が、「協調」の名のもとに、協力して開発を進めるようになったからである。2000年前半を特徴づけたさまざまな業種での合弁企業の乱立は、独占・寡占の風潮を避けつつ「囚人のジレンマ」すなわち、競争よりも協力が好ましいことだと理解できるようになったことを示している。

金融情報テクノロジーは、標準的な金融プロトコルの出現でさらに利用しやすいものになり、その結果、さまざまな金融サービスがアウトソーシングされる傾向が高まっていくだろう。現行のシステムは、巨大で専用性が高く、組織内のほかのシステムに対し、それぞれ専用に作られたプロトコル・インタフェースを利用している。そのために、システム導入には何年もかかり、ベンダーはマージンの薄いコンサルティング業務の代わりにシステム構築によって利益を得ようと図るため、ソフトウエア・システムは高価になる傾向があった。次世代の金融取引サーバーでは、既存のデータ・モデルを活用しつつひとつ以上の標準的な金融プロトコルをサポートするようなものが、データベース提供者によって開発されるだろう。現状では注文開発が必要な製品も、ベンダーからパッケージとして入手可能となるだろう。つまり、

ITシステム間の相互接続性が改善され向上することで、組織内部での幅広い業務知識の共有化を低コストで行うことが可能になるのである。そのような標準的なUFP（共通金融プロトコル）を持つアプリケーションは、さまざまな場面で使われるようになるだろう。以下はその例である。

- 新しい地方電子取引所が長崎に設立されたとする。その取引所はコンピューターと発注照合システムを含むデータベース・ソフトウエア・パッケージを購入する。このシステムはセキュリティーを確保したインターネットに接続しており、データベース・サーバーがUFPに準拠しているため、世界中のいかなる登録機関とも電子業務を行う準備が整っている。注文や約定連絡が電子的に処理されるだけでなく、決済記録や引合いデータ、コーポレート・アクションもまたプロトコルによって自動的に管理される。
- この地方電子取引所は発注照合システムに接続できるUFP準拠の市場監視システムを購入する。これは購入日から1週間以内に稼動し始める。
- この取引所で新規上場が発生する。世界中の金融機関は、そのバランスシートやその他の情報をUFPプロトコル経由で入手することが可能になる。IPO（新規上場）に必要な期間は4カ月へと短縮される。
- サンフランシスコにいる運用マネジャーがUFP準拠の外国為替ディーリング・システムを購入し接続する。サーバーの設定を行えば、彼らは幾つかの外国為替の業界団体に一夜にして参加することができる。
- シカゴのある運用会社が、手数料が高いことを理由に、バックオフィス／清算業務のパートナーを変えることを希望している。彼らは単にUFP準拠のインタフェースをほかの清算会社あてに変更するだけでよく、2日もかからずに両社はオンラインで接続さ

443

れる。

- あるパリの銀行は世界中のさまざまな都市に20ものオフィスを構えている。オフィスによっては1日当たり先物オーダー2件程度しか送信することがないのにもかかわらず、発注や約定連絡の処理のために専用線をひき、膨大な通信費を支払っている。この銀行はこれらの小規模なオフィスとの接続をインターネットベースにし、安全性の高いUFP準拠のトレーディング・システムを利用することで、ネットワーク経費を50％削減する。
- 香港在住のある運用マネジャーは、特殊な金利デリバティブを取引するためのマーケットを見つけたいと考えていた。IOIを彼らのUFP準拠データベース・サーバーに公表し、マドリッドとサンパウロの企業から引き合いを受ける。
- ロンドンにある小さな金融エンジニアリング会社がデジタル・オプション用のプライシング・モデルを開発する。彼らは、そのモデルをUFP準拠とし、どの国の金融センターにおいても、現地のトレーディング・システムへの現地化対応をすることなく動作を保証することができる。
- あるロンドンの大手銀行は、シンガポール事務所と大阪事務所の日々の取引活動をUFP経由でUFP準拠のリスク管理システムに取り込んでいる。これを利用することによって、危険なトレーディング活動を検知し、好ましくない事象が起こらないようにしている。

データに関する課題

リスク・バジェッティングのような試みを成功させるためにはデータが重要である。ごみのようなデータを入力してもごみのような結果しか出ないからである。データは、取材源を明確にし、記録し、伝送

し、タイムリーに提供し、情報を付加し、そして最終的にその後の情報検索のために蓄積する必要がある。

　背景を理解するために、データ管理を集中化する利点と分散化する利点の比較など、データおよびデータ管理の最も重要な点について見てみることにする。その後、取引、マーケット、ヒストリカル、証券の発行条件、カウンターパーティーなど、さまざまな種類のデータそれぞれについて検討を行う。

　私たちは当該データの相互の関連性とデータフローも確認する。最後に、正確なデータを取材・管理するのに必要な手順とプロセスについて分析する。

背景

　データに関して、運用会社は2つの重要な課題に直面している。
　1．外部情報源より入手したデータを効率的に配布およびリンクすること。リンク機能とは、ユーザーが必要とするときに必要なデータを提供する能力を意味する。私たちは皆、過剰な情報は情報としての価値がないことを知っている。
　2．内部および外部データを維持・管理し蓄積すること、多様な検索条件を使ってドリルダウン（データを深く掘り下げて分析を行う）形式でデータにアクセスできること。

　最初の課題について、そのような機能はイベント駆動型のシステム技術インフラに依存しており、次節で詳しく説明する。2つ目の課題については、多くの業界専門家が既存システムから「データ・ウエアハウス（企業の全取引データを統合する集中データ管理システム）」を開発するよう主張してきた。データ・ウエアハウスは特に1990年代半ばに流行した。それはセルサイド企業のほとんどが、企業全体のリ

スク管理プロジェクトを重要視した時期であった。そのアプローチは、取引やカウンターパーティー、証券の発行条件、算出したデータなどを蓄積する多くの既存システムと集中データ管理システムとの間をそれぞれ一対一で接続するというものであった。その集中データ管理システムにリスク・エンジンが導入された。そのため企業全体のリスク管理に必要なデータを算出できるようになり、経営陣はデータをドリルダウン分析し問題点を探し出せるようになった。データ・ウエアハウスの概念は、企業内のほかの分野でも利用された。ハードウエアコストが急速に低下したことから、データ・ウエアハウスは終わりのない企業内データの整合性の問題や、タイムリーな情報提供へのニーズなどを解決する的確な方法と見られた。すべての取引、証券そしてカウンターパーティーのデータを集中して管理できると仮定すると、リスク・エンジンだけでなく経理や決済のアプリケーション用の多くの「エンジン」がデータ・ウエアハウス上で利用できるようになる。これが実現すれば、紙でのやりとりが不要なリアルタイムなトレーディング環境と投資環境を提供することになり、取引ライフサイクルの効率化を促進することになるだろう。

しかし、取引種類があまりにも多く、またその取引を伝送する機能が複雑なことから、すべての取引と機能に有効な単一のデータベースを設計・開発することは、不可能でないにしても非常に困難である。例えば、スポットの外国為替取引とストラクチャード・デリバティブ取引では、そのデータ要件はまったく異なっている。スポット取引のデータ要素は、項目が確定していて数も少ない。スポット取引は通常取引量が大きいため、商品種類ごとに特化した高い処理能力を持つデータベースが必要になるだろう。これに対して、ストラクチャード・デリバティブ取引のデータ要素は、項目が常に事前に確定しているわけではなく、項目数も多い。また通常、取引量はとても少ない。このような金融商品向けの効率的なデータベースとは、新しい取引種類を

簡単に定義できるものである。このようなデータベースは取引量を重視したものではないため、取引量の多いトレーディング環境に備えた拡張性に乏しいのが通例である。

　さらに重要なことがある。データ・ウエアハウスの概念からハブ＆スポーク型システムが創り出され、その結果、そのためだけに新たにデータ交換プログラムが必要になったのである。航空会社の実例に戻ると、ハブ＆スポーク型システムは航空業界にとってはたしかに素晴らしいものであったが、乗客にとっては災難のもとであった。種類の異なるデータと分析機能を統合しようと試みたデータ・ウエアハウスは、今日の運用会社の大半が直面しているデータフローとデータの品質管理の問題に対処するのには適切な方法ではない。誤解がないように補足すると、種類の異なるデータとは異なる目的を持ったデータを表している。例えば、スポット外国為替用のバックオフィス用データとOTC（店頭取引）デリバティブの価格算出用データは目的が異なる。つまり、ある企業の業績予想データのように、同じ情報を示すのにベンダーごとに異なる形式を持ったデータという意味ではない。

　データは主に４つの種類に分類される。それぞれのデータ種類についての解説を後に行う。

　１．リアルタイムな時価情報や、業績予想変更、リサーチレポートの発行などの市況に影響を与えるニュース

　２．証券の発行条件、ヒストリカルデータ、企業情報、カウンターパーティーのデータ、顧客データ、企業や顧客の定めた（市場、信用、決済などに関する）制限などの「静的」データ

　３．取引情報とポジションデータ

　４．パフォーマンス測定、リスク尺度、評価額、支払金額などの「算出」データ

リアルタイムデータ

　運用会社は、主に情報ベンダーからニュース記事や論説文、経済データ、時価、そしてインデックス値などすべてのリアルタイム・マーケットデータを入手している。情報ベンダーにとって時価情報は、株式市場からデータを受け取るだけの一見簡単なことである。それにもかかわらず、アメリカのマーケットでの取引量が1990年後半に急増したため「ティックごと（出合いごと）」の時価更新を顧客に提供することが深刻な負担となっている。このため、ベンダーがリアルタイム情報の更新をより少ない頻度で済ませることができるテクノロジーが開発されるに至った。運用会社にとって重要な、もうひとつのリアルタイムデータとは、「取引された」価格、つまり約定価格である。株式市場ではかなり前から約定価格が、外部から簡単に分かるようになっていた。しかし一般的にECNと呼ばれている代替証券市場の出現は、ベンダーと運用会社双方にとって、チャンスの増大であると同時に頭痛の種ともなった。これらのECNのおかげで投資家は、オーダーブックへ手軽に、労力をかけずにアクセスできるようになった。しかし一方で、すべての取引所を統合したオーダーブックがないために、まさに同一の瞬間に単一証券が異なる価格を持つという状況が創り出されてしまった。2000年の初めから急激に変わってきているとはいえ、債券市場の状況は若干異なっている。2000年以前は、債券市場は基本的に相対取引、つまり集中取引所なしで取引されていた。したがって情報ベンダーは、ブローカーあるいは業者間ブローカーの参加を確保し、証券の市場価格あるいはインデックス計算のための引け値を提供してもらう必要があった。1999年後半から2000年初めにかけて、先駆的な企業は、債券の電子取引市場開設に関する発表を行った。そのうちの幾つかは、世界有数の債券ディーラーたちがスポンサーになっており、もし成功すれば、債券市場の透明性は各段に向上することにな

る。それによって、現実の取引を反映した、実際に取引可能な価格が提供されるようになるだろう。透明性が向上することで、個人投資家も債券市場に今まで以上に参加するようになるかもしれない。外国為替市場でも同じような傾向がある。為替レート情報は複数の銀行のレートを照会し集計している。1990年代初めから銀行間取引は、2つの電子取引システムで行われているが、株式市場ほどの価格の透明性はない。レート照会は容易にできるが、銀行間マーケットでの取引価格はまだ容易に入手することができない。2000年初めに、銀行や企業、機関投資家による外国為替の業界団体が形成されたことで、外国為替市場に今まで乏しかった価格の透明性が向上しそうである。最後に、流動性も透明性も低いマーケット（例えば、店頭デリバティブ市場）では、このような価格透明性を向上させるような動きはなさそうである。店頭取引は通常、債券あるいは外国為替取引よりも複雑でより多くの個別条件を伴っている。たとえこのような取引のために取引所を創設したとしても、リアルタイムな価格透明性を創り出すほどの十分な取引量を得ることはないだろう。これら店頭取引の大部分は、分析アプリケーションと利便性の高まった取引所データを使用して、適切な評価ができることが明白である。いずれにしても、運用会社は、常に必要なマーケットデータすべてを電子的に入手できるわけではない。例えば、ボラティリティ、企業の信用格差のようなデータを取得するときのように、手作業も必要である。

　リアルタイムデータは刻々と変化することや、リアルタイムに「取引された」データの入手が容易になってきたことを考慮すると、リアルタイムデータに関する最重要課題とは、運用会社にとって何であろうか。

　何よりもデータの精度が、最も重要である。特に取引判断とNAV（純資産価額）算出のための引け値には注意する必要がある。情報ベンダーの大半は、2時点間の極端な変動を検知することで、提供する

リアルタイムデータの精度をチェックしている。しかし少なくとも引け値については、運用会社も同様のチェックを行う必要がある。

　2番目に、運用会社はリアルタイムデータとマーケット情報を有効活用し、その情報を現在の注文や取引、ポジションに生かすことができるアプリケーション・ソフトウエアとミドルウエア・テクノロジーを導入する必要がある。そのような機能なくしては、リアルタイムに受け取る情報を真に有効活用することはできない。1980年代と1990年代にかけてデジタル・マーケットデータ・プラットフォームが普及したことで、リアルタイムデータとニュースをサード・パーティーや企業自身が開発したソフトウエア・アプリケーション内に統合することが容易になった。このような統合がきっかけとなって、より高度な情報伝達法が生み出されるに違いない。情報を市場取引に生かすことも、イベント駆動の技術基盤が導入されれば実現可能になるだろう。ファンドマネジャーは、所与のマーケットイベントによって、どのポートフォリオが影響を受けそうかをリアルタイムあるいはほぼリアルタイムに把握する必要がある。またマーケットイベントを投資判断につなげる必要がある。分かりやすい例としては、マーケット要因の変化をきっかけにして取引注文を行うということがある。複雑な例としては、ある国に関して重要なニュースが流れた場合、マーケットリスク・エクスポージャの計測を開始し、必要であればその国へのエクスポージャを減らすよう推奨することが挙げられる。将来的には、アプリケーションは自動学習し、マーケットイベントの繰り返しのなかから不都合な市場変動につながるものを検知できるようになるだろう。最近では、本やオークションのベストプライスを検索してくれるエージェント（代理人プログラム）がインターネット上で普及している。日次ベースで受け取る情報の洪水に対処しようと絶えず苦闘している運用会社において、そのようなエージェントは今後重要な役割を担うようになっていくであろう。また、証券会社のリサーチ情報などを蓄積する

取引所の構想も進んでいる。そのような試みは、アナリストやファンドマネジャーの机をさらにきれいにするであろう。

　3番目に、先に述べたようにすべてのデータが電子的に入手できるわけではないため、手作業によるプロセスと手続きが必要となる。手作業によるプロセスは間違いと不正を起こしやすいため、これは常に金融機関のアキレス腱として残ってしまう。独自にデータを検証する必要性については、すでに広く知られているので、ここでは触れないことにする。私たちはより徹底したアプローチを主張したい。つまり、運用会社は、利用するすべてのマーケットデータを外部から電子的に入手するべきである。このようなアプローチを試みることで運用会社は、必要なデータを体系的に再検討し、利用している情報ベンダーの数を減らすことができるようになる。

静的なデータ

　リアルタイムデータほど頻繁に変わらない取引データ以外の情報も、このカテゴリーに含め説明していく。

顧客とカウンターパーティーの情報
　一度入力すれば、このデータはほとんど変更する必要がない。しかし、顧客やカウンターパーティーの状況は変化するため、モニタリングは必要である。

　租税取り扱い、コンプライアンス・ルール、そして顧客要請事項、カウンターパーティーごとの取引制限の観点では、特に重要である。この分野で運用会社が直面するいちばん大きな課題は顧客データとカウンターパーティーのデータを統合することである。データが二重にも三重にも重複することがよくあり、このため大きな事故の原因となる事務ミスが発生しがちである。

証券の発行条件

　株式と債券を合わせると取引の対象となる証券の銘柄数は何百万にも達する。これらの証券のひとつひとつを完璧に定義しようとすれば400以上ものデータ項目が必要になるだろう。運用会社はこのようなデータの管理をアウトソースする試みをかなり前から進めている。しかし2つの重大な課題が残っている。そのようなデータの入手と、コーポレート・アクション、つまり新規発行、増資、分割、償還などの取り扱いである。データ入手に関しては、幾つかの大手ベンダーから、運用会社の投資対象ユニバースすべてについてでないとしても、その大部分について完全な証券の発行条件データ提供が可能となっている。さらに、これらのベンダーのなかには、証券の発行条件データにヒストリカルな時系列データも組み合わせた商品を提供しているところもあり、しかも顧客企業内にデータを格納することで現場でのデータアクセスを高速化している。実際には、通常多くても3社の情報ベンダーと契約すれば、必要な証券の発行条件データすべてを入手することができる。課題は、リサーチ・アナリスト、ファンドマネジャー、リスク管理者とコンプライアンス担当者、そしてバックオフィスのスタッフなど、情報を必要としている関係者のために情報を利用しやすくすることである。私たちの経験では、運用会社は必要な証券データを入手することには膨大な費用を使うのに対し、ユーザーの利便性には意外なほどむとんちゃくであり十分な投資などしない。このため無駄や二度手間が生じ、ユーザーに作業負担を強いている。コーポレート・アクションに関しては、運用会社はカストディアンや代理銀行などの自動化努力に依存している。これらの企業やシステム・プロバイダーなどの先駆者たちは、このコーポレート・アクションに伴う作業を自動化しようと試みている。コーポレート・アクションは関係者が多く、幾つかの段階に分かれているため、間違いと遅延に結びつきやすいからである。

ヒストリカルデータ

　ヒストリカルデータはリスク管理の世界で中心的な役割を担っている。リスク管理理論の大半は、ヒストリカル・シミュレーション法の場合は直接的、あるいはモンテカルロ・シミュレーション法や分散・共分散法の場合は間接的にヒストリカルデータに大きく依存している。過去10年間の米国株式ヒストリカルデータについては、日次ベースのものであっても最低100以上の信頼性のおける情報源を見つけることができるのに対して、エマージングマーケット諸国での企業の信用格差や債券価格については、そうとも言えない。前で述べたように、これらの証券については集中取引市場が存在しないことが問題のひとつである。加えて、証券によっては、単にその日は取引がなかったという理由で価格が入手できないことがある。取引は行われたのかもしれないが、流動性があまりにも乏しいため市場価格とは呼べない場合もある。分かりやすい例としては、米国株式における引け後取引の価格動向が挙げられる。流動性が乏しいため、これらの価格は常に現状を反映した価格になっているわけではなく、そのようなデータを加えてはヒストリカルデータの連続性を損なうことになりかねない。この5年間に、情報ベンダーは提供するデータの質を著しく改善してきた。そして、そのなかにはデータの精度維持や、データが存在しない場合に時系列データを「埋め合わせる」シミュレーション・アルゴリズムが含まれている。外国為替や債券、デリバティブなどに関しても透明性のある取引市場が発展すれば、利用しやすいヒストリカルデータが登場するようになるだろう。最後に、次の「算出データ」の節で説明するが、リスク管理モデルでは使用するマーケット変数を思慮深くかつ慎重に選び、これらの変数をほかの取引を評価分析するための基準値として利用する必要がある。これらの変数を選択するときに、精度が高く信頼性のあるヒストリカルデータを入手できるかが重要なポイントである。

企業情報

　2000年後半の当局の決定で、今やアメリカの公開企業は重要な情報を直ちに全投資家に開示しなければならない。このような決定は、これまでウォール街企業と公開企業との間にあったなれ合い関係に終えんをもたらすであろう。同時に、運用会社からの圧力で、暗黙のうちに手数料で行われることになっていた調査情報の支払いについては、現状の見直しが必要となり、業界の一連のビジネス・フローは解体することになるだろう。これら2つの動きが相まって進めば、企業職員によって作成されたものであろうとリサーチ・アナリストによって作成されたものであろうと、企業情報はますます標準化され、PPV（ペイ・パー・ビュー）で利用できるようになっていくであろう。このように標準化が進み利用しやすくなれば、企業情報（内部的および外部的な）を運用会社の社内ホームページや評価・分析モデルなどに取り込むことが容易になる。そうなれば、企業情報をほかのデータ要素（リアルタイム時価情報、ニュースなど）と結びつけることも可能となり、企業データの情報検索はより一層容易になるだろう。

発注情報、取引情報およびポジションデータ

　発注情報、取引情報およびポジションデータは、運用会社で最も重要な情報である。このデータは企業内の関係者すべてに影響を及ぼしており、顧客やカウンターパーティーの情報ならびに前節で述べた静的なデータと密接に関連している。
　1日を通して、ファンドマネジャーは管理する各ポートフォリオごとに以下の情報を把握しておく必要がある。

- ●未決済取引、ファンド回収とファンドに投資される新規キャッシュに基づくキャッシュポジションとキャッシュ必要額。現在、たいていの場合、企業はリアルタイムで運営してはいないため、フ

ァンドマネジャーは1日前または2日前に投資された新規キャッシュを反映したキャッシュポジションを、その日の初めに確認している
- 各ポジションごとの証券名称、略号、企業名称、発行国、業種コードと保有株数を含む記述情報
- 未送信オーダー（トレーダーにまだ送られていない）、未発注オーダー（トレーダーには送られたが、まだ発注されていない）、そして発注されたオーダーなどの各オーダーについての同様な記述情報。また、これから発注される残数
- 時価単価、時価総額、リスク指標、パフォーマンス指標、そしてポートフォリオ内でのウエートを含む（可能なかぎり未送信オーダーと組み合わせた）ポジションごとの金融情報
- コンプライアンス表示

　このような情報は取引データ、顧客データそして静的な情報と結びつくことで、運用会社にとって重要な課題となる情報を導き出すことが多い。重要なことであるが、ファンドマネジャーがさまざまな角度からファンドのポジションを見ることができるように、ドリルダウン機能と強力なデータ参照ツールが利用可能になっていなければならない。例えば、ファンドマネジャーは、現在管理している全グロース・ファンドについて薬品株保有状況を見たいかもしれない。アメリカの非課税顧客に委託されて保有している証券の株式数を確認したり、あるファンドにおけるユーロの外国為替ポジションを把握したい場合もあるだろう。

　大半の企業では、そのようなポジションデータと発注情報をリアルタイムで利用できるようにはなっておらず、そのためファンドマネジャーは前日のマーケット終値に基づいた引け情報を入手するために、翌日まで待たなくてはならない。リアルタイムに情報を反映するイベ

ント駆動のインフラやアプリケーション技術を導入することで、ファンドマネジャーに最新のポジションデータを提供し、最適な投資とヘッジ判断ができる環境を整えている企業が今後、勝ち残っていくであろう。

算出データ

運用会社が日次ベースで計算する必要のあるデータは、量も多く複雑であり、関係者に必要な情報を提供しようとすれば、必ず直面する重大な課題である。ここでは評価額、リスク値、パフォーマンス分析値、コンプライアンスなど、取引のライフサイクルのなかで計算が必要なデータ一覧を提供するのではなく、パフォーマンス測定における問題点について詳しく見ていくことにする。

運用会社の関係者は、ポートフォリオとファンドマネジャーがベンチマーク対比でどの程度のパフォーマンスを達成したかを把握し、どこで目標からはずれたかを特定できなくてはならない。個別証券それぞれの日次リターンを複雑な一連の流れに沿って精密に計算し、ポートフォリオのパフォーマンスを測定することで、運用会社は資産クラスごとや投資スタイルごとに分解したものや、同じユニバース内のほかのポートフォリオ、また想定リスク対比でのパフォーマンス測定を行うことができる。まずパフォーマンスを測定し、その後でパフォーマンスは分解され、特定のリスク・エクスポージャやファクター、マネジャースキルごとの寄与度が分析される。

過去の投資判断の妥当性を判断するためにパフォーマンスの要因分析は非常に重要である。パフォーマンス測定・要因分析システムを使って、ファンドマネジャーは市場インデックス対比やスタイル別インデックス対比、カスタム・ベンチマーク対比あるいはユーザー定義ポートフォリオ対比で、ポートフォリオを分析できなくてはならない。

トータル・リターンをリスク・ファクターへのエクスポージャに従って配分することによって、リターンの源泉は定量化される。このようなリターンは、マルチファクター・インデックスモデルを使って通常測定される。マネジャーはモデルポートフォリオに特定の計算を組み合わせたり、外したりすることでパフォーマンス分析をカスタマイズすることもできる。モデルポートフォリオは、さまざまなレベルで作成することが可能である。例えば、運用会社は、ある国の全証券からモデルカントリー・ポートフォリオを作成したり、構成国リストから地域別ポートフォリオを作成したり、構成地域リストからグローバル・ポートフォリオを作成できなくてはならない。

ファンドマネジャーが、マネジャーのスキルと特定のファクターに分けて要因分析を行う前に、まずパフォーマンスが明確に測定されるべきである。パフォーマンス測定の第一歩は、ポートフォリオの収益率を計算することである。驚くことに、この計算には非常に多くの変数が必要となる。収益率は次のどの基準についても計算できなくてはならない。

- 税引き前
- 税引き後
- 期間ごと
- 累積
- キャッシュフロー（実際、時間加重、金額加重のいずれか）と運用報酬を含む
- キャッシュフロー（実際、時間加重、金額加重のいずれか）と運用報酬を除く
- 元本およびインカム（未収あるいは実収）を含む
- 元本およびインカム（未収あるいは実収）を除く

加えて、AIMR（米国投資管理・調査協会）パフォーマンス報告

基準に従うためには、パフォーマンス測定では下記の収益率計算機能を備えていなければならない。以下のリストは、すべてを網羅しているわけではないが、当該業務の複雑さを例証するには十分であろう。

1．実現損益と評価損益に加え、インカム収益をトータル・リターンに含める機能

2．時間加重収益率の計算機能

3．未収収益が発生している証券に対する発生主義会計の使用。パフォーマンス計算式の分子と分母の時価評価額に経過利子を加算する機能

4．コンポジットを、期初時価をウエートとして資産額加重する機能

5．ポートフォリオ内のキャッシュおよびこれに相当する資産（CD、コールなど）から生じる利子などをポートフォリオのトータル・リターンに算入する機能

6．期間リターンをリンクするときは幾何的にリンクし、最低でも四半期ベースでポートフォリオを評価する機能

7．トータル・リターンからすべての取引費用（売買委託手数料、有価証券取引所税など）を控除してパフォーマンスを算出する機能

8．レバレッジ使用ポートフォリオのリターンは、レバレッジ効果を含んだ実績ベースで評価し、同一証券を同一価格で全量現金で買い付けたと仮定して計算する機能

9．コンポジット中にレバレッジ使用ポートフォリオと非使用ポートフォリオが混在するときは、コンポジット・リターンは、レバレッジ使用ポートフォリオ分については、全額現金ベースで計算する機能

10．インカム益および実現キャピタル益から税金を控除する機能

11．コンポジットに含まれる全ポートフォリオのパフォーマンスあるいは計算の根拠となる基礎データや書類はすべて保管すること

12．発生主義ベースで税金を認識する機能

13．資産額加重平均コンポジットに加えて、等ウエートコンポジットも計算する機能
　14．配当についても発生主義会計（配当落ち日での）を適用する機能
　15．日次ベース、ならびにキャッシュフローが発生した日ごとにポートフォリオを評価する機能
　16．発生主義会計を組み入れる機能
　17．現金主義会計を組み入れる機能

　上のリストは、読者がこの業界から遠ざかろうと思うように仕向けたものではない。むしろここでの目的は、リスク・バジェッティングのプロセスで重要な、2つの基本的な構成要素であるパフォーマンス測定と要因分析について、そのデータ計算に伴うニュアンスと複雑さを伝えることにある。幸運にも、アメリカのAIMR基準のように業界で承認された基準ができたことで、基本的なパフォーマンス計算は非常に分かりやすくなった。
　リスク尺度についても、若干異なりはするが同様の課題がある。さまざまなマーケットで取引をし、証券と通貨を大量に保有している大手の資金運用企業にとって、主要な課題はこれらのポジションを代表して表現できるファクターを見つけ出すことにある。より明確に説明すると、例えば、5000種類もの証券のリスクを一度に測定することは現実的に不可能であり、また意味も乏しい。それには5000×5000もの共分散行列が必要となるからである。その代わりに、各証券およびポジションの性質を表すマーケット変数を管理可能な数だけ定義する必要がある。このように「ファクター」の数を著しく減らすことで、課題をかなり単純化することができるのである。金利マーケットにおいて、この手法は主成分分析として知られており、例えば、米国債のイールドカーブの動きは、イールドカーブの金利水準の変化、曲率変化

（膨らみ度合い）、そして傾き変化の3つの変数によって表現されている。このアプローチは、多通貨の金利ポートフォリオや債権ポートフォリオにも利用することができる。株式市場に関しては、分析ソフトウエア・ベンダーの何社かが、このようなマルチファクター・モデルを提供しており、それぞれの証券のマーケット変数に占める割合も提供されている。このようなモデルの最もシンプルな形が、CAPM（資本資産評価モデル）として知られており、ベータがその証券のウエートを示している。より複雑なマルチファクター・モデルが多くの資金運用会社で広く利用されている。ポートフォリオのパフォーマンス特性もまた、同じようなファクターに基づいており、これらのファクターによって運用会社の関係者は統一的なリスク・リターン分析を行うことができるのである。適切に選ばれたファクターは、セクターや通貨、国などに対するポートフォリオのエクスポージャに関して、鋭い洞察力を提供するだろう。もちろん、このようにファクターの数を減らす簡素化テクニックが、分析のきめ細やかさを明らかに減少させていることを認識しておかなければならない。

　そのため、この洗練されたマルチファクター分析を使ったとしても、VaRやユーザー定義のシナリオアプローチなどの、より伝統的なリスク分析手法は相変わらず必要とされるだろう。

将来の姿（この節は、ロイター・アメリカ取締役のモハメッド・アマド氏の助言を得た）

背景

　この20年間、ハードウエアおよびソフトウエア・テクノロジーは飛躍的に進歩し、その影響はトレーディングや投資ビジネスのすべての面に及び、フロントオフィスでのトレーディングからバックオフィスでの事務に至った。この急速な技術進歩によってトレーディングや投

資ビジネスは一変した。トレーダーやファンドマネジャーは強力な分析ツールを得て、リスク管理者は改良されたポジション・モニタリング機能を手に入れ、バックオフィスではより操作性の高いデータアクセスが可能になった。しかし、この期間に膨大な技術投資が行われたにもかかわらず、これらのビジネスは依然として紙でのやりとりが非常に多い。注文の発生から取引の決済に至るまでのトレーディングと投資のプロセス全体を通して、伝票、約定・受渡確認票、ファックスなどの書類が、トレーディング・スタッフ、ファンドマネジャーそして事務スタッフの机をふさいでいる。海外への投資の場合その複雑さは何倍にもなり、21回以上もの手作業が必要になるケースもある。フロントオフィス・トレーディングツール、ミドルオフィス・リスクアプリケーションおよびバックオフィス・システムをつなぐシステムインタフェースの開発や、重複したシステム間の整合性の確保、二重取引入力、誤りの訂正などの作業は、最も洗練された企業でさえ頻繁に行われている。ほとんどすべての場合、これらの非効率な状況は不適切なシステムインフラに起因するものであり、それ自体、未完成もしくは失敗に終わったシステムプロジェクトの結果であることが通例である。事実、業界では、当初の目標を達成できないにもかかわらずコストは当初予算の2倍を費やした未完のソフトウエア開発プロジェクトがいたるところで見られる。最悪のケースとしては、企業が、フロント、ミドル、あるいはバックオフィス業務用のソフトウエアを購入あるいは開発しようしたが、結局導入がまったく進まず、ソフトウエアコスト全額を償却しなければならなくなったような場合もあり得るだろう。

活動の足場固め

テクノロジーが中途半端な解決策にしかならなかった原因は、テク

ノロジーそのものにあるのではなく、ビジネス全般とテクノロジーのビジョンを結びつけるための企画・開発過程にあることが多い。つまり、大半の企業が建設的ビジョンなしに断片的なアプローチをとったことが大きな問題なのである。また導入後のシステム変更・改良の可能性をまったく考慮していない戦術的アプローチを採用する企業があまりにも多い。既存のインフラの存在、当局対応のため期限厳守が必要だったなどの多くの外部・内部要因が、包括的な解決策の実現の妨げとなっていることは認めざるを得ない。しかし結局のところ、散発的、断続的にしかシステム導入を行えないということは病いの原因そのものではなく、むしろその病いの結果、現れた症状なのである。システムに対する基本的な考え方と目指すべきフレームワークがないことが根本問題なのである。

　この難題を解くためには、最新・最高のテクノロジーを採用することではなく、組織のあらゆるレベルで企業カルチャーを変え、ワークフロー、業務およびプロセスを合理化していく包括的アプローチを行うことが最も重要である。この意味で、まず初めにやるべきことは現行のプロセスおよびテクノロジーが抱える制約を把握することである。このためには、業務上必要な提出書類を作成する各ステップの機能や、業務の手順とガイドラインを忠実に表現する能力が必要になる。言い換えれば、企業は関係者が利用する特定のソフトウエア・ソリューションを明確に定義し、その導入の必要性を明示しなくてはならないのである。加えて、企業は情報の適切性、有用性、適時性が、あらゆるビジネス上または事務上の判断を行っていくうえで、どのように求められているかを明示する必要がある。企業が検討すべきもうひとつの分野は、業界や競争相手に対する客観的な自己評価を実施することである。自らの地位、評価、マーケットシェアを踏まえて業界のトレンドや発展に対する見方を定めることによって、企業は戦略的枠組みとビジョンを自らの手で生み出すことが可能となるだろう。これら2つ

のことが密接に結びついて行われたとき「私たちは今どこにいるのか」そして「将来私たちはどうなりたいのか」という質問に対する答えが得られるのである。こうして企業は、その目標を達成するために採用すべき方針を定めることが可能となる。

　機能面・テクノロジー面で求めるべき最適な方針を定義するときには、以下の4分野のニーズを徹底的に調査する必要がある。

　　1．**データ**　リアルタイム、断面およびヒストリカル
　　2．**情報**　リサーチ、分析、価格の推移、定量・定性評価
　　3．**ワークフロー**　取引処理、情報の流れ、レポーティング
　　4．**企業組織**　企業内のビジネス・機能的ユニット、業務およびプロセスの流れ

　こうした調査の結果、第1節で議論した5つの基本軸（情報、分析、処理、取引、イベント）に添った企業全体としてのニーズが明確になるのである。

フレームワークの提示

　図2は、運用会社の機能面・テクノロジー面のフレームワークに関する提案である。各運用会社にはそれぞれ独自の側面があり、このフローは網羅的なものではない。また金融サービス会社共通の環境を想定し、アプリケーションの効率的な利用法を図示したが、その企業ごとの内容、すなわち投資するマーケット、取引する証券、サービスする顧客などの要因によっては、構成要素が変化することになる。したがって構成要素ごとの重要性も企業ごとの目標に応じて異なる。この図は、拡張性やイベント駆動に優れ、組み合わせも容易に変えられるような解決法を実践していくうえで必要な構成要素を示したものであ

図2　フレームワーク図

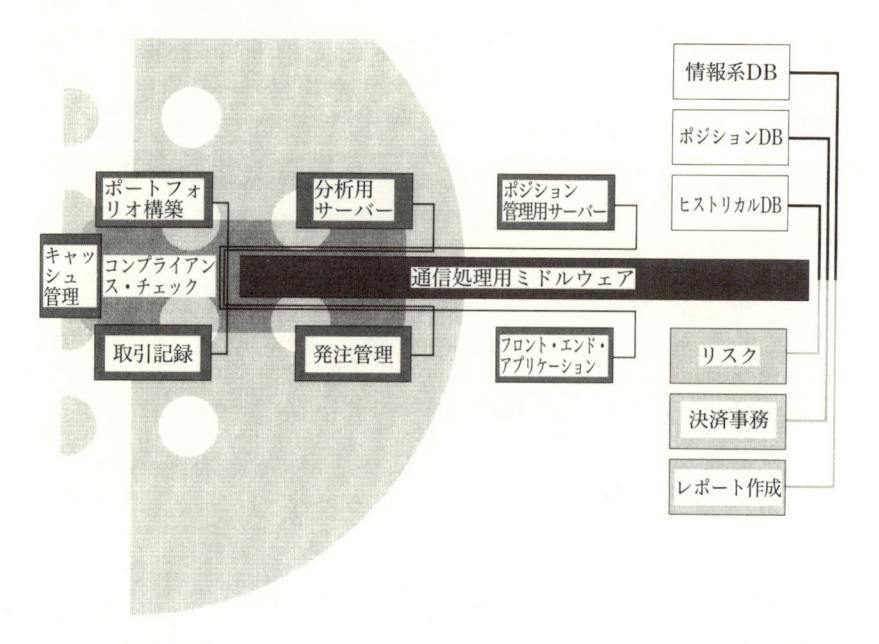

					情報系DB
	ポートフォリオ構築	分析用サーバー	ポジション管理用サーバー		ポジションDB
キャッシュ管理	コンプライアンス・チェック	通信処理用ミドルウェア			ヒストリカルDB
	取引記録	発注管理	フロント・エンド・アプリケーション	リスク	
				決済事務	
				レポート作成	

る。

　情報伝達のプロセスは、構成要素の機能性とは関係がないことから、図2のなかで、私たちは業務の順序はそれほど重要ではないと仮定している。

　ソリューション開発の後半段階では、通信処理インフラの属性を決定するうえで、業務の順序づけが非常に重要になってくる。下の説明では、このフレームワークのさまざまな構成要素の特性を要約していく。これらはリアルタイム環境およびイベント駆動環境を実現するような、既存の組織にとらわれない理想のフレームワークを具体化したものである。

投資判断プロセスをサポートするために必要な分析機能を提供するのが、第１の構成部分である。

●**ポートフォリオ構築**　これは実質的に運用会社の中枢システム、つまり制御部分である。ポートフォリオ管理システムは以下の、より小さく、より自己完結型の構成要素の集合体と考えられる。

　　照会　ファンド、ポートフォリオおよび証券レベルの情報は必ずファンドマネジャーの手元に表示されなくてはならない。ポートフォリオ管理システムの照会表示機能は、分かりやすく、使いやすいものでなければならない。

　　発注　ファンドマネジャーが発注を行うときは、幾つかのポートフォリオに割り当てるように行うこともあれば、単一のポートフォリオに対して行うこともある。また、モデルに従ってポートフォリオのリバランスを行う場合には、発注が自動的に行われるような仕組みも重要である。リバランスは発注機能とモデリング機能が重複する分野である。

　　モデリング　ポートフォリオ管理システムは、２つのポートフォリオの比較、もしくはひとつのポートフォリオとモデルとの比較を実施できる必要がある。これらの比較はポートフォリオのリバランスを実施するときに役立つだけでなく、ファンドマネジャーに対して重要な情報を提供している。

　　コンプライアンス　ポートフォリオ管理システムには取引前のコンプライアンスを行う機能が必要である。発注がトレーディング・ルームに送信される前に、行おうとしている取引が諸規制、社内ルールならびにファンド制約などに従ったものであることが確認されるべきである。

●**パフォーマンス分析およびリスク・レポーティング**　リスクや

パフォーマンスのレポートなど、分析・サマリーレポートを作成する機能は、ポートフォリオ管理システムに必要である。

●**取引記録**　企業内の取引を記録する機能とコンプライアンスや発注の機能とは、統合される必要がある。さらに、個別証券データベースに直接アクセスできる必要がある。統合における重要なポイントは、さまざまな資産クラスのカバレッジ、取引前のコンプライアンス・チェック、リアルタイムでの価格照会、取引記録、そして取引データの送信などの各種機能が導入されているかどうかである。また、リアルタイムな分析・価格照会インタフェースとの統合もポイントである。

●**発注管理**　この機能は、後述する制約処理とあわせ、取引処理および通信処理のための情報選別とルーティング（経路設定）のフレームワークを提供することになる。必要な機能要素としては、発注のルーティングと管理、取引前と取引後のコンプライアンス・チェックおよびポートフォリオ制約のチェック、発注の集約と発注結果の振り分け機能などが挙げられる。発注のルーティング機能は次の2つの特性にさらに細分化することができる。執行市場との結合性、そして決済およびカストディーに関する標準的インタフェースである。

●**分析用サーバー**　この機能のコンセプトは、企業全体に共通する分析のフレームワークを確保することにある。理想的には、加工の有無にかかわらず、その企業で行われた分析がここにライブラリーとして集約されるべきである。アプリケーションの拡張性と独立性によって、このサーバーはレポート作成、取引前・取引後分析、コンプライアンス、そしてシミュレーション・シナリオ作成にも利用することができるようになる。

●**ポジション管理用サーバー**　ポジション管理用サーバーの役割は、

ほかのアプリケーション群にリアルタイムあるいは断面的なポジションデータを更新して提供することである。どのようなアプリケーションのフレームワークでも利用できなくてはならず、しかもレポート作成および例外データのモニタリングを行い、全体を見ることができるような拡張性を備えている必要がある。情報の更新頻度はその情報の最終利用者が決めることになるであろう。

- ●フロントエンド・アプリケーション　フロントエンド・アプリケーションとは、ここでは加工された情報のうち企業が必要とするあらゆる機能を象徴するものと定義する。例えば、ウェブでのポータルサイト、リサーチ用ツール、ブローカー・卸業者のサービス、イントラネット、そしてカスタマイズされた伝送システムなどが含まれる。
- ●バックオフィスおよび決済　バックオフィス・アプリケーションは、すべての取引について帳簿を付け、管理し、決済し、そして清算するのに必要な処理能力を提供する。バックオフィスおよび決済アプリケーションには、各種の外部アプリケーションとの連結性もまた必要である。
- ●キャッシュ管理　この10年に見られたのは、高いマーケット・ボラティリティ、運用資産の著しい増加、そしてより多くの投資家の積極的な参加であった。そのため、キャッシュの流入・流出を効率的に管理する能力は、運用会社の運用パフォーマンスに大きな影響力を与えるようになった。マーケットのパフォーマンスが、直近の10年間ほど素晴らしいものであり続けないとすればなおさらである。

制約処理が第2の構成部分であるが、企業の分析アプリケーションに基づいて行われる取引と注文に対し、その企業にとっての制約チェックをサポートするものである。コンプライアンス・コンポーネント

には、例外処理のレポート、法人・個人顧客向けの取引前・取引後のコンプライアンス・チェック、制限モデリングと制限モニタリングが含まれる。これらの制約を複数通貨・複数資産について解決していく能力は大変重要である。さらに重要なことは、コンプライアンスや制限マネジメントおよびモニタリング用の内部制約処理システムは、企業内の情報と事務処理のフローを規定・監視するフィルター機能としての役割も持つことになる、ということである。

　企業内の通信インフラである通信処理用ミドルウエアが、3番目の構成部分である。ミドルウエアを利用したイベント駆動の通信処理システムは、急速に金融サービス会社の技術インフラにとっての基本的な構成要素になりつつある。ミドルウエアは、システム間をそれぞれ接続している高価なインタフェースを不要なものとする。代わって各アプリケーションが通信処理ミドルウエアとつながることによって、あらゆるシステム間のデータ伝達が保証されるようになるのである。ある運用会社の例を考えてみよう。その会社は10の異なるアプリケーションを接続する必要があり、そのため最悪の場合、最大45もの異なるインタフェースが必要となる。しかし通信処理用のミドルウエアを利用することで、インタフェースの数は多くても10に減らすことができるのである。アプリケーション間インタフェースの構築および管理は運用会社が直面する最も重要な技術的課題のひとつであり、このようにインタフェースの数が削減される恩恵は、非常に大きなものである。そのうえ、イベント駆動の通信処理プラットフォームを採用することによって、取引データ、マーケットデータなどをリアルタイムにデータ伝達することが可能となる。アプリケーション間の連携、アプリケーションおよびプロセスのモニタリングもこの通信処理プラットフォームが行うべき機能として挙げられる。

　このフレームワークの4番目の構成部分はデータベースである。ここでは関連するすべてのデータを蓄積する。これには取引データはも

ちろん、情報系データおよびヒストリカルデータ、そしてマーケットデータが含まれる。特に重要なのが情報系データベースである。これはいたるところで必要になるからである。すべてのアプリケーションが機能するためには、インタフェースを通じて情報の送受信ができることが不可欠である。それには証券情報を含むすべての静的なデータ要素も含まれる。情報系データベースを拡張するときの対象としては、経済データや時価といったマーケットデータに加え、運用会社が独自に作成または外部から取材した加工データが挙げられる。さらに拡張する場合には、ポジション推移、監査記録、パフォーマンスデータ、信用面・コンプライアンス面についてのすべての制約処理ルール（監査記録と例外レポートを含む）、市場慣行、休日データ、価格表示および値付けのルールなども対象になるだろう。情報系データベースやリアルタイム・マーケットデータ、定量・定性リサーチ結果は、最大の情報源であり非常に重要であることは言うまでもないだろう。外部や内部の情報ソースをシステムにうまく取り入れられる能力は、運用会社にとって非常に重要である。うまくいけば、企業は外部プロトコルを内部に取り込むことができるだろうし、逆に内部プロトコルを外部データへ拡張することも可能になるのである。

　最後の構成部分であるレポーティングは、リアルタイムあるいはオンデマンドでその企業のさまざまな関係者にレポートを提供するものである。特にリスク・レポーティングの重要性はこの数年にかけて著しく増大した。経営陣や顧客がポートフォリオ、ファンドなどの潜在的なマーケットリスクおよび信用リスクに関するより詳細な情報を要求するようになったためである。レポーティングのインフラに関しては、以前から大きな課題が残っている。レポーティングのカスタマイズ機能である。これには、データの照会や集計のときに必要な項目を簡単に選択することができる機能はもちろん、集計されたデータをより深く理解するために、個別項目をさらに掘り下げて調べることがで

きる機能が含まれる。

　ここまで述べてきたフレームワークを実現することは、想像しているほど大変ではないだろう。企業が自らのプロセスやインフラに関して、合理的で機能重視の構想を作り上げることがいちばん重要である。そうすることが、拡張性とイベント駆動環境を持つシステム・フレームワークを実現する第一歩であり、単に何らかのシステム課題を解決するだけでなく、業務上や事務上のさまざまなニーズに取り組むことができるようになるのである。そのような課題を達成していくために運用会社が行うべきことは、以下のように要約される。

　1．自己査定の実施
　2．業務・機能、そして事務処理の要件分析の実施
　3．業界内における地位の明確化
　4．戦略的ビジョンの明確化
　5．そのビジョンにとってかわることなく、実現可能にするテクノロジーの選択

　その結果として生じる企業文化および運営に関する課題について次節で述べることにする。

企業文化および運営上の課題

　企業文化および運営上の課題は、大規模で複雑なアプリケーションの成果に大きな影響を及ぼしている。ASP（アプリケーション・サービス・プロバイダー）が出現しブロードバンドが容易に利用可能になる時代では、複雑な資産運用ソフトウエアを導入するときの苦労は過去のものとなると言われている。そのような見方は一面真実ではあるものの、そのようなプロジェクトではソフトウエアの導入だけでなく、

業務慣行や手順の変更もかかわってくることを、私たちは心にとどめておかなければならない。下にポイントを記すがこれは包括的なチェックリストではなく、ただ単に例を示すことを目的としたものである。

- **プロジェクトの目的（プロジェクト開始前に同意を得る必要がある）** プロジェクトの影響を受ける者、参加者などすべての関係者が、そのプロジェクト開始前に目的に同意していなくてはならない。目的には、そのソフトウエアは何をもたらすのか、その企業のビジネスのやり方をどのように変え、影響を及ぼすのか、導入に伴って事務・手続き上のどの問題に取り組む必要があるのかなどが含まれる。特に最終ユーザーがそのプロジェクトをしっかり理解し、その賛同者になっていることが重要である。システムの導入自体はうまくいったにもかかわらず、最終ユーザーがプロジェクトの目的の要件定義に適切にかかわっておらず、システムの内容について教育も行われていなかったという理由だけでプロジェクトが失敗するケースは、想像以上に多い。

- **経営陣（巻き込み、必要であればさらに深く関与させる）** 周知のとおり、経営陣は何かを「行う」のではなく「権限を委任する」ことが多い。例えば、定例的に運営委員会を開催して上級経営陣をプロジェクトに巻き込めば、組織全体がそのプロジェクトの成功に注目し続けることが保証されることになる。人・もの・金といった経営資源がそのプロジェクトに重点的に投入されていない場合は特に、上級経営者を巻き込むことによって切迫感を生み出すことができる。プロジェクトの進捗が遅れないようにするためには、プロジェクトチーム内の緊張感の高め方などプロジェクトを盛り上げる段取りを事前に考えておく必要がある。

- **プロジェクト計画（明確にし、やり通す）** 「偶然」に成功するのではなく、タスク（プロジェクト作業項目）と作業期限を明確に定義したような、よく練られた実行可能なスケジュール計画を通

じて「確実性」を確保した成果として成功が得られるべきである。もちろん、ソフトウエア導入の場合は、優れたプロジェクト管理ソフトウエア・パッケージを利用し、資源配分、工程表の定義、目標スケジュールの設定などをきめ細かく定めた詳細なプロジェクト計画が立てられるのが通例である。しかし、詳細な計画を立案したとしても、タスク、資源、スケジュール、アウトプット完成などが予定どおり進まないことが多い。そのためプロジェクトでは、定例的に進捗確認ミーティングを実施する必要があり、プロジェクト計画ごとに、責任を持ち報酬もその成果によって決まる「執行者」(すなわち、プロジェクト管理者) を指名することが重要である。プロジェクト管理者はプロジェクトの「オーナー」であり、決められた最終期限内に導入が完了するよう組織が注目し続けるようにするだろう。

● **プロダクトの機能(「オールインワン」システムを夢見てはいけない)** ソフトウエアは、通常さまざまな機能を提供するものだが、そのなかには商品設計時に意図したものもあれば、当初考えてはいなかったがその後の対処によって提供できるようになった機能もある。例えば、デリバティブ取引について証券名あるいはCUSIPコード本位ではなく、キャッシュフロー本位で処理するよう設計されたフロントオフィス・トレーディングシステムを想定してみよう。このシステムは企画の時点から、個別証券の在庫を管理するという概念を完全に否定して作られている。その結果、デリバティブシステムの分析機能はとても魅力的(あるいは誘惑的)なものができあがるだろうが、証券トレーディング業務管理機能としてはまったく使い物にならないものとなるだろう。企業がソフトウエアの導入を検討するとき、その機能以上の活用ができるかもしれないなどと期待してはいけない。ソフトウエア本来の機能を越えて利用すると、自動化できないプロセスがいたると

ころで発生して事務面は悲惨なことになり、そのデメリットは導入によるメリットを大きく上回ることになるのである。

●**作業の優先順位（主要な障害を理解する）**　どの分析アプローチ、リスク手法が自分たちのビジネスニーズに最も適合しているのかを、コンサルティング会社の協力も得て決定するのに時間をかけすぎる企業があまりにも多く、特に会社全体にかかわるリスク管理アプリケーションの導入に関してそのことが言える。私たちは、ラテンアメリカに本拠地を置くある大手銀行のケースを思い出さずにはいられない。その銀行は購入・導入を計画しているリスクシステムにGARCH（Generalized AutoRegressive Conditional Heteroskedasticity）モデルを組み入れるべきかどうかを悩んでいた。彼らは、取引データの収集、ヒストリカル・マーケットデータの入手、既存システムへの適切なインタフェースの構築といった重要で基本的な問題に最初に取り組まなくてはならないことを理解しようとせずに、非常に難解な問題ばかりに焦点を当ててしまっていた。このようなソフトウエア導入では、まず何よりも退屈で、しかも複雑なデータ収集プロセスが重要なのにもかかわらずである。現実は、知的な「討論」に明け暮れているようなコンサルティング会社の主張とは違い、導入が成功するかどうかは、ポジションあるいはマーケットデータをどこから入手するか、システムAからシステムBへどうやってデータを移すか、データセットをどうやって整合させるのかといったデータの問題にかかっている。GARCH、ARCHなどアルファベットの略語で示されるような専門用語に関する理論的な議論などは、より重要なデータの問題さえ解決されてしまえば、ただの飾りにすぎないのである。

●**導入のパートナー（正しい相手を選ぶ）**　たいてい、特に外部のソフトウエアを導入する場合、導入プロセスには外部ベンダーが

参加することになる。そのベンダーの実績、アプリケーションの知識、企業文化、そして導入企業への理解度は、もちろんパートナー選びでの重要な要素である。外部ソフトウエアの場合、要員の大部分を営業やマーケティングではなく、顧客サポートや技術スタッフに向けているベンダーもある。こういったベンダーは導入を成功させ、最短の期間内にシステムを製品として仕上げることに注力するだろう。さらに、ソフトウエアによっては、他社製品よりも導入のしやすさや内容面で優れているものがあり、このことが当該ベンダーの導入の成功実績にも表れているのである。企業はこういった基本要素を無視してはならない。見かけだけのソフトウエアはセールスプレゼンテーションの間は刺激的かつ魅力的に映るかもしれないが、そのようなことよりもその製品を効果的なツールに仕上げる能力のほうがはるかに重要である。

● **イベントではなくプロセス（満塁ホームランでなく、シングルヒットの積み重ねを狙う）**　プロジェクト全体を通じて目に見える小さな成果を積み重ねることは、経営陣に対する明確な進捗報告を可能にし、彼らをプロジェクトの賛同者として巻き込んでいくことができるようになる。進捗報告に必要なこれらの「シングルヒット」には、評価、リスク測定、取引処理、管理レポート（ある特定の資産クラス、トレーダーデスク、通貨ごと）などが含まれる。これを行わない場合は、何カ月も（あるいは何年も）たってから初めて目に見える成果を提示することになる。これは経営陣に不安感と焦りを生じさせることになりがちである（「私たちは前に進んでいるのだろうか」「スケジュールどおりなのだろうか」「私はいつ報告を得ることができるのだろうか」）。後者のアプローチをとったプロジェクトは、たいてい失敗するのである。実際、完璧なシステムソリューションなどなく、常に妥協と背中合わせである。企業とその経営陣はこの点をしっかりと理解して

おくことが重要である。

PART 3

実務家の考察
リスク・バジェッティングのケーススタディ

第11章
年金基金における
リスク・バジェッティング

レオ・デ・ビーバー、ウェイン・コズン、バーバラ・ズバン
オンタリオ州教職員年金基金理事会

　オンタリオ州教職員年金基金理事会（オンタリオ基金）は、1995年にリスク計測手法としてVaR（バリュー・アット・リスク）を導入した。資産と負債のリスク量変化について、そのときどきの状況を詳細に分かりやすく見せてくれるこの指標を採用したことで、早速基金の運営は効率化し始めた。ファンド運営上の焦点も、ベンチマークに対する超過収益から、ファンドが本来目的とする役割へと徐々に移行していった。その役割とは、加入員の掛け金負担が最小となるように、短期的なファンドの損失を一定の許容範囲内にコントロールすることである。VaRシステムが、短期の市場リスクを分析するのに有効なことも分かった。またVaRシステムの導入によって、理事会や執行部のリスクに関する理解や議論が深まり、VaRのみならず、より重要で長期的な運用課題に取り組むのに役立っている。

　VaRと「リスク資本のバジェッティング」の関係は、古いワインを新しいたるに注ぎ込むようなものである。つまり、その基本的な考え方自体はポートフォリオ理論と大して変わらない。不確実な世界では、投資収益の獲得機会を追求すれば、その分損失リスクを被る可能

性が高まるからである。例えば、VaRは、ヒストリカル・リターンを使って、ある一定期間中めったに発生しない最大損失額を推定する。「めったに」の意味する確率が1％なのか5％なのか、そして計測が日次なのか年次なのかということは、VaRに影響を与えるが、同じ定義を用いているかぎりそれほど問題にはならない。

ポートフォリオのVaRは「リスク資本」と表されることがある。それは企業における資本のように、VaRがリスクに割り当てられた資源だからである。発生確率1％の最大損失額は、通常ポートフォリオのボラティリティ、つまり標準偏差の2.5～3倍で表される。しかし標準偏差はイメージしにくいという問題を抱えている。「発生確率1％の最悪な事態を推定した場合、150億カナダ・ドルの損失を被り得る」のほうが「標準偏差が8.5％」よりも、はるかに説得力がある。

VaRを日次での管理に使用するには、ポートフォリオのポジションとそのリスクについて随時推定を行い、報告を受ける必要がある。最近になって高性能なコンピューターと優れたリスク計測ソフトウエアが開発されたおかげで、ようやく複雑なポートフォリオについてもそれが実現可能となった。その結果、リスク資本の使用状況とリスク・バジェットとを比較できるようになったのである。そのとき、ポートフォリオの推定「リスク資本使用量」は「リスク・バジェット」内に収まっている必要がある。

オンタリオ基金では、長期的な尺度としてVaRを利用している。確定給付年金では、給付をまかなうのに必要な資産を積み立てるために拠出金を運用することになるが、そのとき資産が負債を下回るリスクを制限する必要がある。つまり目標は、サープラス（資産－負債）を積み上げ、それが減少するリスクを管理することである。私たちは「サープラス・リスク」のバジェットを、100年に一度の最悪な事態においても対応し得るサープラスの最大損失額と表現している。100年に一度と言うとかけ離れたことのように思えるかもしれない。しかし、

今後4年間のうちに10回に1回の確率で発生する損失額を想定したらどうだろうか。3年ごとに掛け金率が適切かどうかを検証することが基準上要請されているのも、それが原因である。オンタリオ基金では、現在のところサープラス・リスク・バジェットを資産の22%、つまり160億カナダ・ドルに設定している。

　サープラス・リスクの大半は、政策アセットミックスのリスク・リターン特性が負債とは異なることから生じる。一方、ポートフォリオが政策アセットミックスから乖離することによって発生するアクティブリスクは、サープラス・リスクの主な増加要因とはなっていない。それにもかかわらず、理事会の関心はアクティブ・リターンに向けられており、それをもとにファンドマネジャーの報酬が決定されるのである。1995年にオンタリオ基金は、まずリスクという難解なパズルのアクティブ部分に取り組んだ。基金全体でとるべき「アクティブリスク・バジェット」を設定し、ファンドマネジャーごとにアクティブリスク額とそのリスクに対応した目標リターンを定めたのである。アクティブリスク・バジェッティングの導入で、ポジション制限を守るための面倒なリスクコントロールが不要になったため、ファンドマネジャーの反応は良好であった。人は「するべし」「するなかれ」という指示が、簡潔かつ明確になってこそベストの働きをするものである。モーゼが二百戒ではなく十戒を示したのも、それが理由である。

　経験を積むにつれ分かってきたことは、サープラス成長におけるリスク・リターンのトレードオフ関係をわずかに改善するだけでも、アクティブリスクに対するリターンの改善に比べ、はるかにファンドにとって有益であるということである。優れたリスク管理プロセスが、現在および将来のサープラス成長を改善するということが分かるだろう。しかし、それを測定することは難しい。短期間のサープラス・パフォーマンスは、その管理スキルのみならず、市場収益、政策アセットミックスにおけるリスクの変動、負債構造の変化、そしてサープラ

スの特性を規定する政策の影響をも受ける。私たちは、この深刻なエージェンシー問題に対する解答を得ていない。

私たちがVaR計測システムを作動させた後、すぐに運営効率化に向けた規範もでき上がってきた。正確にリスクを評価するためには、適切な時価情報とポジションのデータが必要であり、執行時のエラーや記録の誤差は「リスク値のイレギュラー」として表現されている。VaRはまた、ファンドの目標と各資産目標の総計とが内部的に矛盾していることを明らかにした。

リスク報告を頻繁に行うようになったことで、資産管理におけるリスクの役割も大きく変化することになった。リスク・リターンのトレードオフ関係は、資産・負債のポリシー・ミックスを定期的に検討するうえで重要な役割を担っていたが、これまで各資産の担当ファンドマネジャーは、全資産と全負債レベルでの「生きた」リスク評価値には関心を持たず、担当する個別資産レベルでのリスク・リターンのみに注意を払っていた。しかし、最新のリスク値を把握できるようになったことで、リスク・リターンのトレードオフ関係に関する体系的な議論が促進されるようになった。今やファンドマネジャーは、アクティブリスクに対するさまざまな戦略の期待リターンを日常的に把握している。また、資産に対するリターンではなく、リスクに対するリターンに注目するようになった。これは、ポートフォリオの政策アセットミックスを実現する「ベータ」と、アクティブリスクに対するリターンの獲得を目指す「アルファ」とが、よりはっきりと区別されるようになったことを反映している。

VaRを使ったリスク・バジェッティングを実践していくには、リスクの相関および分散の考え方を無理なく使えるようになることが最も難しい。1995年以前には、標準偏差という言葉が会議室での会話に用いられることは滅多になかった。VaRが私たちにとってリスクの定義となってからは、運用執行部および理事会は、少なくともリスク

の特性と計算方法については感覚的に理解している必要があった。リスクは有害な雑草のように撲滅されるべきものではなく、むしろリターンを稼ぐために必要な希少な財産として扱われるべきである。そして、リスク評価には常に欠陥が付き物であり、必ずしもつじつまが合うようなものではない。リスクを分散することで、年金基金の運営は言わばチームスポーツのようになる。つまり、あるポートフォリオがとるリスク量は、その他すべてのポートフォリオのリスク量と負債とのバランスから決まってくるからである。

　VaRによるリスク評価が関連するすべてのリスクを含むのかどうか、あるいは私たちが信頼のおける１％のVaR評価額を計算するのに十分な情報を持っているのかどうかについては議論の余地がある。しかし、VaRの登場によって、資産クラスをまたぐリスクの測定方法や比較方法は標準化され、簡素化されたのである。その欠点について強調するということは、石器時代に鉄を発見し、その錆に対し文句を言っているようなものである。例え話はさておき、VaRをベースとしたリスク・バジェッティングのおかげで、おそらく私たちのリスク対応の精度は、20％水準から60％へと向上した。正確なリスク評価による成果というより、むしろ頻繁なリスク報告と、それがリスク・リターンに関する議論に規律性をもたらしたことによるところが多い。リスク・バジェッティングは道具であって、魔法ではないのである。

　リスク測定法はVaRだけではない。例えば、大規模な株式スワップ・ポートフォリオが金融危機下において、どれだけの損失に耐えられるのか測定するのに、私たちはさまざまなストレステストを用いて検証している。加えて、詳細な資産・負債モデルを用いて、株式の平均回帰や金利、インフレのトレンドといった多期間にかかわる影響をモニターしている。

　アカデミックなリスク研究の先端分野から見ると、私たちがVaRやリスク・バジェッティングをどのように組織的文化の一部にしてい

ったかについての記述は、風変わりな話に思えるかもしれない。しかし、私たちの仕事は、リスク・モデルの開発について新天地を開拓することではなく、大規模年金基金が使える強力なリスク管理のフレームワークを構築することであったのである。

その目的は、リスクを複雑なものとすることではなく（もっとも私たちが十分リスクを複雑にとらえていると言う人もいるが）、数学の素養がそれほどない理事たちが意思決定に利用できるように、分かりやすく、比較可能で、そして信頼のおけるものにすることであった。

オンタリオ基金

オンタリオ基金は1990年に民営化され、オンタリオ州教職員連盟とオンタリオ州政府との折半出資となっている。上記パートナーは、25万人の教職員に対し、年金積立金の欠損について法的な連帯責任を有している。また、年金は物価スライド制をとっている。オンタリオ基金の負債は、今から2080年までの間に順次期日を迎えるインフレ連動のゼロクーポン債のキャッシュフローに類似している。その構造とデュレーションの両面から、負債はインフレ連動債（カナダではRRBs、米国ではTIPS、その他の国では指数連動債券）と同様の動きをしている。

資産と負債は、両方とも時価評価される。財政報告書によると、資産は約770億カナダ・ドル（約520億米ドル）であり、年金負債は約630億カナダ・ドル（約420億米ドル）である。その結果サープラスは、約140億カナダ・ドル（約100億米ドル）である。

私たちは、発生確率1％の最悪な事態における「サープラス・リスク・バジェット」を資産の22％と設定したうえで、政策アセットミックスによってサープラスが年率1.3％（資産の期待成長率5.3％－負債の伸び率4％）で成長することを期待している。一方「アクティブリ

スク・バジェット」を3.2%と設定し、アクティブ・マネジメントによってサープラスが年率0.8%で成長することを目指している。このアクティブ・マネジメントによるサープラス・リスクの増加はわずかなものである。

1990年までは、ファンドは流動性も市場性もないオンタリオ州債務証書のみを保有していた。今日では、政策アセットミックスは、株式60%、債券20%、そして20%のインフレ連動資産（そのほとんどがRRBsと不動産）となっている。主要通貨に対するエクスポージャは50%ヘッジしており、また非北米圏株式の10%を除き、ほとんどを自家運用している。基金はまた、カナダ以外の株式に35%のエクスポージャを有しているが、そのときに流動性の低いオンタリオ州債務証書のリターンを海外株式のリターンに変換するために、金利スワップや株式スワップを広範囲に使用している。カナダ政府によって課せられている上限25%という外国証券の現物投資制限を遵守するためにも、デリバティブの利用は役に立っている。

リスクの定義

オンタリオ基金では「リスク」を発生確率わずか1%の「最悪な事態」で想定される損失額と定義している。過去14年分の日次データを使って日次のリスクを計測しているが、1年どころではなく、100年に一度の年間最大損失額を見積もっているのである。リスクを計測すること自体は、それほど重要ではない。こうした作業は、80年もの間支払義務を負い続ける基金にとって、まれにしか起こらないが後遺症の残る損失こそが重要なのであるという考え方に基づいて行われている。理論上は、年金基金はおそらく1年よりはるかに長いリスク・ホライゾン（リスクを許容する期間）を持つべきであろう。しかし、実際には短期間の損失に関心が集中するものである。加えて、支払能力

および積立の基準によれば、通常3年ごとにある再評価時に資産が負債を下回ると、拠出金率を引き上げなければならない。

アクティブ・マネジメントのリスクにとって、100年に一度しか発生しないようなリスクについての話はとても都合がよい。サープラス・リスクに関する議論では、100年過ぎたらとっくに意味がなくなっているという言い訳が使えるからである。1998年の株式市場の下落局面では、12カ月間のサープラス損失が100年に一度の規模にまで達しそうになった。幸いそのときは、年末までにサープラスは回復したが、このようなめったに起きない事象に直面した後でさえも、自分の信念を曲げず、リスクシステムを疑う人々もいるのである。

もし、100年に一度の損失と言われて実感がわかないのであれば、代わりに今後4年間で起こり得る10回に一度の損失を考えて見るとよい。絶対リスクは時間の平方根で増加するため、4年ごとに倍になる。また、10回に一度の最悪な年間サープラス損失額は、100回に一度の約半分であることを示しておきたい。

リスク計算の動機付け

リスクという概念をアセットミックスを評価するときに用いていたころは、クオンツ的な興味は資産・負債モデルそのものに向けられており、背景にある相関や分散の詳細にまで触れるようなことはなかった。しかし、VaRを使ったリスク管理が、毎月の運用戦略評価で重要な役割を担うようになり、また成果に基づく報酬制度に直結するようになってからは、理事会や運用執行部、コンプライアンス・オフィサー、監査役、法律スタッフ、そして人事部門も十分に理解しておかなければならなくなった。

当初私たちは、リスク管理における技術的な部分をやや強調しすぎるという過ちを犯した。結局はうまくいったものの、やり直すことが

できるならば、次に述べる「分かりやすい」アプローチを試すだろう。まずは、同じ説明を何度となく繰り返す覚悟をしなければならない。運用執行部や理事会のメンバーは入れ替わるうえに、新しい考え方に関する記憶は時間と共に薄れてしまうからである。「リスクがどんなものか分かり始めた」と驚きながら人々が話すのが聞こえるようになったときには、成功したも同然である。

　例えば、モンドリアンとバン・ゴッホの絵画を比較することは、ポートフォリオ分散の考え方を理解するのに役立つであろう。幾何学的に彩られたモンドリアンの絵とは違い、リスクは正確に計測したり、合計したり、分割したりすることができない。むしろリスク評価は、バン・ゴッホの果樹園の絵に描かれた木々のように、常に不鮮明で曖昧で絡み合ったものである。果樹園を表現していることについては異論がないものの、木々や枝が何本あるのかは意見が一致しないのと同じことである。それにもかかわらず、リスクに関しては、まだバン・ゴッホをモンドリアンに変えようと議論して行き詰まっているのである。

　単独ではリスクのあるポートフォリオも、ほかのアクティブやパッシブのポートフォリオと組み合わせたり、負債と組み合わせたりすることで、かなりリスクを減らすことができる。しかし、それにもかかわらずポートフォリオのリスクに関する相互作用を無視する傾向がある。長期債のデュレーションは、それ単独ではリスクを伴うが、長期のデュレーションを有する負債と組み合わせて考えればそうではない。大規模なパッシブ資産を保有するファンドにベンチャーキャピタル群を組み入れることで、むしろ元のファンドよりリスクは下がるのである。モーゲージ証券を不動産ポートフォリオに組み入れるとリスクは増加するが、固定利付債の組み入れがリスクを増すようなインフレに連動した負債を持つファンドに対しては、リスクを相殺させることになる。サープラス・リスクが減少しないのであれば、個別のリスク・

コントロールをしても、あまり意味がないのである。

多くの優秀な人々が、リスク計算を始めた途端に「金融恐怖症」に悩まされるのを目の当たりにしてきた。二乗と平方根さえ理解できれば、そう難しくない世界であるにもかかわらずである。なかには、これを避けるためには何でもするという人までいる。ある同僚は「私は30年間平方根というものに触れたことがないし、今から始めるつもりもない」と言っていた。

私たちが使っているヒストリカル・フルバリュエーション法によるVaRは、複雑な数学の力を借りることなく、リスク分散が機能することを示している。それは、基金およびそれを構成するポートフォリオが、過去14年間で発生確率1％の最悪な日にどの程度の損失を被るのかを単純に計算して求められる。しかし、発生確率1％の最悪な事態が、それぞれのポートフォリオでは違うタイミングで発生するというのは自明のことである。つまり各ポートフォリオにおける発生確率1％の最大損失額を合計したものは、基金全体のそれに比べはるかに大きく、そしてこのことは取りも直さずリスク分散効果を証明しているのである。

数式は議論の妨げとなり得る。しかし、言葉や事例を使って、100カナダ・ドルの損失となるリスク2つの合算が、互いの相関関係（収益や損失に関する相関の強度）からどのように影響を受けるのか、分かりやすく説明することで、議論を順調に進めることができるようになった（図1参照）。

まったく同じ性質を持つリスクは「完全相関」であり、それは通常の方法で加算すればよい。つまり、100カナダ・ドルの損失可能性を持つ企業の株式に投資したポートフォリオを、単純に倍にするとリスクも2倍になる。一方、TSE（トロント証券取引所）の株式とGSCI（ゴールドマン・サックス商品インデックス）を比較した場合、各期間の収益と損失には特定のパターンがない。つまり「無相関」となっ

図1　損失リスクの合算

リスクA＝リスクB＝100カナダ・ドル
（発生確率1％の最大損失額）

A:マイクロソフト株 B:マイクロソフト株	A:TSEの株式 B:コモディティー	A:インフレ連動債 B:年金負債
相関係数＝1	相関係数＝0	相関係数＝1
「完全相関」 リターンは同一方向に動く リスクは合算される	「無相関」 リターンの動きにパターンなし リスクは合算値より小さくなる	「逆相関」 リターンは逆方向に動く リスクは相殺される
200カナダ・ドル	140カナダ・ドル	0カナダ・ドル
$\sqrt{(100^2+100^2+2\times1\times100\times100)}=200$	$\sqrt{(100^2+100^2+0)}=140$	

$$リスクA＋リスクB＝\sqrt{リスクA^2＋リスクB^2＋2\times 相関AB\times リスクA\times リスクB}$$

ており、100カナダ・ドルの損失を生じ得るTSEポートフォリオとGSCIポートフォリオとを合算すると、合算後のリスクは個別リスクの合計値を下回る。最後に、100カナダ・ドルの損失リスクを持つインフレ連動債のポートフォリオと、同じ規模およびデュレーションの年金負債とをペアにすると、一方の収益は常にもう一方の損失と同額となる。すなわち相関関係は「完全に逆」となり、合算後のリスクはゼロとなる。

　結局は、どんな仕事にも適切な手段が必要となるのである。かつて、ローマ数字を用いていたころには演算は困難であった。しかし、今やアラビア数字とゼロの概念によって、子供でも演算ができるようになった。リスクのために二乗や平方根の計算が必要ならば、シンプルな計算機を買い、幾つかのボタンを押してみて使い方を習得すればよいのである。

ヒストリカルVaRの計算

　VaRの計算方法には3つの基本型（平均分散法、モンテカルロ法、ヒストリカル法）があり、ヒストリカル情報を将来の想定にどう反映させるかによってそれぞれ異なっている。私たちは、そのなかで「ヒストリカル・フルバリュエーション法」のVaRを採用している。この手法の「ヒストリカル」という部分は、どれだけ将来が過去と異なるかという視点よりも、むしろ過去の結果に信頼を置くことを意味している。「フルバリュエーション」という部分は、現時点のポートフォリオを固定し、全資産について過去のすべての日にわたって価格変動を計測することを示している。分布や相関関係についていかなる仮定も置く必要はなく、過去に起きたことはすべて評価に反映させるのである。特定の投資あるいはポートフォリオについて、私たちが行っているリスク計算方法は、とても単純である。

- 過去14年間の日次リターンのデータベースを用いて、該当期間におけるすべての日について、どの程度の収益や損失であったかを見いだす。
- 結果を悪いほうから良いほうへとランク付けする。悪いほうから1％目の結果が、日次ベースでのリスク評価額である。
- 年率換算する前提として、今日のリターンが明日のリターンに影響を与えないものと仮定する。無相関の日次リスク2日分（それらは同規模とする）を合計しても、リスクは1.4倍にしかならない。つまり、絶対リスクは期間の平方根に比例する。1年間に約256日の取引日があるので、年率換算後のリスクは、以下のようになる。

$16(=\sqrt{256}) \times $ 日次リスク

十分な日次のヒストリカルデータがなければ、最も近い代替物を使う。非流動性資産の場合、流動的な代替資産を用いるか、あるいは適切な長期ボラティリティと他資産との相関関係を有する合成価格を用いる。このプロセスには、必ずアートな側面が残る。一方、アクティブ・マネジメントにおけるリスク評価では、問題はしばしばベンチマークのもろさから生ずる。

　ヒストリカル・フルバリュエーション法によるVaRは、過去14年以上の実績におけるリターンのボラティリティと相関の変化をとらえている。将来は変化するとの指摘もあるが、それは過去データによる評価に依存するのと同様に恣意的なものである。それでも過去データが最もよく状況を表しているとする考え方もあるのである。歴史を重視しすぎると、金融市場の構造的な変化の影響を過小評価する可能性がある。また、逆こそ真実なり、つまり現在は遠い過去の繰り返しに近いものである、という場合もある。

　市場の大きな変動によって、リスク・コントロールと投資戦略とが衝突するような事態になることは、大量の過去データを分析することで、事前に回避できるようになる。1998年、典型的な250日VaRモデルは、リスクの急上昇を示した。数日で30％相当の市場下落があった後、計測結果は発生確率1％の最大損失額となったのである。リスク・バジェット内にとどめるには、ポジションを解消する必要があった。しかし、投資のセオリーからすれば、価格が下落したことで、むしろリスクは低くなったと説明されるだろう。つまり250日間のデータでは、過去の事象が十分反映しているとは言えないのである。14年間の過去データを使った場合には、その新しい計測結果の影響をほとんど受けなかった。それは前例となる事象があったからである。

サープラス・リスクとアクティブ・マネジメント・リスク

　理論上、私たちはインフレに連動する負債のリスクを、資産の100％をインフレ連動債に投資することによって完全に相殺することができる。しかし、これだと年金プランが高くつく。なぜなら、インフレ連動債では通常、現状の拠出水準を維持するのに必要な4〜4.5％の実質リターンを確保できないからである。
　長期間の年金積立コストを削減するために、私たちは「サープラス・リスク」、すなわちSaR（サープラス・アット・リスク）を許容することによって「サープラス成長」（負債成長を上回る資産の成長）を目指す。SaRは、次の2つの要素からなる。

- 「政策サープラス・リスク」あるいは「政策SaR」、これは政策アセットミックスのリスク・リターン特性が、負債特性と異なることによって発生するリスク
- 「アクティブ・マネジメント・リスク」あるいはMEAR（マネジメント・エフェクト・アット・リスク）、すなわち資産が政策アセットミックス決定時に設定したベンチマークから乖離することによって発生するリスク（図2参照）

　政策アセットミックスの決定によって政策サープラス成長の目標も決まってくる。私たちは決定した政策アセットミックスによって、長期にわたって期待できる政策サープラス成長率を年率1.3％（資産の期待成長率5.3％－負債の伸び率4％）と保守的に見積もっている。その代わりに、22％の政策SaRを許容することにしたのである。
　アクティブ・マネジメントでは、平均的なファンドマネジャーの利回りを上回ることによって、長期のサープラス成長の分布を右にシフトさせることを可能にする。私たちは年率0.8％のアクティブ・リタ

図2 アクティブ・マネジメント・リスクの追加

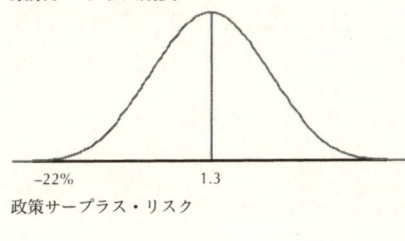

政策サープラス成長

−22% 1.3

政策サープラス・リスク

＋

アクティブ・マネジメントによるサープラスの成長

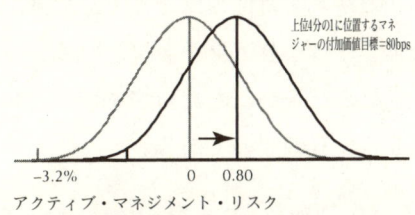

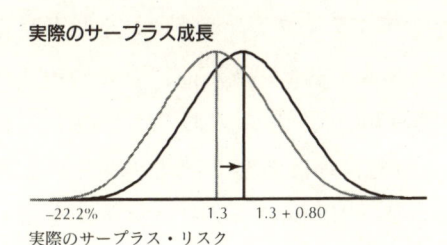

上位4分の1に位置するマネジャーの付加価値目標=80bps

−3.2% 0 0.80

アクティブ・マネジメント・リスク

＝

実際のサープラス成長

−22.2% 1.3 1.3 + 0.80

実際のサープラス・リスク

ーンを目標にしている。つまり、アクティブ・マネジメントによるサープラス成長を年率0.8%と見積もっているのである。この場合のMEARに対するアクティブリスク・バジェットとしては、3.2%を見込んでいる。目標が低いと感じるかもしれないが、外貨建資産の組み

入れ制限というバイアスがかかることや、アクティブリスクがリスク全体を増加させるという感覚が根強いことが影響したためである。

　サープラス成長は、政策サープラス成長とアクティブ・リターンを合計して求められる（図2参照）。一方、これらのリスクは分散する。政策サープラス成長とアクティブ・リターン間の相関をゼロと仮定すると、これらからなる実際のサープラス・リスクは以下のようになる。

$$\sqrt{(22\times22+3.2\times3.2)}=22.2\%$$

これは政策SaRの22%と大きく変わらない。このことは、アセットミックスがファンドのリスク特性のほとんどを形成するという一般的な観測結果と適合する。つまりアクティブ・マネジメントが、大きなサープラス成長をもたらそうが、もたらすまいが、いずれにせよ、増加するリスクはささいなものなのである。

アクティブリスクと目標リターンとの関連

　オンタリオ基金のアクティブ・マネジメントにおける年間の付加価値目標80bps（ベーシス・ポイント）は、アクティブおよびパッシブファンド関連の費用30bpsを含んでおり、ネットでは50bpsとなる（直接コスト10bpsの約半分は外部で管理されている資産の10%分に関するものである。あと10bpsは、デリバティブを用いて外国のインデックス株式エクスポージャをとるためのコストである。残りは、自家運用のコスト、リバランス・コスト、カストディーフィー、管理費用である）。

　全資産のベンチマーク超過リターンは、おおむね正規分布（費用控除前で平均0%）を示す傾向がある。もっともそれぞれのファンドマネジャーに対するリスク制限の違いから、分布が正規分布とならない

可能性もある。そのため、同一リスク制限下にあるアクティブ・マネジャー群が、裾野の広い正規分布を示すものと想定している。

投資の観測結果のばらつきが、正規分布を仮定したよりも裾野が厚くなる傾向に備え、発生確率1％のパーセンタイル値を平均値から2.33σ（2.33標準偏差）ではなく、2.6σと置いている。また、25％のパーセンタイル値を0.65σに、10％のパーセンタイル値を1.3σに丸めている。これによって、上位4分の1に位置するパフォーマンスは、25％（＝$0.65\sigma/2.6\sigma$）のリターン・オン・リスク（リスクに対するリターンの割合：1％の最悪事態発生リスクの25％に相当するリターンという意味）となり、きりの良い値として表される。さらに上位10分の1の場合、リターン・オン・リスクは50％（＝$1.3\sigma/2.6\sigma$）と表現される。

このことから、もし上位4分の1の目標が80bps（つまりリターン・オン・リスクが25％）だとすると、適切なリスク・バジェットは、320bps（＝80/25％）ということになる。図3における円は、1992年以来の年間アクティブ・マネジメントの結果を示している。これは、

図3 アクティブ・マネジメントのリスクとリターン

中央値のマネジャーはベンチマークと同じリターンだった（費用控除前）

下位50％のマネジャーがベンチマークに負けた

上位50％のマネジャーがベンチマークに勝った

上位4分の1に位置するマネジャーの超過リターン/MEAR＝80÷320＝25％

上位10分の1に位置するマネジャーの超過リターン/MEAR＝160÷320＝50％

発生確率1％の最大損失率（MEAR）

−320　　0　80　160

ベンチマーク超過リターン（単位:bps）

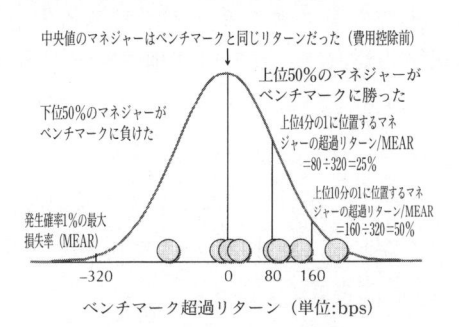

裾野が厚い正規分布を仮定＝-2.6σ, 75％＝0.65σ, 90％＝1.3σ

該当期間を通じて、平均アクティブ・パフォーマンスが中位値と第1四分位との間に位置したことを示している。

運用執行部と理事会は、運用スキルによって減らすことができる年ごとの超過収益のボラティリティを過大評価する傾向がある。特に、多くの人々は、第1四分位に属するファンドマネジャーが4年に一度損失に陥るという結果に戸惑うものである。

私たちも当初は、第1四分位に属するファンドマネジャーが100の投資判断のうち45はベンチマークを下回ることを示した内部研究（第三者によっても再現されたものであるが）に疑念を持ったものである。なるべく多くの意思決定を行い、単なる偶然より少し良い結果を出すことを積み上げることが、長期的に一貫したトラック・レコードを構築するもとになるのである。だからといって、長期にわたってランダムに損失が続くことを防ぎ、あるいはうわべだけは素晴らしく見える運用スキルを排除できるわけではない。

アクティブリスク・バジェットの策定

理論と経験から、アクティブ・プログラム間のリスクは、ほとんど相関がないと思われる（例外には、株式と債券間でウエートを移動させるタクティカル・アセット・アロケーションがあると思われる）。非北米圏の株式銘柄選択によって付加価値獲得を狙うことが、カナダ債券のベンチマークを上回ることを目標とする戦略と体系的につながるという根拠はない。リスクが無相関だとすれば、事前にリスク・バジェットを構築することが容易になる。それぞれお互いに相関がない9個のプログラムが、R_1からR_9のリスクを持つとすると、その全体のリスクは次のRで定義される。

$$R = \sqrt{(R_1^2 + R_2^2 + R_3^2 + R_4^2 + R_5^2 + R_6^2 + R_7^2 + R_8^2 + R_9^2)}$$

表1　9つのアクティブ・プログラムのリスク・バジェット

	資産(100万カナダ・ドル)	リスク/資産(%)	リスク(100万カナダ・ドル)	第1四半期のグロスの付加価値目標(100万カナダ・ドル)	トラッキング+コスト(100万カナダ・ドル)	第1四半期のネットの付加価値目標(100万カナダ・ドル)
債券	8000	3	250	25.0	10	15.0
アクティブ株式	11000	11	1225	122.5	25	97.5
インデックス株式	13000	3	325	32.5	12	20.5
インデックス外国株式	12000	1	140	14.0	43	−29.0
プライベート・キャピタル	2500	30	750	75.0	6	69.0
不動産	2000	28	550	55.0	7	48.0
スワップ・ウェアハウス	6000		0	0.0	0	0.0
マクロ戦略	4500	9	425	42.5	8	34.5
外国為替			175	17.5	17	0.5
リバランス/オーバーレイ	1000	96	960	96.0	52	44.0
資産総額			4800	480.0	180	300.0
ファンド合計	60000	3.2	1920	資産の0.80%	資産の0.30%	資産の0.50%

　等しいリスク分布を持つ9個のアクティブ・プログラムであれば、リスクは分散され1/3になるだろう。しかし、リスク配分を均等にすることは実務的に自然ではないため、各プログラムの規模が異なる影響を勘案し、リスク分散の目標は1/2.5とした。もし、すべてのアクティブ・プログラムが、プログラムごとに一貫して10%のリターン・オン・リスクをもたらすとすれば、基金全体では、分散されたアクティブ・マネジメント・リスク・バジェットに対して25%（＝10%×2.5）のリターン（つまり25%のリターン・オン・リスク）を生み出すことになるだろう。

　表1は、資産総額が600億カナダ・ドルの時点における、9プログラムのリスク・バジェットを示している。基金全体のリスクを示すRは、320bps×600億カナダ・ドルつまり19.2億カナダ・ドルに設定された。分散目標が1/2.5の場合、各資産クラスのリスクの合計値は、

2.5×19.2億カナダ・ドルつまり48億カナダ・ドルとなる。

　付加価値目標の合計は、グロスで80bps×600億カナダ・ドル、つまり4.8億カナダ・ドル、ネットでは50bps×600億カナダ・ドル、つまり3億カナダ・ドルとならなくてはならない。各プログラムにおけるネットの付加価値目標は、「グロスの付加価値－コスト許容量」となる。

　なお、リスク・アロケーションとアセット・アロケーションとは、必ずしも関連していなくてもよいことに留意すべきである。数多くの資産で運用しなくとも、多くのリスク資本を使うことができる（例えばファンド・リバランスによって）。リスクをまったく伴わない投資プログラムなどなく「パッシブ」か「アクティブ」かを二者択一できるような問題でもない。例えば、プライベート・キャピタルのようなプログラムは本質的にリスクが大きく、インデックス・ポートフォリオにリスクを若干配分する「エンハンスド・インデックス」は、ほかに比べリスクを抑えたアクティブ・マネジメントであると言える。

リスク・バジェッティング戦略の決定

　オンタリオ基金理事会と運用執行部では、年に一度、付加価値目標を決定づけるアクティブ戦略を策定する。運用担当理事は、1年を通じてプログラム間のリスク配分額を変更することができる。資産クラスごとのアクティブリスクの年間配分を変更する場合には、投資機会の変化や利用可能な内外資源を考慮して、協議が行われる。私たちは、リスク資本を最適化するクオンツ手法を知ってはいるが、これまでのところファンドマネジャーのスキルや期待収益といったインプット情報の精度が低く、基金運営には実用できないと認識している。

　長期戦略では、強み（すなわち、潤沢な現金や耐久性の高さ）に応じた投資行動により重きを置いており、弱み（すなわち、知名度や国

内市場に占める規模）にはとらわれないことが必要である。それがゆえに、市場に流動性を供給することによって収益を上げることに重点を置き、銘柄分散をしたうえで少しずつ収益を積み重ねようとするクオンツ的な投資技術、あるいはプライベート・キャピタルに力を注いでいる。

　私たちは米国株式市場のような競争優位性のない市場に対しては、アクティブリスクを配分することを避けている。またカナダ株式投資プログラムの大部分は、エンハンスド・インデックスとなっている。TSE取引高の4～5％程度を占めており、市場から大きく離れたポジションを取ることは困難だからである。

　さらに多くのアクティブリスクが、理論的にはほとんど資本がいらない投資行動に使われている。つまり、多くのアクティブ・ポートフォリオが絶対収益ファンドの特性を持っているということである。すべての投資活動は、その資産に応じてリターンを生むのではなく、リスクに応じてリターンを生むのである。ある事例で私たちは、同一資産クラスにおいて、アクティブ株式ポートフォリオからインデックス・ポートフォリオへと資産を動かした。それによって、アクティブ・ファンドマネジャーのポジションは、表面上はゼロになり、自らが強く推薦する銘柄に投資し、まったく関心を抱かない銘柄をインデックス・ポートフォリオから借株して空売りすることに集中できるようになったのである。

アクティブリスクのモニタリング

　年間計画では、すべてのポートフォリオが、配分されたリスクに対して10％のリターンを獲得し、全体の付加価値目標の達成に貢献するものとの仮定を置いている。そのためファンドマネジャーは、実際にリスクを使うにしろ使わないにしろ、配分されたリスク・バジェット

図4　アクティブ・リスクのモニタリング

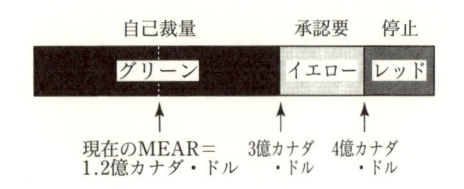

```
           自己裁量        承認要    停止
        ┌─────────┬──────┬────┐
        │ グリーン  │ イエロー │レッド│
        └─────────┴──────┴────┘
           現在のMEAR＝   3億カナダ  4億カナダ
           1.2億カナダ・ドル ・ドル    ・ドル
```

に対するリターンを生み出さなくてはならない。あくまで目標はリターンである。リスク・バジェットは資源でもあり、制限でもあるのである。

　通常、リスクは約１日遅れで報告される。当初よりグリーン・ゾーン（安全領域）、イエロー・ゾーン（警告領域）、レッド・ゾーン（危険領域）による単純なコントロール・システムが、コンプライアンスの測定のために設けられた。図４は、３億カナダ・ドルのリスク・バジェットを割り当てられたファンドマネジャーの例である。０カナダ・ドルから３億カナダ・ドルの「グリーン・ゾーン」では、ポートフォリオにおける発生確率１％の年間最大損失額が３カナダ・ドル以下であるかぎり、ファンドマネジャーは好きなようにポジションを取ることができる。例では現在のリスク使用が1.2億カナダ・ドルとなっているが、これは十分にグリーン・ゾーン内である。

　上記グリーン・ゾーンのリスクを33％伸長させた「イエロー・ゾーン」は、上限が４億カナダ・ドルである。この範囲で運用するには、上司管理者の承認が必要になる。ファンドマネジャーはほとんどの期間をイエロー・ゾーンの少し手前で運用することが求められるが、そうすることが配分されたリスクを充分に活用したことになるからである。「レッド・ゾーン」に入った場合は、すぐにリスクを減らし、

CEOおよび理事会に特例報告しなければならない。

サープラス管理問題

サープラスにおけるリスク・リターンのトレードオフ関係について、意思決定プロセスを改善するために、以下4つの要素に焦点を当て、研究を継続して行っている。

1．サープラス・リスク・バジェットの大きさを設定するひとつの手段として、アセットミックスに変更を加えること
2．サープラス・リスクに対するリターンを最適化するときに、収益率の予測値を組み入れること
3．より優れたベンチマークを見いだすこと
4．サープラス配分政策

政策アセットミックスによって、リスク・バジェットが一定に決まるわけではない。サープラス・リスク・バジェットは、アセットミックスの選択結果から導かれる。その前提として、政策アセットミックスを構成する資産クラスのベンチマーク・リターンは、一定の標準偏差で分布するものとしている。ところで最近のテクノロジー関連株は、カナダのTSE300を含む各国のインデックスのなかで、以前より目立つ存在になってきている。これらの株はボラティリティが高いため、各国の市場インデックスもより変動性を増すこととなった。私たちはカナダ株式に30％もの配分をしているが、TSE300のボラティリティが高まったため、アセットミックスを変更していないにもかかわらず、サープラス・リスクが増加することになった。このことによって、政策アセットミックスを固定しても、サープラス・リスクが一定に保たれるわけではないことが分かる。

とるべきサープラス・リスクは、期待リターンに左右される。私たちの政策アセットミックスと22％に設定されたサープラス・リスク・バジェットは、株式プレミアムを控えめに見積もり、長期間のヒストリカル・リターンを使って導かれたものである。そのことは、資産・負債モデルにおいては、株価の平均回帰と金利のトレンドを想定しているにもかかわらず、投資開始時における市場水準が重要なわけではないことを意味している。しかし、私たちはこの10年間で素晴らしいサープラス・パフォーマンスを経験したばかりであり、10年間の株式リターンはスタート時におけるP/Eレシオと逆相関であるという事実もある。このことは投資スタート時の値が重要であることを示している。株式リスクに対するこの先10年間の期待リターンは、1992年当時に比べ2000年にはそれほど高くないと思われるため、65％の株式構成比と22％のサープラス・リスクは最適と言えない可能性がある。

不適切なベンチマークは、不適切な行動を誘う。サープラス・リスクとアクティブ・マネジメント・リスクをうまく分けるには、適切なベンチマークが必要である。優れたベンチマークは、評価対象資産のリスク・リターン特性と一致する。しかし、適正なベンチマークを持たない資産も存在する。サープラス・リスクを減少させるような、たぐいまれなる資産があったとしても、不適切なベンチマークで計測されるとアクティブ・マネジメント・リスクが大きいと評価されてしまうことがある。そのような場合、ファンドマネジャーがアクティブリスクを減少させようと試みれば、結果としてサープラス・リスクを増加させてしまうかもしれないのである。ところで、プライベート・キャピタルや不動産といった流動性のない資産のパフォーマンスは、どんなベンチマークに対しても短期的には高いボラティリティを示すことになるだろう。しかしこれは、リスクの問題ではない。優れた戦略が機能するのに充分な時間が必要なのである。

サープラス配分についての基本的考え方は、政策アセットミックス

よりもサープラス・リスクに対して大きなインパクトを与える。資産・負債モデルでは、運用成績の良好な年のサープラスの成長は、拠出金を減らすか、成績の悪い年への備えとしてサープラスを積み立てるかのどちらかに使われるものと想定している。ところが実際には、北米圏の多くの年金基金は、サープラスで給付改善をしたりコントリビューション・ホリデー（拠出金の一時停止）を実施してきた。給付改善をすると、将来の加入員の給付を賄うのに必要な予定利率が上昇する。それは、現在加入している者が生み出したサープラスによって将来の加入者に対する給付を賄うということになるのである。ほとんどの年金基金に見られる高齢化と相まって、このことが、サープラス損失が今後の10年間の掛け金を増加させる引き金となる、というリスクを劇的に上昇させた。

システムの導入

　優れたリスク・エンジンを導入することが重要である。導入作業の約70％は、必要なデータ（投資ポジション、時価、デリバティブ契約の明細）を取材するために、ほかのシステムへのリンクを構築することで費やされてしまう。しかしそれでも、資産の90％を自家運用すること、そして外部のファンドマネジャーの投資行動の情報を日次で受けるためには必要なのである。

　導入してすぐに使えるようなリスク・システムなどなく、通常は、カスタマイズが必要である。そのため、ベンダーの柔軟性とサポート能力を考慮して、導入するシステムを決めることが重要である。リスク・システムのほとんどが、Unixを搭載したSunの専用ハードウエア上で動作するタイプである。PCベースの新システムは、ほかのUnixアプリケーションを使っている組織では導入しやすいものだと言える。また最近登場した新しいサービス形態（すなわち、ポジショ

ンデータを送ることで、リスク計算結果を送り返してくれるもの）は、VaRの算出をより迅速に、やさしいものするだろう。

　オンタリオ基金では、システム設計と運営を、インベストメント社のリサーチ・エコノミクス・グループとMIS、独自にリスク値を報告している私たちの金融部門とで協働して行っている。私たちは管理ツールとしてのVaRの普及を図るために「リスクを取り締まる」ためだけの道具として使われないように注意を払った。なぜなら、リスク管理にはトップのサポートが必要なことは言うまでもないが、組織全体に受け入れられて初めて、その力を発揮できるからである。これが年金基金にとって最初のVaRアプリケーションであったこともあり、概念的な欠陥を修復し、私たちが使っている膨大な量のヒストリカルデータを利用できるようにするのに、約1年を要した。さらに、システムの試験運営を1年間行った。今日であれば、これらすべてを1年もかけずに達成することができるだろう。

実務に浸透するリスク・バジェッティング

　オンタリオ基金は、リスクシステムを約4年間用いてきたが、おおむね良好に機能している。アクティブ・マネジメント・リスクの予期せぬ変化は、たいてい事務上のミスか、あるいは注意を要する構造変化によるものである。当初、リスクを計測することによって、ファンドマネジャーがリスク回避的になるのではと心配した。しかし、時と共にそうした心配も必要なくなった。

　どのようなリスクシステムも、例えば、日中ハイリスクであるものの、終業時にはグリーン・ゾーンに戻っているといった短期売買の影響までとらえられるわけではない。しかし、このことは重大な問題にはならなかった。それよりも十分なヒストリカルレコードを持たない非流動的な資産や商品についてリスクをどう定義したらよいのか、と

いった有益な議論が多く行われるようになった。なお、信用リスクや株式リスク・ファクターをどう適切に表現するかといった分野では、依然多くの課題が残されている。

通常リスクシステムは、データ、システム、制御、そして報告に焦点を当てることから始まる。しかし本来は、投資戦略や、マネジャー・ストラクチャー、より優れたリスク・リターンのトレードオフ関係の検討に焦点を当てるべきである。「荒くれファンドマネジャー」をコントロールするためにリスク管理システムを利用するというのは、能力の浪費と言える。

リスクマネジメントを行っていくことで、サープラスやサープラス・リスク、サープラス・リターンといった重要な課題についての議論が促進されるはずである。また、アセットミックス、ベンチマーク、アクティブ・マネジメントについての伝統的な考え方が、幾つか改められなければならないことに気がつくだろう。年金基金は、非常に重要な問題であるサープラス・リスクに制限されながら、非常に扱いにくい問題であるサープラス・リターンを管理していると主張している。しかし一方で、概念的にやさしいアクティブ・マネジメントのベンチマークに勝つことや、非常に小さいアクティブ・マネジメント・リスクを管理することに頭を悩ませている。

リスクを計測すると、最初は、その数値の大きさに衝撃を受ける。しかし、リスクを計測すること自体でリスクが生まれるのではなく、市場のボラティリティが、リスクの実在を示すのである。時がたてば、リスクマネジメントでは短期的な観測結果が重視されなくなっていくものと期待している。年金の戦略というものは長期的に何が起こるのかを大事にするべきであり、4年未満で起こることは意味を持たない。サープラスにとっては、さらに長期的な結果が大事であろう。

VaRに立脚したリスク管理とリスク・バジェッティング・プロセスは、優れたツールではあるが、万能薬ではない。それは、ポートフ

ォリオ理論を有効な投資管理ツールへと変化させたものである。言うなればそれは、より広い市場でよく売れるように包装された、新しいたるに入った古いワインのようなものなのである。

(ここに表現された考え方は著者たちのものであり、オンタリオ州教職員年金基金理事会に帰属するものではない。サンディー・ジェンミル氏の有能かつ専門的なサポートに対し、感謝の意を表したい)

第12章
条件付きリスク許容度の下での
リスク・バジェッティング

マイケル・デ・マルコ、トッド・E・ペッツェル
パトナム・インベストメント・アンド・コモンファンド・グループ

　年金基金が決定する重要な前提条件のうち、あまりに多くのものがその運用哲学に深く織り込まれすぎているため、受託者や運用担当者はその前提が間違っているかもしれないと疑問を抱いたりはしない。このことを見落とすと、非常に高くつく可能性がある。「リスク・バジェッティング」は、ファンドにおける意思決定の策定および管理のためのツールである。その直接の利点は、投資判断を左右する前提条件を明確にすることにある。またそのプロセスのなかで、基金の基本的な政策決定や戦略の基礎となる、すべての重要な前提条件を再検証することになる。リスクの必要性と許容度を明確にすることによって、ポートフォリオを長期的なパフォーマンス最大化を目的として最適化することになる。

　これについてはさまざまな面からの取り組みが可能である。基金の目的に対する正しい定義（と測定方法）、ベンチマークの妥当性、また運用マネジャーのパフォーマンスがスキルによるのか、単に偶然なのかを見分ける方法などが、本章で触れるトピックである。これらの分野の道標となる教訓は、行動ファイナンス、あるいはデリバティブ取引からも得られる。しかし本章の主題は、リスクテイクとリスク許容度にかかわる隠された前提条件を発見することにある。

概念的モデルの発達によって、機会やスキル、確信度を同時に検討し、それに応じて適切なレベルのリスクをファンドに対して設定することができるようになった。リスクテイクに対する哲学の変化は、突き詰めると以下の2つからもたらされている。それは、年金基金が組織全体の目的を達成するに当たってのファンドの重要性と、政策決定者および戦略決定者の成功や失敗に対する報酬の与え方である。この場合、投資期間を考慮することが重要である。

　本章は、リスク・バジェッティングの核となる原則に関する簡単な紹介を行うものである。また、リスク・バジェッティングのメニューやそのプロセスに整合的な意思決定を行うのに適当なツールを開発するということも視野に入れている。また最後では、伝統的なアセット・アロケーション手法を拡張するためには、どうリスク・バジェッティングを利用すればよいのか、について論じている。

計画および管理のためのツール

　管理の行き届いたファンドは3つの枠組みから構成されている。投資政策や哲学、負債サイドの分析に基づく戦略計画、そして戦術的計画、つまり実行計画の3つである。一般的に、投資政策はまれにしか改定されず、戦略的な見通しは毎年修正されながら3～5年サイクルで作成される。また戦術的計画は、タイム・ホライゾンを1年として毎年立案されるものである。資産運用は、ある特定のタイム・ホライゾンのもとでの期待リスク／リターンに基づき実行される。しかし、運用の意思決定者への報酬や運用評価は、明示的に通常直近1年間のリターンで決まり、リスクの観点からの評価は行うとしても、それとなく評価するだけである。

　リターン、リスク、そしてタイム・ホライゾンの曖昧で時に不完全な関係は、市場が大きく変動するときに非論理的な決定がなされる原

因となる。3日間の見通しに基づき明確な行動を行ったようでも、3年の期間を通して見た事後的解釈からすると理にかなっていないように見える。短期的なリスク・イベントに対応していると、マーケット状況が反転したときに、長期的な観点では非常にコストのかかるポートフォリオとなってしまう。この短期的な視点に陥る危険性を最小化するような手順を構築すべきである。

事実上すべての企業、非営利団体は、主要な（つまり、投資以外）事業を運営するときに3つの部分（政策、戦略、戦術）からなる似たような枠組みを採用してきた。しかし、「予算」こそが、資本投資（建設など）や事業活動を行うのに最も重要な計画・管理ツールである。一方、ファンドを管理するための予算、つまりリスク・バジェッティングは産業界における「思考のリーダー」の間にしか広まっていない。

キャピタル・バジェッティングとリスク・バジェッティングの間の類似性を考えてみよう。キャピタル・バジェッティングとは、資本をどう配分するかという問題に直接取り組むものである。キャッシュフロー割引モデルによって、代替案を採用すべきか否かを決定し、ランク付けを行う。しかし、予算の大きさ自体はどうすればよいのか。このモデルはまた、この問題への対応も含んでいる。資本市場の状況変化は、デュレーション調整後のリスクフリー・レートに影響を与える。借り手の状況変化は、リスク・プレミアムという形で反映される。そして、この評価モデルを満たすプロジェクトに必要な資本を利用することによって、企業は実行可能なプロジェクトをリストアップすることができる。キャピタル・バジェットは、静的なものにとどまるものではない。上に述べられた2つの変数と、例えば「技術」の面から適切かつ実行可能とみなされたなどのプロジェクトのリストによって、キャピタル・バジェットの「大きさ」が想定される。したがって、魅力的な投資対象を見いだす能力と資本環境や信用環境があいまって、

キャピタル・バジェットの「大きさ」が決定されることとなる。

　リスク・バジェッティングでは、従来のキャピタル・バジェッティングにおける場合と同様に、2つの問題に対処する必要がある。まず第一に適切な大きさを決め、第二に配分を決定することである。リスク・バジェットの大きさは、戦略的な目的を達成するために投資家が必要とするリスク量と、投資家が許容できるリスク量との間のトレードオフ関係を示す。図1は、リスク・バジェットの大きさはファンドの目的によって決定されることを表している。インフレ調整のようなマクロ経済ファクターがプランのニーズに組み込まれることがあるというのは、それが法的用件であったり、またこれを行うことで、競争が激化する労働市場において労働者の満足を高め、労働力を確保するということになるというビジネス上望ましい結果が出るからである。早期退職の制度を盛り込んだり、長期勤続の中高年層に対する給付を減額せずにキャッシュバランス・プランに変更したりすると、プランの負債は著しく増加する。高い給付水準を要求しながらリスク許容度の低いプランは、低リスクのポートフォリオを採用せざるを得ず、結果的に期待リターンも限定的となる。年金基金のサープラス（剰余）のボラティリティを最小化するというのが、一般的な低リスク政策である。しかも、将来の拠出金の現在価値を最小化すると、年金基金の資産の増加分は既受益者に対して確定している年金債務にあてがわれる程度となってしまう。もしプランにとって基金の増大が必要なら、それに応じたリスクを進んでとる必要がある。

　リスク管理においては、プランの目的を達成する可能性が高まるようファイヤーウォールを設定し、それによってリスク調整後リターンを最大化すべく分散投資とヘッジの効果が得られるようにする必要がある。リスク管理のプログラムがよくできていれば、ファンド構築の際により高いレベルのリスクをとることができる（Stux and de Marco, 1997）。またリスク管理において、ガイドライン違反や業務

図1 ファンドの目的によって決まるリスク水準

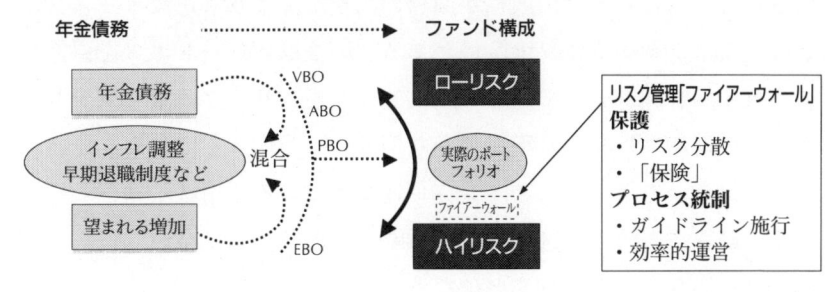

上の誤りがあったときにも、損失を最小限にするということも考慮に入れるべきである。

ファンドのリスクは、さまざまな期間にわたる年金給付を行う能力を見て判断すべきである。リスクとは何か。リスクとは不確実なエクスポージャをとろうとする度合いである。

例えば、
- ポリシーミックスのなかで株式の保有割合を増やすということ
- より広範囲からファンドマネジャーを探したり、より狭い部分に焦点を当てた戦略を採用したりして、実行段階でよりアクティブなマネジメントをすること
- 信用リスクの高いエクスポージャをとること
- 流動性の低いエクスポージャをとること
- 最終的には、時価評価やパフォーマンスの観点からは計測することがより困難となる運用プログラム、もっと一般的に言えば、例に挙げる公開株式ではなく未公開株式への投資を行うこと

などである。

短期で見た支払能力と長期で見た資本の成長の両方を確保する必要がある。イベントリスク（短期間における支払不能リスク）への感応

度と、財産が目減りするという意味での戦略上のリスク（つまり、計画されていた資産の累積成長が債務の累積増加よりも遅れるリスク）との間にはトレードオフの関係がある。図2はトレードオフを視覚的に表現する計画ツールである。短期的な視点でリスク総量を減少させると、長期的には収益を獲得できないリスクが増大してしまうことを表している。キャッシュとインフレ連動債による運用はイベントリスクこそ減らすものの、長期的な「戦略」上のリスクについて言えば株式より相当リスクを負うことになる。

　図はネット・サープラスという観点でリスクを明らかにしている。例えば、年金のサープラスを10年間で最悪の年でも5％以内の減少にとどめることを短期的なリスクの最終目標とする。戦略上のリスク目標は、年金基金のサープラスが長期的に毎年2％ずつ成長し続けることとする。このようにすると、おそらく年金基金への拠出の必要性がなくなる。図はさまざまな伝統的な資産——株、固定利付債券、インフレ連動債、そしてキャッシュの組み合わせでの長期期待リターンを示している。図上のそれぞれのポートフォリオは、それぞれのアセットクラスへ100％投資している場合である。資産側だけを見た場合にはかなり異なったリスク水準である各ポートフォリオが、サープラスのイベントリスクの観点からはきわめて似ていることが分かる。すべてインフレ連動債で構成したポートフォリオだけが無視できる程度のイベントリスクにとどまっている。年金債務は、インフレ率への感応度が高いとされているためである。興味深いことに、普通債券のみでは株と普通債券のさまざまな組み合わせからなるものと同様な、サープラスのイベントリスクを抱えることになる。また、キャッシュのみのポートフォリオは若干リスクを抑えているだけである。

　10年に一度の頻度で（すなわち90％の信頼水準）、分散投資されたファンドにおいて資産の5％相当の剰余金の減少が時価評価ベースで発生することに備えるべきである。これは、どんなファンドでも対応

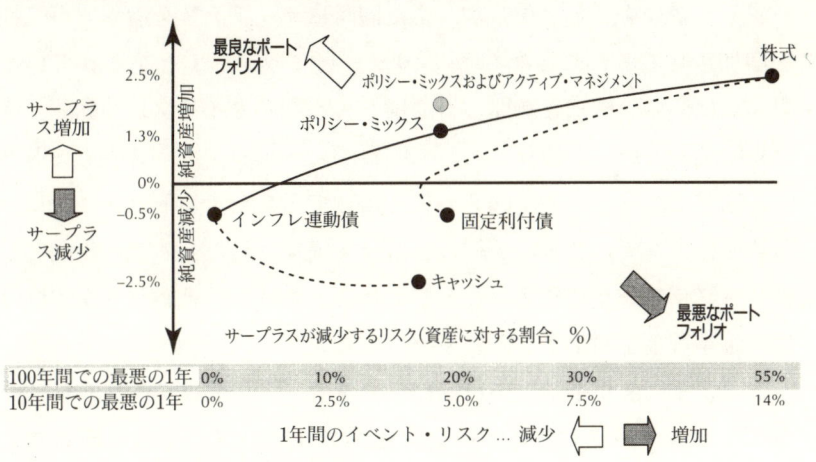

図2　許容できるリスクと必要なリスクとのトレード・オフ

100年間での最悪の1年	0%	10%	20%	30%	55%
10年間での最悪の1年	0%	2.5%	5.0%	7.5%	14%

1年間のイベント・リスク … 減少　　増加

出所＝オンタリオ州教職員年金基金理事会

はできていると十分な確信を持っているタイプのショックである。なぜなら、意思決定者が自らそのような出来事を経験する可能性が高いからである。100年に一度の頻度（すなわち99％の信頼水準）だと、20％の損失が発生する。これは起こる確率が低いものの、不注意な運用組織を破綻へと追いやるかどうかの分かれ目になる。意識の高い組織は、実際の市場状況のなかで定期的に「ハンドルとブレーキ」をチェックできるようにしておくべきということ、また「エアバッグ」をシミュレーションで試しておくべきということに気づくはずである（後述の「確信」セクションにおける「B計画」を参照）。

　図２のポートフォリオはまた、長期的なサープラスを獲得する能力にそれぞれ違いがある（すなわち縦軸）。利付債券だけのポートフォリオ（すなわち、キャッシュ、普通債券、インフレ連動債）は、ファンドの債務（例えば年金債務）の拡大に追いつくのに必要な収益を生

むことはできない。株式を加えることはイベントリスクへのエクスポージャを増やすことになるが、また同時にサープラスを増やす可能性を増加させることにもなる。「ポリシー・ミックス」と記されている黒い点は65％の株式と20％の普通債券、不動産やインフレ連動債、商品先物契約といった債務に対して実質的にヘッジを行う資産に15％という構成になっている。図２のアミ掛けで示したポートフォリオは、各資産にアクティブ戦略を組み合わせて構築されたもので、年間２％のサープラス成長を見込むことができる。こうした戦略がうまくいけば、毎年資金を拠出する必要がなくなる。

このように、年金基金の目的は、ファンドの目標リターンやリスクレベルに置き換えられる。投資資産間でリスク（すなわち絶対リスク）を配分することは、このプロセスのなかで必須のものである。相対リスクやトラッキング・エラーなどのアクティブリスクのアロケーションは、本章で後述する。

リスクテイク・モデル

従来の投資理論の世界では、個人や組織によって違いはあるものの、リスク許容度は基本的に一定として考えられる。この要因をモデルに組み入れても、ほとんどだれも関心を示さなかった（Bernstein, 1996）。その起点は、期待効用理論に求められる。この伝統的なアプローチは、２つの仮説に基づいている。その第一は、投資家の満足は富が増すほど増大するが、そこには「効用逓減」の法則が働くということである。そして２つ目には、投資家はリスクを嫌うということである。満足、つまり期待効用は、期待リターンからリスク・プレミアムを控除するに等しいようなものである。行動ファイナンスでは、人為的なファクターを導入し、効用理論は期待理論として置き換えられる。これは収益の期待、損失発生の期待や時間軸効果を含む。典型的

図3 条件付きリスクテイク・モデル

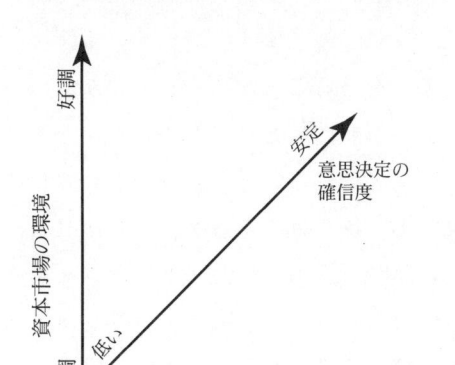

(縦軸: 資本市場の環境 — 好調/不調、横軸: 認知されるスキルの水準 — 慎重/確信、対角線: 意思決定の確信度 — 安定/低い)

には、政策アセットミックスの構築のときに絶対リスクのレベルに目標を定めることも、暗黙のうちに行われている。通常、政策レベルでの絶対ボラティリティを見積もるために、組織が実際に保有する資産の非常に長期にわたるヒストリカルデータを使用する。ポートフォリオを構築するときの最適リスク水準と同様に、リスク感応度（すなわち、リスク許容度）もダイナミックに扱われるべきである。図3は、リスクテイクのモデルの考え方の概要を描いたものである。投資家のリスクテイクに影響を与える3つの要素は、以下のとおりである。

1．資本市場環境の収益見通し変化によって生じる、リスク調整後の期待リターンへの反応
2．学習プロセスと人事異動により組織の知的資本のレベルに変化が生じたことに伴う、スキルの成長と衰退に関する認識という要素
3．運や意思決定者の交代に応じて時折変化する、意思決定の確信度

環境

どのくらいのリスクをとることが望ましいのか。ポートフォリオの実質価値を増加させる可能性はどこにあるのか。とるべきリスクに対応する期待リターンはどのくらいのものなのか。変化に富む環境のなかで投資家は活動しているわけであるが、それがリスク目標を立てることの第一歩となる。時折、エコノミストやトレーダーから「センチメント」として片づけられるこの要因は、行動ファイナンスの研究成果が認められるのに伴って、さまざまな人々に受け入れられることになった（Thaler, 1999）。完全に解釈されているわけではない多くの要因のように、この要因は少々危険なことだが無視されている。例えば、LTCM（ロング・ターム・キャピタル・マネジメント）のトレーダーは、1998年にひどい経験をする以前、自分たちのモデルとは無関係のものとしてこの要因を片づけてしまったと報告されている（Zuckerman, 2000）。

資本市場線の傾斜やある時間断面におけるボラティリティは、環境を測定する2つの方法である。図4では米国株式市場における1998年の2つの連続する四半期を対照させて、市場環境によってリスクテイクに対するリターンが異なる様子を示している。有効フロンティア上のポートフォリオはS&P500指数採用銘柄から構築されるが、そのときにはバーラ・オプティマイザー（www.barra.com参照）における過去のボラティリティおよび共分散情報と次四半期のリターンに関する「完全予測情報」、すなわち実績リターンを使用している。予測のスキルがこのモデルでは独立した要因として扱われているためである。「最適ポートフォリオ」のリスクレベルが2つの期間でまったく異なっている（1998年第3四半期約17％に対し、第4四半期約23％）だけでなく、レバレッジのない「最適ポートフォリオ」が持つインプライ

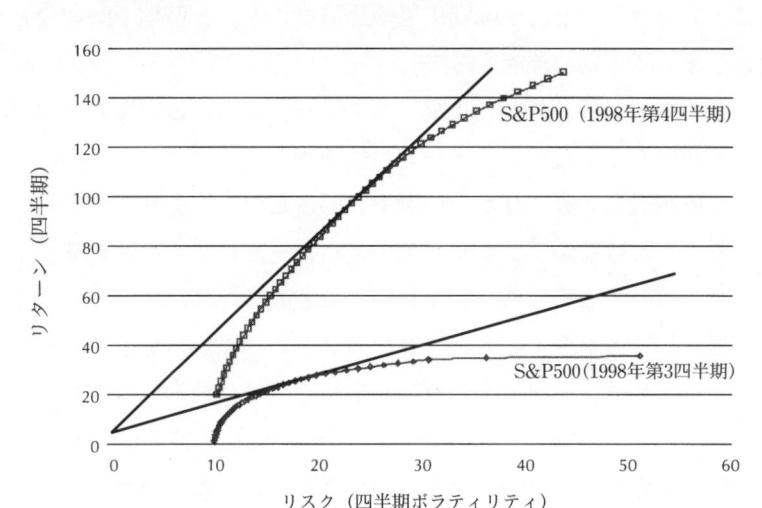

図4　市場環境はリスクテイクに応えるか

縦軸：リターン（四半期）
横軸：リスク（四半期ボラティリティ）

S&P500（1998年第4四半期）
S&P500（1998年第3四半期）

出所＝パトナム・インベストメント

ドなリスク許容度も同様にかなり異なっている。

　はっきりした効用関数のない状況では、投資家は「最高」のポートフォリオを選択するときに直観や推論のみに頼らざるを得ない。1998年の第3四半期には、投資家はたしかに別の市場やアセットクラスで限界リスクをよりうまく利用することができた。しかし第4四半期には、米国株式において通常よりリスクを付加したエクスポージャをとるべきであった。したがって、「そのときどきの環境下における最高のポートフォリオ」との解釈が変わるたびに、投資家のリスク許容度は明らかに変化するであろう。目標リスク（例えば、20％）を達成するために静的アプローチを使用した場合、投資家はある環境下ではリスクをとりすぎ、ほかの環境下ではリスクをとらなさすぎるということがおそらくあるであろう。同じ情報を使用してもう少し単純化され

たアプローチをとると、リスク・プレミアムの比較に使用できる。これは、アセットクラスや国別市場や経済セクター、時期や時代などの違いを超えて有効に機能する。

スタイル・セグメント、産業、セクター、あるいは市場のすべての株式を利用することで、リターンの横断的なボラティリティを使って、その環境が過大評価されたのか過少評価されたのかを判断することができる。実現収益のボラティリティのパターンは、ボラティリティのレベルが高いもしくは低いのかということのほかに、ボラティリティが上昇もしくは下降するトレンドなのかという点からも評価することができる。パフォーマンスの分布が平坦で広く分散しているか、固まって集中しているかということが、「投資可能な」機会かどうかという重要な差異を表す要因となる。期待リターンに基づいた横断的なボラティリティの推計をすることで、その環境下での投資機会が分かる。各々の代替セグメントリターンの予測の振れと、標準誤差または情報係数を使用した予測の信頼度は、役に立つ尺度である。図5は、米国株式市場における大型株のなかでは、リスクをとる機会がセクターレベルで広く分散していることを示している。トラッキング・エラーと題した項目は、各々のセクターで上位5分の1と下位5分の1の株式でロング／ショートのポジションを作り、四半期ごとにリバランスしたポートフォリオのボラティリティである。明らかに、リスクをとったことに対するリターンはこの12年間、セクター間で等しいものではなかった。また、リスクをとる意欲も各セクターにわたって一定ではなかった。このように投資機会が経済セクター間で偏っているということは、運用機関は金融資本のみならず知的資本の長期的マネジメントにおいてリスク配分に焦点を当てるべきことを示している。

1998年の秋に、ほとんどの資本市場では著しい価値の下落とボラティリティの上昇を示した。自信と情報のある投資家は、その災難の主要な部分は流動性によるものだと考えており、それは時間の経過とと

図5　セクター別のパフォーマンス（格差が示す投資機会）

コンポジット・ポートフォリオのセクター別リターン
ラッセル1000のサンプルで評価
1987年第1四半期～1998年第1四半期

セクター分類	平均リターン(%)	トラッキング・エラー(%)	シャープレシオ(%)	プラスのリターンとなった四半期の割合(%)
輸送用機器	3.1	13.00	0.24	55.1
通信	2.7	11.84	0.23	55.0
テクノロジー	11.7	10.07	1.16	72.3
ヘルスケア	7.4	10.01	0.74	64.4
エネルギー	2.8	8.62	0.33	56.3
基礎素材	4.9	5.98	0.82	66.2
資本財	6.2	5.96	1.05	69.9
主要消費財	4.7	5.59	0.84	66.5
循環消費財	7.2	5.53	1.30	74.4
金融	3.4	3.75	0.91	67.6
公益（事業）	1.6	3.41	0.46	59.1
上位1/5銘柄のロング、下位1/5銘柄のショートによるポートフォリオ	5.4	1.88	2.88	91.0

出所＝ゴールドマン・サックス・リサーチ（%）

もに緩和されるものだと期待していた。もし投資家のタイム・ホライゾンが長期的なものならば、その間のマーケットでの出来事は付加価値を作り出す本物の機会があるということの表れであった。図5に示されるように、同様の好機はいろいろなセクターにわたって、またそれぞれ異なるときに発生するかもしれない。

　ファクター・モデルを使うと、資本市場での投資機会の変化に対する、リスクという視点からの新しい見方がもたらされる。図6のなかの毎月の時系列は1999年の米国株式市場の大型株、とりわけ成長株においてモメンタムや市場のボラティリティ、バリュエーションのファクターがどれほど全体としてリスクを高めたかを示している。こうしたファクターは周期的に動くもので、完全にランダムに動くものではないので、ある期間にわたってセクターごとにリスク・エクスポージャを調整するのに用いられることがある。

図6 ファクター・モデルが示すアクティブ運用の収益機会変化

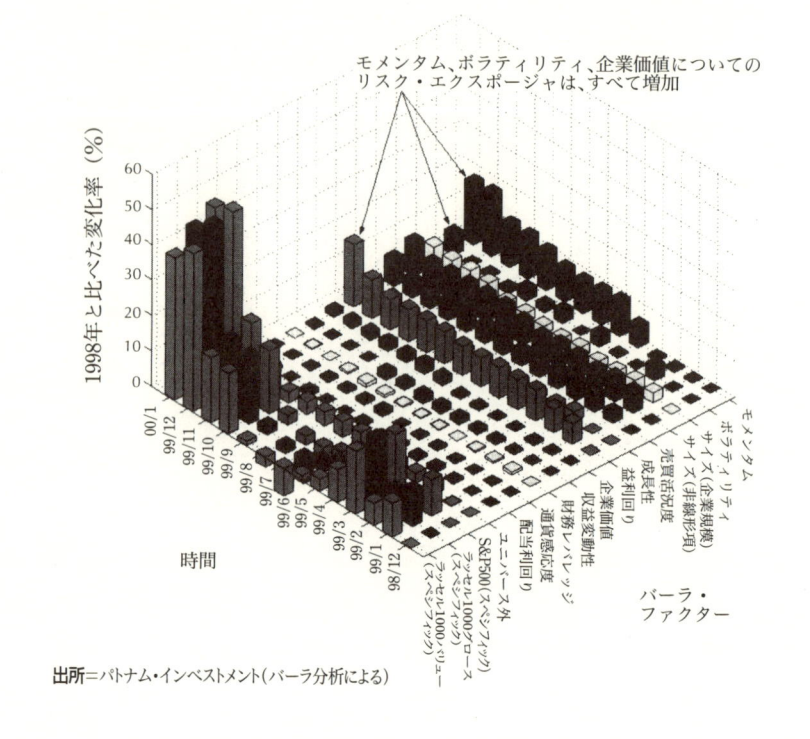

モメンタム、ボラティリティ、企業価値についての
リスク・エクスポージャは、すべて増加

縦軸: 1998年と比べた変化率（％）
横軸: 時間
奥行軸: バーラ・ファクター

出所=パトナム・インベストメント（バーラ分析による）

　最適な運用組織の構築は最適なポートフォリオの構築に似ている。ポートフォリオ内の有価証券のように、運用チームに所属する各メンバーの期待リターンは周期的な変動性や相関特性を持つ。パフォーマンスの変動性に対する経営者の許容度は、チームの最終的な富の形成を決定する。実際、彼ら個々人のリスク許容度の「ベクトル」が加重されたものは、結果を左右する重要なファクターになるであろう。長期のパフォーマンスに満足できない投資政策の決定者は、組織内でのこのファクターを正確に評価していないにすぎない。市場が下落方向のショック状態にあるとき、リスク回避の名目でエマージング市場や

図7 環境に敏感なリスク許容度

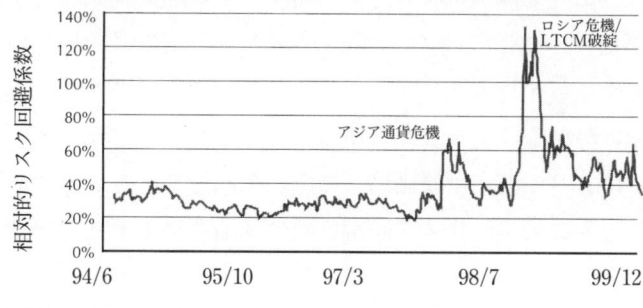

S&P500オプション価格から示されたリスク回避レベル

(相対的リスク回避係数)

グラフ注記: アジア通貨危機、ロシア危機/LTCM破綻

横軸: 94/6 〜 99/12

出所＝パトナム・インベストメント

　不動産のような長期投資が必要な資産を投げ売ることは、この種の過ちの一例であろう。リスクのある資産には、ときどき失望させられる。ご存知のとおり、リスクは多くの場合対称であり、市場で大幅な下落があった後にその資産を売却してしまえば、明らかに回復の好機を逸すことになる。さらに、個々の資産のパフォーマンスに固執すれば、ネットでプラスになるはずである資産間の相関関係の効果に気づかないことになる。

　デリバティブは、投資分析の基礎を開発した数学者および経済学者が利用できなかった、リスク許容度を試すことのできる道具（レンズ）の役割を果たす。図7は、マーケット参加者が資本市場のリスク・リターン環境に合わせ、いかにリスクを調整しようとするかを示すものである。1994年の半ばから1996年までの期間、グローバル株式の投資家にとって先進国市場は比較的さえない期間だった。図7に示した時系列は、S&P500指数におけるOTM（アウト・オブ・ザ・マネー）のオプション（デルタ値25）とATM（アット・ザ・マネー）の

オプションの関係を表したものである。これは、ボラティリティ・スキューとも呼ばれている。オプション理論においては、インプライド・ボラティリティは原資産のボラティリティの関数で表される。投資家はOTMのオプションによってヘッジすることを選好しないと仮定する。すなわち「リスクニュートラル」な行動を標準と考える。したがって、いかなるオプションの期限に対してもインプライド・ボラティリティはすべての「行使価格」に関して同等であるはずである。そのとき、図7に示したリスク回避係数は理論モデル上は一定値となる。例えば、ブラックショールズ式ではゼロ、最近のモデルによれば若干のプラスとなる。

しかし実際の市場は、この理論どおりにはならない。裾の厚い価格変動分布のせいで、OTMのオプションにはより高いインプライド・ボラティリティが通常見られる。図7はマーケットにショックが与えられた場合に、両者の関係が劇的に変化してゆく様子を示している。1997年のアジア通貨危機や1998年のロシア国債のデフォルト、LTCMの破綻などの事件までは、時系列で見るとわずかなスキューが緩やかな下降トレンドで比較的安定的に続いていた。一方、それらの事件の間は、OTMオプションのインプライド・ボラティリティが急上昇した。高まったリスク感応度を計測するためには、大幅な「免責額」があってもなお「下落リスク」をヘッジするために、投資家がどのくらい実質的な保険料を払うつもりがあるかを見ればよい。すなわち、どのくらいATMから離れた行使価格を選ぶかである。

1994年から1995年にかけては米国株式市場は比較的穏やかだったが、メキシコ・ペソの切り下げとその後に続く新興国債務問題への「伝染」は、リスク許容度の変化に関する別の興味深い例を示した。1995年の初めに、ポーランドのマクロ経済のファンダメンタルズに変化は見られなかったが、ポーランド債券はラテンアメリカの債券と同様に大幅に価格が下落した。ラテンアメリカの状況を見て、ポーランド債

図8　先物のフェアバリュー・スプレッドが示す選好度

DAX指数先物対現物スプレッド分布
（平均3.6、標準偏差6.3）

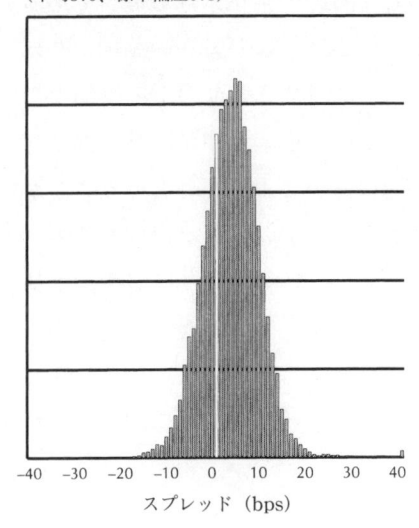

FTSE指数先物対現物スプレッド分布
（平均1.68、標準偏差10.7）

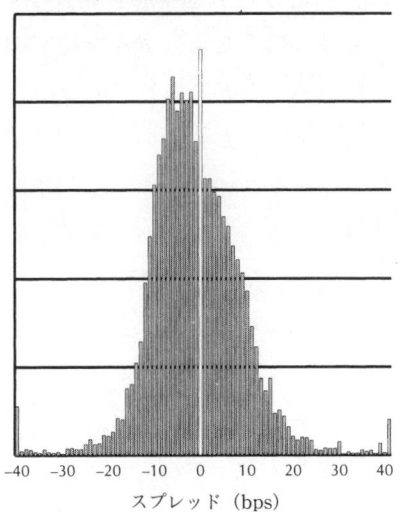

出所＝モルガン・スタンレー

券のデフォルトリスクへの懸念が増加し始めたのである。これは、「投資家が複数のマーケットに投資するための相関」というリスク、すなわちグローバルな投資家の行動の結果に関する興味深い例示となった。

　株式指数先物は資本市場でのリスク・リターン特性の対照を明らかにするもうひとつのデリバティブである。効率的市場理論によると、資産価格は取引を通じて直ちにフェアバリュー（適正価値）に一致する。常にこうした状況の場合、取引価格と経済的な価値（株式指数のもととなる既知の配当スケジュールと契約の満期時までの保有期間に対応する利子率に基づき評価されたもの）の間に実質的な差はないは

ずである。この場合、図8において1999年9月のDAX指数先物とFTSE指数先物のフェアバリューとのスプレッドをプロットしたものは、税金の効果を無視するとゼロのところの一本線になるはずである。効率性が低いこと（大きな標準偏差を見よ）および分布の平均が0以下であることから、FTSE現物のリスクに対する2つの市場参加者の許容度が明らかに低いことが分かる。この時期、1単位のリスクに対するリターンの期待値は、ドイツ市場においてより高いということが推測できる。グローバル株式市場における一定のリスク目標を使用することや、MSCI-EAFEのようなインデックス固有の時価総額に基づいた絶対リスクのアロケーションが、最適とは言えないことは明らかである（本章の後にある図15参照）。

スキル

　素人が大いに苦労するようなことを、非常にスキルのある人はゆとりを持って行うことができる。スキルとは、リスクテイクのための概念的なモデルの第二の要素であり、投資IQと考えられることもある。投資スキルはおそらく生まれついた才能が大きく影響する一方で、効果的な学習によって得られる部分もある。これは、個人と同様に運用組織にとっても当てはまる。さらにスタッフが入れ替わることで、機関投資家にとってスキルというものは明らかに変動要因である。本当に効率的な投資組織は、彼らのスキルを組織化するために、TQM（総合的品質管理）やナレッジ・マネジメント、真のチームの開発を実行している（Katzenbach & Smith, 1993）。

　スキルには、アセットクラス、ベンチマーク、およびそれらの代用となるインデックス、ファンドマネジャー、個別銘柄などの選択といった意思決定のピラミッドにおいて正しい選択や加重の判断を行うことが含まれる。投資組織は認識されたスキルの決定要因を評価するこ

とで、今のスキル水準を確認することができる。これは、3つのステップによって実践される。

1．**人**　才能と経験の深さを測定し、どれくらいチームとして効果的に仕事ができるか評価する。すなわち、効果的な共同作業を通じて、より高い信頼度と一貫性のあるプロセスまたは結果が生まれるか

2．**プロセス**　それはどれくらい頑健に設計されているか、どのくらい正確に配置されているか、どのようにして規律正しく実行されているか

3．**パフォーマンス**　パフォーマンスの再現性を推測するには、その投資チームが、自身が行ったリスクテイクと、なぜその結果が生じたかをいかによく理解したかを知れば十分である

　成功した理由がスキルによるものなのか運によるものなのか明白に言うことは難しい。ナポレオンの言葉は傾聴に値する。「戦術と戦略に関して何かしら知っている将軍を与えてくれ。しかし、一番いいのは運のいい将軍を私に与えることだ」（Merida and Milbank, 2000）。良いパフォーマンスとはこの2つの組み合わせである。明らかに、スキルの重要な要素として、うまくいきそうなときが見分けられるということがある。そうは言っても、良い結果を繰り返し出せるという優れた能力が本当にあるのか確信を持って判断するために、見るべきポイントがある。ポートフォリオをオーバーウエート／アンダーウエートするときの前提となる相場観と、事前に予測した資本市場の期待収益がマッチしているか。ポートフォリオにおける意図せざるベット、もしくは投資プロセスにおける無意識のリスクテイクやバイアスは、パフォーマンス分析のなかで明らかにされているか。そして、それらはスキル評価の3つのP、すなわちピープル（人）、プロセス、そしてパフォーマンスである。

　ベンチマークの代わりとなる指数を選ぶことは、スキル分野を指数

の提供者の直観、あるいは算出方法のアルゴリズムに外出しすることである。S&P500指数委員会の仕事を分析すると図9のようになる。その指数を、銘柄の範囲がより広いラッセル3000指数と過去23年で比較して分かったことは、顕著なスタイル・ベットと若干のベータ・ベットであり、それはなんの価値も生んでいないということである。すなわち、ラッセル指数からS&P500指数に持ちかえても、単なるベンチマーク（ラッセル3000指数）以上のリターンは得られなかったのである。各産業や資産選択について控えめなベットをしたことは、S&P500指数の超過収益の源泉になっている。指数はアセット・アロケーションの決定やアクティブ・マネジャーのパフォーマンス評価に使用されるので、機関投資家にとって重要なリスクの源である。これらの指数が偏りのないものであるという仮定を置いてしまうと、リスクを適切に予算化するという投資家の努力の足を引っ張ることになる。

　受託者からトレーダーまで各々の投資の意思決定者は、それぞれの守備範囲のなかで付加価値をもたらそうとする。意思決定の階層にはそれぞれ、その守備範囲に応じたリスク許容度と前提条件がある。ポリシー・ポートフォリオにはマーケットの均衡という仮定があるが、一方で戦略的、戦術的なポートフォリオで仮定しているのは、市場には循環的あるいはテクニカルな歪みが生じ、巧みでアクティブなベットによって捕捉することができるということである。しかし、いったい投資家は情報に基づいて行動しているのだろうか、それともモデルではうまく説明できないパターンである「ノイズ」に従って行動しているのだろうか。もちろん、スキルのある投資家はこのようにして自らを差別化するのである。理解できない市場の動きというのはそもそもノイズなのである。均衡価格を知ることができるという前提はつまり、技術変化や人口構成や、人々の好みや、その他の市場要因を動かしている力を、戦略上の保有期間を通して理解しているということである。この種の前提は、過去の値動きのパターンを延長して将来を推

図9 インデックスの選択技術とは何か

S&P500のラッセル3000に対する
パフォーマンス差の要因分解

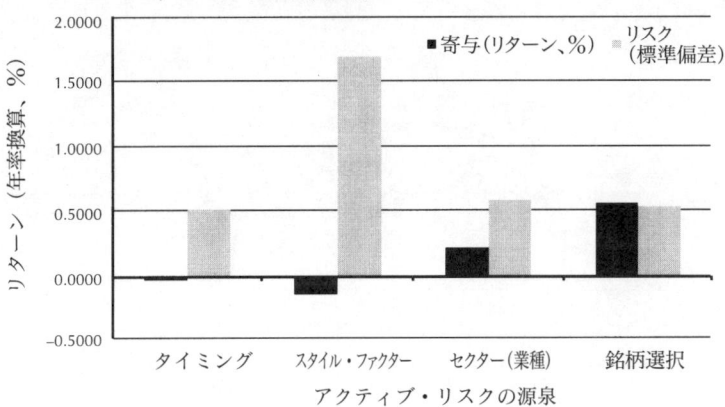

(縦軸：リターン（年率換算、%）、-0.5000〜2.0000)

凡例：■ 寄与（リターン、%）　リスク（標準偏差）

横軸（アクティブ・リスクの源泉）：タイミング、スタイル・ファクター、セクター（業種）、銘柄選択

出所＝パトナム・インベストメント（バーラ分析による）

定するという、よく用いられる手順とは明らかに異なる。したがって、意思決定のスキルを評価するにあたっては、意思決定の範囲やリスク許容度や、明示的・暗示的な前提がどういう効果を持つのかということを考慮に入れる必要がある。

アメリカ以外の市場における、長期間にわたる株式と債券のトータル・リターン格差を見ると、この問題は解決済みだと投資委員会が自信たっぷりに言ったとしても、やはり疑問が生ずるのである。長期リターンの経路依存的分析を行うときには、ドイツをはじめ多くの国で株式市場が一度は無に帰したことがあることに気をつける必要がある。ある地域では、一度ならずそういうことがあった。アメリカ市場では一般的なポリシーミックスが60：40の株式と債券の組み合わせであるのに対し、カナダでは45：55、英国では80：20である。最適なポリシ

図10 アクティブ運用の超過収益の循環性

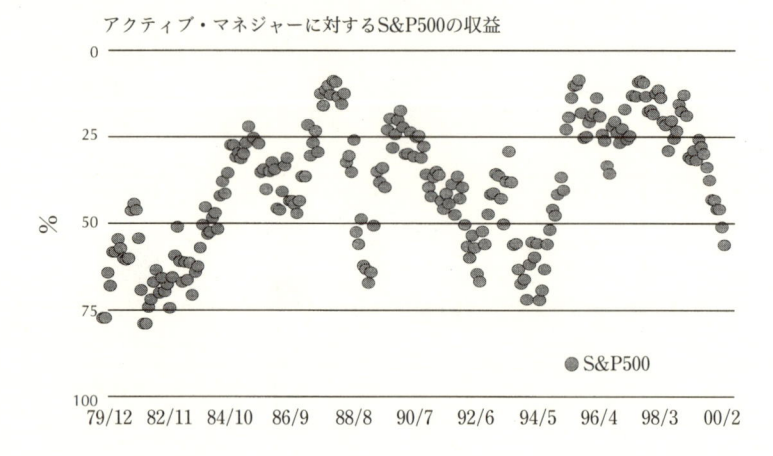

アクティブ・マネジャーに対するS&P500の収益

● S&P500

ユニバース構成（2000/3/1）＝モーニングスター・アグレッシブ・グロース、エクイティ・インカム、グロース＆インカム、小型、グロース。モーニングスター・ラージ・バリュー、ラージ・グロース、混合ラージ・カテゴリー。インデックス・ファンドは除く

ーミックスを構築するには、運用経験やリスク許容度の範囲が狭くてはいけないのである。

　アクティブ・マネジャーによる付加価値の持続性の測定については多数の研究が公にされている（Grinblatt and Titman 1989, Lakonishok, Shleifer and Vishny 1992, Goetzmann and Ibbotson 1994, Kahn and Rudd 1995, Gruber 1996, and Daniel, Grinblatt, Titman and Wermers 1997）。図10において20年間にわたる市場指数とアクティブ・マネジャーのパフォーマンスとの関係を見ると、そこには循環的性質のあることが分かる。図表にあるひとつひとつの点は、アクティブ・マネジャーの何％がベンチマークをアウトパフォームしたかを示している。例えば、数値が10であるとすれば、10％がオーバーパフォームして90％がアンダーパフォームしたことを示

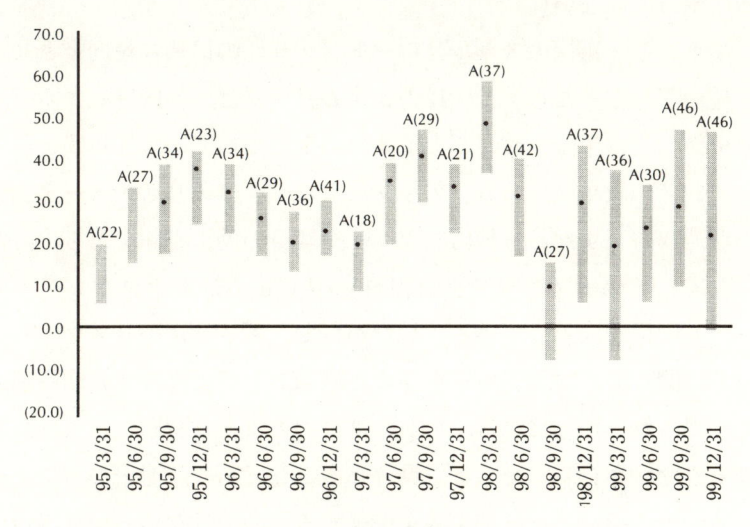

図11 マネジャー選択スキルにより変動する収益率

出所＝カラン・アソシエイト（広範囲の大型株、1999/12/31までの5年間）
四半期ごとのアクティブ・マネジャーとS&P500のリターン。（ ）内はマネジャー数

　す。指数やマネジャーが保有するポートフォリオのリスク度合いは調整していない。

　インデックスに勝つことが難しい（すなわち、モメンタムの高い市場で）ときもあるが、しかし半分よりも上位またはトップ4分の1のマネジャーを選択し保持することができれば、ファンドのパフォーマンスに長期間にわたってかなりの付加価値がもたらされる。少し異なる視点からデータを見てみると、図11に示すようにマネジャーを選択するときのスキルによって出せる収益はときどき大きく変動している。1990年代の半ば、米国株式市場で良いパフォーマンスと悪いパフォーマンスのマネジャーの差は比較的小さかった。最近になると、大型株マネジャー間の結果の差異は大きなものとなった。このことはスタイルファクターで説明できる（図6参照）。しかしほとんどのファンド

では、特に外国株式に関しては、このことによって超過収益を獲得するに至っていない。

マネジャー選択のスキルはポートフォリオの信頼性を向上させ、また超過収益をもたらす。図12の３枚のグラフは、外国株式マネジャーの全体、上位半分、および上位４分の１についての、５年間のパフォーマンスの散布図である。アルファ（ポートフォリオのベータ調整後の超過収益、すなわち戦術的なベータ変更の効果を除いたもの）だけでなく、アクティブリスク（相対VaRもしくはトラッキング・エラー）も同様に向上している。したがって、ある特定のリスク・バジェットに関して、マネジャーをうまく選ぶことでより多くの期待超過収益が得られることになる。しかし常につきまとう課題は、スキルのありそうなマネジャーをうまく見分けることである。過去のパフォーマンスが未来のパフォーマンスを保証するものではないという場合は特にそうであるが、前に述べた「３つのＰ」を正確に分析すれば、成功する可能性は高くなる。

大型株はそもそも株式市場のパフォーマンスの大半を決めるものである。しかしときとして、この現象は誇張されている。このような環境下では、株式銘柄の選択眼があれば、多大な付加価値を得ることができ、高いリスクをとることが正当化される。図13に示すように、1980年代後半にラッセル1000指数の大型株25銘柄は指数全体の約４分の１を説明していた。10年後、大型株25銘柄の指数全体のリターンに対する寄与度は約半分にまで落ちている。このような環境にあっては、高水準の銘柄選択能力を持つマネジャーに株式のリスク・バジェットをより多く割り当てれば、リスクに関するこれらの決定に対するリターンを引き上げることができる。したがって、この図上の最近の部分から読み取れるように、ある市場環境下では、よりスキルのあるマネジャーは平均的なマネジャーや指数より大幅に高いリターンをたたき出すのである。そのパフォーマンスのパターンは、ほとんど循環的で

第12章●条件付きリスク許容度の下でのリスク・バジェッティング

図12 マネジャー選択スキルが高める信頼性

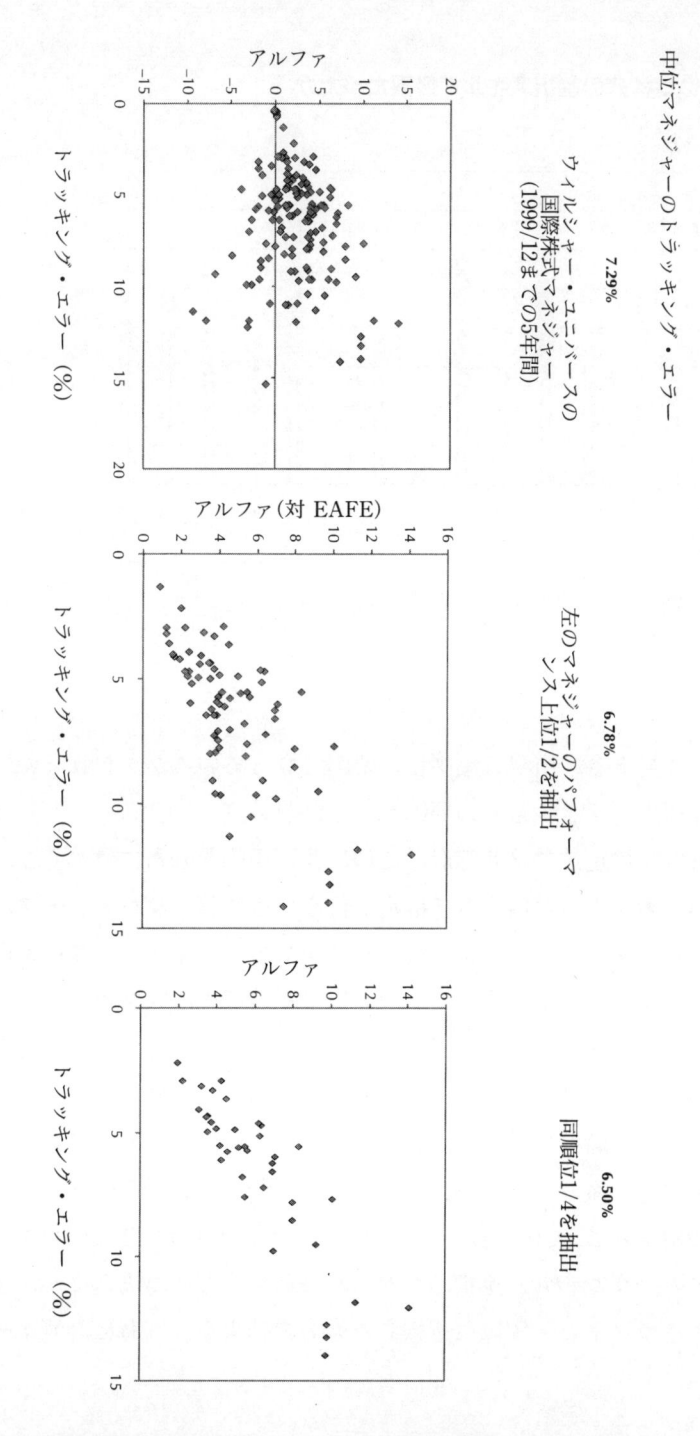

中位マネジャーのトラッキング・エラー

ウィルシャー・ユニバースの
国際株式マネジャー
(1999/12までの5年間)

7.29%

左のマネジャーのパフォーマン
ス上位1/2を抽出

6.78%

同順位1/4を抽出

6.50%

図13　いつ株式の選択スキルが必要だったか

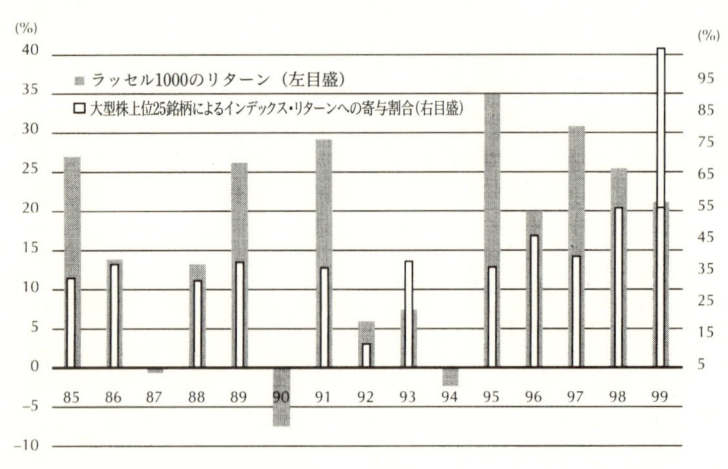

凡例：
- ラッセル1000のリターン（左目盛）
- 大型株上位25銘柄によるインデックス・リターンへの寄与割合（右目盛）

出所＝パトナム・インベストメント

　あるように見える。市場の集中化が要因となっているかもしれない。あるいは運用スタイルもその要因かもしれない。

　従来の仮説検定法では非線形あるいは非正規的な分布に対処するのが難しいため、十分な信頼度で推定を行うために莫大な量のデータが必要となる。マネジャーの意思決定パターンのパフォーマンスへの寄与度を分析することで、ファンドマネジャーの意思決定プロセスと、最終的なパフォーマンスへのインパクトについてより多くの洞察を得ることができる。図14は、ポートフォリオにおける意思決定のひとつの要素について時系列に並べ、このアプローチを示したものである。アクティブ・マネジャーのパフォーマンスを測定するためにベンチマークを使用することは、意思決定における機会費用の概念に相当するものである。すなわち、選択しなかった経路をたどった場合にかかったであろうコストと、実際に選択したものの結果を、同時に計測すべ

図14 「スキル」高い収益をもたらすファクターを認識し、そこにベットするプロセス

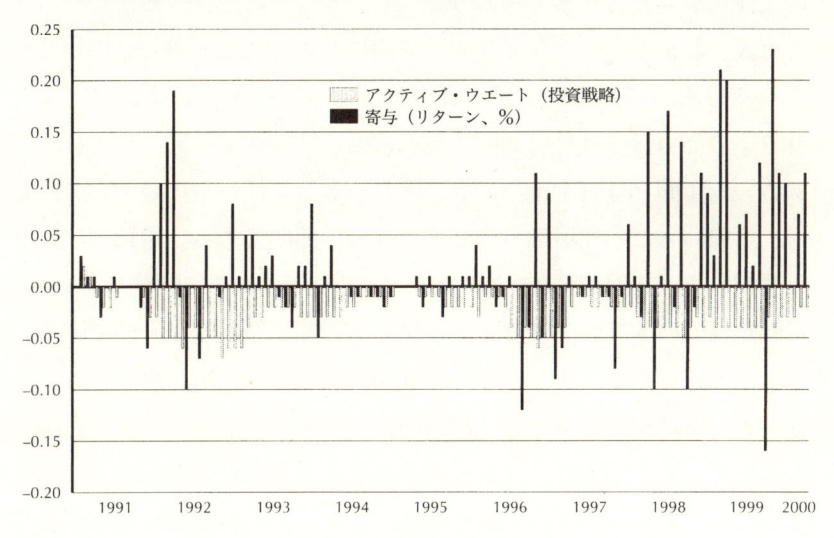

投資戦略は月次で見直す（食品および飲料セクター）

（凡例）
- アクティブ・ウエート（投資戦略）
- 寄与（リターン、％）

出所＝パトナム・インベストメント（バーラ分析による）

きである。

図14は1990年代にポートフォリオの食品・飲料株へのエクスポージャを平均に下げるという意思決定をバーラ・システムでテストしたものである。そもそも、あるセクターにおいてアンダーウエートをするということは、ほかの部分を平均すればオーバーウエートになるということである。この分析は食品・飲料株のみに焦点を当てたものであるが、この意思決定によっていくつかの月でS&P500指数をアンダーパフォームすることはあったものの、長い目で見ると付加価値の源泉として十分信頼できるものであるということが分かる。1970～1980年代の食品・飲料株は素晴らしかったが、1990年代にアメリカの経済は

変貌した。マクドナルドはもうポートフォリオの助けにはならなくなった。こうした断片をたくさん組み合わせれば、マネジャーのスキルの全体像が見えてくるであろう。

　直観、およびポートフォリオの構築において最も一般的に用いられている方法論である資本資産評価モデル（CAPM）によれば、よりリスクの高い資産は長い期間で見れば高い期待収益をもたらすはずである。5年間とは資本市場のヒストリーとしてはやや短いものであるが、実際のところ運用業者にとっては長い期間である。図15はアメリカやMSCI-EAFE指数に含まれるような先進国の株式市場における1998年までの5年間のリスクとリターンの関係を示したものである。もしリターンのボラティリティの計測法が厳密に信用し得るものならば、この順位相関の各点は、理論的には左下から右上まで続く点線に沿って並ぶはずである。つまりエクスポージャのリスクが高くなればなるほど、実現リターンも高くなる。しかし、この関係が明らかに非常に弱くなるときがある。こうした期間においては、より積極的にリスクをとることでリターンが高まる。また、信頼性の高いカントリー選択のスキルによって、従来からある長期的リスク・リターン尺度に基づくカントリーアロケーションよりも大きな付加価値を得られるかもしれない。

　図15はユーロのスタート、アジア通貨危機、そしてアメリカにおける長期間の経済回復による刺激がもたらすボラティリティとリターンへの影響を反映している。アジアからヨーロッパへアロケーションをシフトさせ（指数やありふれた最適化ツールがそうするように）、アメリカがボラティリティの低い株式市場でありつづけることを前提とするならば、投資家にとって恐ろしく低いパフォーマンスを生むことになる。投資スキルのあるマネジャーは期待リスクとリターンの関係が異常なときに、もたらされる好機を認識し利用することができるであろう。

図15　従来型リスク・モデルでは国選択を誤る

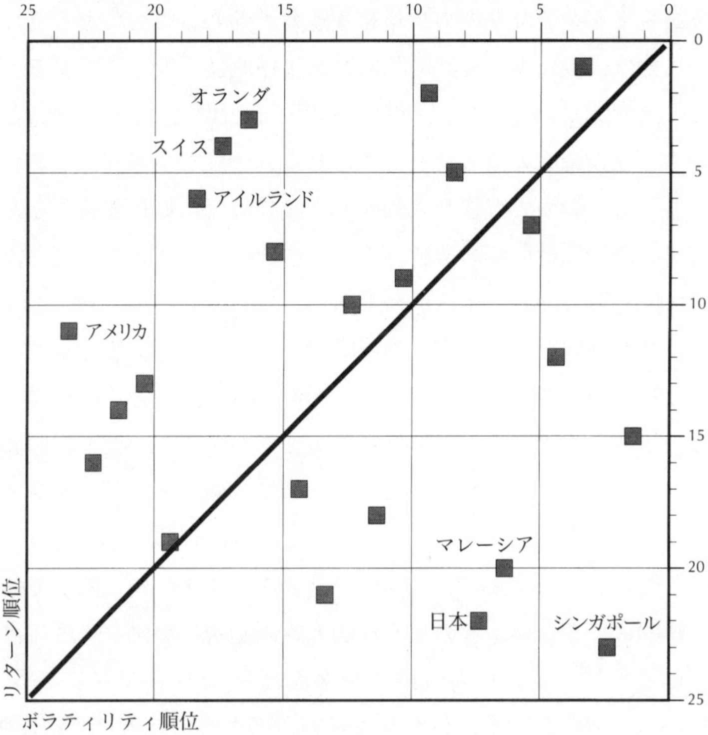
25
20
15
10
5
0
オランダ
スイス
アイルランド
アメリカ
マレーシア
日本
シンガポール
リターン順位
ボラティリティ順位

出所＝パトナム・インベストメント

確信

このリスクテイクに関する概念モデルの第三の要素は「確信」である。確信とはリスキーな意思決定をする能力であり、投資家の財務の健全性や人為的要因と関係がある。財務の健全性は身体の健康と同様、

3つの要素から成り立つ。すなわち、柔軟性、強さ、そして持久力である。これら3要素がそろえば、財務計画において良くない不意打ちがあっても、それを埋め合わせる能力が備わることになろう。財務の耐久力は、投資家の長期的収益力および収益の安定性である。すなわち、長期間にわたって高水準の追加投資を維持する能力である。財務の強さは投資家の富によって表される。十分な金融資源があれば、必要とあらばいつでも借り入れの力や流動資産に転化することができる。実際、流動性は財務の柔軟性の源、すなわち、予定外の資金需要に直ちに応じることのできる能力である。

リスク許容度は企業文化の特徴のひとつである。また一方、企業文化は組織の主要な意思決定者たちの個人的価値観と本能が織りなす一種の相関行列のようなものと考えることができる。個人の価値観は、個人の経験によって形成される。そして、個人の価値観がリスクテイクの意思決定を形成する。したがって、経済理論のなかで仮定されている合理的なモデルでは、実際のリスクテイク行動に関して信頼に足る説明はできない。そのような個人的価値観の事例が最近注目を集めている。アポロ13号の映画で有名になったジーン・クランツは、NASAの月面着陸乗組員たちを死の危機をものともせずに克服して、地球に生還させる責任を一人で引き受けたカリスマ的な指揮官である。彼の回想録のタイトルとして引用されたのは、マーガレット・サッチャーの勇気づける言葉「失敗は選択肢にはない」であったが、これは個人の価値観とリスク許容度の関係を非常に明確に表している。今年の春、ボストン・グローブ紙は、車椅子からバイオテクノロジー2000会議で演説するクリストファー・リーブス氏の写真を一面に掲載した。多くの重度障害者とは異なり、リーブスは障害をもっているという状態を認めることを峻拒しており、4年以内に歩いてみせると公言した。そればかりか、それを可能にするのは会場の聴衆であるとリーブスは主張した。聴衆は営利目的の起業家であるが、彼らの研究によって最

終的に彼の背中の怪我を回復させることができるようになるであろうと言うのである。個人的価値観とリスク許容度との関係について彼が締めくくりとして言ったのは、「『不可能なものはない』というのがアメリカのマントラ（真言）である」であった。

「不可能なことに取り組む」というこのテーマは、スティーブンとジェイミー・ヘイウッドという二人の兄弟が、感染した兄弟が死ぬ前にALS（筋萎縮性側索硬化症、ルー・ゲーリック病）の遺伝子治療を試みるように医学界の権威に挑戦する話について書いた「不治の病を直す」というニューヨーカー誌の記事（2000年2月7日付）にも出てくる。ニワトリは「利害関係がある」がブタは「後には引けない」というハムと卵の朝食のジョークを引き合いに出すと、このニワトリとブタは、現代の医療研究開発における利害関係一致の問題、つまり、結果の保証できない治療のリスクとリターンを判断できるのは医師（ニワトリ）ではなく患者（ブタ）だけ、という問題をよく表している。（リスクよりも）不確実性をとるという機関投資家の意思決定の類似性は明らかと思われる（Knight, 1921年）。

　資産運用においては、あらゆることがリスクの世界ではなくリターンの世界に合うように調整されてきた。しかし、報酬がリスク管理と結びついていれば、彼らはそれに焦点を当てるであろう。おそらく、報酬がすべての行動のインセンティブになっているのである。避けられない失敗に対してうまくやる用意がどれだけあるかが、成功するかどうかを左右する。強い信念を持っている企業の文化は柔軟であり、逆境から回復する力を持っている。その組織の「B計画（万が一の代案）」の健全性を見れば、その証拠を見つけることができる。その計画を作るのにどれだけの時間を費やしたのか。いつテストしたのか。コンティンジェンシー・プランに費やした努力や「準備」の質で、財務以外の面での信念を測ることができる。すなわち、生じた原因が市場であると内部であるとを問わず、ショックを吸収する能力である。

この「信念」の要素は、ポートフォリオの特性を調査することで間接的に見ることができる。図16は約1年前のすべての企業の確定給付型年金プランのポートフォリオの資産保有状況を要約したものである。投資対象は、確実性資産、リスク資産、および不確実性資産に分類される。このうち後者2つはフランク・ナイト（1921年）によって、なぜ起業家は高いリターンを得るように見えるのかという説明のなかで提示された分類である。リスクのある決定をするということは不確実な結果に賭けることであり、それらは似たような行動に関する広汎なヒストリーに基づくものである。すなわち、われわれは長期間のデータを用いた統計的な解釈に依拠することができる。株式と債券への投資はリスクに対するこのようなエクスポージャを代表するものである。「不確実性」とは、意思決定を行うに当たって経験上の基礎がないような、特異なまたはまれな行動や事象をいうものである。したがって、図16においてはこの考え方を強引に解釈して、キャッシュなどを確実性資産に、株式と債券はリスク資産に、オルタナティブは不確実性資産に振り分けている。1974年、ERISA法に規制された米国投資家が、多くはないが重要な意味を持つ不確実性資産にどう資産配分を行うか、部分的にはそれらの現在価値を会計上どのように認識するかという問題でもある（1999年末の数字を見ると不確実性資産からリスク資産へ少しシフトしているが、おそらくこれは非公開市場の資産価値認識が会計上遅れるという会計慣行と、時価評価する株式市場が急上昇したことによるものである）。これとは対照的に、大学基金がしばしばオルタナティブに対してこの2倍ないし3倍の資金を配分している。おそらく、拠出の管理や加入員全体への給付に関する税法上や労働法上の規制・枠組みがないので、不確実性資産とリスク資産の組み合わせをまったく違ったものにするというインセンティブが作用しているのであろう。おそらく大学基金は、起業家によるリターンのアップサイド・ポテンシャルをもっとずっと柔軟に活用したいと思っているので

図16 リスクに対し不確実性を選択する信念

・確実性（現金等価物）	2.1%
・リスク（株式と債券）	89.8%
・不確実性（オルタナティブ投資）	8.1%

出所＝「ペンション＆インベストメント（1998/12/31）」の調査

ある。例えば、大学は優秀な教授陣や学生を引きつけるために、基金を競争の武器として利用することができる。「生活の豊かさ」を得られる可能性を目指すからか、それとも税制その他の規制によるものなのか、不確実性資産とリスク資産へのエクスポージャの感応度は、投資家のカテゴリーごとに異なるのである。したがって、豊かさへの思いが、図16の下での不確実性への許容度とリスクへの許容度へさらなる制約条件を加え、これによって、投資家の目的がよりよく示されることになる。

リスク・バジェット

組織を管理するための会計予算と同様、リスク・バジェットはファンドに対して計画や管理を行うツールとなり得る。受託者は最初に投資プログラムのなかで全体的なリスクはどのくらいであるべきか決定する。リスク・バジェットの次のステップは、どのようにそのリスクを配分するかということである。会計予算がそうであるように、リスク・バジェットにおいて、大きさを決め、そして配分を決めるという2つのステップは一連のフィードバック手順のなかで互いにつながりがある。

絶対リスクの源泉

　ファンドのトータルリスクは政策アセットミックスを決定することで示される。このプロセスのなかでは、確定給付債務（VBO）、累積給付債務（ABO）、予測給付債務（PBO）、そして現実や経済上の給付債務（われわれはそれをEBOと名づけるであろう）のうちどの債務をモデルとして投資目的を決めるのかを決定するところに潜在的な落とし穴がある。ABOやVBOは、年金基金が清算され、年金給付が現在の状態で凍結されると仮定して算出される（VBOは退職給付についての権利をいまだ取得していない現在の雇用者に対する債務を除外する）。PBOは年金基金が現状のまま継続するという観点での最初の推定値である。これは、将来の給与の増加を織り込んで、現在の加入者の「最終給与」を推定する。EBOは確率的なアプローチで求められる年金債務の推定値である。これは年金基金の事業活動の今後の進展について適当なシナリオをいくつか考え、各々について確率を決め評価を付したうえで、従業員数および退職給付をモデル化するものである（Stux & de Marco, 1997）。

　政策アセットミックスのなかでアセットクラスの選択とウエート付けをするとき、精度は高いが間違った目的のために行われることがある。計画全体のリスクの適切なレベルを決定するためにEBOを使用しないことの意味は、年金基金の組織が継続的に続かない、あるいは、基金は長期的な計画の戦略的な変更に備える必要がないということである。また、キャッシュバランス・プランの変更を試みた米国の組織は、経済上に給付はどうあるべきかをよく考えないことから生じる潜在的なワナの別の側面を経験してきた。それらの組織では、中年層の従業員の多くは彼らの退職給付金が計画の変更によって減少するであろうということを知ることとなった。あるケースでは、これによって

国会議員への抗議がわき起こり、後に歳入局は「公平性」に関して調査することになった。結果として、ほかの企業は魅力的な給付プランとなったであろうものを永遠に棚上げにしてしまった。

投資をするということは、あるモデル（個別銘柄、ポートフォリオやファンド・トータルのレベルでの価値評価手法やリスクモデル）の組み合わせを買い入れるということを、明示的にも暗示的にも意味する。絶対的または相対的なリスクを生み出すベットは、これらのモデルの結果である。投資家の立てる前提条件の決定自体、最も基礎的なベットである。指数運用者のモデルは効率的市場理論であり、資産は取引を通じて直ちにフェアバリューへと収斂するということにベットする。アクティブなポートフォリオの投資家は直観だけでなく明確なモデルを持ったプロセスを購入する。

ポリシーミックスが正しい債務の前提に基づいて構築されたとすると、次の潜在的な落とし穴はそれぞれのアセットクラスを何で代表させるか選ぶという部分にある。アセットクラスのベンチマークは理論上のすべての投資機会集合を体現するというのが通常の仮定である。何といっても、これは組織の資本をファンドにどのように配分するか、あるいはファンドの一部について責任を委ねられたアクティブ・マネジャーのパフォーマンスをどのように判断するか、その基礎となるものである。しかし、概して政策決定者と投資スタッフは、ベンチマークを決めるとき単に有名な指数のなかから選択しがちである。構成決定時におけるバイアスや構成見直しの方法における歪みのため、これらの指数は重大な問題を起こす。これらの指数に関する問題については、運用担当者ではなく受託者や投資委員会が対処しなければならない。すなわち、指数の提供者は時宜を得た頑健な構成見直しのプロセスを維持しているかどうか。また、運用の外部委託に選定されたアクティブ・マネジャーはその指数とどの程度関連性があるのか。

アクティブマネジメントをどの程度利用し組み入れるかは、ファン

ドのトータルリスクやプランの目標達成の見通しを左右するもうひとつの重要な要因である。図2は、上位半分および上位4分の1のマネジャーたちを用いると、長い期間でみてファンド・トータルのパフォーマンスが80ベーシス・ポイント上昇するという仮定を示している（これらの測定は分析期間に依存している。一貫して1年間と3年間で半分より上位にいるマネジャーは概して5年間と10年間で上位4分の1に入る）。

　チャーリー・エリスが彼の著書『機関投資家時代の証券運用』（日本経済新聞社、1985年）で述べているように、長期の目標を達成するために最も大きな障害となるのは、とるリスクが少なすぎることである。法人年金基金に共通の政策目標はサープラスのボラティリティを最小限にすることである。リスク・バジェットの「総量を規制」するこの極度に消極的なアプローチは、投資スタッフのリスクを最小化するためのものであり、長期的視点でサープラスを最大化するように設計されたものではない。多くのプランは確定年金契約や債券のポートフォリオを通じて債務の一部を除外（すなわち、無効にする）しようとするであろう。退職資金受益者のかなりの割合がすでに退職していればなおさらである。この「ブレイクイーブン・ポートフォリオ」のアプローチは特定の給付債務に対しては効果的なヘッジといえる。しかし、この意味では非常に効率的でも、年金基金の資本を効果的に利用していることにはならない。前述したリスクテイクのモデルを参照すると、ブレイクイーブンの構成は2つの条件の下では適切な目標であるといえる。投資家は特定の債務に関し、戦略上あるいは戦術上のリスクを導入するに際しての重要な投資決定を行うためのスキルを持っていない。もしくは、投資家の「確信度」が低すぎるために、こうした債務に見合う投資リスクをとることができない。もし投資家が自分のスキルのレベルを信ずる、または確信が非常に低いものでないならば、何らかのリスクをとることが適切であり、ブレイクイーブン・

ポートフォリオの見直しを行うべきである。

ベンチマークと指数

　ベンチマークの選択によってファンドの絶対リスクの水準は大きく左右される。アセット・アロケーション政策による期待リスクのレベルは、指数委員会の決定や指数の構成見直しルールによって定期的に指数が再構築されたときに変化する。例えば、S&P500指数は1989年ごろは比較的景気循環株の割合が多かった。これは従来型産業の企業の組み入れが多かったためである。1990年代に、指数委員会は徐々にテクノロジーや通信企業への高いエクスポージャをとることで、よりグロース寄りのスタイルへの指数に変えていった。この結果、高い期待収益を生み出すようになった。同じ時期に、マーケットのモメンタム要因によって、この時価総額指数はかなり時価ウエートが偏ったものになった。したがって、スタイルの決定、指数の組成方法、そして市場の変化の影響が相まって、この指数を採用しているファンドの絶対リスクを増加させることになった。フランクラッセル社が1996年6月にグロース・バリュースタイルの方法論を変えたことが、さらに唐突なエクスポージャ特性のシフトを起こす原因となった。

　ベンチマークにはいくつかのリスクが内包されている。最も基本的なものは、投資機会集合の選択と呼ばれるものである。それぞれの指数の提供者は、アセットクラスを代表するのに何が一番かということに関して「独自の」特性づけを用いて差別化を行っている。指数構築時のバイアスには多くの原因がある。国際的な指数では、国の選択が最初のバイアスの原因である。二番目の影響として全体「ユニバース」から選ばれなかった国を除外することで、選択された国の構成ウエートに変化が生じてしまうことが挙げられる。その影響が国を代表する企業を選択したり除外したりすることで増幅される。国のレベル

図17 リスク・バジェッティングのメニューとしてのオルタナティブ投資

収益のタイプ	資産種類	市場種類
確実性	リスク	不確実性
現金	株式と債券	オルタナティブ投資
金融市場	資本市場	プライベート市場

図18 リスク・バジェッティングの意思決定プロセスにおけるツール

絶対リスク
・積立比率
・サープラスが不足する可能性
・ダウンサイド・リスクの尺度(例：VaR、ドローダウン)
・ベータのレンジ
・信用リスクと流動性オランダ

相対リスク
・トラッキング・エラーもしくは相対VaR
・ベンチマーク採用銘柄以外の時価総額
・集中の目標と上下限
・流動性特性
・クオリティ特性(利益とクレジット、もしくはデフォルト)

では、例えばセクター、スタイル、サイズ（つまり時価総額）といった株式ユニバースのセグメントの加重の仕方や、「投資可能な」浮動株、外国株式、その他の商品（例えば、不動産・石油信託）の扱い方によって指数は異なってくる。国際指数のなかでの国別ウエートと同様に、指数の提供者が何を除外するかということが指数におけるウエート付けに大きく影響する。業種レベルや個別銘柄レベルでの偏りに起因する絶対リスクのレベルが変化することも時折起きる。前述のように、ここ近年はこれがより明白なリスク要因になっている。

　最後に、指数提供者自身のやり方がリスクの源になる。指数の構成見直しが行われるたびに、絶対リスクの水準の差異が生じる。指数の

図19 リスク・バジェットの構築

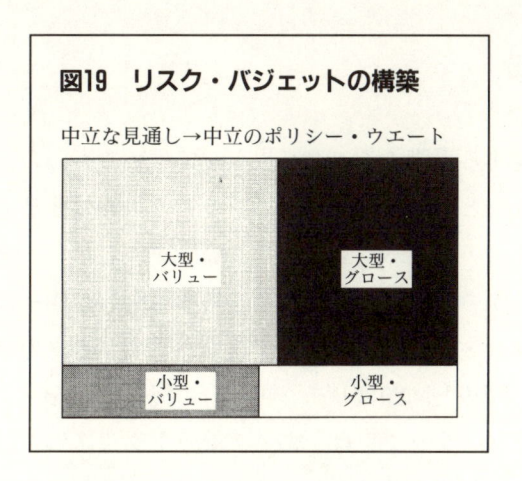

中立な見通し→中立のポリシー・ウエート

| 大型・バリュー | 大型・グロース |
| 小型・バリュー | 小型・グロース |

図20 リスク・バジェットのリバランス

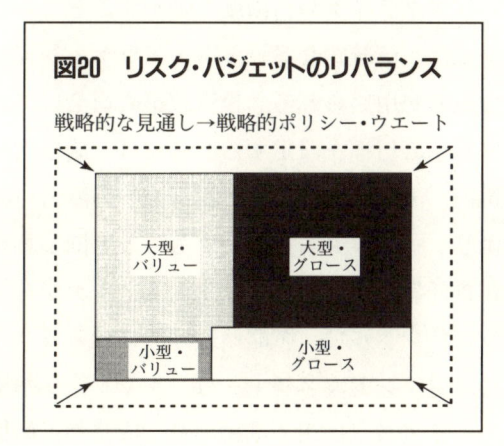

戦略的な見通し→戦略的ポリシー・ウエート

| 大型・バリュー | 大型・グロース |
| 小型・バリュー | 小型・グロース |

　提供者は四半期から半年、そして毎年へと構成見直しのタイミングを変えていった。近年の大量の株式新規公開と大規模なセクター・ローテーションを契機に、このリスクの源泉について、再調査が進んでいる。したがって、構成見直しの頻度や、グロース／バリューと言ったセグメントの定義という枠組みの変更があれば、指数の組成方法に由来する絶対リスクのレベルはさらに変化する。

リスク配分

目標に到達する手段こそかなり異なってはいるものの、アセット・アロケーションとリスク・アロケーションの目的は非常によく似ている。アセット・アロケーションとは、資金をあるポートフォリオやアセットクラスからほかに動かすことである。図17と図18はアセット・アロケーション・プロセスにおいて用いられるリスクの分類と尺度を示している。図19と図20はリスク再配分の簡単な例を示すものである。リスク・アロケーションとは、あるアセットクラスからほかのアセットクラスへと、リスクテイクの自由度を動かすことである。リスク・アロケーションには、伝統的なアセット・アロケーションと同じような意思決定の枠組みが用いられる。投資政策委員会はファンド全体の絶対的なリスク水準の目標を設定する。これは、価格均衡の成立、ベンチマークの選択、アクティブなマネジメントの度合いの決定を前提としながら、ポリシーミックスを決定することと同じ意味を持つ。同様に、最高投資責任者やポートフォリオ・ストラテジストはファンドやアセットクラスのレベルで、戦略策定期間におけるリスク構成を決定する。最後に、ファンドマネジャーは、キャッシュ水準やベータ政策、スタイルのバイアス（信用や業績の質、成長性、価格評価など）、セクターや産業への傾斜配分、企業や個別証券を選択する際のリスク政策や選択方針などの、ポートフォリオレベルでの戦術的リスクの枠組みを決定する。

投資政策委員会は、図1と図2に示すように投資リスクのエクスポージャの最適バランスを決定しなくてはならない。この基本的な意思決定は、主要な資産カテゴリーやそれに関連する市場のパフォーマンスに対する投資家の感応度に基づいて下される。図17はこれらの関係をまとめたもので、ここからリスク・バジェットが導き出される。こ

の枠組みはリスク・バジェッティングのメニューとして考えられる。行動の20%が成果の80%を決めるという格言（パレートの法則）は、ファンドの管理者や受託者のリスクテイク行動にも完全に当てはまる。年金債務におけるリスクが、組織の構成や使命とどうかかわるか、その構造を理解しようとすることや、5年先においてリスクがどのくらい異なったものになるのかということを認識することへの自発的な取り組みが必要である。しかし、四半期や年度の委員会レベルでのファンドの見直しにおいてもあまり重要視されていない。同様に「リスク資産」および「不確実性資産」へのエクスポージャの適切な組み合わせが、熱心にまた頻繁に議論されることはほとんどない。一方で、資本市場の変動や最近のサプライズ、また、特に最近のパフォーマンスについては非常に多くの論議が行われる。ほかのファンドやベンチマークとのパフォーマンス比較はよく議論の中心となるが、ベンチマークの性質やほかのファンドの債務や目標がどうなっているかについてはあまり議論されない。比較対象とするファンドのパフォーマンスは、主にその全体構造によって決まる。他ファンドのファンド構造は、うまく設計されたものであれば、その政策や負債の構成を反映したものとなるが、しかし自分たちのファンドにおける政策や負債の構成とはあまり関係ないため、パフォーマンスの比較自体が表面的なものにとどまる。

　リスク・バジェットの設定には、枠組みとして絶対リスクレベルと相対リスクレベルの二段階がある。図18に示すように、ファンドの政策決定者とマネジャーは、リスク・バジェットの決定プロセスを構築するときに一連の選択肢のなかから個々に、あるいは組み合わせて要素を選択する。もちろん全体としてのリスクは、絶対的にも相対的にも、ファンドにおいてどのくらい大きなベットをしたかで決まる。すなわち、どの程度集中しているか、ボラタイルか、そしてほかの保有証券やエクスポージャと高く相関しているかということである。この

ようなベットは、サープラス・リスクの観点およびアセット・リスクの観点の両方から判断されるべきである。絶対リスクは、効率的に目標を達成するという意味で、長期的に見て重要である。しかし、意思決定者が短期のベンチマーク相対リスクや市場ショックに反応して「コース変更」を主導する傾向にあることから、むしろ短期的な視点においてさらに重要といえよう。したがって、これらのリスク尺度は、潜在的な好ましくないエクスポージャが突然インパクトを与えることを予測しとらえることができなくてはならない。

リスク・バジェットは、感応度分析、ストレステストそしてシナリオ分析を使用して、これらのめったに起きないイベントの影響度合いをとらえなければならない。ファンドのポリシーミックスからはインプライドVaRを推定することができるが、このインプライドVaRは資本市場の状況によって変化するので、資産のリスク許容度の点からだけでなく、サープラスのリスク許容度の点からも、このインプライドVaRをファンドの政策決定者の見通しと比較することは有益なことである。インプライドVaRと政策決定者の想定リスク金額の間には大きなミスマッチがあることがある。

例えば、あらゆる金利の変化は、債券ポートフォリオの価値に影響を及ぼすであろう。しかし、同時にそれは年金債務の割引率にも影響を及ぼすであろう。基金の目標に到達するためのリスクのネットでの効果は、双方のインパクトを組み込まなければならず、債券単独のリスクと比較して、大きいかもしれないし小さいかもしれないが、異なるものとなろう。

リスク・バジェットの実践

リスク・バジェッティングの意思決定プロセスは、アセット・アロケーションおよびリスク・アロケーションの組み合わせによって行わ

れる。アセット・アロケーションは、資金をアセットクラスやポートフォリオの間で動かすことによって実行される。一方、リスク・アロケーションは、ひとつのポートフォリオまたはアセットクラスから別のものへとリスクテイクの自由度を動かすことである（図18参照）。

トラッキング・エラーの目標は、原資産のボラティリティを反映するものになる。例えば、米国の大型株が300ベーシス・ポイント（推定トラッキング・エラーで）を目標とした場合、小型株は500ベーシス・ポイントを目標にするであろう。ベンチマーク資産からの許容乖離幅もまた、資産カテゴリによって変化するであろう。米国の大型株は、10〜15％に制限されるであろうし、小型株は15〜20％であろう。

リスク・バジェッティングの意思決定プロセス（図18参照）における目標の中心値、および上下限値はポートフォリオのさまざまな側面で適用される。個別銘柄レベルでの中心値からの乖離の限度は、通常は時価総額に応じて定められる。大型株に対する限度はベンチマーク・ウエートの1.5倍程度、小型株に対する限度はベンチマーク・ウエートの3.0倍程度であろう。産業、または経済セクターに対する許容乖離幅は、5％のような絶対水準、またはベンチマークにおけるセクター・ウエートの1.2〜0.8倍といった相対水準で決められるであろう。保有する証券については、ベンチマーク指数における当該証券に対するパーセンテージのような相対的な目標、もしくは大型株ポートフォリオにおいて90銘柄、中型株ポートフォリオにおいて125銘柄といった下限を設定する。サイズへのベットについては、ポートフォリオ全体としての目標だけでなく、スタイルごと、もしくはセクターごとに目標を立て得る。PBR（株価純資産倍率）、PER（株価収益率）、PCFR（株価キャッシュフロー倍率）、負債比率、ROE（自己資本利益率）のような基本的なバリュエーション指標も、目標に含まれるかもしれない。最後的に、バーラモデルの共通ファクター（www.barra.com参照）も、リスク・バジェットの管理システムにおいて利

用し得る。エクスポージャ管理として考えられることは非常に多いが、計量モデルを利用した戦略を実践するのでなければ、単純な2ファクター・モデル（例えば、サイズとセクター）が、最も効果的なリスク配分の枠組みかもしれない。

　リスク・バジェットの管理は、アセット・アロケーション、およびリスク・アロケーションを組み合わせて行われる。通常はポリシーミックスまたは、もっとありそうなものとしては、戦略的な展望を反映したアロケーションからスタートする。戦略的な展望がなかったり、市場が計画期間の最初から均衡価格で取引することが予想される場合、こうした「中立な考え方」がファンドの「ポリシー・ウエート」を実行するに当たって反映されることとなる。例えば、米国株式のセグメントにおいて、大型株対小型株の配分が85％対15％になっているとき、大型株のセグメントにおいては若干バリュースタイルにバイアスするけれども（すなわち55％がバリューで45％がグロース）、一方で小型株においてはスタイル・ニュートラル（すなわち50対50）がスタートとなる、といった具合である。図19はこの概略を示すものであり、見通しが中立ならばこの「ヒートマップ」において4つの領域は同じ濃さとなる。

　リスク・バジェッティングやアセット・アロケーション計画においては、その計画期間ごとに異なるプロセスや組織が用いられる。戦術的な意思決定の期間は一般には、3～12カ月である。この状況あるいは機会に応じた計画立案は、ポートフォリオ管理チームが行う。最高投資責任者は通常、3～5年での戦略的なアロケーションの決定に対する資本市場の前提条件をチェックする。ポリシー・ホライズンは通常10年以上であるが、均衡価格ないしフェアバリュー、リターン、またはリスク・プレミアムが明確に定義されている必要がある。そして、その策定は投資委員会と受託者が行う。計画期間の境目は必ずしも厳密にする必要はない。それらは、トレンドの検出あるいはパフォーマ

ンスとして可能性のある水準の決定をより正確に行いつつ、マクロ・ミクロレベルでの予測を続ける、というだけのことである。3つの期間は哲学、戦略、戦術のそれぞれをつなぎ、ファンドにとって重要な3つのポイント、つまり「どこへ向かっているのか。どうしたらそこにたどり着けるのか。今何をすべきか」ということを明確にする。これらを効率的に明確化するには、関連するリスクの検討という点から見てみることが必要である。

　最初のポートフォリオが策定されれば、条件付きリスク・アロケーションによって、リスクテイク・モデルの変化に対応することができる。最初のアセット・アロケーションを維持しつつ、アセットクラスやセグメントの期待パフォーマンスの変化を反映した形でポートフォリオ・ベータを変化させたりデリバティブを利用することで、絶対リスク（またはVaR）を再配分することができる。同様に、トラッキング・エラー（または相対VaR）は、ポートフォリオの各セグメントにおける期待付加価値の変動を反映する形で再配分できる。ベンチマーク外の資産への投資上限をより機動的に変化させることによって、条件付きリスク・アロケーションをさらにきめ細やかに実行することもできる。すなわち、それらを許容したり許容しなかったり、制限を定めるルールを遵守したり、あるいは範囲の設定を可変としたり、といったことである。最後に、エクスポージャや中心からの限度を再配分することで、条件付きリスク・アロケーションの能力はさらに高まる。

　リスクの再アロケーションを従来のポートフォリオ、または、ファンドレベルのリバランス・ルールと組み合わせることにはいくつかの利点がある。投資状況の一時的な変動に過度に反応することを回避しやすくなる。リスクの再アロケーションによって、現物市場でコストや実施の遅延が発生する前にアセットの再配分がどれだけ望ましいものか試すことができる。実行コストを伴う現物市場取引と比べると、

リスク・バジェットをリバランスすることは比較的容易であり、それゆえに注意深く取り扱わなければならない。状況が変わったことを認識したら、リスクに関する変化の源をはっきりと、突き止めなければならない。いわば、処置を行う前の診断である。推定トラッキング・エラーがモニターされる指標だとすれば、認識されているリスクはポートフォリオに由来するのか、それともベンチマークに由来するものなのかを、投資家は判断しなければならない（図6は、ベンチマークにおけるこれらのリスクのシフトの推移を示したものである）。アクティブ・ポートフォリオとベンチマークそれぞれのシャープレシオの時系列を見れば、重要なことが診断できる。トラッキング・エラーが変化するにつれて、どのようにポートフォリオのアルファ（長期のポートフォリオ・ベータで調整されたアクティブリターン）が変わるかを見極めることが非常に重要である。ポートフォリオのインフォメーション・レシオを時系列的に監視することによって、投資家はそれが安定しているかどうか、また広義あるいは狭義の「変曲点」があるかどうかを見極めることができる。スキルのリスクに対する弾性をつかむことによって、投資家はある特定の戦略のリスク水準をどの程度積極的あるいは消極的にすべきなのか理解できるであろう。

　見通しの変化を反映するような新しいスキームを作ることもできる。期初に投資家はアメリカの株式市場について、政策期間の見通しと異なるような特別の見通しを持っていないと仮定する（図19）。1999年にあったような、成長株、特に新技術あるいは通信会社がパフォーマンスを決定するような環境を仮定する。同時に「オールドエコノミー」産業のパフォーマンスは劣後するとする。このような状況が戦術的期間（例えば3カ月間）を通して続くという見通しがあれば、それはもうひとつの「ヒートマップ」において反映させることができる。図20に示すように、リスクはパフォーマンスが良いと期待される株式のセグメントに再配分される一方、アンダーパフォームすると予測さ

れるセグメントからはその程度に応じて引きはがされる。各領域の濃さは、熱い領域（大型および小型成長株）、と冷たい領域（バリュー株）の対比を表す。アメリカの株式に割り当てた絶対リスクの総量を全体的に減らすという意思決定によって、図は小さくなる。

　戦術的な見通しの変化と市場価格のモメンタムの方向性が一致するならば、リスク・バジェットを再配分することで、現物市場でのリバランス取引をある程度減らしたり、もしくは行わないこととすることができる。パフォーマンスの良い銘柄はさらに長く保持され、取引はアンダーパフォームした銘柄を売ることに集中されるであろう。もちろん、リスク・バジェットの調整にかかわらず、長期のパフォーマンスは、リスク・バジェットの再配分を決定づけるトレンド検出の正確さによって決まる。期待収益がさらに増加するようなアグレッシブなリスクテイクを行うことによって、リスク・バジェットのリバランスに伴い価格上昇の見込みが強まっている部分でより多くのリスクをとれるようになる。この結果、期待アルファとインフォメーション・レシオをさらに引き上げることができる。このアプローチはまた、取引コストを減らすことができるため、ディーラーが在庫を持つことに消極的で流動性の低い市場環境において優れたパフォーマンスを上げることにもつながるはずである。

結論

　本章は、ポートフォリオ構築というものが哲学から始まり戦略、戦術へと展開し、ビジョンを実行する様子について調べることから始まった。プランの目的を達成するため、またリスク許容度と整合的であるためには、戦略のなかにリスクに対する検討を取り込む必要がある。リスクに対する長期的な見方や短期の市場イベントを調和させることは容易なことではない。しかし、規律と準備をもってすれば遂行する

ことができる。

「リスク・バジェット」を用いることによって、投資プロセスを俯瞰し、投資機会が発生したときには付加価値を獲得し、そして適切なリスク・エクスポージャを維持することができる。こうした目標を達成するために利用可能な分析ツールは数多くあるが、結局は市場イベントを解釈するときのデータ品質とスキルの組み合わせで一貫性と成功の程度が決まる。このようなリスク分析を組み込んでいないポートフォリオ構築手法は、標準以下のパフォーマンスしか達成できない運命にある。そうしたポートフォリオは、予期せざるリスクをとって下落ショックにさらされるか、十分なリスクをとらずに低い平均収益に甘んじるかのいずれかであろう。

《参考文献》

Bernstein, P., 1996, *Against the Odds* (John Wiley & Sons).

Daniel, K., M. Grinblatt, S. Titman and R. Wermers, 1997, "Measuring Mutual Fund Performance with Characteristic-Based Benchmarks", *Journal of Finance* 52(3), pp. 1035–58.

Ellis, C.D., 1985, *Investment Policy* (Dow Jones – Irwin).

Gruber, M.J., E.J. Elton and C.R. Blake, 1996, "The Persistence of Risk-Adjusted Mutual Fund Performance", *Journal of Business* 69(2), pp. 133–57.

Goetzmann, W.N., and R.G. Ibbotson, 1994, "Do Winners Repeat?", *Journal of Portfolio Management*, Winter, pp. 14–23.

Grinblatt, M., and S. Titman, 1989, "Mutual Fund Performance: An Analysis of Quarterly Portfolio Holdings", *Journal of Business* 62(31), pp. 393–416.

Kahn, R.N., and A. Rudd, 1995, "Does Historical Performance Predict Future Performance?", *Financial Analysts Journal*, November–December, pp. 43–52.

Katzenbach, J., and D. Smith, 1993, *The Wisdom of Teams* (Harvard Business School Press).

Knight, F., 1921, *Risk, Uncertainty and Profit* (Houghton Mifflin & Co.).

Lakonishok, J., A. Shleifer and R.W. Vishny, 1992, "The Structure and Performance of the Money Management Industry", *Brookings Papers on Economic Activity*, pp. 339–91.

Merida, K., and D. Milbank, 2000, "Luck Be a First Lady", *The Washington Post*, Final Edition; pp. C–01; May 20.

Stux, I., and M. de Marco, 1997, "A Framework for Managing Pension Surplus Shortfall Risk", *Journal of Pension Plan Investing* 2(1), pp. 43–61.

Thaler, R., et al., 1999, Special Issue on Behavioural Finance. *Financial Analysts Journal* 55(6), pp. 12–127.

Zuckerman, G., 2000, "Meriwether Admits Mistakes In Long-Term Capital Debacle" (Heard on the Street), *The Wall Street Journal*, August 21.

第13章
ファンドマネジャーにとってのVaR

ステファン・リース
ベアリング・アセット・マネジメント

　機関投資家がリスク管理の重要性に目覚め、元来はトレーディングのために開発された技術が新しい分野で注目を集めている。機関投資家の伝統的なリスク管理ツールであるトラッキング・エラーは葬り去られ、VaR（バリュー・アット・リスク）に取って代わられるべきである。

　VaRは、長い間銀行や証券会社で主要なリスク尺度として使われていたが、一般的にファンドマネジャーに受け入れられることはなかった。この章では、資産運用の世界にVaRが適応可能かどうか、またこの技術をトレーディングから資産運用の分野に転用する際の方法論について、その違いを考察する。特に、4つのVaR計測手法をどのような場合に利用するのが適切なのか、資産運用の観点から考察し、長期の投資期間において使用する場合の課題について考えていく。すでに、このような方法論の確立に向けて、幾つかの試みが始まっている。

　ファンドマネジャーは、リスク尺度として一般的にトラッキング・エラー（リスクが絶対リターンの変動性という意味で測定される場合は標準偏差）を使用している。しかも、この統計値を起こり得るアウ

トパフォーマンスまたはアンダーパフォーマンスの幅だと誤解しているマネジャーは多い。この章では、適切に定義されたVaRが、パフォーマンスの動きをどれほど実態に近く推定できるのか、特に「どれくらいの損失が出るのか、どれくらいアンダーパフォームするのか」という問いに対して、どれほど分かりやすい答をもたらしてくれるのかを示していきたい。

VaRとトラッキング・エラー

現在、ほとんどのファンドマネジャーが、リスクとして標準偏差（ボラティリティ）を用いている。多くのファンドマネジャーのパフォーマンスはベンチマークとの比較で測定されるため、この標準偏差はベンチマークとの相対的なリターン、すなわちアクティブ・リターン（超過収益）をもとに算出されることが多い。これは「トラッキング・エラー」として知られている。

ポートフォリオにおいて、ある株式とほかの株式との間の相対的なリスクは、2つの株式間の共分散として表現される。リスクは足し上げるのではなく、各リスクを二乗（すなわち、分散と共分散）して分散行列（ポートフォリオ内の構成比で重み付けされる）を作成し、その平方根をとって算出する。こうした分散行列のモデル化のなかから、リスクの効果的なモデルが生まれるのである。

ここで、この章の最初に述べたトラッキング・エラーとパフォーマンスに関する否定的な見解について考察してみる。私の見解が正しいことを検証するために、幾つかの「ペーパー・ポートフォリオ」を（後知恵を使って）作成し、それらの過去のパフォーマンスを測定した（図1参照）。

これらは市場平均と比較したアクティブ・リターンを示しており、図1の上側にあるグラフのポートフォリオは2年間継続的にアウトパ

第13章 ●ファンドマネジャーにとってのVaR

図1　トラッキング・エラーの問題点

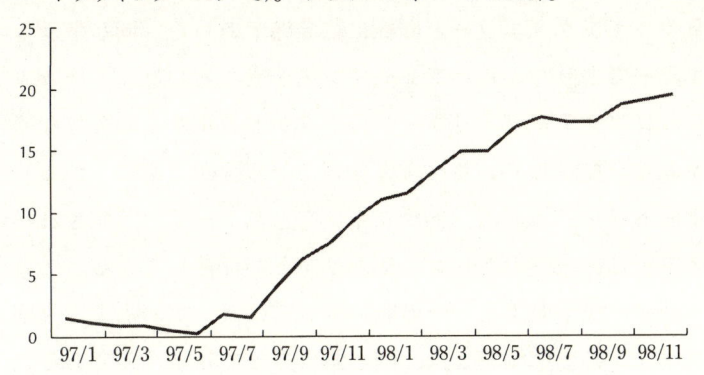

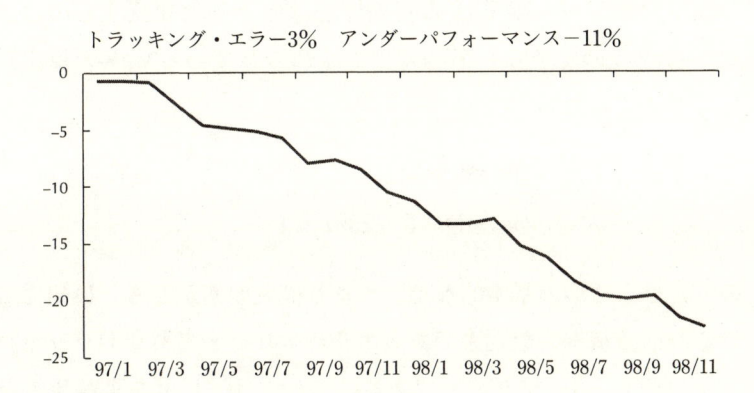

トラッキング・エラー3％　アウトパフォーマンス9.8％

トラッキング・エラー3％　アンダーパフォーマンス－11％

出所＝ベアリング・アセット・マネジメント

フォームしている。このポートフォリオはわずか3％のトラッキング・エラーにもかかわらず、年率においてほぼ10％アウトパフォームしているのである。これがあなたのポートフォリオだったら、あまり心配することはないだろう。しかし、下側のポートフォリオだったらどうだろう。トラッキング・エラーは同じ3％でありながら、継続的に

年率11%アンダーパフォームしているのである。付け加えると、主要なリスク・モデルで予測した推定トラッキング・エラーも事後に測定したトラッキング・エラーと同様に約3％であった。同じトラッキング・エラーでありながらパフォーマンスが異なるのは、トラッキング・エラーはアクティブ・リターンのトレンドを示すものではなく、単に標準偏差を反映しているにすぎないことの証明である。つまり、双方のポートフォリオには、トラッキング・エラーでは計測されないアクティブ・リターンのトレンドやドリフトが存在している。あるポートフォリオの標準偏差と、その収益率を常に（一定の幅で）上回るポートフォリオの標準偏差とは、同じ値になってしまうのである。

ファンドマネジャーがVaRの有効性をはっきりと認識するのは、まさにこの点なのである。最初に、よく知られているVaRの算出式について考えてみたい。

$$VaR = (\sigma \times (\#Pの標準偏差) \times \sqrt{n/255} - n \times \langle R \rangle /255) \times 1 \quad (1)$$

この式には、2つの基本的な項、つまり構成要素がある。最初に取り上げるのは、基本的な要素であるボラティリティでありトラッキング・エラーであるσ（シグマ）である。これには、尺度を調整するための処理が2つ施されている。すなわち、1年を255営業日とした場合の運用期間（n日）相当のσを算出するためにn/255の平方根をかけている。また必要とする信頼水準Pもかけている（この式はリターンが正規分布である場合のみ真である。それゆえ、トラッキング・エラーやボラティリティがリターン分布の1標準偏差と定義され、リターン分布が正規分布である場合、67％のリターンが平均から1標準偏差以内に存在する。したがって、33％はその外に存在する。しかし、正規分布は左右対称であるため、半分の16.5％は平均以下となる。そのため、トラッキング・エラーやボラティリティは83.5％ [100％－16.5

%]の信頼水準におけるVaR［の分散項部分の値］となる。正規分布における異なる信頼水準の標準偏差は、例えば、95％の信頼水準で2.33というように表形式で公表されている）。VaRは従来から率ではなく金額として表示されているため、ポートフォリオの価値を通貨換算するために全体に1をかけている。

ファンドマネジャーにとって重要な構成要素が2つ目の項、いわゆる「ドリフト」の項である。これがなければ、式には単なるボラティリティだけが残ることになる。この項は、短期間の動きに関心のある証券トレーダーのような人たちには関係がない。しかし、長期運用をするファンドマネジャーにとっては、非常に重要な概念である。Rは（リターンの）平均値であったり、ポートフォリオの期待リターンでもあったり、またベンチマーク比較をしているファンドにおいては、ポートフォリオに組み込まれたあらゆる「ティルト」の期待超過リターンであったりする。この項を正しくモデル化することによって、図1のパフォーマンス・チャートを説明できる。

VaRのモデル化

資産運用の分野では、VaRのモデル化には4つの方法が用いられている（Simons, 1996）。

● パラメトリックな方法は、リスク（それらを結合するための相関係数とともに）を変数化するために、リターンの平均値と標準偏差を使用する。本質的には、式（1）を直接適用することである。このアプローチは、資産クラスごとのリスクを比較的簡単に結合することができるため、複数の資産クラスを含む大規模なポートフォリオのVaRを算出するのに適している。しかしこの方法は、現実にはまずあり得ないような前提を置いている。その前提とは、ボラティリティと相関係数は常に一定である、つまりリターンは

お互い連続的に独立しており（実際はそうではない）、リターンは正規分布しているというものである。資産運用の分野では、このアプローチは、資産の数が少ないケースで資産配分や市場配分を行うために、VaRを算出する手っ取り早い方法として使用されるであろう。

● ヒストリカルな方法は、その名前から分かるように、将来のリスクを推定するために過去のリターン分布を使用する。このアプローチは、長期間の価格変動結果が、適切な形状のリターン分布を形成することを前提としている。つまり、平均や標準偏差を使う必要がないのである。これを前提にすると、一定期間のリターンデータがあれば、単に（100－n）％点のリターンを測定することによって、n％の信頼水準でのVaRを算出することができる。リターン分布の形状を分析的にモデル化する必要はなく、相関係数やボラティリティの安定化のために何らかの仮定を置く必要もない。しかしその反面、アセットミックスや対象期間を変えるなど、新しいシナリオで算出する場合には、再度シミュレーションし直す必要がある。例えば、このアプローチを使うと、100日間でいちばん小さいリターンが－5％の場合、99％の信頼水準で1日のVaRは5％であると算出できる。

しかし、ファンドマネジャーはこのヒストリカルVaRを使用しないであろう。為替や、特にデリバティブにかかわっている人たちは、もうひとつの確率的な方法、すなわちモンテカルロ法を使用することが多い。このアプローチは、コンピューターを用いて、実績リターンと同じ分布となるように数千回もシミュレートし、資産やポートフォリオの推定リターンを算出するものである。シミュレーションには乱数発生機が使われる。モデル化を行う人たちは、ヒストリカルな方法とまったく同じようにして（つまりn％の信頼水準でn％点に存在す

るリターンを見つけることで)、シミュレートしたリターンからVaRを推定することができる。しかし、彼らは実際のヒストリカルデータよりもずっと長期間のシミュレートしたヒストリカルデータを持つことができるため、この方法によって算出されたVaRのほうがヒストリカルなアプローチよりも正確であると確信しているのである。この方法は、リターンが大きく正規分布からずれていたり、オプションのようにリターンが非線形的である場合に特に有効である。

- 多くのファンドマネジャーがVaRのモデル化に使っているアプローチが、トラッキング・エラー算出でもすでに使っているファクターによるアプローチ、すなわちAPT（裁定価格理論）によるアプローチである。このアプローチ最大の特徴は、比較的少ない数（一般的には4から20）のリスク・ファクターで、数千の銘柄を保有しているポートフォリオのシステマティック・リスクをモデル化することである。実際、このアプローチはリスク問題の複雑さを大きく減少させてくれる。重要な点は、個々の銘柄が持つリスクの大部分はその銘柄に固有のものであるにもかかわらず、ポートフォリオ全体として見た場合には、個々のリスクはお互い打ち消しあい、残るのはシステマティック・リスクだけであるということである。これらシステマティック・リスクのファクターを特定することができれば、これらのファクター・リターンを使って、ポートフォリオのボラティリティを予測することができる。

資産運用とトレーディングの世界でのVaRの使い方に関する第一の相違点は、値の算出に使用するモデル化の手法にある。資産運用では、単純な変数による方法や確率的なモデルよりもファクター・モデルが使用される。その理由は以下のとおりである。

- 証券会社が保有している株式は、資産運用でのポートフォリオと比較して種類が少ない。そのため、個別銘柄固有のリスク比重が

大きく、システマティック・リスクを表現するファクター・モデルでは説明力が弱い。
- トレーダーのポジションは頻繁に変わるため、前提となるファクター・ポートフォリオがすぐに変わってしまう（すなわち安定性の問題がある）。このことは、ファクター・リターンが長期運用を反映し、かなり長期の投資期間（一般的には1カ月）についてモデル化される一方、トレーダーの時間軸は1日単位であるという事実に関係する。
- トレーダーは相対的なリスクより絶対的なリスクに関心があるのに対し、ファンドマネジャーの場合はその逆であることが多い。つまり、トレーダーにとっては、市場リスクが重要なのである。分散に関するファクターとして、市場リスクはほかの主要な構成要素を無視できるくらい大きいものなのである。この場合、APTアプローチの2番目以降のファクターは、意味を持たなくなってしまうのである。
- モンテカルロ法は、証券会社が多く保有しているオプションのように非対称な損益曲線を持つ商品との相性が良い。

長期投資へのVaRの適用

これまで述べてきたように、VaRにおける「ドリフト」の項は、投資期間が数日から数週間という証券会社のディーラーなどからは一般的に無視されている。そのため、VaRはトラッキング・エラーやボラティリティで代用されてしまっている。しかし、ファンドマネジャーの投資期間（数カ月から数年）では、期待リターンはゼロではないことから、この項はポートフォリオ全体におけるVaRの数値に大きな影響を与える。

VaRが絶対リターンをもとに算出される場合には、このドリフト

の項は市場の期待リターンとほぼ同義である。これをモデル化する試みも行われてきた。しかし、ファンドマネジャーにとって特に関心があるのはベンチマークとの相対比較であり、この場合ドリフトの項は、ベンチマークに対するリターン、すなわちアクティブ・リターン（超過リターン）を指す。

　最初に、なぜゼロではない期待超過リターンが存在するのかを調べるには、MPT（現代ポートフォリオ理論）の理解が必要である。ファクター・リスク・モデルはすべて、APT（Ross,1976）を基にしている。

$$R_i = r_f + \beta_i^1 R_1 + \beta_i^2 R_2 + \beta_i^3 + \ldots + \alpha_i \qquad (2)$$

　この式は、超過リターン（r_f はリスクフリー・レート）を、共通のファクターによるシステマティックな部分（β_i^1、R_1 ほか）と銘柄固有の部分であるアルファ（α_i）に分解している。もちろん、ファンドマネジャーの仕事はアルファを最大化することである。しかし、アルファが本当に「アルファ」（すなわち銘柄固有のもの）であるためには、このモデルはすべての銘柄に相関関係がなく、システマティック項（の値）がゼロである必要がある。このアルファの独立性という要件こそが、APTの試金石である。APTに先立って考案されたCAPM（資本資産評価モデル、Sharpe,1964）は、「市場」というひとつのシステマティックなリターン・ファクターで構成されている。各株式は市場に対する異なった感応度、つまりベータを有しており、株式のリターン変動性のうち、残りの部分は「アルファ」に吸収されるとしている。しかし、CAPMのアルファはすべて独立していないことは明らかであり、それゆえAPTが求められたのである（Grinold,1993）。APTにおけるシステマティックなファクターは、さまざまな方法でモデル化が可能である（Roll&Ross,1979）。

統計的アプローチで、マクロ経済学的な変数や株式の価格・評価指標を使う方法もある。つまりAPTファクターには、私たちが理解しやすいものを当てはめることもできるのである。ファクターにマクロ経済学的な変数を当てはめる場合でも株式の特性値を当てはめる場合でもアプローチは同じで、変数の「ファクター・リターン」を推定することから始まる。ファクター・リターンとは、市場平均に対して1標準偏差のファクター・エクスポージャを持つ仮想株式のアクティブ・リターン（超過リターン）を指す。それは、変数をクロスセクション（横断）回帰することによって得られ、事後リターンを平均値0と標準偏差1に正規化する。分かりやすく言えば、例えばすべての割安株を買いすべての割高株を売るロング・ショート・ポートフォリオから得られるリターンに似ている。リスク・モデルを構築するためには、市場におけるすべてのシステマティック・リターンの要因と考えられるファクターを抽出し、そのリターンを推定することから始まる。それから、主要な構成要素の分析を行い、独立したファクターを分離するのである。このように、APTにおいては、数多くの株式をそれよりもずっと少ない数のファクターに置き換える。しかし今やAPTのファクターは、株式ポートフォリオではなくファクターのポートフォリオという観点で説明されており、より理解しやすくなっている。

　イギリス、ヨーロッパ、日本を含む多くの株式市場に関して、4ファクターのAPTモデルはとてもよく機能している。ファクターとしては、バリュー（配当利回り、益利回りなどの総合指標に基づく）、グロース（株主資本利益率や持続可能な［サステイナブル］成長率）、規模（時価総額）、モメンタムを使ったものである。これらのファクター・リターンを幾つか図2に示している。

　これらのグラフからまず分かることは、長期間にわたってある傾向を示すということであり、これこそがファクター・リターンの特徴である（Fama&French,1992）。ヨーロッパでは、益利回りの高い株式

第13章 ●ファンドマネジャーにとってのVaR

図2 リスク・ファクター・リターン

益利回り（ヨーロッパ）

株価純資産倍率（イギリス）

時価総額（ヨーロッパ）

出所＝ベアリング・アセット・マネジメント

は、低い株式に対して数年を除きアウトパフォームしている（右肩上がり）。また、1976年から1991年のヨーロッパでは、規模のファクター・リターンが右肩下がりになっていることから分かるように、小型株が大型株をアウトパフォームしている。1991年から1993年と1995年から1999年には、右肩上がりが示すように、大型株が継続的にアウトパフォームしている。同様に、株価純資産倍率のファクター・リターンが右肩上がりになったり右肩下がりになったりしていることが示すように、英国では長期間にわたり「バリュー」株優位と「グロース」株優位が交互に入れ替わっている。

現代の投資家の多くは、いわゆるスタイル投資家である。例えば、一般的にバリュー株、グロース株や小型株にのみ投資する。彼らは、これらファクター・リターンの傾向を把握しようと試みているのである。伝統的な投資家でさえ、株価評価や利益成長率、規模を考慮するときには、これらのスタイル「ティルト」を用いる。今まで見てきたように、これらのスタイルはシステマティックなリスク・ファクターを表現したものである。このようにファンドマネジャーはいずれも、単に銘柄固有の要因であるアルファで銘柄選択を行うのではなく、システマティック・リスクにポートフォリオをティルトさせる。これこそが、アクティブ・リターンが0でない期待値を持つ理由であり、またVaRの算出においてドリフトの項を推定する必要がある理由なのである。

ドリフトの項をモデル化する方法に「正解」というものは存在しないが、前述したように、ファクターの使用や「スタイル」分析は幾つかの可能性を提供している。仮定した平均からの分布を計算することによって、VaRの分散の項にこれらのスタイル効果を吸収させることを考えている実務家もいる（Di Bartolomeo,2000）。しかし、前述した分析に基づいて組み立てることもできるだろう。ふさわしい方法として以下のものが考えられる。

- 添字iで示されているスタイル・ファクター（例えば、バリュー、グロース、規模、モメンタム）を明らかにする。
- これらのファクターに対するポートフォリオのエクスポージャβ_iを、個々の銘柄のファクターに対するエクスポージャβ_i^jの時価総額加重によって算出する（個々の銘柄のエクスポージャは、例えば、株価収益率の平均値を控除した後、そのクロスセクション分析で求められた標準偏差で割ることによって得られる）。
- 個々のリスク・ファクターの「ファクター・リターン予測」を行う。個別銘柄リターンをユニバース内株式のファクター・エクスポージャでクロスセクション回帰することによって、ファクター・リターンF_iを得ることができる。各期間ごとに（例えば、1カ月ごと）この回帰を繰り返し、適切な加重平均（例えば、中期のデータを利用した指数ウエート法）を行うことによって、期待収益率$E(F_i)$を得る。
- ドリフトの項Dは、各ファクターiの予測ファクター・リターン$|E(F_i)|$をポートフォリオのエクスポージャで加重し、4つのスタイル・ファクターの寄与度を加えることによって算出できる。ここで考慮されている4つのファクターはかなり独立しているが、厳密には各ファクター・リターン間の相関関係を加味すべきである。

$$D = \sum_{i=1,4} \beta_i \mid E(F_i) \mid$$

ネガティブなファクター・リターンもあるため、予測ファクター・リターンの大きさを考慮する必要がある（調整なしに用いると、予測値が小さくなってしまう）。スタイル・ファクターへのアクティブなティルトが、VaRを減少させると考えるのはナンセンスである。むしろそれはVaRを増加させる。私たちは最悪の事態を想定し、ファクター・ティルトが裏目に出る可能性も考慮する必要がある。このよ

うな場合には、ファクター・リターンはスタイル・リバーサル下と似たようなものになる。そのため、ファクター・ティルトの大きさに注目し、常にこの項を分散項から控除することは、VaRの計測値を増大させることになる。

式（1）から、長期のVaRは以下のように算出される。

$$\mathrm{VaR} = (\sigma \times (\text{\#Pの標準偏差}) \times \sqrt{n/255} + D \times \langle R \rangle /255) \times 1 \quad (3)$$

このアプローチは十分にバックテストされたものではない。バックテストには、異なったスタイル・エクスポージャを持つさまざまな種類のポートフォリオについて、長期にわたるモンテカルロ的なシミュレーションが必要となる。しかし、このアプローチによって、投資期間が長期でスタイル・エクスポージャが大きい場合、VaRは明らかにトラッキング・エラーで計算するよりも非常に大きな値となることが分かる。さらにスタイル・ファクター・リターンが大きい場合、これはより適切なダウンサイド・リスクの尺度になることが直感的に理解できるであろう。

結論

ほとんどのファンドマネジャーが、リスクをパラメーター化するために、ボラティリティやトラッキング・エラーを使用している。しかし、多くのポートフォリオが、リスク・ファクターに対してアクティブ・ティルトしており、トラッキング・エラーでは把握できない0でない平均値を持つ場合には、この方法はたびたび誤った結論を導く。VaR理論は、長期運用の場合重要となってくるこれらの影響を、ドリフトの項によって加味する方法を与えてくれる。スタイルに対するファクター・リターンは、クロスセクション分析によって推定され、

これらのスタイルに対するポートフォリオのエクスポージャに基づいてドリフトの項が計算される。

　このように適切に計算されれば、VaRは、ほとんどのファンドマネジャーにとって本当の意味でのリスクである「どのくらいの損失が出るのか」、または「どのくらいアンダーパフォームするのか」という問いに対して、より適切に答えることができるのである。

《参考文献》

Di Bartolomeo, D., 2000, "Getting an Early Jump on Market Anomalies: Lessons from the Internet Stock Phenomenon", forthcoming, *Indexes: The Journal of Index Issues in Investment*.

Fama, E., and K. French, 1992, "The Cross Section of Expected Stock Returns", *Journal of Finance* 47(2).

Grinold, R., 1993, "Is Beta Dead Again?", *Financial Analysts Journal* 49(4).

Roll, R., and S. Ross, 1979, "An Empirical Investigation of the Arbitrage Pricing Theory", *Journal of Finance* 35.

Ross, S., 1976, "The Arbitrage Theory of Capital Asset Pricing", *Journal of Economic Theory* 13.

Sharpe, W., 1964, "Capital Asset Prices: A Theory of Market Equilibrium under Conditions of Risk", *Journal of Finance* 19(3).

Simons, K., 1996, "Value-at-risk – New Approaches to Risk Management", *New England Economic Review*, September/October.

訳者あとがき

　本書は、英文のサブタイトル「A New Approach to Investing」のとおり、リスク・バジェッティングを「投資の新たなアプローチ」ととらえ、その重要性をさまざまな角度から論じるとともに、実務利用上の課題についても考察している。またもうひとつの魅力は、年金スポンサー、運用マネジャー、コンサルタントなどの実務家がそれぞれ専門の立場から、このテーマを分担して論じている「実践」の書であることである。

　資産運用を担当する弊社の受託財産運用部門が、本書の翻訳に取り組む契機となったのは、まさにこの点であった。日々市場と対峙し、また年金基金のさまざまな相談を受ける立場にある弊社では、新時代の企業年金にふさわしい実践的なリスク管理とは何か、という課題に取り組んできている。社内で議論・研究を進める過程で原書に出合ったのであるが、実務家の著作だけあって内容が非常に実践的かつ網羅的であったため、これを広くご紹介することが、企業年金関係者をはじめとした皆さまのお役に立てるひとつの方策と考えた次第である。

　このように本書は、リスク・バジェッティングおよびリスク管理の重要性について実例を挙げて述べている章と、VaRをはじめとしたリスク・バジェッティングを実践する際の手法上の諸論点や利用実例を解説している章とに大別される。よって、本書を最初からお読みいただいても、読者の関心に応じてランダムに読み進めていただいてもよいのではと考えている。

　翻訳に当たっては、原書の記述内容を単に日本語に置き換えるというよりは、読者が著者の意図をより理解しやすくなるように解説的に日本語を補うなどしている。また、邦訳した場合にその日本語が必ずしも原文を表さないと疑われるものについては、あえて原文をカタカ

ナ表記したことをご了解いただきたい。
　翻訳の過程で専門的かつ貴重なアドバイスをいただいた、各方面の方々に深く感謝する。

2002年3月

訳者代表　福本　昇

■訳者紹介
三菱信託銀行受託財産運用部門
　当部門は、ファンドマネジメント業務、ポートフォリオマネジメント業務、企画・リサーチ業務に分かれており、9つの各部間の連携を密にして、組織的・効率的な運用体制を確立している。リスク・バジェッティングをはじめとしたリスク管理に関しても、運用コンサルティング機能の一部として企業年金などの運営を強力にサポートしている。
　翻訳は、リスク管理に関する調査研究・コンサルティングを担当しているメンバーを中心に、部門内の有志で分担して行った。

■監訳者
岡田　康	投資企画部長（三菱信託銀行執行役員）
高橋洋一	投資企画部統括マネジャー
福本　昇	年金運用部ポートフォリオ運用室主任ファンドマネジャー
岡本卓万	投資企画部分析グループ主任調査役
胡田聡司	投資企画部業務戦略グループ調査役
棚橋俊介	公的年金運用部運用グループ
橋口浩隆	投資企画部クオンツグループ

■訳者
横川　直	投資企画部運用戦略グループ主任調査役
中川則彦	資産運用第2部運用グループ主任ファンドマネジャー
久保田誠司	公的運用部運用グループファンドマネジャー
長谷川章範	投資企画部運用監理室調査役
元栄哲郎	投資企画部システム企画グループ調査役
三堀次郎	パッシブ運用部運用グループファンドマネジャー
高橋一樹	公的資金運用部運用グループ
篠原　秀	投資企画部分析グループ
梅谷賢三	年金運用部ポートフォリオ運用室
佐藤浩之介	年金運用部ポートフォリオ運用室
小林　悟	資産運用第1部運用グループ
佐野裕一	投資企画部分析グループ
上地　都	投資企画部運用監理室

■事務局（投資企画部経済情報室）
岩井千尋	投資企画部統括マネジャー（経済情報室長）
中島健雄	投資企画部経済情報室主任調査役
東野友親	投資企画部経済情報室

■プロジェクト管理（投資企画部システム企画グループ）
三木　元	投資企画部システム企画グループ主任調査役
近藤正宏	投資企画部システム企画グループ

2002年4月27日	初版第1刷発行

ウィザードブックシリーズ㉞

リスクバジェッティング
実務家が語る年金新時代のリスク管理

編　者	レスリー・ラール
訳　者	三菱信託銀行受託財産運用部門
発行者	後藤康徳
発行所	パンローリング株式会社
	〒160-0023　東京都新宿区西新宿7-21-3-1001
	TEL　03-5386-7391　FAX　03-5386-7393
	http://www.panrolling.com/
	E-mail　info@panrolling.com
編　集	エフ・ジー・アイ（Factory of Gnomic Three Monkeys Investment）合資会社
装　丁	新田"Linda"和子
印刷・製本	大日本印刷株式会社

ISBN4-939103-60-9

落丁・乱丁本はお取り替えします。
また、本書の全部、または一部を複写・複製・転訳載、および磁気・光記録媒体に
入力することなどは、著作権法上の例外を除き禁じられています。

©MITSUBISHISHINTAKUGINKOJUTAKUZAISANUNYOUBUMON　2002　Printed in Japan